Tobias Faix, Tobias Künkler

GENERATION LOBPREIS UND DIE ZUKUNFT DER KIRCHE

TOBIAS FAIX
TOBIAS KÜNKLER

GENERATION LOBPREIS UND DIE ZUKUNFT DER KIRCHE

Das Buch
zur empirica
Jugendstudie 2018

neukirchener

WIDMUNG

Wir widmen dieses Buch unserem ehemaligen Mitarbeiter **Tim Sandmann** (1986–2017), den wir schmerzlich vermissen.

MIX
Papier aus verantwortungsvollen Quellen
FSC® C107574

Bibliografische Information der Deutschen Nationalbibliothek:
Die Deutsche Nationalbibliothek verzeichnet diese Publikation in der Deutschen Nationalbibliografie; detaillierte bibliografische Daten sind im Internet über http://dnb.d-nb.de abrufbar.

2. Auflage 2019

Umschlaggestaltung: Grafikbüro Sonnhüter, www.sonnhueter.com, unter Verwendung eines Bildes von © Cookie Studio (shutterstock.com)
Lektorat: Hauke Burgarth, Pohlheim
DTP: Q. Gute Grafik, Fabiola Quadflieg, Köln
Verwendete Schriften Innenteil: Milo OT, Milo Serif OT
Gesamtherstellung: BALTO Print, Vilnius
Printed in Lithuania
ISBN 978-3-7615-6542-1 Print
ISBN 978-3-7615-6543-8 E-Book

www.neukirchener-verlage.de

„Also, ich finde Lobpreis sehr, sehr wichtig, das ist ja auch gleichzeitig beten.“ LUKAS

„Ich denke häufig, beim Lobpreis, wo ich mich so überwältigt gefühlt habe, dass ich etwas Transzendentes vernommen habe oder so eine Form von vagem Gefühl – sage ich mal.“ PHILIPP

„Ich habe Lobpreis-Gottesdienst sehr, sehr gerne – mit viel Singen und so.“ ANNA

ENDORSEMENTS

„Sie suchen Gotteserfahrungen, gehen in ihre Gottesdienste und lieben Bibel, Lobpreis und Gebet, sie übernehmen Verantwortung und reden über ihren Glauben. Hochengagierte junge Erwachsene haben enormes Potential für Verantwortung in unserer Kirche, aber sie können mit herkömmlichen Formaten oder Mitgliedschaften wenig anfangen. Wo werden sie vorkommen? Dieses Buch ist ein Augenöffner für alle, denen die Zukunft der Kirchen nicht egal ist. Unbedingt lesen – und dann mit Leuten aus dieser Generation diskutieren."

Hans-Hermann Pompe, Leiter EKD-Zentrum für Mission in der Region

Die Zukunftsgeneration der Kirche ist vielfältiger, widersprüchlicher und komplexer als gedacht. All jene, die an einer Kirche von Morgen interessiert sind, können in diesem Buch viel über deren maßgebliche Protagonistinnen und Protagonisten lernen.

Dr. Sandra Bils ist Pastorin der Ev.-luth. Landeskirche Hannovers und arbeitet bei Kirchehochzwei

Wieder einmal ein spannender, qualitativ hochwertiger „Thriller" aus dem Hause Faix/Künkler: Auf jeden Fall gehört dieses Buch in die Hände aller Verantwortlichen in Kirchen und Gemeinden.

Dr. Michael Diener, Präses Evangelischer Gnadauer Gemeinschaftsverband,
Mitglied im Rat der EKD

Die Generation der 14- bis 29-Jährigen unterscheidet sich grundlegend von den Generationen davor. Wann lassen wir es (endlich) zu, dass sie ganz aktiv auch unsere Kirche(en) grundlegend verwandeln dürfen? Ein absolut lohnenswertes Buch für alle, die noch immer versuchen, Jugendliche aus dem eigenen (begrenzten) Erfahrungshorizont zu begleiten, zu deuten und zu verstehen.

Ilse-Dore Seidel-Humburger, Landesreferentin im Evangelischen Jugendwerk in Württemberg

Wissenschaftlich belastbare Daten gewinnen aus dem, was junge Leute über Beten, Bibel, Gemeinde und Gottesdienst sagen – das mag so schwierig sein wie Wolken abheften und Pudding an die Wand nageln. Aber Künkler & Faix schaffen das. Gewohnt

akribisch. Spannend spurensichernd und scharfsinnig schlussfolgernd. Dabei wunderbar flüssig lesbar. Wenn Ihnen die Sinusstudien, die Shell Jugendstudien, der Bertelsmann Religionsmonitor und die Kirchenmitgliedschaftsstudie der EKD zu grobkörnig waren – dieses Buch schießt ein gestochen scharfes, hochauflösendes Bild davon, welche jungen Leute was glauben, warum und wie sie das tun und was das für die Kirche von morgen bedeutet. Sagen Sie jetzt nicht „ach, so genau wollte ich das gar nicht wissen". Doch, das sollten Sie! Es sind nämlich die Kita-Leiterinnen, die Lehrer, die Ausbilder, die Pfarrerinnen und Pfarrer Ihrer Enkel, die da gerade heranwachsen.

Andreas Malessa, Hörfunkjournalist, Theologe, Buchautor

Wer „Generation Lobpreis" gelesen hat, sieht mehr als vorher. Er bekommt aus erster Hand Einblick in ein Lebens- und Glaubensgefühl, dass viele „fromme Jugendliche" heute bestimmt. Man versteht besser, warum manche Gottesdienstformen jüngere Menschen anziehen – und andere nicht. „Generation Lobpreis" gibt der jugendlichen Sehnsucht nach einem authentischen und erfahrungsgesättigten Glauben verschiedene Stimme und Gesichter. Und es hilft beim einfühlsamen Verständnis und der kritischen Reflexion gleichermaßen.

Prof. Dr. Thorsten Dietz, lehrt Systematische Theologie an der Evangelische Hochschule Tabor und sitzt für die EKD in der Kammer für Theologie

Mit diesem Buch haben wir ein Ohr an der Jugend. Großartig. Eine wunderbar eindrückliche und präzise Beschreibung hochreligiöser junger Menschen. Nachdenklich machend, irritierend, ermutigend, herausfordernd.

Hansjörg Kopp, Generalsekretär des CVJM Deutschland

Generation Lobpreis ist ein weiteres, spannendes bis aufregendes, detailliertes Puzzleteil zum Bild einer jungen Generation, die wir in Kirche mehr und mehr vermissen: das Puzzleteil zu den sogenannten Hochreligiösen. Es hilft verstehen und öffnet damit ein Stück weiter unseren Horizont.

Stephanie Schwenkenbecher, Theologin und Autorin von „Generation Y. Wie wir glauben, lieben, hoffen"

Das Autorenduo Faix & Künkler liefert eine aufschlussreiche und gründliche Sozialstudie über eine schwer greifbare aber oftmals etikettierte Gruppe junger Menschen in unseren Kirchen und Gemeinden. Hier wird das, was wir nur ahnen und vermuten, gründlich erforscht und bewertet. Eine inspirierende Lektüre für alle, die sich nicht auf ihre gefühlte Wahrnehmung verlassenwollen.

Jürgen Mette, Theologe und Publizist

Ein notwendiges Buch. Es öffnet die Augen für die unterschätzte Gruppe der jungen Menschen mit intensiven Glaubenserfahrungen. Dieses Buch hilft, die Ambivalenzen der Generation Lobpreis zu verstehen und deshalb verdient das Buch höchste Aufmerksamkeit von allen, denen es wichtig ist, mit jungen Menschen die lebensverändernde Kraft des Glaubens an Jesus Christus zu entdecken.

Dr. Roger Mielke M.A., Oberkirchenrat

Und wieder ein großer Wurf von Faix/Künkler. Als Vater von zwei Jugendlichen der „Generation Lobpreis" freue ich mich ganz besonders über diese wertvolle Arbeit – eine gründliche und verständliche Analyse, viele hilfreiche Einblicke in die Glaubenswelt verschiedenster junger Menschen und abschließend einige Fragen an mich und die ältere Generation. Absolute Leseempfehlung!

Detlef Kühlein, Sprecher & Theologe aus Lörrach

Für mich ist das Buch auf zwei Weisen sehr bereichernd, einerseits bin ich altersmäßig noch fast Teil dieser Generation und zweitens bin ich als Hauptamtliche in der Gemeinde wieder herausgefordert meine Vorbildfunktion auch kritisch wahrzunehmen und gleichzeitig den Jugendlichen eine ganzheitliche Glaubenserfahrung zu ermöglichen. Genial, ist dass die Generation selbst mit einem Kommentar über die erhobene Darstellung zu Wort kommt.

Birte Krumm, Jugendreferentin in der Ev. Kirchgemeinde Niederkaufungen

Endlich wird sich einmal mit dem nötigen Aufwand empirisch jenen jungen Menschen gewidmet, die sich und ihr Leben stark im christlichen Glauben verorten. Bedeutsamkeiten wie die Sehnsucht nach spirituellen Erfahrungen werden ebenso dargelegt auf wie eine bemerkenswerte Heterogenität in dogmatischen Fragen und Unsicherheiten im Umgang mit der Bibel oder bei ethischen Fragen, z. B. im Umgang Sexualität. Die Sichtweisen der Befragten werden dabei in Beziehung gesetzt zu aktuellen jugendsoziologischen Erkenntnissen aus dem säkularen Bereich, dies bietet einmal mehr spannende Erkenntnisse. Hinweise für die pädagogische Arbeit finden sich als Schlussfolgerungen in diesem Buch ebenso wie kritische theologische Wahrnehmungen und die Warnung vor einer seichten, sich an Seelenwellness orientierender Glaubenskultur. Das Buch ist ein Muss für alle, die in dieser Zeit verantwortlich in der Glaubensbildung tätig sind.

Diakon Tobias Petzoldt, Dozent für Jugendbildungsarbeit und Institutsleiter, Ev. Hochschule Moritzburg

INHALT

DANKSAGUNG

Diesem Buch liegt die Studie „Glaubens- und Lebenswelten von Jugendlichen. Wie hochreligiöse Jugendliche heute glauben“ zugrunde. Durchgeführt wurde diese Forschungsarbeit von einem Team des Forschungsinstituts empirica für Jugend, Kultur und Religion der CVJM-Hochschule, sie wurde im Jahr 2014 begonnen und im Jahr 2018 abgeschlossen. Solch ein langer, intensiver und komplexer Forschungsprozess ist nur möglich, wenn sich viele Menschen in unterschiedlichen Rollen auf unterschiedliche Weise daran beteiligen, was in dieser Studie zweifelsohne der Fall war. Bei all diesen Menschen wollen wir uns hiermit ganz herzlich für ihren Beitrag bedanken. Ohne sie wäre dieses Forschungsprojekt nicht möglich gewesen.

Zuerst gilt unser Dank unseren Forschungspartnern, zum einen dem Amt für Jugendarbeit der Evangelischen Kirche von Westfalen. Namentlich haben Udo Bußmann und Silke Gütlich das Vorhaben von der ersten Idee bis zu diesem Buch maßgeblich begleitet und gefördert. Zum anderen dem Evangelische Bank Institut für Ethisches Management der CVJM-Hochschule, namentlich Prof. Dr. Stefan Jung (CVJM-Hochschule) und André Armbruster (Helmut-Schmidt-Universität), für die das Gleiche gilt. Um eine hohe wissenschaftliche Qualität zu gewährleisten, gab es für diese Studie einen wissenschaftlichen Beirat, der sich regelmäßig traf, den kompletten Forschungsprozess begleitete und uns in einzelnen Schritten beriet. Dies war von unschätzbar großem Wert, und wir sind allen Beteiligten sehr dankbar für die guten und kritischen Anmerkungen und Diskussionen. Der wissenschaftliche Beirat bestand aus Prof. Dr. Dieter Beese (Landeskirchenrat der Evangelischen Kirche von Westfalen, Ruhr-Universität Bochum), Prof. Dr. Petra Freudenberger-Lötz (Universität Kassel), Prof. Dr. Bert Roebben (Universität Bonn), Michael Freitag (Referent für Theologie, Bildung und Jugendsoziologie, Arbeitsgemeinschaft der Evangelischen Jugend in Deutschland) sowie Udo Bußmann und Silke Gütlich (Amt für Jugendarbeit der Evangelischen Kirche von Westfalen). Besonders Silke Gütlich wollen wir zusätzlich dafür danken, dass sie sich immer wieder aktiv in die Forschungsarbeit eingebracht und das Manuskript inhaltlich gegengelesen hat.

Ein besonderer Dank gilt auch dem Neukirchener Verlag, der uns in vielfacher Weise unterstützt hat, besonders Herrn Siepermann, Frau Atkinson und Frau Heinz. Ebenso danken wir für die unkomplizierte und kompetente Zusammenarbeit mit unserem Lektor Hauke Burgarth und unserer Grafikerin Fabiola Quadflieg.

Ohne finanzielle Hilfe wäre solch ein großes Forschungsprojekt unmöglich. Wir sind daher dem Amt für Jugendarbeit der Evangelischen Kirche von Westfalen, der Wertestarter Stiftung und der Deichmann Stiftung für ihre großzügige Unterstützung und das Vertrauen in unsere Forschungsarbeit sehr dankbar.

Auch danken wir dem Christival in Karlsruhe (stellvertretend dem Vorsitzenden Karsten Hüttmann) und dem Jugendkirchentag in Offenbach (stellvertretend dem Projektleiter Herrn Hans-Joachim Adolph) für die Möglichkeit der Datenerhebung auf besagten Events und die großartige Unterstützung, die wir dabei erfahren haben. Eine große Hilfe waren zudem alle Studierenden der CVJM-Hochschule, des mbs Marburg und der Evangelischen Hochschule Tabor, die sich auf dem Christival ehrenamtlich daran beteiligt haben, Jugendliche zu befragen. Darüber hinaus dankbar sind wir den vielen Vertreter*innen von Jugendverbänden, Kirchen und Freikirchen, die den Fragebogen unter Jugendlichen sowie Stakeholdern verteilt haben.

Große Dankbarkeit gebührt nicht zuletzt unserem umfangreichen Forschungsteam am Institut empirica: unserem ehemaligen wissenschaftlichen Mitarbeiter Tim Sandmann, den vielen Beteiligten wissenschaftlichen Mitarbeitenden (Daniel Beckemeier, Philipp Funke, Annika Hauschildt, Thomas Kröck, Pia Rennert, Julia Wassmuth) und den beteiligten studentischen Hilfskräften (Philipp Angelia und Annika Völker). Ein besonderer Dank gilt Annika Völker für ihre unermüdliche Hilfe als Korrekturleserin.

Dankbar sind wir zudem allen Jugendlichen, die einen Fragebogen ausgefüllt haben oder sich haben interviewen lassen, und die uns so einen Einblick in ihre Glaubens- und Lebenswelt gegeben haben.

Tobias Faix & Tobias Künkler
Sommer 2018

GELEITWORT

Würden Sie, liebe Leserin, lieber Leser, sich als „hochreligiös“ bezeichnen? Oder lieber doch als „normal religiös“? Oder ganz anders? Um solch eine Selbstzuschreibung vorzunehmen oder sich mit einer Etikettierung dieser Art versehen zu lassen, müssten Sie natürlich erst einmal wissen, was sich hinter diesem Begriff verbirgt und wie das religiöse Leben, der Glaube und das Selbstverständnis von „Hochreligiösen“ möglicherweise zu beschreiben wäre. Wenn Sie darüber etwas wissen wollen oder zumindest eine plausible wissenschaftliche Sichtweise zur Kenntnis nehmen wollen, dann sollten Sie diese Studie unbedingt lesen.

Mit diesem Band liegt eine Studie über „hochreligiöse Jugendliche“ vor. Es ist unseres Wissens die erste deutsche Studie, die sich speziell diesem Segment christlicher jugendlicher Religiosität widmet.

Hochreligiöse Jugendliche sind dem Verständnis der Studie zufolge keine religiös abgefahrenen Sonderlinge und sie sind, allermeist jedenfalls, keineswegs vornehmlich in irgendwie gearteten fundamentalistischen Zirkeln mit entsprechenden Ideologiemustern aufzuspüren. Es handelt sich hier um jugendliche Menschen, die in kultureller Zeitgenossenschaft stehen, für die aber ihr christlicher Glaube inhaltlich und in ihrer Glaubenspraxis einen hohen, oft zentralen Stellenwert besitzt und spürbar lebensprägende Auswirkungen hat.

Außerdem bildet das Segment der hochreligiösen Jugendlichen einen gewichtigen Teil derjenigen evangelischen Jugendlichen, die ein dezidiert positives Verhältnis zu Religion und christlichem Glauben aufweisen – und ein positives Verhältnis auch zu ihrer jeweiligen Kirche. Gerade Letzteres hat der Studie und ihrem Titel zufolge durchaus erhebliche Auswirkungen auf die „Zukunft der Kirche“. Genauer: auf die Zukunft der evangelischen Kirchen im Plural. Denn nicht nur die Volkskirche evangelisch-landeskirchlicher Prägung, sondern genauso die evangelischen Freikirchen beheimaten der Studie zufolge viele junge

Menschen, die als hochreligiös einzustufen sind – und die, gerade weil sie mit ihrem christlichen Glauben hochidentisch sind, signifikante Mitarbeits-Bereitschaften aufweisen und ein erhebliches Potential für tragende und prägende Rollen in ihren Kirchen bilden – auch als zukünftige Hauptberufliche und Ehrenamtliche.

Der Titel der Studie „Generation Lobpreis" überrascht zunächst. Natürlich vereinfachen und verschlagworten die Etikettierungen von Jugendgenerationen zwangsläufig. Aber wir kennen durchaus eine Vielzahl von Jugendlichen, die hochreligiöse Glaubensmuster aufweisen, aber dennoch keineswegs ihr geistlich-spirituelles Leben auf die Ausdrucksform des gottesdienstlichen und privaten Lobpreises fokussieren oder reduzieren. Auch unter Hochreligiösen dürfte die Vielfalt religiöser Gestaltungsformen groß sein.

Die vorliegende Studie trägt dieser Erkenntnis allerdings Rechnung und simplifiziert bzw. reduziert ganz und gar nicht. Sie differenziert die in sich unterschiedlichen Glaubensmuster und Typen der hochreligiösen Jugendlichen gewissenhaft. „Generation Lobpreis" steht dabei nicht nur für eine unter diesen Jugendlichen fraglos auch verbreitete Anbetungspraxis als eine Art „Liturgie der Postmoderne" – der Begriff kennzeichnet darüber hinaus auch ein viel weiter reichendes gegenwärtiges Glaubens- und Lebensgefühl, das religiöse Intensitäten übergreift und für eine Vielzahl junger Menschen gilt. Markierungen dieses Lebensgefühls sind vor allem Subjektivierung und Emotionalisierung, verbunden mit einer umfassenden Ästhetisierung von Leben und Glauben. Darüber hinaus deutet der Begriff eine tiefe Ernsthaftigkeit des Glaubens und der Gottesbeziehung an. Genau darum geht es!

Wir wünschen dem Band kritische, aber vor allem neugierige und für neue Erkenntnisse und Impulse aufgeschlossene Leser*innen.

Mike Corsa
(Generalsekretär) bei der Arbeitsgemeinschaft der Evangelischen Jugend
in Deutschland e.V. (aej)

Michael Freitag
(Referent für Theologie und Jugendsoziologie) bei der Arbeitsgemeinschaft
der Evangelischen Jugend in Deutschland e.V. (aej)

EINLEITUNG

Was von dem Buch zu erwarten ist

Mit diesem Buch möchten wir einen Einblick in das Glaubensleben von evangelischen hochreligiösen Jugendlichen geben und damit einen Diskussionsbeitrag zu einem aus unserer Sicht sehr wichtigen und oftmals unterbelichteten Thema liefern. Wir nennen diese Gruppe „Generation Lobpreis" und werden in Kapitel eins genauer erklären warum. In diesem Buch stellen wir die wichtigsten Ergebnisse der empirica Jugendstudie 2018 vor und fragen danach, was diese für Kirche und Freikirche bedeuten. Dabei haben wir ehren- und hauptamtliche Mitarbeiter*innen aus Kirchen und Freikirchen genauso im Blick wie Menschen, die sich für christliche Jugendliche oder Jugendforschung interessieren. Da wir nicht die Ersten und hoffentlich nicht die Letzten sind, die sich mit Jugendforschung und Religion beschäftigen, haben wir immer wieder unsere Ergebnisse mit anderen aktuellen Studien verglichen, damit unsere Schlussfolgerungen besser eingeordnet werden können. Denn manches wird erst im Vergleich mit anderen Jugendlichen oder früheren Ergebnissen prägnant.

Für die Studie war uns wichtig, dass wir einen Einblick in das Glaubensleben von hochreligiösen Jugendlichen bekommen. So soll aufgezeigt werden, welche Bedeutung der Glaube auf den verschiedenen Ebenen ihres Alltagslebens hat, um diese neue Generation besser zu verstehen. Es geht also zunächst um einen Akt des Lernens, des Zuhörens und des Sich-darauf-Einlassens. Es sollen die Jugendlichen durch die Befragungen selbst zu Wort kommen. Aber der Reihe nach. Zunächst wollen wir die Gruppe, die hinter der Generation Lobpreis steckt, etwas genauer betrachten: Was verbirgt sich unter dem Begriff „hochreligiöse Jugendliche"? Wie ordnen sie sich in die evangelische Landkarte ein und wie sieht ihr Glaube ganz praktisch aus? Abgeschlossen wird das erste Kapitel mit einigen Hinweisen, wie wir bei unserer Studie vorgegangen sind. Im zweiten Kapitel verorten wir die Generation Lobpreis auf der sozialen Landkarte und überprüfen, zu welchen sozialen Milieus sie gehören, was ihre Werte sind und wie sie sich im Kontext der heutigen Jugendgeneration verorten. Während so die Generation

Lobpreis als Teil einer größeren Jugendgeneration eingeordnet wird, wollen wir im dritten Kapitel genauer auf ebendiese Generation schauen und sie nach innen differenzieren. Dafür haben wir acht Typen gebildet, die wir vorstellen werden. Im vierten Kapitel geht es dann darum, was diese Generation glaubt und wie ihre Glaubenspraxis aussieht, zum Beispiel das Gebetsleben. Es geht aber auch um das Gottesbild der Generation Lobpreis und ihre Vorstellung von Mission oder ihr Verständnis der Bibel. Daran schließt das fünfte Kapitel an, in dem wir fragen, was die Generation Lobpreis über Kirche denkt. Wie sehen ihre Wunschgottesdienste aus und was denken sie über ehrenamtliches Engagement? Abgeschlossen wird dieses Kapitel mit einem Blick auf die Rolle der Hauptamtlichen im kirchlichen Kontext und die Frage: Können sich Jugendliche heute eigentlich noch vorstellen, Pfarrerin oder Jugendreferent zu werden? Nachdem wir das Glaubensleben der Generation Lobpreis ausführlich analysiert haben, gibt es in Kapitel sechs eine erste Reflexion und wir fragen, wie die von uns erhobenen Gesamtergebnisse zu verstehen und einzuordnen sind. Im letzten Kapitel gibt es vier verschiedene Gastbeiträge, die unsere Ergebnisse aus unterschiedlichen Blickwinkeln deuten. Diese setzen sich zusammen aus der Zielgruppe der jungen Erwachsenen, einem erfahrenen Lobpreisleiter, einem Kirchenmusiker und einem Theologen. Diese unterschiedlichen Interpretationen zeigen gut auf, wie viele unterschiedliche Zugänge es zu den Ergebnissen gibt und wie entscheidend der eigene Blickwinkel beim Lesen der Ergebnisse ist. Doch auch in die bloße Darstellung von Ergebnissen fließen immer auch schon der eigene Blickwinkel und eigene Deutungen mit ein – vor allem dann, wenn man versucht, sie unterhaltsam und lesbar zu präsentieren. Wir haben versucht, dies so gering wie möglich zu halten und so weit wie möglich nachvollziehbar zu machen.

Insgesamt hoffen wir, dass unsere Ergebnisse einen Auftakt für eine breite Diskussion in Kirche, Jugendarbeit und Forschung darstellen und somit eine wichtige kirchliche Gruppe mehr Aufmerksamkeit und Beachtung geschenkt bekommt. Denn diese Gruppe ist nicht nur gegenwärtig Teil der Kirchen und Gemeinden, sondern bildet auch deren Zukunft maßgeblich ab.

KAPITEL 1

Eine Einführung in die Generation Lobpreis

Foto © Cookie Studio | shutterstock.com

Durch die gesellschaftlichen Veränderungen der letzten Jahre ist eine neue global und digital geprägte Generation herangewachsen, die ein ganz eigenes Profil entwickelt hat. Diese wurde in den letzten Jahren vielfach etikettiert und empirisch genauestens untersucht. Jugendsoziologische Studien erforschten vor allem die Lebenswelten von Jugendlichen im Allgemeinen. Religiosität wird in diesen Studien jedoch lediglich als eines von vielen Merkmalen relevant. Jugendliche, in deren Lebenswelt der christliche Glaube eine zentrale Rolle spielt, kommen darin allerdings kaum oder nur am Rande vor. Auch die Frage, wie ihr Glaube mit anderen Merkmalen zusammenhängt, wie zum Beispiel ihrer sozialen Herkunft, wird nicht untersucht.

Oft herrscht das Bild vor, dass es kaum noch Jugendliche in Deutschland gibt, in deren Lebenswelt der Glaube eine zentrale Rolle spielt. Der aktuelle Religionsmonitor der Bertelsmann Stiftung zeigt aber, dass über 20 Prozent der Menschen im Alter von 16 bis 29 Jahren in Deutschland „hochreligiös" sind.[1] Der Religionsmonitor der Bertelsmann Stiftung aus dem Jahr 2007 definiert Hochreligiöse dabei als Menschen, für die religiöse Inhalte, Deutungsmuster und Praktiken besonders relevant sind und „einen strukturierenden Einfluss auf das gesamte Erleben und Verhalten" haben, wie zum Beispiel durch tägliches Gebet.[2]

Die Gruppe der hochreligiösen Jugendlichen ist in sich sehr heterogen und umfasst muslimische, christlich-orthodoxe, katholische sowie evangelische Jugendliche. Selbst die Untergruppe evangelisch-hochreligiöser Jugendlicher hat sehr unterschiedliche Ausprägungen. Sie reichen vom Engagement in einer evangelischen Kirche über Freikirchen bis zu selbstorganisierten Hauskreisen.

Kleine Landkarte des evangelischen Glaubens

Diese Pluralität und Heterogenität zeigt sich auch in der evangelischen Jugendarbeit. Das wird unter anderem deutlich, wenn wir einen kurzen Blick auf die „Zahlen und Fakten zum kirchlichen Leben" werfen. 12.017 Jugendgruppen mit 120.994 teilnehmenden Jugendlichen zählen wir in Deutschland.[3] Hinzu kommt die Konfirmandenarbeit mit ca. 205.000 Jugendlichen als zentraler Einstiegspunkt in die kirchliche Jugendarbeit. Allerdings gibt es auch Bereiche, die schnell übersehen werden, wenn wir von Jugendarbeit sprechen, wie beispielsweise die 8.048 Kinder- und Jugendchöre oder Instrumentalkreise (Kirchenmusik) mit 95.957 Teilnehmenden oder die 467 Schulen in evangelischer Trägerschaft. Laut dem Jahresbericht 2017 der Arbeitsgemeinschaft der Evangelischen Jugend in Deutschland (aej) gibt es neben der

Jugendarbeit mittlerweile rund 200 Jugendkirchen in Deutschland (zu je einem Drittel Jugendliche der Katholischen und Evangelischen Kirche, sowie der verschiedenen Freikirchen). So unterschiedlich diese auch sind, haben sie alle eines gemeinsam: Sie wollen eigenständige „Orte des Glaubens" für Jugendliche sein. Wenn wir Gemeinsamkeiten und Unterschiede feststellen wollen, dann vielleicht in unterschiedlichen Graden der Verbundenheit. Da gibt es auf der einen Seite die eher lose verbundenen Jugendlichen in offenen Arbeiten wie in Jugendzentren, evangelischen Schulen, Freizeiten, Musikarbeit etc. und auf der anderen Seite die eher hoch verbundenen Jugendlichen in klassischer und/oder missionarischer Jugendarbeit wie in Jugendkreisen oder Jugendgottesdiensten. Dazu kommen teilweise verschiedene Jugendverbände (CVJM, EC ...) und Jugend- und Teenagerarbeit im Bund freier Evangelischer Gemeinden (FeG) und Gemeindejugendwerk Deutschland (GJW) mit ca. 1.500 regelmäßigen Jugendgruppen).

Bereits 2013 machten wir uns zusammen mit dem Amt für Jugendarbeit der Evangelischen Kirche von Westfalen auf den Weg, in einer größeren Studie die Spiritualität von Jugendlichen in ihrer ganzen Breite und Heterogenität zu vermessen, und befragten 1.330 Jugendliche aus den Bereichen „offene Jugendarbeit", „evangelische Schulen" und „evangelische Freizeitarbeit". Die Ergebnisse dieser Studie („Spiritualität von Jugendlichen") können eingesehen werden und wurden vielfach diskutiert.[4] Zusammenfassend lässt sich sagen, dass Jugendliche, die sich eher am Rande der evangelischen Kirche bewegen, d. h. an ihren Angeboten partizipieren, sich mit Kirche aber nicht identifizieren, durch die großen gesellschaftlichen Veränderungsprozesse zwischen Traditionsabbruch und individualistischer Spiritualität geprägt sind. Das heißt, die untersuchten Jugendlichen haben ein grundsätzliches Interesse an Spiritualität oder stehen dieser mindestens gleichgültig gegenüber. Dabei lässt sich diese Spiritualität allerdings nicht mehr in die klassischen evangelischen Kategorien einordnen, weshalb es immer weniger gelingt, mit Jugendlichen über ihren Glauben zu sprechen. Der Theologe Elmhorst verweist in diesem Zusammenhang auf eine „semantische Leerstelle".[5] Denn weder Jugendmitarbeitende noch viele Jugendliche selbst haben eine Sprache, auf die sie zurückgreifen können, um das zu beschreiben, was sie glauben. Es scheint daher nicht zu hoch gegriffen, von einer „religiösen Sprachkrise" zu sprechen. Dies lässt sich an drei wesentlichen Punkten festmachen:

a) kaum Anbindung an die traditionelle, konfessionelle Glaubenssprache der Kirchen,
b) kaum Anbindung an die institutionellen Organisationen/Kirchen, die traditionell für diese Glaubenssprache verantwortlich sind,
c) kaum Anbindung an semantische Verständnisse theologischer Grundbegriffe des Glaubens (dogmatische Grundaussagen).

Der Wegfall der konfessionellen Grenzen erinnert an den Wegfall der Grenzen Europas durch das „Schengener Abkommen". Ein Beispiel dafür stellt in unserer Studie Mike dar, der anmerkt: *„Ich fühle mich vom Glauben her eher den Baptisten zugehörig, bin aber Landeskirchler."* Viele Jugendliche besuchen die Angebote, die ihnen dabei helfen, mit ihrem Glauben anzudocken, und wo sie sich ernst genommen fühlen, unabhängig von ihrem konfessionellen Hintergrund. Im evangelischen Kontext sind sie zwar formal Mitglieder der Kirche, doch genau dies sagt nichts mehr über ihre Bindung zur Kirche aus. Wir fanden die Ergebnisse sehr spannend, wurden aber immer wieder auf die Frage gestoßen, wie Jugendliche im Zentrum der evangelischen Landeskirchen glauben. Der Frage sind wir nun in dieser Studie nachgegangen. Es war eine spannende Reise.

Die vergessene Gruppe

Die wenigen Studien, die bisher diesen zentralen Bereich bzw. Hochreligiöse erforschen, fokussieren nicht das gesamte Spektrum, sondern beschäftigen sich meist ausschließlich mit Jugendlichen in freikirchlichen Gemeinden.[6] Jugendliche mit Anbindung an evangelische Kirchen oder solche ohne Bezug zu den traditionellen Institutionen werden darin nicht in den Blick genommen, denn es gibt unter freikirchlich organisierten Jugendlichen religiöse Inhalte, die sich stark von der inhaltlichen Ausrichtung anderer hochreligiöser Jugendlicher unterscheiden. Darüber hinaus bieten die vorliegenden Studien auch in Bezug auf hochreligiöse Jugendliche, die Mitglied in freikirchlichen Gemeinden sind, kein differenziertes Bild ihrer Lebensrealität an.

Kirchensoziologische Studien hingegen befassen sich meist mit der Bedeutung von Kirche für Jugendliche und stellen einen Trend zur Individualisierung von Religiosität fest, der sich empirisch in Form eines „Bastelglaubens" ausgestaltet. Sie geben jedoch kaum Aufschluss darüber, ob sich diese Individualisierung des Glaubens auch bei hochreligiösen Jugendlichen wiederfindet und inwiefern sie einen Einfluss auf ihre Lebenswelt hat. Viele Studien, wie beispielsweise die Shell Jugendstudie 2015, behandeln das Thema Glaube und Religion eher marginal. Die letzten großen Studien, die sich mit Glaubensinhalten beschäftigt haben, waren die deutschlandweite „Konfirmandenstudie"[7] (2012–2017, Schweitzer, Ilg u. a.) sowie die beiden in Baden-Württemberg verorteten Studien „Jugend gefragt" (2016, Schweitzer/Ilg) oder „Glaube – Wertebildung – Interreligiosität" (2018, Schweitzer, Wissner, Bohner u. a.), die einen sehr hilfreichen Ein- und Überblick bieten, wie Jugendliche, die am Religions- und Ethikunterricht teilnehmen, heute über Glauben denken. Diese Studien richten ihren Fokus aber auch nicht auf hochreligiöse Jugendliche.

Es fehlen somit belastbare Erkenntnisse über das breite Spektrum hochreligiöser Jugendlicher aus dem Kontext freikirchlicher Gemeinden, in Anbindung an evangelische Kirchen oder solcher ohne Gemeindebezug. Die bisherigen Studien weisen allerdings darauf hin, dass Jugendliche aus freikirchlichen Gemeinden einen nicht zu vernachlässigenden Teil des zu untersuchenden Felds der hochreligiösen Jugendlichen ausmachen. Kurzum: Wir fanden, es war an der Zeit, sich ein genaues Bild von hochreligiösen Jugendlichen zu machen.

In der Vorbereitung zu unserer Studie sprachen wir mit vielen Verantwortlichen aus unterschiedlichen Kirchen und Gemeinden und stellten dabei oftmals große Ratlosigkeit fest, wenn es um eine neue christliche Jugendbiografie ging. Für viele ist sie nicht richtig fassbar. Obwohl sie die nächste Generation derer bilden, die sich maßgeblich in den kirchlichen Gemeinden und Strukturen engagieren und auch die nächste Generation an Hauptamtlichen bilden werden, wissen wir also wenig über evangelisch hochreligiöse Jugendliche. Es ist fast unbekannt, was und wie diese glauben und wie sich der Glaube in ihrem Alltag zeigt. Diese Forschungslücke wollten wir schließen. Dazu haben wir uns unter anderem folgende Fragen gestellt:

- Wie leben hochreligiöse Jugendliche ihren Glauben konkret? Welche Bedeutung hat beispielsweise die Bibel noch für sie?
- Wie identitätsstiftend ist der Glaube für hochreligiöse Jugendliche? Wie stark prägt er ihren Alltag, zum Beispiel ihre Beziehung zu Gleichaltrigen?
- Wie urteilen sie in ethischen Fragen? Welche Grundwerte und Überzeugungen haben sie?
- Inwiefern und wie ausschlaggebend wird der Glaube hochreligiöser Jugendlicher durch ihr soziales Umfeld (Familie und Freunde) geprägt?
- Welche Erfahrungen mit und Erwartungen an Gemeinde und Kirche haben diese Jugendlichen?
- Wo und wie engagieren sie sich? Inwiefern können sie sich vorstellen, später in der Kirche mitzuarbeiten?

In diesem Buch werden wir die wichtigsten Ergebnisse vorstellen, sie einbetten in die Ergebnisse vieler anderer Forschungen und weitere Erkenntnisse und Konsequenzen für Jugend- und Gemeindearbeit ziehen, auch im Hinblick auf die Nachwuchsgewinnung in den Kirchen. Denn die „Generation Lobpreis", wie wir diese Generation evangelisch hochreligiöser Jugendlicher im Folgenden nennen werden, macht einen zentralen und kaum zu unterschätzenden Teil der Zukunft der Kirche aus.

Wenn wir in diesem Buch von evangelischen Jugendlichen sprechen, dann beziehen wir uns immer auf Jugendliche aus den evangelischen Landeskirchen, den unterschiedlichen Freikirchen, den Gemeinschafts- und den evangelischen Jugendverbänden. Wenn hingegen die Rede ist von Jugendlichen, die sich der Kirche oder den evangelischen Kirchen zugehörig fühlen, dann beziehen wir uns hier auf alle Jugendlichen, die nicht freikirchlich sind, auch wenn die Freikirchen zu den evangelischen Kirchen zählen. Wir wollten aber den sperrigen Terminus Landeskirche vermeiden, der innerkirchlich selten benutzt wird.

Warum „Generation Lobpreis"? Bei den Versuchen, die aktuelle Jugendgeneration zu beschreiben, gibt es bereits eine gewisse Inflation an Generationsbegrifflichkeiten. Nun fügen wir noch eine hinzu – „Generation Lobpreis" – und dann auch noch für eine recht spezielle Untergruppe der Generation Y oder Z oder wie immer man sie nennen mag. Uns ist klar, dass ein solcher Versuch immer in der Gefahr steht Missverständnisse hervorzurufen oder zu pauschal zu sein und den Unterschieden in einer Gruppe nicht gerecht zu werden. Um dies zu vermeiden, differenzieren wir in dem Buch zwischen acht verschiedenen Typen von evangelisch hochreligiösen Jugendlichen (Kapitel 3). Für uns bringt der Begriff „Generation Lobpreis" jedoch etwas zum Klingen, das sich durch fast alle Ergebnisse hindurchzieht und stimmig ist mit dem Gesamtbild, das wir aus der Vielzahl und Vielfalt der Ergebnisse gewonnen haben. Einerseits spielt ganz faktisch der Lobpreis eine wichtige Rolle. Uns war das vorher bewusst, jedoch hat uns überrascht, wie intensiv Lobpreis im Glauben der evangelisch hochreligiösen Jugendlichen verortet ist und welch tiefe und beispielhafte Bedeutung er für das eigene Glaubensleben hat. Dabei geht es nicht nur um Lobpreis als Musik, sondern es geht um das Lebens- und Glaubensgefühl, das Lobpreis vermittelt. Hierin zeigt sich auch das, was man eine Individualisierung, Emotionalisierung oder Subjektivierung des Glaubens nennen könnte. Dies gilt für das Gottesbild (höchster Wert: Gott liebt mich bedingungslos) wie für die Glaubenspraxis (Lobpreis ist eine wichtigere Quelle des Glaubens als Gebet und Bibellesen), für die Kirche (höchster Wert: Gemeinschaft) oder die Motivation zum Ehrenamt (höchster Wert: weil es Spaß macht).

Was genau bedeutet hochreligiös?

Im Verlauf der Studie und der ersten Präsentation einzelner Ergebnisse merkten wir, dass der religionssoziologische Fachbegriff der „Hochreligiosität" selbst von Fachleuten anderer Disziplinen schnell missverstanden wird. Er weckt sofort

Assoziationen, die in Richtung Fundamentalismus, Radikalismus oder einer verstockten bzw. verengten Frömmigkeit gehen. Diese Assoziationen sind sehr missverständlich. Deswegen erläutern wir hier gleich zu Beginn des Buches, warum wir den Begriff der Hochreligiosität verwenden und was genau wir darunter verstehen.

Wie man sich leicht vorstellen kann, ist etwas so wenig Greifbares und Gegenständliches wie Glaube bzw. Religiosität eines Menschen schwierig wissenschaftlich zu erfassen. In verschiedenen Religionen sind sehr unterschiedliche Dinge wichtig. In ihrem Zentrum steht beispielsweise ein heiliger Text, bei anderen spielen Texte eine viel geringere Rolle. Und selbst innerhalb einer Religion gibt es große Unterschiede. So ist für viele Katholiken der Besuch der Beichte für den Glauben existenziell wichtig, für Pfingstler hingegen die Geisttaufe oder die Zungenrede. Hinzu kommen noch die persönlich-charakterlichen Unterschiede jedes Menschen (jeder bzw. jedes Gläubigen). Jedoch gibt es mittlerweile eine mehr als 100-jährige Tradition empirischer Religionsforschung, die hier bewährte Instrumente, Verfahren und Messmodelle entwickelte. Eines der bislang wohl elaboriertesten und anerkanntesten Verfahren zur Messung von Religiosität stammt vom Religionssoziologen Stefan Huber. Dieses wurde bereits in mehr als 100 Studien in 25 verschiedenen Ländern eingesetzt. Die bekannteste und umfangreichste davon ist der Religionsmonitor. Dieser ist eine der größten Studien zum Thema Religion weltweit, bei der zuletzt 2013 ca. 14.000 Menschen aus 13 Ländern befragt wurden.[8] Das Messverfahren von Huber hat sich in vielen Studien bewährt und bestätigt. So konnte beispielsweise gezeigt werden, dass es eine hohe Korrelation mit der religiösen Selbsteinschätzung einer Person gibt.[9] Mit diesem Modell haben wir daher auch in der empirica Jugendstudie gearbeitet.

Huber versucht mit seinem Messmodell vor allem zu untersuchen und vergleichbar zu machen, wie intensiv Menschen gläubig sind bzw. wie zentral dieser Glaube in ihrem Leben verankert ist oder auf das Leben ausstrahlt. Mit anderen Worten: Es wird erfasst, wie stark Wahrnehmung, Denken und Verhalten einer Person durch deren Glauben beeinflusst wird. Um diese Intensität oder Zentralität der Religiosität zu messen, werden sechs verschiedene religiöse Dimensionen erfasst, die (in unterschiedlicher Ausprägung) in jeder Religion eine Rolle spielen. Diese sind:

- **Glaubensinhalte:** Woran glauben hochreligiöse Jugendliche? Welches Gottesbild haben sie?
- **Private Glaubenspraxis:** Wie praktizieren sie ihren Glauben im privaten Raum? Welche Rolle spielen persönliches Gebet und Bibellesen im Alltag der Jugendlichen?

- **Öffentliche Glaubenspraxis:** Wie praktizieren sie ihren Glauben im öffentlichen Raum? Inwiefern besuchen sie Veranstaltungen wie Gottesdienste, Jugendkreise etc.?
- **Erfahrung:** Welche Erfahrungen machen die Jugendlichen mit ihrem Glauben? Erleben sie Gottes Nähe?
- **Intellekt:** Wie denken Jugendliche über ihren Glauben nach? Wie beurteilen sie ihr Wissen und ihre Auskunftsfähigkeit über den Glauben?
- **Konsequenz:** Wie wirkt sich der Glaube in ihrem Alltag aus? In welcher Form wirken die Jugendlichen im Kirchen- und Gemeindeleben mit?

Um ein differenziertes und genaues Bild des Glaubens der untersuchten Jugendlichen zu geben, haben wir alle sechs Dimensionen bei unserer Erhebung berücksichtigt. Denn von der Ausprägung einer Dimension kann nicht hinreichend auf die Ausprägung einer anderen geschlossen werden.

Mit dem Modell von Huber kann man letztlich die Religiosität eines Menschen messen und mittels des Durchschnittswertes aller sechs Dimensionen zwischen hochreligiösen, religiösen und nichtreligiösen Personen unterscheiden. Der Unterschied in der Intensität bzw. Zentralität des Glaubens ist dabei nicht nur graduell, sondern auch in qualitativer Hinsicht gegeben.[10] Bei Hochreligiösen befindet sich der Glaube quasi im Zentrum ihrer Persönlichkeit und übt von dort einen starken Einfluss auf alle anderen Aspekte der Person und deren Leben aus. Deutlich wird dies vor allem darin, dass auch für Bereiche wie zum Beispiel politische Einstellungen und Handlungsweisen der Glaube eine zentrale Rolle spielt und darauf Einfluss hat, während nichtreligiöse und religiöse Menschen politische Einstellungen üblicherweise eher unabhängig von ihren Glaubensüberzeugungen entwickeln.

Wen wir befragt haben und wie wir dabei vorgegangen sind

Untersucht haben wir hochreligiöse, evangelische Jugendliche und junge Erwachsene zwischen 14 und 29 Jahren. Die Beschränkung auf evangelische Jugendliche ergab sich aus dem Umstand, dass katholische Jugendliche und deren Glaube regelmäßig auf dem Weltjugendtag der Katholiken untersucht werden und man über sie vergleichsweise gut Bescheid weiß. Da, wie bereits erläutert, die Gruppe evangelischer

Jugendlicher in sich sehr heterogen ist und wir hier unterschiedliche Zugangswege wählen mussten, haben wir uns für die Fokussierung auf evangelisch hochreligiöse Jugendliche entschieden. Unter „evangelisch" verstehen wir hierbei Jugendliche, die sich ihrem subjektiven Empfinden nach der evangelischen Kirche, der evangelischen Gemeinschaftsbewegung oder einer evangelischen Freikirche zugehörig fühlen. Zwar erhoben wir auch die formale Mitgliedschaft, es zeigte sich jedoch bereits im Pretest, dass es oft Unterschiede zwischen der formalen Mitgliedschaft und einer subjektiven Zugehörigkeit gab und für die Jugendlichen Letztere bedeutungsvoller war.

Weil wir also evangelische, hochreligiöse Jugendliche untersuchen wollten und dabei schon eine recht spezifische Gruppe im Blick hatten, suchten wir Zugangswege, bei denen zum einen die Wahrscheinlichkeit groß war, dass wir diese spezielle Gruppe erreichen konnten und bei der diese Gruppe in ihrer Unterschiedlichkeit auch genügend zum Zuge kommen konnte. Dazu haben wir unterschiedliche Zugangswege gewählt.

Ein erster und wichtiger Zugangsweg war das Christival, eine mehrtägige Veranstaltung, die sich vornehmlich an christliche Jugendliche richtet und die unter anderem Konzerte, Gottesdienste und Seminare umfasst. Seit dem ersten Christival 1976 in Essen gab es fünf weitere Veranstaltungen. Das Christival 2016 fand vom 4.–8. Mai 2016 in Karlsruhe statt und wurde von über 13.000 Jugendlichen besucht. Es schien uns für die Zielgruppe der Studie sehr geeignet. Bereits andere Studien (Weltjugendtag der Katholiken) zeigten,[11] dass Großereignisse sich heute besonders für Studien eignen, da sie einen großen Querschnitt an Jugendlichen anziehen. Für das Christival hatten wir zudem Statistiken vorliegen, nach denen die Teilnehmer*innen aus einem breiten evangelischen Hintergrund kamen, wobei über 50 Prozent aus einer der evangelischen Landeskirchen kamen und der Rest sich auf verschiedene Freikirchen sowie landeskirchliche Gemeinschaften aufteilte.

Entsprechend machten wir uns mit einem Team nach Karlsruhe zum Christival 2016 auf. Im Gepäck hatten wir 100 Tablets, die speziell für unsere Befragung programmiert wurden. Mithilfe von ca. 40 ehrenamtlichen Interviewer*innen, die wir sowohl schriftlich als auch mündlich in ihre Aufgabe einwiesen, konnten wir innerhalb von wenigen Tagen sehr viele Jugendliche befragen. Die Interviewer*innen hatten hierbei vor allem die Aufgabe, Jugendliche anzusprechen und kurz zu erläutern, worum es in der Befragung ging. Teilnahmewillige Jugendliche konnten anschließend selbstständig den Fragebogen über den Touchscreen der Tablets ausfüllen. Auf diesem Weg konnten mit einer begrenzten Zahl von Interviewer*innen relativ viele Befragungen gleichzeitig durchgeführt werden. Als Anreiz zur Teilnahme an der Befragung konnten sich Jugendliche, welche den Bogen vollständig ausgefüllt hatten, in ein Gewinnspiel eintragen, bei dem es fünf Tablets zu gewinnen gab. Die Bereitschaft zur Teilnahme war erstaunlich hoch. Wir befürchteten zunächst, dass sich viele Jugendliche nicht auf eine Befragung einlassen würden, da sie zumeist in Gruppen zu dem Festival kamen, welches mit einem sehr vollen und abwechslungsreichen Programm lockte. Zudem dauerte das Beantworten der Fragen (mithilfe des Tablets) bis zu einer halben Stunde. Wir hatten ganz subjektiv jedoch den Eindruck, dass viele Jugendliche froh waren, als kleine Erholung für kurze Zeit einzeln vor einem Bildschirm zu sitzen.

Neben dem Christival führten wir auch auf dem Jugendkirchentag 2016 der Evangelischen Kirche in Hessen und Nassau (EKHN) eine ähnliche Erhebung durch, um einen klassischeren kirchlichen Kontext mit einzubeziehen.

Zusätzlich zu diesen beiden Offline-Erhebungen kam eine Online-Version des Fragebogens zum Einsatz, auf den über folgende Wege aufmerksam gemacht wurde:

- Christival: Hinweis in der Begrüßungstüte, welche alle Teilnehmenden am Eingang erhielten, plus Verteilen von Flyern auf dem Festivalgelände.
- Jugendkirchentag: Hinweis auf der Homepage, Verteilen von Flyern auf dem Festivalgelände etc.
- Websites und Blogs: z. B. evangelisch.de, jesus.de, aej.de, aej Newsletter, JAT Kinder- und Jugendwerk der Methodisten, CVJM-Blog, GJW oder Jugend der FeG etc.
- Soziale Netzwerke: Facebook, Twitter, „Start in den Tag"-App des Neukirchener Verlags etc.
- Anschreiben an Institutionen und Schlüsselpersonen, die in der Jugendarbeit tätig sind (diese verteilten den Link zum Fragebogen dann weiter), zum Beispiel: aej information, cvjm Newsletter etc.

Auf diese Weise konnten wir insgesamt 3.187 evangelische Jugendliche untersuchen. Ziemlich genau drei Viertel (75 Prozent bzw. 2.386) von ihnen konnten wir als hochreligiös identifizieren. Diese hochreligiösen evangelischen Jugendlichen bilden die Kernstichprobe, auf die wir uns im Folgenden beziehen, sofern wir es nicht anders benennen. An vielen Stellen werden aber die religiösen Jugendlichen aus unserer Studie als Vergleichsgruppe herangezogen. Weitere Vergleichsgruppen wurden aus dem Zensus, dem ALLBUS 2012 und 2014, V. KMU, sowie den Daten der Shell Jugendstudie 2015 entnommen.[12]

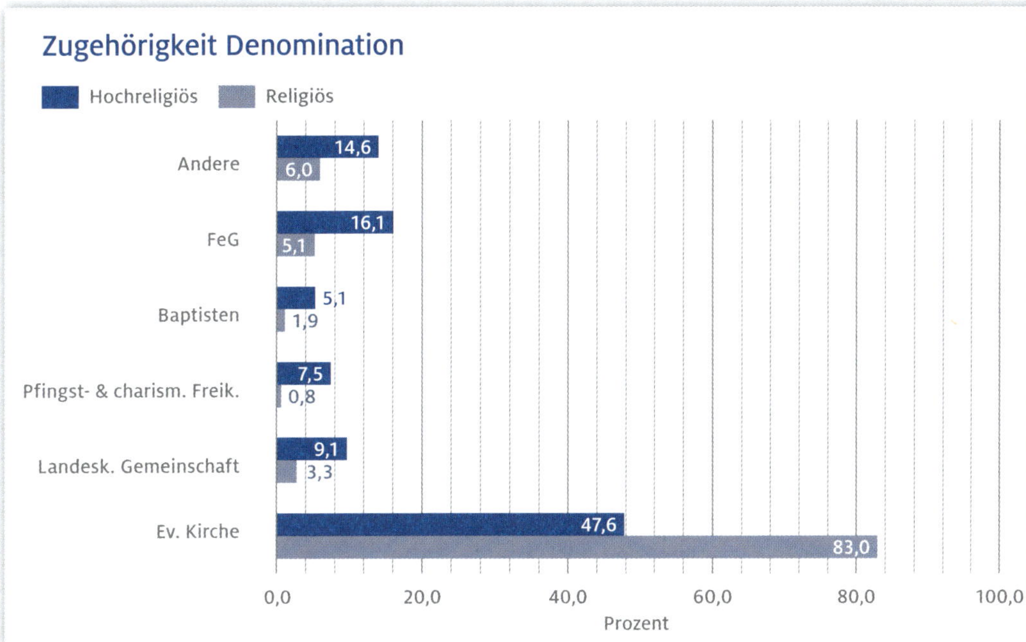

Grafik 1: Welcher christlichen Kirche oder Gemeinde fühlst du dich zugehörig?

Die untersuchten hochreligiösen Jugendlichen fühlen sich knapp zur Hälfte (48 Prozent) der evangelischen Kirche zugehörig. Die restlichen Fälle verteilen sich auf landeskirchliche Gemeinschaften, verschiedene Freikirchen und sonstige Angaben. Damit ist der Anteil der Freikirchler*innen unter den Hochreligiösen sehr groß. In Grafik 1 wird deutlich, dass mit der Religiosität auch der Anteil von Jugendlichen mit freikirchlicher Zugehörigkeit steigt. Der hohe Anteil von Freikirchler*innen ist daher vermutlich keine Verzerrung der Stichprobe, sondern tendenziell eine Eigenart der Grundgesamtheit hochreligiöser Jugendlicher und junger Erwachsener mit evangelischer Zugehörigkeit. Umgekehrt erlebten wir, dass in kirchlichen Kreisen hochreligiöse Jugendliche ausschließlich mit freikirchlichen jungen Menschen assoziiert wurden. Wie sich zeigt, stimmt dies aber nicht, da in unserer Stichprobe knapp die Hälfte der Jugendlichen eine kirchliche Zugehörigkeit aufweist. Auch wenn in der kirchlichen Jugendarbeit die Hochreligiösen eine vergleichsweise geringere Rolle spielen, so ist es doch ein Kurzschluss, Hochreligiosität mit Freikirchlichkeit gleichzusetzen. Zudem ist, wie sich noch genauer zeigen wird, die Gruppe der Hochreligiösen besonders in der kirchlichen Mitarbeit und für zukünftige hauptamtliche Tätigkeiten zentral. Gerade innerhalb evangelischer Kirchen sollte man diese Gruppe also nicht aus den Augen verlieren oder gar ihre Existenz leugnen, bloß weil sie nicht den eigenen Denkschemata entspricht. Da sich bereits bei früheren Studien gezeigt hat, dass diejenigen, die aus einer landeskirchlichen Gemeinschaft kommen, eher den Freikirchlern ähneln als denjenigen aus einer evangelischen Kirche, haben wir dort, wo wir kirchliche und freikirchliche Jugendliche miteinander vergleichen, die Jugendlichen, die zu einer landeskirchlichen Gemeinschaft gehören, zu den Freikirchen gerechnet.

Zusätzlich zu diesem quantitativen Teil der Studie wollten wir auch qualitative Daten gewinnen. Wir wollten die Jugendlichen ausführlich zu Wort kommen lassen und hören, wie sie die Dinge in ihrer eigenen Sprache formulieren. Insgesamt führten wir daher 62 ausführliche Einzelinterviews. Die Erhebung der qualitativen Daten fand in drei Phasen statt. In einem ersten Teil wurden parallel zur quantitativen Erhebung mittels der Tablets auf dem Christival und dem Jugendkirchentag 30 Face-to-face-Interviews durchgeführt. In einer zweiten Phase vertieften wir die bisherigen qualitativen Ergebnisse durch zusätzliche Fragen an haupt- und ehrenamtliche Experten des Handlungsfeldes evangelischer Jugendarbeit (21 Interviews). Eine dritte Phase führten wir durch, nachdem wir die knapp 3.200 Jugendlichen aus der quantitativen Studie mittels einer statistischen Analyse in acht Typen einteilten. Mithilfe einer Nachbefragung ermittelten wir Vertreter*innen dieser Typen und führten mit ihnen ein Interview durch, um jeden Typus durch ein qualitatives Fallbeispiel portraitieren zu können. Die 62 qualitativen Interviews wurden in einem aufwendigen Verfahren transkribiert, codiert und interpretiert. Die Ergebnisse davon geben einen wichtigen Einblick in das Innenleben des Glaubens der Jugendlichen, den die statistisch erhobenen Daten so nicht geben können. Außerdem war uns wichtig, dass die Jugendlichen selbst zu Wort kommen und in ihrer Sprache die Themen ansprechen können, die sie für wichtig halten. Wer sich für die Methodik, das Vorgehen und die quantitativen und qualitativen Gesamtergebnisse interessiert, wird in unserem über 300-seitigen Forschungsbericht fündig, der unter www.institut-empirica.de eingesehen werden kann.

Da der Schwerpunkt der Studie auf hochreligiösen Jugendlichen aus dem evangelischen Raum liegt und es für diese Gruppe keine gesicherten Gesamtdaten (Größe, Zusammensetzung etc.) gibt, war es nicht möglich, eine im statistischen

Sinn repräsentative Studie durchzuführen. Wir haben aber durch ein aufwendiges Verfahren versucht, Ergebnisse zu erzielen, die mit einer guten Wahrscheinlichkeit trotzdem für diesen Bereich verallgemeinerbar sind. Wer sich für methodische Hintergründe und einen Überblick über alle Ergebnisse interessiert, dem sei der bereits erwähnte über 300-seitige Forschungsbericht ans Herz gelegt. Hier findet sich auch der theoretische Rahmen der Studie und alle weiteren wissenschaftlichen Hintergründe. Aus Gründen der besseren Lesbarkeit werden wir im Folgenden nicht immer von evangelisch hochreligiösen Jugendlichen reden, sondern teils auch einfach von hochreligiösen Jugendlichen, Hochreligiösen oder einfach auch Jugendlichen. Wenn nicht anders gekennzeichnet, beziehen sich unsere Ergebnisse auf diese Gruppe.

Foto © aradaphotography | Fotolia.com

Notizen

KAPITEL 2

Eine Verortung der Generation Lobpreis

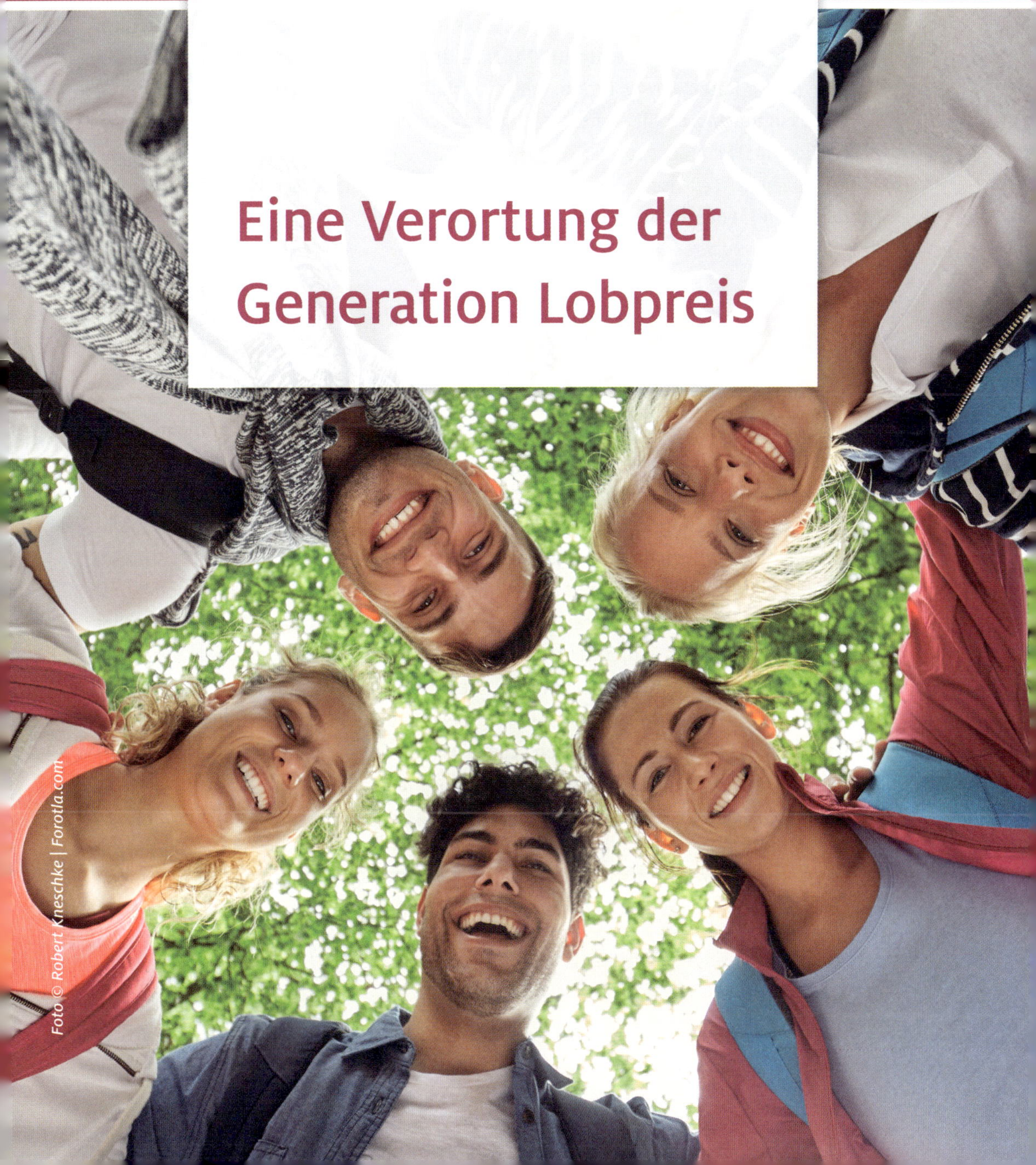

Foto © Robert Kneschke | Forotla.com

In unserer Studie wollten wir nicht nur wissen, was und wie hochreligiöse Jugendliche glauben, sondern auch wie sie ihren Alltag gestalten und wie beides miteinander zusammenhängt. Welche Rolle spielt der Glaube in ihrem Alltag? Inwiefern ist das Verhalten der Jugendlichen in alltäglichen Situationen von ihrem Glauben angeleitet? Im Normalfall gibt es hier eine andere entscheidende Einflussgröße, die man „Lebenswelt" oder teils auch „Milieu" nennt. Hier erhebt man neben Daten zum sozialen Hintergrund (Aus welcher Schicht stammen die Jugendlichen?) und ihrer Bildung bzw. Bildungsorientierung auch zahlreiche Daten zu Werten, Grundhaltungen, Mentalitäten sowie ihrem Freizeitverhalten als auch zu Einstellungen und Überzeugungen zu zahlreichen Aspekten. Auf diese Weise kann man mittels statistischer Analysen *„Gruppen Gleichgesinnter [...], die jeweils ähnliche Werthaltungen, Prinzipien der Lebensgestaltung [und] Beziehungen zu Mitmenschen und Mentalitäten aufweisen"*[13] entdecken.

Aus welchem Milieu stammt die Generation Lobpreis?

Wir wissen, dass sich Jugendliche tendenziell mit Jugendlichen zusammentun, die ähnlich ticken beziehungsweise einen ähnlichen Habitus aufweisen (wie man soziologisch formulieren würde). Die Lebenswelt, die man mit dem Großteil seiner Gleichaltrigen teilt, gestaltet somit als stärkste Einflussgröße den Alltag. Sie ist nicht einfach nur durch einen ähnlichen Geschmack und einen ähnlichen Stil bestimmt, sondern hängt auch stark damit zusammen, woher die Jugendlichen kommen (Kommen sie eher aus einer unteren oder einer oberen Schicht? Sind sie in einem eher bildungsfernen oder -nahen Haushalt aufgewachsen?) und wohin sie sich aktuell im sozialen Raum orientieren. Die Fragen, die wir uns von Beginn an stellten, lauten: Wie verhalten sich Lebenswelt und Glaube bei hochreligiösen Jugendlichen zueinander? Prägt das Milieu den religiösen Lebensstil der Jugendlichen oder ist dieser unabhängig von der Herkunft? Bilden hochreligiöse Jugendliche gar ein eigenständiges Milieu, das sich hinsichtlich der Lebens- und Glaubenspraxis signifikant von den Ergebnissen anderer Jugendstudien unterscheidet? Die Beantwortung dieser Fragen setzt voraus, die Milieuzugehörigkeiten hochreligiöser Jugendlicher zu verstehen und mit ihrem Glauben in Zusammenhang zu bringen.

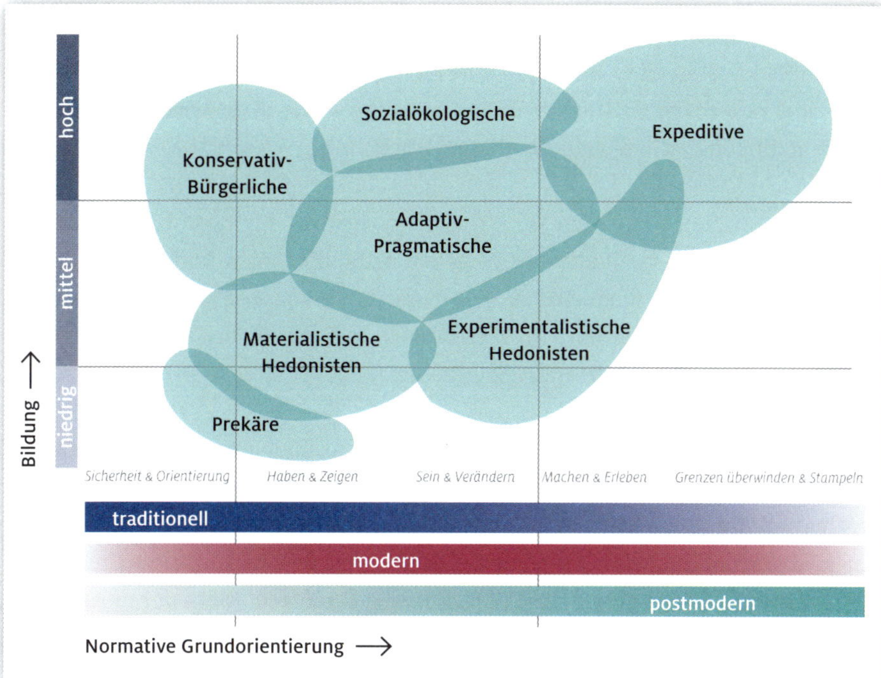

Grafik 2: Quelle: Sinus Markt- und Sozialforschung 2011

In den aktuellen Sinusjugendstudien (siehe Grafik) werden sieben solcher jugendlicher Lebenswelten unterschieden. Die einzige, in der für einige Jugendliche Glaube und Religion eine tendenziell positive Rolle spielen, ist die der bürgerlich-konservativen Jugendlichen. In einem Satz werden sie portraitiert als *„die familien- und heimatorientierten Bodenständigen mit Traditionsbewusstsein und Verantwortungsethik"*. Diese haben eine mittlere bis hohe Bildung und ihre normative Grundorientierung ist ein Mix aus traditionellen und modernen Werten. Zusammen mit dem prekären Milieu, das (vielmehr) durch eine niedrige Bildung gekennzeichnet ist, stellen sie die jugendliche Lebenswelt mit den tendenziell traditionellsten Werten dar. Die Kirche stellt im Leben dieser Jugendlichen einen festen Anlaufpunkt dar, der ihnen soziale Kontakte und Sicherheit bietet.

Die Sinusjugendstudien machen keine genauen Aussagen über evangelische hochreligiöse Jugendliche, jedoch erhält man den Eindruck, dass diese fast ausschließlich aus dem bürgerlich-konservativen Milieu kommen. Eine Ausgangshypothese unserer Studie war, dass diese Diagnose zu vereinfacht ist und wir aus eigenen Beobachtungen schätzen würden, dass die Lebenswelt- und Milieuorientierung der evangelischen hochreligiösen Jugendlichen vielfältiger ist – dass es also auch evangelisch hochreligiöse Expeditive und evangelisch hochreligiöse experimentalistische Hedonisten gibt. Um hierzu eine Aussage zu machen, sammelten wir auch Daten über den sozialen Hintergrund, die Bildung sowie über Wertorientierungen und Mentalitäten bzw. sogenannte Alltagsästhetiken.

Da die Sinusstudien von einem Marktforschungsinstitut durchgeführt werden und sie daher ihr genaues methodisches Vorgehen nicht offenlegen, konnten wir die Lebensweltzugehörigkeit nicht eins zu eins messen. Wir konnten jedoch mittels einer Reihe von anderen etablierten Vorgehensweisen Indikatoren erfassen, die uns hier ein begründetes und fundiertes Urteil erlauben.[14]

Beginnen wir zunächst mit den Fragen, die uns etwas über die soziale Herkunft der Jugendlichen verraten. In welchem Elternhaus sind sie groß geworden und wo im sozialen Raum ist dieses zu verorten? Ist das Elternhaus tendenziell eher als bildungsnah oder bildungsfern zu charakterisieren? Es ist in Jugendstudien nicht einfach, auf diesem Gebiet gesicherte Erkenntnisse zu erlangen. Nicht nur müsste man den Jugendlichen hierzu sehr viele Fragen stellen (was zur Folge hätte, dass man für andere wichtige Fragen keinen Platz bzw. keine Zeit mehr hätte), vielmehr wissen Jugendliche oft über diese Fragen nicht oder nur vage Bescheid (was zum Beispiel die Höhe des Haushaltseinkommens angeht). In vielen Studien hat sich jedoch die Antwort auf eine einfache Frage als sehr guter Indikator für die Bildungsorientierung des Elternhauses insgesamt erwiesen: „Wie viele Bücher haben deine Eltern?"

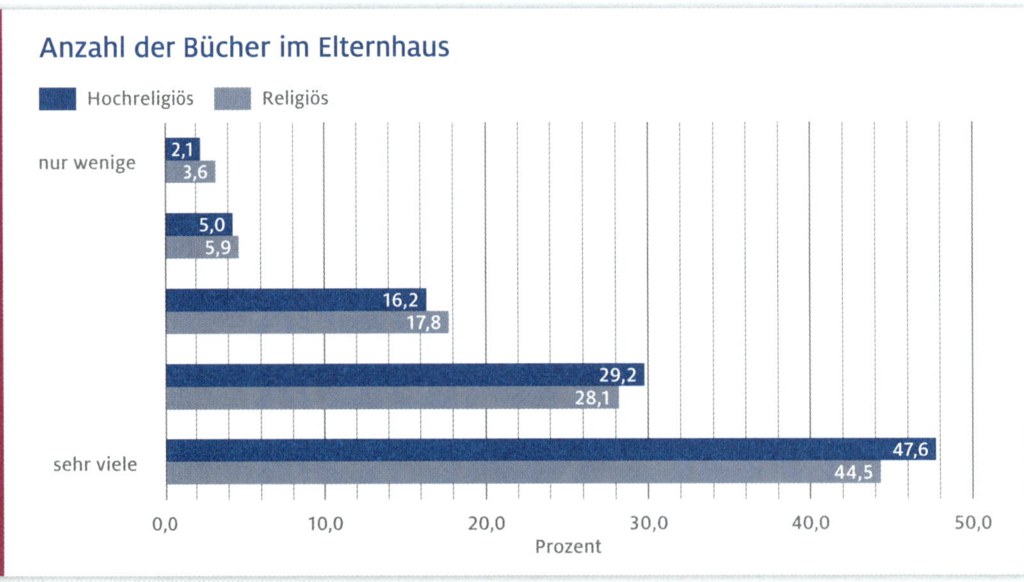

Grafik 3: Wie viele Bücher haben deine Eltern zu Hause?

Es zeigt sich, dass fast die Hälfte der hochreligiösen Jugendlichen angibt, dass ihre Eltern sehr viele Bücher zu Hause haben. Knapp 77 Prozent geben an, dass ihre Eltern viele oder sehr viele Bücher haben.

Gut die Hälfte (52 Prozent) geben zudem an, dass ihr Vater einen höheren Schulabschluss hat (also Fachabitur, Abitur oder Erweiterte Oberschule [DDR] 12. Klasse). 40 Prozent geben das auch für ihre Mütter an. In 47 Prozent der Fälle haben die Mütter jedoch einen mittleren Schulabschluss. Die Eltern der evangelischen, hochreligiösen Jugendlichen haben im Durchschnitt somit deutlich höhere Schulabschlüsse als die Eltern der gleichaltrigen Vergleichsgruppe aus der Shell Jugendstudie, wie die unten stehende Grafik zeigt.

Verteilung Schulabschluss des Vaters im Vergleich

	empirica Jugendstudie (hochreligiöse, 14–25 Jahre)	Shell Jugendstudie 2015 (14–25 Jahre)	Differenz
Kein oder einfacher Schulabschluss	13,7	26,2	-12,5
Mittlerer Schulabschluss	26,3	40,0	-13,7
Höherer Schulabschluss	45,5	29,1	16,4
Keine Angabe	14,6	4,7	9,9
Gesamt	100,0	100,0	
N	2053	2558	

Verteilung Schulabschluss der Mutter im Vergleich

	empirica Jugendstudie (hochreligiöse, 14–25 Jahre)	Shell Jugendstudie 2015 (14–25 Jahre)	Differenz
Kein oder einfacher Schulabschluss	10,2	21,7	-11,5
Mittlerer Schulabschluss	40,7	49,3	-8,6
Höherer Schulabschluss	36,3	26,0	10,3
Keine Angabe	12,8	3,1	9,7
Gesamt	100,0	100,0	
N	2053	2558	

Auch bezüglich der eigenen Schulabschlüsse bei den befragten Jugendlichen, die nicht mehr in der Schule sind, zeigt sich das gleiche Muster. Sie besitzen ebenfalls eine viel höhere Bildungsnähe als in einer für das Alter in Deutschland repräsentativen

Vergleichsgruppe. Hier wird es sogar noch deutlicher, da die Jugendlichen mit Hochschulreife unter den evangelischen hochreligiösen Jugendlichen mehr als doppelt so häufig wie im bundesdeutschen Durchschnitt vertreten sind (45 Prozent zu 21 Prozent).

Verteilung Schulabschluss im Vergleich

	empirica Jugendstudie (hochreligiöse, 14–25 Jahre)	Shell Jugendstudie 2015 (14–25 Jahre)	Differenz
Abgeg. ohne Abschluss	0,2	1,0	–0,8
Hauptschulabschluss	0,7	9,3	–8,6
Mittlere Reife	9,2	23,9	–14,7
Fachhochschulreife	6,0	5,1	0,9
Hochschulreife	44,7	21,3	23,4
Noch in der Schule	30,2	39,1	–8,9
Keine Angabe	9,1	0,2	8,9
Gesamt	100,0	100,0	
N	2053	2558	

Fasst man hier verschiedene Variablen zusammen und deutet diese vor dem Hintergrund des fachlichen Wissens, ergibt sich bezüglich der Schichtzugehörigkeit des Elternhauses der Jugendlichen folgendes Bild:

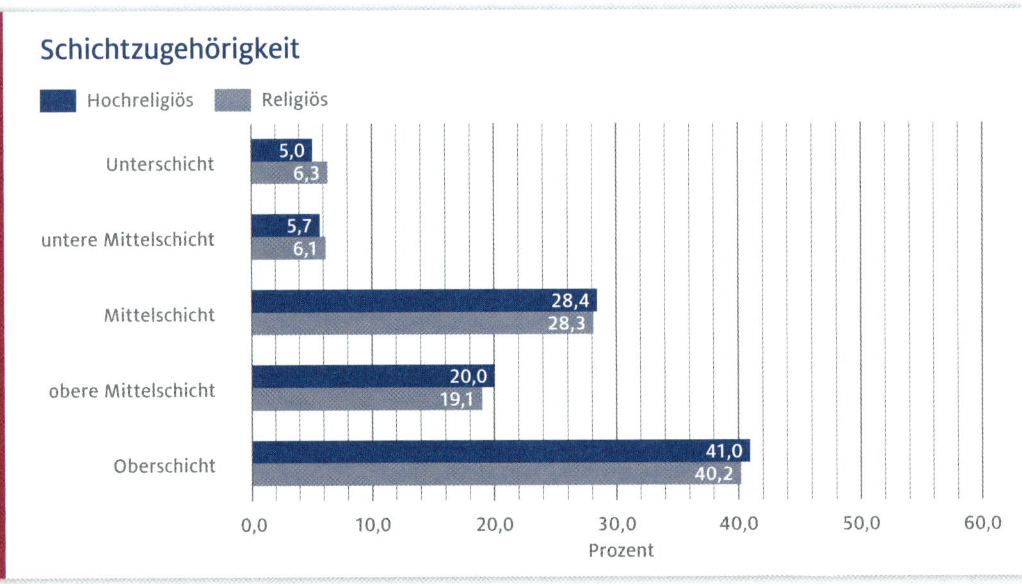

Grafik 4: Soziale Herkunft, gebildet aus Index

Die größte Gruppe der evangelischen hochreligiösen Jugendlichen stammt aus der Oberschicht (41 Prozent) bzw. zu einem sehr großen Teil (89 Prozent) mindestens aus der mittleren Mittelschicht. Das Ergebnis liegt nicht weit entfernt von den religiösen Jugendlichen, trotzdem hat es uns in dieser Eindeutigkeit ziemlich überrascht.

Werte-Orientierungen

Ein weiterer wichtiger Baustein der Lebenswelten von evangelischen, hochreligiösen Jugendlichen ist ihre Werteorientierung. Um diese zu messen und etwas darüber auszusagen, wie sie sich zur Werteorientierung heutiger Jugendlicher allgemein verhalten, haben wir uns an den Ergebnissen und Messmethoden der Wertestudien von Klages und Gensicke orientiert, die bereits seit Ende der 1970er-Jahre im Einsatz sind und auch in den Shell Jugendstudien Anwendung finden. Klages und Gensicke zufolge sind Werteorientierungen *„individuelle Präferenzen, nach denen Menschen in einem übergreifenden Lebenskontext ihre Wahrnehmungen und ihr Handeln ausrichten. Wertevorstellungen sind sozial vorgeformt, weil Menschen gesellschaftlich geprägte Wesen sind, und sie haben soziale Konsequenzen.“*[15] Hier wird zunächst die Wichtigkeit von Einzelwerten erhoben. In einem zweiten Schritt werden diese mittels statistischer Analysen zu ähnlichen Werten zusammengefasst, und in einem dritten Schritt werden unterschiedliche Wertetypen unterschieden.

Wertetypologie Shell Jugendstudie

	Pragmatische Idealisten	Unauffällige Zögerliche	Aufstrebende Macher	Robuste Materialisten
Tugend und Sicherheit	+	–	+	–
Idealistische Werte	+	–	+	–
Hedonistische und materielle Werte	–	–	+	+

+ = überdurchschnittliche Ausprägung, – = unterdurchschnittliche Ausprägung

In der Tabelle ist zu sehen, welche Werte bei den jeweiligen Wertetypen unter- oder überdurchschnittlich ausgeprägt sind. Nach der Shell Jugendstudie 2015 ist die größte Gruppe in Deutschland (12–25 Jahre) die der aufstrebenden Macher, der 32 Prozent aller Jugendlichen angehören. Unter den evangelischen, hochreligiösen Jugendlichen ist der Wertetypus der aufstrebenden Macher nicht nur am stärksten vertreten, sondern mit 40 Prozent deutlich überrepräsentiert. Dies ist der Typus, dem die Wertesynthese gelingt, das heißt alle drei – teils eher gegensätzlichen – Wertedimensionen sind bei ihm überdurchschnittlich ausgeprägt:

- die Wertedimension „Tugend und Sicherheit", die aus „Gesetz und Ordnung respektieren", „Fleißig und ehrgeizig sein" und „Nach Sicherheit streben" besteht;
- die Wertedimension „Idealistische Werte", die aus „Phantasie und Kreativität entwickeln", „Sozial Benachteiligten helfen", „Andere Meinungen tolerieren" und „Sich politisch engagieren" besteht;
- die Wertedimension „Hedonistische und materielle Werte", die aus „Das Leben voll genießen", „Hohen Lebensstandard haben", „Sich gegen andere durchsetzen" und „Macht und Einfluss haben" besteht.

In der Shell Jugendstudie werden sie treffend beschrieben: *„Erhöhte materielle Ansprüche verbinden sich bei ihnen mit einem ausgeprägten Bedürfnis, kreativ zu sein, und mit der Bereitschaft zum gesellschaftlichen Engagement. Dieses Profil ist zugleich mit einer hohen Akzeptanz der gesellschaftlichen Spielregeln verbunden und mit einer starken Betonung der Tüchtigkeit. Auch das Bedürfnis nach Sicherheit ist hoch."*[16] Aufstrebende Macher werden sie deshalb genannt, da sie weder zu den sozial etablierten noch den eher prekären Jugendlichen gehören, sondern eher den *„Typus des sozialen Aufsteigers"*[17] repräsentieren. Trotz großer Bildungsnähe ist also davon auszugehen, dass viele der evangelischen, hochreligiösen Jugendlichen nicht aus Elternhäusern stammen, die bereits seit Langem in der Oberschicht oder oberen Mittelschicht etabliert sind, sondern aus Elternhäusern, die in diese Schichten aufgestiegen sind.

Nach den „Aufstrebenden Machern" ist unter den evangelischen, hochreligiösen Jugendlichen mit 29 Prozent der Wertetypus der „Unauffällig Zögerlichen" am zweithäufigsten vertreten. Auch dieser Wertetypus ist im Vergleich zum bundesweiten Durchschnitt bei den evangelischen, hochreligiösen Jugendlichen überdurchschnittlich stark vertreten. Mit 24 Prozent ist er dort von vieren der drittgrößte Wertetypus. Interessanterweise stellen die „Unauffällig Zögerlichen" das genaue Gegenteil der „Aufstrebenden Macher" dar: Alle Wertedimensionen sind bei ihnen unterdurchschnittlich stark ausgeprägt. Drittgrößter von vier Wertetypen ist mit

22 Prozent der Typus der „Pragmatischen Idealisten". Im Vergleich zum bundesdeutschen Durchschnitt (25 Prozent) ist dieser leicht unterrepräsentiert. „Pragmatische Idealisten" vertreten stark überdurchschnittlich idealistische Werte („Phantasie und Kreativität entwickeln", „Sozial Benachteiligten helfen", „Andere Meinungen tolerieren", „Sich politisch engagieren") und stark unterdurchschnittlich hedonistische und materielle Werte. Die Wertedimension „Tugend und Sicherheit" ist bei ihnen leicht überdurchschnittlich ausgeprägt.

Deutlich am geringsten unter den evangelischen, hochreligiösen Jugendlichen ausgeprägt sind mit neun Prozent die „Robusten Materialisten", bei denen die hedonistischen und materiellen Werte („Das Leben voll genießen", „Hohen Lebensstandard haben", „Sich gegen andere durchsetzen", „Macht und Einfluss haben") stark überdurchschnittlich ausgeprägt sind, die anderen Werte hingegen unterdurchschnittlich – idealistische Werte meist stark unterdurchschnittlich. Mit 19 Prozent stellen sie zwar auch im bundesweiten Durchschnitt der Shell Studie die kleinste Gruppe unter den vier Wertetypen dar, bei den evangelischen, hochreligiösen Jugendlichen sind die „Robusten Materialisten" mit neun Prozent im Vergleich aber stark unterdurchschnittlich vertreten.

Mit Blick auf die Sinus-Jugendmilieus zeigt die mit 40 Prozent größte Gruppe unter den evangelischen, hochreligiösen Jugendlichen, die „Etablierten Macher", eine große Nähe zu den „Adaptiv-Pragmatischen" auf, die ebenfalls für eine starke Wertesynthese stehen. Sie stellen die neue Mitte unter den Jugendlichen dar und vertreten damit den Mainstream der heutigen Jugendgeneration, der im folgenden Exkurs genauer beschrieben wird.

Der neue Mainstream der heutigen Jugendgeneration

Bei der heutigen Jugendgeneration ist eine starke *Gegenwartsorientierung* festzustellen. Zum einen gibt es einen Bedeutungsverlust der Vergangenheit, da man sich aufgrund des beschleunigten sozialen Wandels immer weniger an der Vergangenheit und den dort gemachten Erfahrungen orientieren kann. Zum anderen gibt es aber in einer postmodernen Gesellschaft auch einen eklatanten Mangel an gesellschaftlich positiven Visionen für die Zukunft. In diesem Sinne bleibt nichts anderes als die Gegenwart und ein gewisser *Pragmatismus* sowie ein mindestens moderater *Hedonismus*, welche sich als Kernwerte durch diese Generation ziehen.

Das Mehr an Möglichkeiten führt zugleich zu einer gewissen *Orientierungslosigkeit* und dies wiederum zu einem „*Regrounding*". Das heißt, Jugendliche suchen in einer sich rapide wandelnden Welt nach Halt, nach Entlastung und nach Zugehörigkeit.[18] Halt findet man jedoch vor allem in primären, also familiären Beziehungen, Beziehungen zu Freundinnen und Freunden sowie zu Partnerinnen und Partnern. In Zeiten, in denen alles in Bewegung ist und nichts sicher erscheint, sind diese primären Beziehungen im Vergleich zu früher von besonders großer und existenzieller Bedeutung. Sie sind das Einzige, was einigermaßen Halt und Beständigkeit verspricht. Für nicht wenige Jugendliche sind diese primären Beziehungen auch die Hauptquelle für Sinn und Bedeutung.[19]

Ein weiterer, direkt aus den heutigen Lebensbedingungen ableitbarer Aspekt, ist erlebter Druck. So berichtet eine große Mehrheit der Jugendlichen, dass sie mächtig unter Druck stehen. Sie erleben und berichten von Leistungs-, Bildungs-, Zeit- und Flexibilitätsdruck. Sie wissen, dass sie ihr Leben selbst managen müssen. Eine gewisse Angst vor gesellschaftlichem Abstieg oder davor, an den Rand der Gesellschaft katapultiert zu werden, ist Normalität. Zugespitzt gesagt, müssen die Jugendlichen immer mehr Entscheidungen bei gleichzeitig mehr Optionen treffen. Dabei können sie angesichts einer sich immer schneller verändernden Gesellschaft immer weniger voraussagen, welche Konsequenzen ihre Entscheidungen haben werden, müssen aber immer stärker Verantwortung dafür übernehmen. Denn Misserfolg oder Scheitern ist nach der Logik der individualisierten Leistungsgesellschaft unmittelbar bedingt durch schlechte Entscheidungen und/oder individuelle Fehler. Schuld ist immer der Einzelne. War früher Arbeitslosigkeit in gewissem Sinne kollektives Schicksal einer ganzen Klasse, so ist es heute Einzelschicksal und wird auf das Fehlverhalten der arbeitslosen Individuen zurückgeführt. Eine große Bank warb vor einigen Jahren mit dem Slogan: „*Erfolg ist die Summe deiner Entscheidungen.*" Karl-Heinz Rummenigge formulierte ähnlich: „*Erfolg ist die Summe aller Anstrengungen.*" Diese Logik bedeutet jedoch im Umkehrschluss, dass Misserfolg das Ergebnis von falschen Entscheidungen und zu geringer Anstrengung ist. Vor diesem Hintergrund wird klar, warum eine individualisierte und beschleunigte Multioptionsgesellschaft beim Einzelnen Druck produziert.[20]

Wie oben schon angedeutet, ist die heutige Jugendgeneration eher pragmatisch und entideologisiert. Man konsumiert möglicherweise bewusst (kauft Bio- oder Fairtrade-Produkte), jedoch übt man keine globale Konsumkritik oder möchte gar das System ändern. Entscheidend für (politischen) Aktivismus ist die Logik der Machbarkeit, das heißt das Verfolgen unmittelbar umsetzbarer Ziele. In der neuen Shell

Jugendstudie zeigt sich ein leicht angestiegenes politisches Interesse, zugleich gehen die politischen Aktivitäten aber eher zurück. Zwar ist die Mehrheit mit der Demokratie in Deutschland zufrieden, zugleich sind die Jugendlichen äußert politikverdrossen und bringen Politik und Parteien kaum Vertrauen entgegen.[21]

Dieser Pragmatismus und diese Entideologisierung zeigen sich jedoch nicht nur in politischen Präferenzen, sondern ganz grundlegend bilden sich in der heutigen Jugendgeneration neue Wertesynthesen, die nicht mehr der Logik des „Entweder-oder", sondern dem Anspruch auf ein „Sowohl-als-auch" verpflichtet sind. Sowohl für Vertreter*innen alter, traditionell-konservativer als auch für Vertreter*innen neuer liberal-progressiver Werte erscheinen diese neuen Wertekonfigurationen oft widersprüchlich und inkohärent.[22]

So ist diese Jugendgeneration auf der einen Seite hyperindividualistisch, was sich unter anderem in der weiter sinkenden Bedeutung traditioneller Gemeinschaftsformen zeigt. Auf der anderen Seite gibt es eine große Sehnsucht nach Gemeinschaft und den oben schon aufgezeigten hohen Stellenwert primärer sozialer Beziehungen. Ein neuer Grundwert ist zudem die „flexicurity", also die ideale Mischung aus Flexibilität (flexibility) und Sicherheit (security), die in fast allen Lebensbereichen gesucht wird. Exemplarisch sei dies nur an einem Ergebnis der neuen Shell Studie gezeigt. Jugendliche wollen geregelte Arbeitszeiten, die aber kurzfristig an eigene Bedürfnisse angepasst werden können, sowie die Möglichkeit zur Teilzeitarbeit – zumindest dann, wenn sie eigene Kinder bekommen.[23]

Auf der einen Seite ist die heutige Jugendgeneration recht selbstbewusst. In der Arbeitswelt verlangen sie früh Mitsprache, da sie von klein auf Partizipation gewohnt sind. Zudem sind sie kritisch gegenüber traditionellen Autoritäten eingestellt und einen eher wertschätzenden Umgang sowie Kommunikation auf Augenhöhe gewöhnt. Daher verlangen sie auch oft flache Hierarchien, und es wird ihnen nachgesagt, dass sie nicht nur gewohnt sind, Feedback zu bekommen, sondern auch (ungefragt) Feedback zu geben. Parallel zum gesteigerten Selbstbewusstsein ist diese Jugendgeneration aber hochgradig angepasst. Sie ist pragmatisch gewohnt, das Kleine im Hier und Jetzt zu verbessern (z. B. über Feedback), gleichzeitig liegt es ihr fern, das Große und Ganze („das System", „die Gesellschaft") zu verändern. Dies zeigt sich auch darin, dass nicht wenige der Jugendlichen ehrenamtlich und/oder sozial engagiert sind. Zugleich ist dieses Engagement für sie ein selbstverständlicher Teil ihrer Selbstoptimierung, das heißt, sie wissen, dass es sich auch im Lebenslauf auszahlt. Sie sind leistungsorientiert und suchen gleichzeitig neue Formen von Entschleunigung.

Alltagsgestaltung und ästhetische Orientierungen

Neben der Bildungsnähe oder -ferne und den Werteorientierungen ist für die Zugehörigkeit zu Milieus und Lebenswelten ein weiterer Aspekt zentral: die sogenannten alltagsästhetischen Schemata. Soziale Zugehörigkeit drückt sich heute nicht mehr alleine durch berufliche Zugehörigkeit und den entsprechenden Status aus, sondern immer mehr über Alltag und Freizeit. In der Art und Weise, wie Menschen ihre Freizeit gestalten und an welchen Maßstäben sie sich dabei orientieren, drücken sie zugleich aus, wo sie sich soziokulturell verorten. Die am intensivsten erforschte und gängigste Unterscheidung dreier alltagsästhetischer Schemata ist die des Soziologen Gerhard Schulze. Diese drei Schemata sind keine einander ausschließenden Stilmuster, sondern, ähnlich wie die Wertedimensionen, miteinander kombinierbar. Sie spannen einen mehrdimensionalen Raum auf, in dem eine Person verortet werden kann.[24] Entscheidend für die Schemata ist es, welche Lebensphilosophie jemand vertritt, wodurch und wie ein Mensch sich Erlebnisse schafft und diese genießt und schließlich, von wem oder wovon er sich abgrenzt, also welches „ästhetische Feindbild" jemand hat. Unterschieden werden können:

- **Das Hochkulturschema:** Hier gibt es eine Präferenz für „anspruchsvolle" und als „kulturell wertvoll" definierte Angebote. Es dockt an die ästhetischen Vorlieben der bürgerlichen Orientierung und klassischen Hochkultur an (in Abgrenzung zu bloßer Unterhaltungskultur, wie sie beispielsweise in der Abgrenzung von E- zu U-Musik gängig ist). Das Hochkulturschema ist aufgrund seiner langen Tradition sozial am klarsten ausgearbeitet, verliert Schulze zufolge aber zunehmend seine Funktion bei der Etablierung sozialer Hierarchien. Durch seine Popularität hat es viel von seiner Exklusivität eingebüßt und steht immer weniger für die Zugehörigkeit zu „besser gestellten" Kreisen. Die Nähe oder Distanz zu diesem Schema hat kaum noch etwas mit den verfügbaren ökonomischen Ressourcen zu tun, ist aber nach wie vor bildungsabhängig. Zentral für jeglichen Genuss sind die Zurücknahme des Körpers bzw. eine gewisse Vergeistigung (psychische Erlebnisqualitäten stehen im Vordergrund). Jedoch grenzt sich hier nicht nur das Geistige gegenüber dem Körperlichen ab, sondern auch das Kultivierte gegenüber dem Barbarischen und das Gebildete gegenüber dem Ungebildeten. Angestrebt werden stets eine gewisse Perfektion sowie eine Vereinigung von Gegensätzen.[25]

- **Das Trivialschema:** Hier gibt es eine Präferenz für ästhetische Angebote, die auf eine „heile Welt" zielen und umgangssprachlich dem Kitsch nahestehen. Entscheidend ist, dass die Angebote leicht zugänglich sind, anstrengungslosen Genuss versprechen und ihre Nutzung keine besonderen kulturellen Kompetenzen erfordern. Der Körper und die Befriedung körperlicher Genüsse stehen hier stärker im Vordergrund, zugleich sind Gemütlichkeit, geselliges Miteinander, Einfachheit, Wiederholung und Vertrautes hoch im Kurs. Abgegrenzt wird sich gegen alles, was zu fremd und exzentrisch scheint. Angestrebt wird hingegen eine Kultur der schönen Illusion von harmonischer Gemeinschaft, Angenommen-Sein und „Happy Ends“.[26]

■ **Das Spannungsschema:** Hier gibt es eine Präferenz für ästhetische Angebote, die durch Intensität und Abwechslungsreichtum gekennzeichnet sind. Das Spannungsschema ist historisch das jüngste der drei Schemata. Auch hier spielt der Körper eine zentrale Rolle, jedoch geht es vor allem um Ausdruck mithilfe des Körpers, intensive Reize, Spannung und Abwechslung. Abgegrenzt wird sich von allem, was langweilig, spießig, veraltet und angepasst erscheint. Alles ist hier auf das Individuum ausgerichtet, auf dessen Selbstentfaltung und Stimulation.[27]

Alle drei alltagsästhetischen Schemata sind bei den evangelischen, hochreligiösen Jugendlichen tendenziell mittel ausgeprägt. Am stärksten ausgeprägt (mit 3,5 von 7 jedoch genau mittel ausgeprägt) war das Schema von Spannung und Aktion, das sich aus der Zustimmung zu den Aussagen „Ich probiere gerne Neues aus“, „In meiner Freizeit tue ich gerne Dinge, die aufregend sind“, „Ich gehe gerne feiern und tanzen“ und „Mein Leben gefällt mir dann besonders gut, wenn ständig etwas los ist“ ergibt. Mit 3,4 von 7 fast genauso stark (bzw. mittelstark) ausgeprägt ist das Schema der Trivialität. Das heißt, die Zustimmung zu folgenden Aussagen war ungefähr gleich groß: „In meiner Freizeit mag ich es harmonisch und gemütlich“, „Ich fühle mich sehr mit meiner Heimat verbunden“, „Mir sind bodenständige und bewährte Dinge lieber als etwas Ausgefallenes“, „Ich kann nichts mit Kunst anfangen, mit der man sich lange beschäftigen muss, bevor man sie versteht“.

Mit 3,2 von 7 im Vergleich am geringsten ausgeprägt ist das Schema von Hochkultur und Reflexion, die durch Zustimmung zu folgenden Aussagen gekennzeichnet ist: „Ich beschäftige mich gerne mit Dingen, die mich gedanklich herausfordern“, „Ich lese gerne schwierige und anspruchsvolle Bücher“, „Kunst und Kultur sind wichtige Themen für mich“, „Ich informiere mich darüber, was in Politik und Gesellschaft vorgeht“.

In der fast gleichstarken Ausprägung aller drei Schemata lässt sich wieder ein gewisser Hang zur Synthese vom scheinbar Widersprüchlichen ausmachen. Deutlich wird das auch, wenn man sich die Tabelle entlang der Zustimmung zu den Einzelaussagen anschaut. Am stärksten ist die Zustimmung zu drei Aussagen, die jeweils für eins der drei Schemata stehen: „In meiner Freizeit mag ich es harmonisch und gemütlich" (3,9 – Trivial), „Ich probiere gerne Neues aus" (3,9 – Spannung und Aktion), „Ich beschäftige mich gerne mit Dingen, die mich gedanklich herausfordern" (3,8 – Hochkultur und Reflexion).

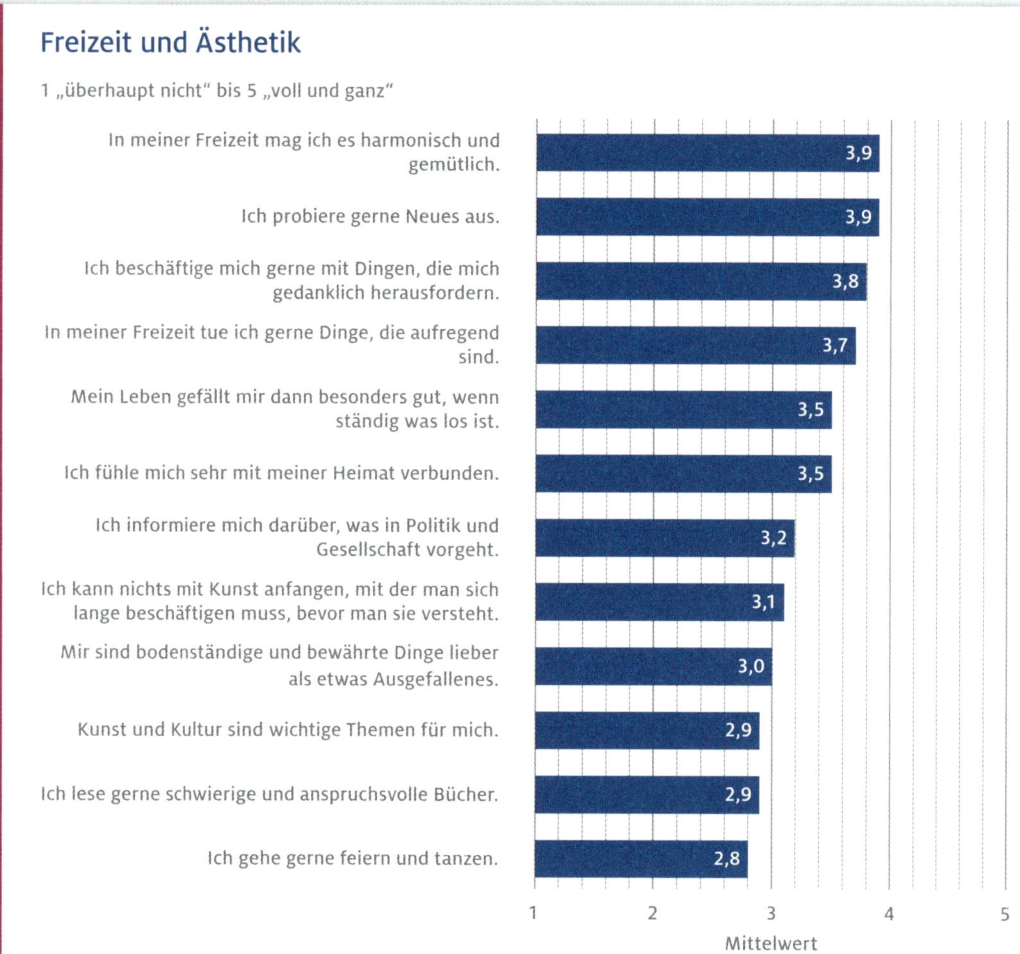

Grafik 5: Inwiefern treffen folgende Aussagen auf dich zu?

Auch hier zeigt sich eine gewisse Nähe zu den adaptiv-pragmatischen Jugendlichen. Die verhältnismäßig geringe Ausprägung von Hochkultur und Reflexion und die verhältnismäßig starke Ausprägung des Trivialschemas ist angesichts der großen Bildungsnähe erstaunlich und weist darauf hin, dass der Großteil der evangelischen, hochreligiösen Jugendlichen auch eine Nähe zu den bürgerlich-konservativen Jugendlichen aufweist.

Zwischenfazit

Wichtig ist, dass bezüglich aller drei Aspekte – soziale Herkunft/Bildungsnähe, Werteorientierung und Alltagsästhetik – das Antwortverhalten der befragten evangelischen, hochreligiösen Jugendlichen unglaublich homogen war. Sie zeichneten sich also durch eine sehr große Ähnlichkeit aus. Die größten Unterschiede gab es bei den Werteorientierungen, nur leichte Unterschiede kamen bei den Alltagsästhetiken vor, wenige bei der Bildungsnähe des Elternhauses. Unsere Ausgangshypothese, dass die Lebenswelt- und Milieuorientierung evangelischer, hochreligiöser Jugendlicher vielfältig und heterogen ist, wurde somit deutlich widerlegt. Nach Logik der Sinus-Milieus lässt sich die Mehrheit der evangelischen, hochreligiösen Jugendlichen irgendwo zwischen den bürgerlich-konservativen und den adaptiv-pragmatischen Jugendlichen verorten. Wie verhalten sich Lebenswelt und Glaube bei den hochreligiösen Jugendlichen also zueinander? Es ist davon auszugehen und bezüglich der weiteren Ergebnisse zu überprüfen, dass das Milieu der Jugendlichen ihren religiösen Lebensstil prägt und dieser nicht unabhängig von der Herkunft ist. Zumindest in Bezug zu den hier besprochenen Aspekten bilden evangelisch hochreligiöse Jugendliche kein eigenständiges Milieu, das sich hinsichtlich der Lebens- und Glaubenspraxis signifikant von den Ergebnissen anderer Jugendstudien unterscheidet. Doch trifft dies auch auf andere Aspekte wie den Glauben zu? Das steht auf einem anderen Blatt und wird im Weiteren ausführlich behandelt.

Notizen

KAPITEL 3

Fromme Typen

Foto © Markus Mainka | Fotolia.com

Ein differenzierter Blick auf die Generation Lobpreis

Wir haben bislang die „Generation Lobpreis" beschrieben und gesehen, dass die hochreligiösen, evangelischen Jugendlichen sich bei aller Individualität in vielerlei Hinsicht stark ähneln. Nichtsdestotrotz war es uns wichtig, genauer hinzuschauen und zu überprüfen, inwiefern sich diese Gruppe in Untergruppen – im weiteren Typ oder Typus genannt – aufteilen lässt und welche Muster und Charakteristika sich dabei finden lassen. Mittels komplexer statistischer Verfahren haben wir dies getan[28] und kamen dabei tatsächlich zu spannenden und aufschlussreichen Ergebnissen, die wir in diesem Kapitel vorstellen wollen. Wie alle Typisierungen besteht auch hier die Gefahr, die Typen zum „Schubladendenken" zu missbrauchen. Daher ist es uns wichtig zu betonen, dass kein einzelner Jugendlicher einem dieser Typen zu 100 Prozent entspricht. Statt zu stereotypisieren, sollten die Typen gerade dabei helfen, einen differenzierteren Blick auf „die" frommen Jugendlichen zu werfen und sie dabei aus so manchen Schubladen und Vorurteilen herauszuholen. Uns ist es zudem wichtig, dass die Typen keiner inhaltlichen Wertung unterliegen. Wir haben uns darum bemüht, sie möglichst neutral zu beschreiben. Da Sprache aber selten neutral ist (vor allem, wenn sie anschaulich und pointiert ist), kann es den Lesenden gegebenenfalls trotzdem als wertend erscheinen – dies ist nicht intendiert.

Inhaltlich wurden die Typen entlang dreier Dimensionen gebildet, die sich in der Auswertung als zentral gezeigt haben.

Ausprägungen der Typen

	Typen		
	Exklusivität des Glaubens	Qualität der Gemeindebindung	Unterstützender Glaube
Typ 1: Die Höchstleister	++	+++	+++
Typ 2: Die Ambivalenten	++	+++	–
Typ 3: Die Erweckten	++	–	+++
Typ 4: Die Unauffälligen	++	–	–
Typ 5: Die Ganzheitlichen	– –	+++	+++
Typ 6: Die Erlebnisorientierten	– –	+++	–
Typ 7: Die Sozialpolitischen	– –	–	+++
Typ 8: Die Reservierten	– –	–	–

Die *erste Dimension* macht deutlich, wie exklusiv der Glaube der Jugendlichen ist.[29] Ein solch exklusiver Glaube ist bei den Typen 1 bis 4 besonders stark ausgeprägt. Das heißt, diese sind besonders davon überzeugt, dass in religiösen Fragen ihre eigene Religion bzw. Anschauung recht hat und andere Religionen eher unrecht haben. Zugleich lehnen sie die Aussage „Für mich hat jede Religion einen wahren Kern" besonders stark ab. Sie richten ihren Alltag nicht nur besonders intensiv nach der Bibel aus, sondern wollen diese auch wortwörtlich verstanden wissen. Sie versuchen, möglichst viele Menschen für den Glauben zu gewinnen. Zugleich wirkt sich ihr Glaube stark darauf aus, mit wem sie befreundet sind und mit wem nicht.

Die *zweite Dimension* zeigt die Stärke und Qualität der Gemeindebindung auf. Typ 1, 2, 5 und 6 sind überdurchschnittlich stark mit Gemeinde verbunden. Sie fühlen sich in ihrer Gemeinde sehr wohl und keinesfalls eingeengt oder unter Druck gesetzt. In der Gemeinde haben sie gute Freunde. Wenn sie Hilfe benötigen, können sie auf die Unterstützung ihrer Gemeinde vertrauen, und bei persönlichen Problemen finden sie Menschen in ihrer Gemeinde, mit denen sie darüber gut reden können.

In der Ausprägung der *dritten Dimension* zeigt sich, wie stark die Jugendlichen einen unterstützenden Glauben haben. Ihr Gottesbild ist geprägt von einem Gott, der Gebete erhört und ihnen Trost spendet, wenn sie traurig sind. Sie fühlen sich oft in Gott geborgen, spüren ihre Liebe zu ihm und erleben im Alltag oft Situationen, in denen ihr Glaube eine Hilfe für sie ist. Entsprechend kommen in ihren Gebeten die Themen Dankbarkeit gegenüber Gott und Verehrung oder Lob Gottes besonders häufig vor. Einen überdurchschnittlich stark unterstützenden Glauben weisen alle ungeraden Typen (1, 3, 5 und 7) auf.

Alle 3.187 teilnehmenden Jugendlichen wurden in die folgenden acht Typen eingeteilt. Zu diesen gehören also sowohl hochreligiöse als auch religiöse Jugendliche sowie kirchliche und freikirchliche Jugendliche, zudem solche aus landeskirchlichen Gemeinschaften, aber nicht in derselben Häufigkeit.

Wie im ersten Kapitel beschrieben, haben wir nach der quantitativen Typenanalyse die Jugendlichen, die sich dazu einverstanden erklärt hatten, zu einer Nachbefragung eingeladen. Bei dieser ermittelten wir noch einmal, zu welchem Typus sie gehören, und luden sie zu qualitativen Telefoninterviews ein, in denen die Jugendlichen ausgiebig zu Wort kamen. Bevor wir im Folgenden den jeweiligen Typus allgemein beschreiben, stellen wir diesen daher an einem konkreten Fallbeispiel vor. Darauf folgend stellen wir die allgemeinen Charakteristika des jeweiligen Typus vor.

Typ 1: Die Höchstleister

Portrait Simone*

„Ich bin nicht ich, wenn ich nicht mit Jesus leben würde.“ SIMONE

Simone ist eine 23-jährige verheiratete Studentin der Sozialen Arbeit, die einer evangelisch-freikirchlichen Gemeinde angehört und in Erfurt wohnt. Bei dem Wort Glauben fällt ihr spontan *„Verbindlichkeit, Freude, Glück, Gemeinschaft, Gemeinde“* ein. Die Gemeinde spielt für ihren Glauben *„eine wichtige“* Rolle und sie fühlt sich dort *„im Allgemeinen sehr wohl, weil es dort eine familiäre Atmosphäre gibt“*. Ihre Familie spielt für ihren Glauben *„eine wichtige Rolle“*. *„Ich wüsste nicht, wo ich wäre, wenn ich nicht in einer christlichen Familie aufgewachsen wäre.“* Erlebnisse, die sie in ihrem eigenen Glauben geprägt haben, sind ihre Taufe mit 13 Jahren, das regelmäßige Bibellesen, das persönliche Gebet und das Hören von Online-Predigten aus den USA. Dabei kann sie am ehesten mit ihren Freunden über ihren Glauben sprechen.

Außerdem engagiert sie sich mehrmals pro Woche in ihrer Gemeinde, wo sie unter anderem den Lobpreis leitet oder mit Jugendlichen arbeitet. In ihrer Gemeinde gefällt ihr besonders gut, dass dort ein *„ganz guter generationenübergreifender Zusammenhalt besteht“*. Der wöchentliche Gottesdienstbesuch spielt für sie eine große Rolle. Er ist für Simone *„ein wichtiges Element der persönlichen Stärkung, aber auch des Austauschs“*. *„Für mich dient der Gottesdienst dazu, Gott zu begegnen, aber zugleich ist es beides, die Gemeinschaft mit Gott und die Gemeinschaft mit den Christen.“* Dabei bevorzugt sie *„alles, was so modern“* ist und was ihr konkrete Hilfe im Alltag gibt. Simone betont, dass sie *„als jüngere Leute“* sich *„nicht irgendwie ausgeschlossen fühlen“* in der Gemeinde, *„außer vom Seniorenkreis vielleicht [lacht]“*.

Ihr Glaube hat für sie *„die wichtigste Bedeutung“* in ihrem Leben: *„Ich wäre nicht ich, wenn ich nicht mit Jesus leben würde.“* Manchmal fragt sie sich, ob sie vielleicht irgendwann Freunde oder materielle Dinge zu hoch eingeschätzt hat. *„Ich bemühe mich, dass Gott das Wichtigste in meinem Leben ist beziehungsweise sein sollte.“* Eine Art „Leitwort“ für sie geworden ist der Bibelvers: „Du sollst den Herrn, deinen Gott lieben von ganzer Seele, mit ganzer Kraft und mit all deinem Verstand und deinen Nächsten

** Das Foto zeigt nicht die interviewte Person; Foto © Markus Mainka | Fotolia.com*

wie dich selbst." Konkret bedeutet das, dass sie täglich versucht, nach dem Gebot der Liebe zu leben zum Beispiel *„in der Begegnung mit Flüchtlingen"*. Dies gelingt ihr nicht immer, jedoch bemüht sie sich *„schon sehr stark, das umzusetzen"*. Denn *„ich denke, dass es erstens logische Konsequenz ist: Wenn Gott Liebe ist, dann sollen wir auch lieben. Und zweitens, weil es einfach was Schönes ist, es wäre nicht gut, nicht sinnvoll und nicht erfüllungsbringend, wenn man das Gegenteil leben würde, nämlich Hass, das macht den Menschen kaputt."* Simone ist der Meinung, dass Gott ihr im Alltag hilft, sie aber auch bestrafen kann, wenn Gott ihr Handeln nicht gefällt. Außerdem betet sie mehrmals am Tag zu Gott und erfährt dabei *„immer wieder auch Hilfe"*. Neben dem Engagement in der Gemeinde arbeitet sie *„auch freiwillig für eine Missionsorganisation"*. Simone versucht grundsätzlich immer wieder, ihren *„Glauben zu bekennen, sei es im Gespräch beim Mittagessen oder so"*, gleichzeitig hat sie *„aber oft ein schlechtes Gewissen, ob ich nicht zu zögerlich bin"*.

Bei anderen Religionen findet sie es *„teilweise interessant, was andere Religionen so lehren, teilweise aber auch echt erschreckend"*. Sie hat durch ihr Engagement Kontakt zu muslimischen Flüchtlingen und hat mit manchen sogar *„Freundschaften geschlossen"* und findet es nicht einfach, *„wie man den Glauben gut rüberbringen kann, ohne dass man sie damit erschlägt. Weil wenn jemand einen ganz anderen Erfahrungshorizont hat, muss man natürlich erstmal eine Vertrauensbasis schaffen."* Bei kurzfristigen Kontakten gibt sie auch schon mal *„Literatur weiter, beispielsweise, wenn ich Menschen im Zug treffe oder so, ich habe einige arabische Flyer dabei oder Kalender"*. Simone hat auch schon an vielen christlichen Freizeiten teilgenommen, dabei waren ihre Erfahrungen *„unterschiedlich"*. Diese Freizeiten haben bei ihr jedoch eine Verbindlichkeit und Regelmäßigkeit in ihrem Glauben entstehen lassen. Ansonsten ist ihr wichtig, dass sie für ihre Mitarbeit hin und wieder *„Bestätigung bekommt, also halt ab und zu ‚Hey, das hast du gut gemacht' oder ‚Ich freue mich darüber, dass du dich so rege beteiligst'"*. Sie denkt, dass unverbindliches Ausprobieren für einen ersten Schritt zur Mitarbeit sehr wichtig ist. Für ihre Zukunft wünscht sich Simone: *„Dass ich hoffentlich noch gelassener und fröhlicher werde und regelmäßiger die Bibel lese, noch regelmäßiger. Und dass ich mit Hoffnung sterben kann eines Tages, das ist wirklich mein Wunsch, dass ich eines Tages mit Hoffnung sterben kann und dass ich mir im Vorhinein nicht zu viele Sorgen darum mache. Darüber hinaus wünsche ich mir, meinen Glauben noch fröhlicher gegenüber meinen Mitmenschen erklären zu können und nicht ins Stammeln zu kommen, wenn es um solche Themen geht."*

Allgemeine Beschreibung der „Höchstleister“ (Typ 1)

Der Typus der „Höchstleister“, wie ihn Simone repräsentiert, kommt unter den hochreligiösen Jugendlichen am häufigsten vor. Zugleich bestehen die „Höchstleister“ fast ausschließlich (zu 99,85 Prozent) aus Hochreligiösen.

Wäre der Glaube eine Olympiade, die „Höchstleister“ wären diejenigen, die mit Abstand die meisten Medaillen einsammeln und die meisten Rekorde brechen würden. Den Einfluss Gottes auf ihren Alltag erleben sie am stärksten. Kein anderer Typus kann, laut Selbstaussage, so gut über den Glauben Auskunft geben wie sie. Sie beten häufiger als alle anderen Typen (80 Prozent mehr als einmal pro Tag) und besuchen am häufigsten von allen den Gottesdienst. Zugleich sind sie am stärksten ehrenamtlich in der Gemeinde engagiert. Entsprechend können sie sich von allen Gruppen am häufigsten vorstellen, später als Pfarrerin oder Pfarrer zu arbeiten. Dass Sex vor der Ehe (63 Prozent) und Homosexualität (81 Prozent) eine Sünde sind, ist für sie am eindeutigsten.

Wie erwähnt, fühlen sich die ersten vier Typen häufiger einer Freikirche zugehörig und die Typen 5–8 häufiger einer evangelischen Kirche. In konkreten Zahlen bedeutet dies, dass der Anteil der Zugehörigkeit zur evangelischen Kirche bei den Typen 5–8 zwischen 67 und 74 Prozent liegt und bei den Typen 1–4 zwischen 32 und 39 Prozent. Rechnet man bei den Typen 1–4 jedoch diejenigen hinzu, die sich zu einer landeskirchlichen Gemeinschaft zugehörig fühlen und damit formal größtenteils auch zur evangelischen Kirche zählen, liegt der Anteil der kirchlichen Jugendlichen bei den Typen 1–4 aber bei ca. 50 Prozent, nur die „Höchstleister“ (Typ 1) scheren mit bloß 43 Prozent (32 Prozent evangelische Kirche, 8 Prozent landeskirchliche Gemeinschaft) deutlich aus. Bei ihnen sind die Pfingstkirchen, charismatische Freikirchen, die Baptisten, die Freien evangelischen Gemeinden und andere Freikirchen überrepräsentiert. Wenn sie sich einem Jugendverband zugehörig fühlen, dann ist dies entsprechend häufiger der Jugendverband einer evangelischen Freikirche.

Die „Höchstleister“ haben ein deutliches Bild von Gott. Folgenden fünf Aussagen über Gott stimmen sie am deutlichsten von allen Typen zu: „Gott hat einen Plan für mich“; „Gott greift in mein Leben ein“; „Gott lässt mir meinen freien Willen“; „Gott hat Jesus gesandt, um mich zu erlösen“; „Vor Gott bleiben meine Sünden nicht verborgen“.

Überdurchschnittlich häufig lesen sie die Bibel. 89 Prozent von ihnen tun dies mindestens einmal pro Woche, 43 Prozent sogar täglich. Der hohe Stellenwert der Bibel zeigt sich auch darin, dass sie neben den „Erweckten“ der einzige Typus sind, der tendenziell eine unterdurchschnittliche *„Präferenz für christliche Zeitschriften oder Bücher statt der Bibel“* angibt. Ebenso sind sie mit den Erweckten diejenigen, die am intensivsten in der Bibel eine Stärkung ihres Glaubens sehen. Auch wenn das Bibellesen als Stärkung des Glaubens für sie wichtig ist (60 Prozent), werden sie in ihrem Glauben noch intensiver durch persönliches Gebet (67 Prozent) und Lobpreismusik/Worship (69 Prozent) gestärkt. Überdurchschnittlich häufig geben sie zudem Predigten im Gottesdienst, christliche Konferenzen und die Mitarbeit in Kleingruppen als Stärkung ihres Glaubens an, während kreatives Arbeiten, christliche Freizeiten und Mitarbeit in der Gemeinde/Diakonie hier unterdurchschnittlich häufig genannt werden.

Wie erwähnt, sind die „Höchstleister“ zugleich der Typus, der die höchste Auskunftsfähigkeit über den Glauben aufweisen kann. Kein anderer Typus ist, aus der Selbsteinschätzung heraus, so gut über den christlichen Glauben informiert, weiß so gut, was in der Bibel steht und kann anderen den eigenen Glauben verständlich erklären. Vielleicht hängt dies auch damit zusammen, dass diese Jugendlichen sich überdurchschnittlich häufig mit Freunden über den Glauben unterhalten – gut 70 Prozent von ihnen geben an, dies oft oder öfter zu tun. Auch hier sind sie die eindeutigen Rekordhalter.

Wie erwähnt besucht kein anderer Typus so häufig einen Gottesdienst. Dabei nehmen die Jugendlichen überdurchschnittlich oft an modernen, offen-spontanen, lebensnahen und zum Mitmachen gestalteten Gottesdiensten teil – wie auch die „Ganzheitlichen“ und die „Erlebnisorientierten“.

Am liebsten haben sie einen Gottesdienst, der Gott und den Heiligen Geist zum Inhalt hat, Hilfe für die alltägliche Lebensführung gibt, Teilnahme und Gemeinschaftserleben ermöglicht und modern ist.

Fast alle „Höchstleister“ (95 Prozent) engagieren sich ehrenamtlich im christlichen Kontext, wo sie ebenfalls Rekordhalter sind. Dies tun sie nicht nur besonders häufig (ca. die Hälfte von ihnen engagiert sich mehr als einmal in der Woche), sondern zudem in sehr vielen unterschiedlichen Bereichen. Überdurchschnittlich engagieren sie sich vor allem bei der Vorbereitung und Mitwirkung von Lobpreis, der Arbeit mit Jugendlichen, bei praktischen Tätigkeiten, der Medien- und Öffentlichkeitsarbeit sowie im Bereich Mission und Evangelisation. Ihr Engagement im letztgenannten Bereich ist doppelt so häufig wie beim Durchschnitt der befragten Jugendlichen.

Ihr Engagement ist laut eigener Aussage dabei vor allem uneigennützig motiviert. Überdurchschnittlich oft geben sie an, dass die Motivation in ihrer Verantwortung liegt, als Christinnen und Christen zu handeln, sowie darin, anderen zu helfen. Zugleich geben sie unterdurchschnittlich oft an, für ihr Engagement Anerkennung und Bestätigung bekommen zu wollen.

Am stärksten von allen Typen können sie sich vorstellen, später Pfarrerin oder Pfarrer zu werden (knapp die Hälfte kann sich das mindestens denken). Überdurchschnittlich oft können sie sich auch vorstellen, später in der christlichen Kinder- und Jugendarbeit hauptamtlich tätig zu sein, in der Diakonie jedoch eher weniger. Die Aufgabe der Kirche sehen sie vor allem darin, die christliche Botschaft zu verkündigen, christliche Werte und Normen zu verbreiten und Orientierungshilfe für das eigene Leben zu bieten.

Neben den vielen frommen Rekorden zeigen die „Höchstleister" eine weitere auffällige Abweichung gegenüber dem Durchschnitt unserer Studie. In ihrer Werteorientierung sind sie besonders häufig „pragmatische Idealisten", obwohl diese Werteorientierung insgesamt nur auf Platz drei von vieren steht.

Zur Erinnerung: Pragmatische Idealisten zeichnen sich dadurch aus, dass sie besonders idealistische Werte sowie Werte in Bezug auf Tugend und Sicherheit vertreten, während hedonistische und materielle Werte nur unterdurchschnittlich ausgeprägt sind. Idealistische Werte sind zum Beispiel das Helfen von sozial Benachteiligten, das Tolerieren anderer Meinungen, das politische Engagement sowie das Entwickeln von Fantasie und Kreativität. Zu Tugend und Sicherheit zählen das Respektieren von Gesetz und Ordnung, fleißig und ehrgeizig sein sowie das Streben nach Sicherheit. Diese Werte sind bei den „Höchstleistern" überdurchschnittlich stark ausgeprägt. Unterdurchschnittlich ausgeprägt sind hingegen die Aussagen: „Das Leben voll genießen", „einen hohen Lebensstandard haben", „sich gegen andere durchsetzen" und „Macht und Einfluss haben".

Typ 2: Die Ambivalenten

Portrait Erik*

„Ich würde eigentlich auch sagen, dass ist einfach wie eine große Familie für mich.“ ERIK

Erik ist männlich, 17 Jahre alt, macht gerade sein Abitur an einem technischen Gymnasium, ist Teil einer evangelischen Kirche und fühlt sich dieser auch zugehörig. Er wohnt bei seinen Eltern in der Nähe von Karlsruhe. Glaube bedeutet für ihn, *„eine persönliche Beziehung zu Gott oder zu Jesus“* aufzubauen, *„die Orientierung“* für sein Leben gibt. Sein Vorbild im Glauben kommt aus den USA und heißt Shane Claiborne – der Autor von „Ich muss verrückt sein, so zu leben. Kompromisslose Experimente in Sachen Nächstenliebe“. Davon beeinflusst, will er sein FSJ in England machen in einer Gemeinde, die ähnlich lebt wie die Gemeinschaft von Shane Claiborne.

Am besten über seinen Glauben sprechen kann er mit seinem *„Vater und mit Freunden“*. Sein Vater, der Pfarrer ist, hat ihn von klein auf mit in die Gemeinde genommen, und mittlerweile ist sein Glaube in seinem Leben ein zentraler Mittelpunkt: *„Für mich richtet sich halt mein Leben danach aus und ich hoffe, dass man das nach außen hin auch sieht.“* Er wünscht sich für sein Glaubensleben, *„das Gebet noch ein bisschen besser und intensiver kennenzulernen“*. Gottes Anwesenheit spürt er *„nicht die ganze Zeit“*, aber es gab *„Ereignisse“*, wo er *„die Gegenwart Gottes ganz stark gespürt hat“*, zum Beispiel als sie als Familie umzogen, was für ihn *„halt nicht so cool“* war, wo er sich letztlich aber besonders von Gott *„getragen“* fühlte.

Eriks Gemeinde ist für ihn *„wie eine große Familie“*, die Gemeinschaft mit Christen findet er sehr wichtig, *„weil man kann viele ermutigen im Glauben und sich auch gegenseitig fördern“*. Den wöchentlichen Gottesdienstbesuch in seiner Gemeinde findet er *„schon wichtig“*. Am wichtigsten für ihn sind aber die *„Jugendgottesdienste, weil die aufs Alter zugeschnitten sind“*. In seiner Gemeinde gibt es für Jugendliche neben dem biblischen Unterricht den Jugendkreis, die Arbeit mit Kindern, Jugendgottesdienste und Freizeiten, wobei sich alle überall beteiligen können. Das Programm wird durch den Pastor bestimmt, *„aber, wenn jemand Lust hat, irgendwas zu machen, dann kann er das auch, wenn es durch den Ältestenkreis geht“*. Gemeinschaft mit

* Das Foto zeigt nicht die interviewte Person; Foto © Markus Mainka | Fotolia.com

anderen Christ*innen empfindet er auch als *„ziemlich wichtig"* und er war *„schon oft"* auf christlichen Freizeiten. Auch sonst engagiert er sich viel in seiner Gemeinde und macht im Lobpreisteam mit, aber er macht *„auch viel Jugendarbeit"*. Dort hat er *„oft mit Leuten zu tun, die jetzt nicht so im Glauben stehen"*. So ist es ihm wichtig, ihnen seinen Glauben weiterzugeben. Mit anderen Religionen hat er sich noch nicht so sehr auseinandergesetzt. *„Also jetzt in Bezug auf den Islam habe ich gemischte Gefühle. Das Judentum ist dem Christentum ja viel ähnlicher, sag ich mal, und mit Buddhismus und Hinduismus hatte ich jetzt noch nicht so viele Berührungspunkte."* Daher steht für ihn fest, dass nur das Christentum wahr ist.

Allgemeine Beschreibung „Ambivalenten" (Typ 2)

Wie die „Höchstleister" zeichnen sich die „Ambivalenten" durch einen eher exklusiven Glauben und eine hohe und qualitativ gute Gemeindebindung aus. Im Gegensatz zu den „Höchstleistern" erleben sie ihren Glauben aber eher nicht als unterstützend. Dies zeigt sich darin, dass sie seltener den Glauben als eine Hilfe im Alltag erleben, sich seltener in Gott geborgen fühlen und seltener angeben, dass Gott ihre Gebete erhört. Jedoch zeigt sich dies auch in anderen feinen Unterschieden. Wie die „Höchstleister" stimmen auch sie überdurchschnittlich oft den Aussagen zu, dass Gott in ihr Leben eingreift, dass Jesus gesandt wurde, um sie zu erlösen, dass vor Gott ihre Sünden nicht verborgen bleiben, nicht aber, dass Gott einen Plan für sie hat und ihnen ihren freien Willen lässt. Man könnte sagen, dass die „Ambivalenten" zwar fromm sind, zu ihrem Glauben und zu Gott aber ein deutlich zwiegespaltenes, ambivalentes Verhältnis haben.

Die „Ambivalenten" stellen den zweitkleinsten Typus und haben den höchsten Männeranteil aller Typen. Im Verhältnis zu den anderen Typen haben sie in ihrer Werteorientierung weniger Affinität für Hochkultur und Reflexion. Das heißt, man kann sie kaum mit Kunst und Kultur, eher schwierigen und anspruchsvollen Büchern sowie anderen Dingen, die einen gedanklich stark herausfordern, begeistern. Bezüglich ihrer Werteorientierung gehören sie überdurchschnittlich oft dem sogenannten „Unauffällig zögerlichen Wertetyp" an. Bei diesem sind alle drei Wertedimensionen unterdurchschnittlich ausgeprägt: Tugend und Sicherheit, idealistische Werte sowie hedonistische und materielle Werte. Die „Unauffällig Zögerlichen" stehen in direktem Gegensatz zu den „Aufstrebenden Machern", bei denen alle drei Wertedimensionen überdurchschnittlich ausgeprägt sind und die bei den von uns untersuchten Jugendlichen mit Abstand am häufigsten vorkommen (siehe Kapitel 1).

Als ein deutliches Muster zeigt sich bei den „Ambivalenten" ein gewisses Verharren in sich selbst, eine gewisse Selbstbezüglichkeit und eine (trotz hoher Gemeindebindung) gewisse Isolation. Dies wird vor allem in folgenden Ergebnissen sichtbar: Im Gebet bitten sie überdurchschnittlich oft für sich selbst und unterdurchschnittlich selten für andere Menschen. Auch Dankbarkeit gegenüber Gott sowie Verehrung oder Lob Gottes kommen in ihren Gebeten unterdurchschnittlich oft vor. Von allen Typen kennen sie sich am wenigsten gut mit einer anderen Religion aus. Als einziger Typ schreiben sie der Kirche unterdurchschnittlich oft die Aufgabe zu, dass diese politische, soziale und interreligiöse Verantwortung übernehmen soll. Zudem nehmen sie deutlich seltener an Gottesdiensten anderer Gemeinden teil.

Wie erwähnt sind die Typen 1–4 alle tendenziell freikirchlicher, bei den „Ambivalenten" ist die Zugehörigkeit zu einer FeG, einer anderen Freikirche oder dem EC besonders stark ausgeprägt. Sie sind der Typus, der nach den „Erlebnisorientierten" am häufigsten angibt, noch zu der Gemeinde zu gehören, in der sie aufgewachsen sind (75 Prozent).

Was die ersten vier Typen ebenfalls gemeinsam haben, ist die überdurchschnittlich große Rolle, die der Glaube in ihrer Erziehung gespielt hat. Sehr ähnlich ist zudem ihre Sexualethik und das damit verbundene Bibelverständnis. Das bedeutet für sie mehrheitlich klar, dass in der Bibel Sex vor der Ehe (57 Prozent) sowie das Ausleben von Homosexualität (78 Prozent) eine Sünde sind. Ebenso fordern sie Einschränkungen für homosexuelle Menschen in der Gemeinde. Zwar wird selten gefordert, dass diese die Gemeinde verlassen sollen (maximal drei Prozent). Jedoch stimmt auch nur knapp jeder Fünfte zu, dass diese Person dann ohne jegliche Einschränkungen in der Gemeinde sein darf.

Bibellesen und Beten sind bei den „Ambivalenten" zwar überdurchschnittlich ausgeprägt, aber nicht ganz so stark wie bei den „Höchstleistern" und den „Erweckten". Beim Thema Bibel bedeutet dies, dass sie tendenziell eher einmal pro Woche Bibel lesen und nicht einmal pro Tag wie die „Höchstleister" und die „Erweckten". Überdurchschnittlich ist auch der Besuch eines Gottesdienstes. Ca. drei Viertel von ihnen besuchen jede Woche mindestens einmal den Gottesdienst.

Mit Freunden tauschen sie sich überdurchschnittlich häufig über den Glauben aus, zugleich aber wieder deutlich seltener als die „Höchstleister" und die „Erweckten". Kein anderer Typus gibt an, so intensiv durch Predigten im Gottesdienst im Glauben gestärkt zu werden. Solche Stärkung des Glaubens erfahren sie aber auch überdurchschnittlich oft durch christliche Bücher, Bibellesen, Kleingruppen und Hauskreise.

Die „Ambivalenten" sind überdurchschnittlich engagiert im christlichen Kontext (zu 92 Prozent). Dies stellt den drittstärksten Wert dar. Und es gilt besonders für die Vorbereitung vom bzw. das Mitwirken am Lobpreis. Bezüglich ihrer Motivation geben sie seltener „Spaß und Freude am Engagement", „Etwas mit anderen unternehmen" oder „Neue Kenntnisse und Fähigkeiten erwerben" als Motive an. Bei den letzten beiden haben sie die niedrigsten Werte aller Typen. Das heißt, die „Ambivalenten" sind sehr stark engagiert, ziehen aus diesem Engagement für sich aber scheinbar eher keinen Ertrag. Sie sind sehr fromm, sowohl in ihren Glaubensüberzeugungen, als auch in ihrer intensiven Glaubenspraxis, erleben ihren Glauben aber weniger als unterstützend. Hinzu kommt eine gewisse Selbstbezüglichkeit und die geringere Konfrontation mit Fremdem und Neuem (wie anderen Gottesdiensten, die Kenntnis über eine andere Religion etc.). Insofern stellen sich spannende Fragen an diesen Typus. Erleben diese im Gegensatz zu den „Höchstleistern" ihren Glauben trotz hoher Gemeinde- und Glaubensbindung als weniger unterstützend, weil sie keine entsprechende Haltung haben?

TYP 3: Die Erweckten

Portrait Stefanie*

„Das ist vielleicht schon so ein bisschen krass zu sagen, aber ich glaube, dass mein Glaube der einzig wahre Glaube ist." STEFANIE

Stefanie ist eine 22 Jahre alte Auszubildende aus Herne. Sie macht eine Ausbildung zur PTA, ist ledig und wohnt in einer WG. Sie ist evangelisch getauft und kommt ursprünglich aus einer evangelischen Kirche, besucht aber seit ihrer Jugendzeit immer häufiger eine charismatisch geprägte Freikirche. Sie beschreibt sich als „die einzige Gläubige" in ihrer Familie. *„Ich finde, man muss immer unterscheiden zwischen Glaube und Religion. Ich bin zwar getauft und ich bin auch in der evangelischen Landeskirche konfirmiert worden, aber abgesehen von den Gottesdiensten an Weihnachten und Ostern hat der*

* Das Foto zeigt nicht die interviewte Person; Foto © Markus Mainka | Fotolia.com

Glaube bei uns irgendwie nie eine Rolle gespielt. Und mit 17 habe ich Jesus ganz persönlich kennengelernt. Deshalb ist Glaube für mich eben dieses Persönliche, eben dieses im Austausch mit ihm zu sein und so. Und meine Familie findet das interessant, aber die können es, glaube ich, nicht wirklich verstehen."

Glaube bedeutet für sie vor allem die *„persönliche Beziehung mit Gott"*: *„Alles, was ich mache, da ist er dabei. Ob ich in der Schule bin, ob ich in der Gemeinde bin, ob ich in meiner Familie bin, ich hab ihn irgendwie immer an meiner Seite und weiß, ich habe den Heiligen Geist als meinen Helfer und Berater dabei."* Der Heilige Geist ist für Stefanie *„irgendwie auch so Botschafter und kann mich dann sensibel machen für bestimmte Atmosphären und er kann auch dann – also dass Gott durch ihn, über ihn durch mich sprechen"*. Sie hat mehrere konkrete Erlebnisse gehabt, wo sie die Führung durch den Heiligen Geist direkt im Alltag erlebt hat. Für sie ist klar: *„Ich bin Gottes Bodenpersonal und es ist meine Aufgabe, sensibel zu sein, wenn er mit mir was machen will. Aber es gibt halt auch Tage, wo er mich nicht so braucht, wo ich merke: Ich bin ein Hammer und meine Aufgabe ist, ich muss in der Werkzeugkiste liegen, wenn Gott einen Hammer braucht. Aber vielleicht braucht er jetzt im Moment grad 'ne Wasserrohrzange."*

In der Zeit, in der sie zum Glauben gekommen ist, war es vor allem ein Jugendpastor, der sie *„sehr stark geprägt hat"*. Zugleich spielte aber auch ihr Freundeskreis eine entscheidende Rolle: *„Ich bin in die 11. Klasse gekommen und dann kamen aus einer anderen Schule noch ein paar Leute dazu. Und dann hat sich so eine Clique formiert, von denen sind zwei im christlichen Glauben aufgewachsen und wir anderen vier hatten damit bis dato gar nichts am Hut. Und dann haben die uns immer eingeladen zu so Jugendgottesdiensten und inzwischen sind halt drei von uns zusätzlich noch Christen geworden, also das hat unsere Freundschaft auch so total bereichert, richtig cool."* Als wichtiges Vorbild nennt sie aber auch noch ihren Gemeindepastor: *„Der hat nicht mehr so viele Jahre, bis er berentet wird, aber der ist einfach noch so frisch und so jung geblieben, und du spürst ihm seine Liebe für Jesus einfach sowas von ab. Der hat teilweise wirklich Predigten gehalten und da stand er vorne, und er hat sich wirklich auf eine Stufe mit der Gemeinde gestellt und hat auch gesagt: ‚Hey ich hab auch Sachen falsch gemacht.' Also, der schämt sich dafür nicht, sondern der steht auch dazu, dass er eben auch nur ein Mensch ist wie wir alle. Und das finde ich einfach absolut authentisch und cool."*

Stefanie bezeichnet sich als *„Beziehungsmensch"* und Gemeinde und Gemeinschaft sind ihr ziemlich wichtig: *„Also, dass wir eben Wesen sind, geschaffen aus der Gemeinschaft von Vater, Sohn und Heiligem Geist heraus, um wiederum in Gemeinschaft zu leben. Mit Gott, aber auch eben mit unseren Mitmenschen. Ein Glaube ohne die*

Gemeinschaft ist ein ziemlich armer Glaube, weil da einfach irgendwie was fehlt." Dies ist aber nicht nur eine theoretische Überzeugung, sondern etwas, das sie konkret in der Gemeinde erfährt: *„Ich erlebe das auch immer wieder, dass ich halt in die Gemeinde komme und nach dem Gottesdienst ist bei uns immer noch so Bistro, wo man dann einfach beim Kaffee gemütlich zusammensteht und sich unterhalten kann. Wo dann auch einfach Leute im Alter meiner Eltern auf mich zukommen und sagen: ‚Ach Stefanie, wie geht es dir eigentlich? Wir haben länger nicht mehr gesprochen.' Und dann sag ich: ‚Ach ja, ist grad ein bisschen stressig. Klausurenphase, blablabla.' Und eine Woche später kommt dann: ‚Und wie war deine Klausur, geht es dir jetzt besser?' Also, wo ich dann richtig merke: Leute wollen auch Anteil an meinem Leben haben."*

An der christlichen Gemeinschaft schätzt sie besonders Folgendes: *„Du kannst viel offener auf Leute zugehen, viel ehrlicher mit ihnen umgehen, ohne halt jetzt irgendwelche Hintergedanken zu haben, wie ‚Was denkt der jetzt von mir?' oder so. So kann man ohne Maske man selber sein."* Für die intensive Gemeinschaft ist ihr der Hauskreis am wichtigsten: *„Es ist dort halt wirklich so, dass, wenn man mich fragt: ‚Stefanie, wie geht es dir?' und es geht mir scheiße, dann sag ich auch: ‚Es geht mir grad' scheiße.' Und das kann ich dann auch da so offen und so ehrlich sagen, egal, wen ich vor mir hab. Und das find ich total geil."*

Ansonsten wirkt sie in einer Gemeinde beim Lobpreis mit: *„Also ich bin ja auch im Lobpreisteam aktiv und sing da mit."* Im Alltag empfindet Stefanie sich als *„Gottes Bodenpersonal"* und betet *„dann oft zum Heiligen Geist"*. Sie betet generell sehr häufig für sich und für andere. Dabei ist ihr wichtig, Gott mitzuteilen, dass sie ihm sehr dankbar und er das Größte für sie ist. *„Ich merk' auch selber, dass ich so eine Sehnsucht danach hab, ihn einfach intensiver in meinem Alltag zu erleben."* Neben ihrer Familie sowie der regelmäßigen privaten Glaubenspraxis wie Bibellesen und Beten prägten sie auch viele internationale Autor*innen. Da sie demnächst mehr mit dem Auto fahren muss, ist sie in Bezug auf Gott gespannt, *„wie das nochmal meine Beziehung zu ihm verändern wird. Aber ich geh davon aus, dass es das Ganze nochmal intensiviert"*, weil *„Autofahren ist halt für mich Zeit mit Gott. Ich hab dann kein Radio an, sondern ich bete dann oder singe Lieder und sag ihm einfach das, was ich auf dem Herzen hab oder wir schweigen zusammen oder so"*.

Wenn Stefanie in einen traditionelleren Gottesdienst geht, in dem aus einem alten Liederbuch gesungen wird, dann findet sie es *„unheimlich schwer, mich darauf einzulassen, ich versuch's schon immer mal wieder, aber ich merk' einfach, das ist nicht meine Art, Gott zu loben, was jetzt auch nicht schlimm sein muss, weil wir sind ja alle unter-*

schiedlich geschaffen, aber das ist halt einfach so 'n Spannungsfeld irgendwie". Etwas ganz anderes ist es auf großen Events, wo Stefanie *„gemeinsam mit 500 bis 600 Leuten"* Worshiplieder singt. *„Das ist halt einfach krass, dann mitten in der Menge zu stehen und dann Lobpreis zu machen."*

Wie das mit anderen Religionen ist, findet sie *„sehr herausfordernd"*: *„Ich finde, man darf über der Religion an sich den Menschen nicht vergessen. Das ist vielleicht schon so ein bisschen krass zu sagen, weil ich glaube, dass mein Glaube der einzig wahre Glaube ist."* Sie findet es trotzdem interessant, mit anderen über ihren Glauben zu sprechen, *„aber wenn es dann am Ende ausartet und jeder nur recht haben will, finde ich das total schrecklich"*. Trifft sie Personen, die nicht an Gott glauben, empfindet sie es als Privileg, dass sie von ihrem Glauben erzählen darf *„und ich warte dann einfach ab, was zurückkommt als Reaktion und wenn es die Person interessiert, dann wird sie Nachfragen stellen"*. *„Aber wenn ich dann merke, dass jemand gar kein Interesse daran hat oder ich jemanden nerve, dann kann ich es auch lassen, weil dann ist das Herz von der Person hart – so hart, dass ich da eh nicht durchkomme."* Gelassener kann sie an dieser Stelle mittlerweile sein, weil sie irgendwann durch eine Predigt erkannt hat, dass sie nicht *„der Hauptakteur"* ist, *„damit jemand anderes zum Glauben kommt"*. *„Wenn wir uns jetzt einfach vorstellen, die Strecke, bis jemand zum Glauben kommt, ist eine Skala von null bis zehn, dann ist meine Aufgabe vielleicht nur, den von 1 auf 1,025 zu bringen, oder von 7 auf 7,2. Und das hat bei mir einfach total viel Druck rausgenommen, weil ich eben nicht denke, ich muss dem jetzt alles, ich muss dem jetzt nicht die Bibel um die Ohren hauen oder so."* Ein Thema, über das sie gerne mehr in der Gemeinde erfahren würde, ist das Thema Beziehung: *„Also zwischen Männern und Frauen und dem Umgang mit dem anderen Geschlecht? Und wie gehe ich vernünftig in eine Beziehung rein, ohne den anderen auszunutzen – also halt so dieser ganze Komplex. Aber es ist ja auch eine Frage, die halt ganz oft gestellt wird: ‚Wie weit kann ich gehen, wo sind die Grenzen?' Vielleicht ist das schon der ganz falsche Denkansatz, weil, wenn ich frage: ‚Wo ist die Grenze?', dann guck ich ja nur, wie weit kann ich gehen, um meine eigenen Bedürfnisse zu befriedigen, und dann steht schon nicht mehr die andere Person im Mittelpunkt. Und das find' ich halt äußerst schwierig. Also ich bin auch Single, aber bevor ich zum Glauben gekommen bin, hatte ich einige sehr destruktiven Beziehungen, vielleicht liegt mir das deshalb jetzt auch so auf dem Herzen."*

Allgemeine Beschreibung der „Erweckten" (Typ 3)

Mit den „Unauffälligen" zusammen sind die „Erweckten" der im Durchschnitt älteste Typus, fast zwei Drittel sind junge Erwachsene (20–29 Jahre). Wie die „Höchstleister" zeichnen sich die „Erweckten" durch einen exklusiven sowie zugleich unterstützenden Glauben aus. Sowohl in der Art und Weise als auch in der Intensität ihres persönlichen Glaubens ähneln sie sehr stark den „Höchstleistern". Wie diese bestehen die „Erweckten" fast ausschließlich aus Hochreligiösen (98 Prozent). Nach den „Höchstleistern" ist dies der zweitstärkste Wert. Das gleiche Muster zeigt sich bezüglich des Bibellesens und des Gebets. Sie lesen annähernd so häufig in der Bibel wie die „Höchstleister" (über 87 Prozent lesen mindestens einmal pro Woche, 42 Prozent mindestens einmal pro Tag). Und auch bei der Häufigkeit des Gebets liegen sie mit 89 Prozent mindestens einmal täglich an zweiter Stelle.

In einem weiteren Punkt kommen sie nahezu an die „Höchstleister" heran. Nach diesen sind sie am ehesten auskunftsfähig über den Glauben. Nicht zuletzt ähnelt auch ihr Gottesbild sehr stark den „Höchstleistern". Wie diese sind sie überdurchschnittlich der Überzeugung, dass Gott einen Plan für sie hat, in ihr Leben eingreift, Jesus gesandt hat, um sie zu erlösen und dass vor Gott ihre Sünden nicht verborgen bleiben. Der einzige Unterschied zu den „Höchstleistern" liegt darin, dass sie der Aussage nicht überdurchschnittlich zustimmen, Gott lasse ihnen ihren freien Willen.

Was sonst unterscheidet die „Erweckten" von den „Höchstleistern"? Es gibt mindestens einen deutlichen Unterschied. Im Gegensatz zu den „Höchstleistern" weisen die „Erweckten" eine eher unterdurchschnittliche Gemeindebindung aus, das heißt, sie fühlen sich in ihrer Gemeinde weniger wohl und sind dort schlechter vernetzt als der Durchschnitt der befragten Jugendlichen. Interessant ist zudem, dass sie sich zwar überdurchschnittlich häufig einer Pfingstgemeinde oder charismatischen Freikirche zugehörig fühlen, jedoch überdurchschnittlich häufig an Gottesdiensten teilnehmen, die sie als eher *„traditionell"*, *„liturgisch-rituell"*, *„lebensfern"* und *„für Ältere passend"* bezeichnen. Dies klingt zunächst wie ein Widerspruch. Sieht man jedoch den Befund, dass sie deutlich häufiger als der Durchschnitt den Gottesdienst mehrerer Gemeinden besuchen – fast zwei Drittel von ihnen geben das an –, dann ergibt sich ein schlüssiges Bild. Es ist anzunehmen, dass die „Erweckten" größtenteils aus einer traditionellen Gemeinde (ob Kirche oder Freikirche) kommen, aber gewissermaßen „charismatisch erweckt" wurden und nun zumindest teilweise zu einer charismatischen Freikirche oder Pfingstkirche gewechselt sind bzw. deren Gottesdienste besuchen, zugleich aber ihrer Herkunftsgemeinde verbunden bleiben.

Was sonst ist über die „Erweckten“ zu sagen? Gemeinsam mit den „Ambivalenten“ sind sie der Typus, in deren Erziehung der Glaube die stärkste Rolle gespielt hat. Wie bereits erwähnt, ähneln sich die Typen 1–4 insgesamt stark, auch im Hinblick auf die Haltung zur Sexualethik.

Der oben schon beschriebene hohe Wert von Bibel und Gebet zeigt sich auch darin, dass kein anderer Typus so häufig angibt, persönliches Gebet (70 Prozent) und Lesen der Bibel (62 Prozent) stärke seinen Glauben.Überdurchschnittlich viele lesen zudem christliche Bücher und christliche Zeitschriften, welche (bei ihnen) jedoch einen geringeren Stellenwert haben als die Bibel.

Mit Freunden tauschen sie sich häufig über den Glauben aus. 63 Prozent der „Erweckten“ tun dies oft oder sehr oft, was insgesamt den zweithöchsten Wert darstellt. Auch hier lässt sich erneut die Nähe zu den „Höchstleistern“ erkennen. Trotz schlechterer Gemeindebindung sind sie demnach nicht isoliert, sondern gut vernetzt. Auch ihr Gottesdienstbesuch fällt überdurchschnittlich aus. Insgesamt 72 Prozent der „Erweckten“ besuchen mindestens einmal pro Woche den Gottesdienst, dies ist aber ein geringerer Wert als bei den „Höchstleistern“ und den „Ambivalenten“.

Ihr Engagement in der Gemeinde ist im Vergleich zu allen befragten Jugendlichen „nur“ durchschnittlich, damit insgesamt aber nicht gering. Bezüglich der Art ihres Engagements stechen die zwei Bereiche Lobpreis sowie Mission/Evangelisation mit überdurchschnittlichen Werten heraus. Bei beiden bilden sie mit den „Höchstleistern“ die Spitzenwerte. Fragt man sie nach den Motiven ihres Engagements, stechen ihre Antworten nur in einem Aspekt heraus: Sie sind überdurchschnittlich dadurch motiviert, aus Verantwortung als Christ zu handeln. Hier bilden sie wieder gemeinsam mit den „Höchstleistern“ den am stärksten ausgeprägten Wert.

Noch viel überraschender ist jedoch, dass sie sich trotz schlechterer Gemeindebindung und lediglich durchschnittlichem Engagement auch überdurchschnittlich häufig vorstellen können später als Pfarrerin oder Pfarrer, Pastorin oder Pastor als auch in der kirchlichen Kinder- und Jugendarbeit zu arbeiten. Zu Ersterem sagt knapp ein Fünftel, zu Letzterem knapp zwei Drittel, dass sie sich das vorstellen können. Eine spätere Tätigkeit in der Diakonie können sich viele hingegen überdurchschnittlich oft nicht vorstellen. Bei den Aufgaben der Kirche stimmen sie allen Aspekten überdurchschnittlich häufig zu. Nur bezüglich der Suche nach einem „Gespräch mit Vertretern anderer Religionen“ suchen viele dieses nicht bzw. lehnen es sogar überdurchschnittlich oft ab.

Typ 4: Die Unauffälligen

Portrait Tom*

„Für mich sind kleine, intensive Gruppen und Gemeinschaften sehr prägend gewesen.“ TOM

Tom ist ein 27-jähriger verheirateter Informatiker, er und seine Frau haben zwei Kinder. Er besucht eine landeskirchliche Gemeinschaft in Hanau. Die Familie, in der er aufgewachsen ist, war für seinen Glauben *„irgendwie ein Einstiegstor“*. Prägend für seinen Glauben war früher aber *„auch eine Art informeller Mentor“*, der ihn *„total begleitet und gefördert“* hat. Einerseits traf er sich mit ihm persönlich und stellte ihm *„gute Fragen, die tief waren“*, andererseits fungierte er auch als Vorbild, weil er *„seinen eigenen Glauben so spürbar authentisch und positiv gelebt hat“*. Prägend für Toms Glauben waren aber auch *„Events, die den Glauben auf eine neue Stufe gehoben haben“*, wo *„Gott ihm irgendwie ganz neu und anderes begegnet ist“*, als er das bisher kannte.

Als *„irgendwie so Säulen“* seines Glaubens nennt Tom *„Bibel lesen, Gebet und Gebet mit anderen“*. Wichtig sind für ihn zudem die Lektüre von christlichen Zeitschriften, und öfter hört er sich auch gerne mal eine Onlinepredigt an oder schaut, was es bei Facebook, christlichen Blogs oder Konferenzen in Bezug auf seinen Glauben zu lernen gibt. Aktuell entdeckt er gerade *„Stille als einen ganz wichtigen Baustein“* für sein geistliches Leben. *„Es entspannt mich ungemein, dass ich eben weiß, dass Gott wirklich alles in seiner Hand hat. Und dass er auch Ungerechtigkeit zur Rechenschaft zieht.“*

Zu Menschen anderer Religionszugehörigkeit hat er nur *„sehr wenig intensiven Kontakt“*. Überhaupt hat er zu Menschen, die keine Christen sind, *„wenn überhaupt nur flüchtige Kontakte“*. Am besten über seinen Glauben sprechen kann er mit seiner Frau und zwei guten Freunden. Insgesamt sind *„kleine, intensive Gruppen und Gemeinschaften sehr prägend“* für ihn. Die Gemeinschaft, die er besucht *„ist ziemlich überaltert“* und hat *„keine richtige Jugendgruppe“*, da es nur *„so zwei bis drei andere Leute in den Zwanzigern“* gibt. Ansonsten gibt es nur ein Angebot für Kinder zwischen acht und 12. Jedoch hat er mit zwei guten Freunden *„eine Art Dreierschaft“*. Sie *„skypen alle zwei Wochen zusammen“* und tauschen sich entlang eines *„Katalogs an Fragen über*

* Das Foto zeigt nicht die interviewte Person; Foto © Markus Mainka | Fotolia.com

Leben und Glauben" aus, *„einfach, um so ein bisschen tiefer zu bohren immer mal wieder"*. Gottesdienst ist für ihn etwas, das *„irgendwie dazugehört und normal und auch schön"* ist, *„aber nichts, wo ich jetzt sagen würde, das ist so das, wo ich oft die richtig krassen Durchbrüche oder so erlebt habe oder wo Glaube irgendwie total drauf baut"*. Sein idealer Gottesdienst würde *„in einem kleinerem Rahmen stattfinden, wo ich mich eher wohlfühle"* und wäre zudem *„ein stark interaktiver Gottesdienst, wo nicht einfach vorne Bühnenprogramm läuft"*. *„Es wäre, glaube ich, ein Gottesdienst, wo Musik auch eine große Rolle spielen würde, wo es auch irgendwelche Zeiten von Stille gäbe. Und wo es auch eine Predigt gibt, die herausfordert, aber die auch nicht so super lang sein muss."* Natürlich gibt es einige Angebote in der Gemeinde, von denen man über die *„Homepage oder aus dem Gemeindeinfoblatt erfährt"*, aber das richtige Angebot ist für ihn eigentlich nicht dabei. Wenn er sich etwas wünschen dürfte, dann *„eine Art offener Stammtisch in einer Kneipe"*. Von der Gemeinde wünscht er sich Unterstützung dafür, stellt sich aber die Frage, *„ob die Gemeinde da eine Offenheit für hätte, dass es mal eine Freibier-Runde oder so geben würde, weil das Atmosphäre schaffen würde an so einem Abend"*. Wenn es um den Nachwuchs von jungen Leuten in seiner Gemeinde geht, ist seine Meinung: *„Das ist jetzt nichts, wo wir jetzt irgendwie Aktionen starten können, sondern wo Gott das auch ein Stück weit schenken muss und wir eben schauen, dass wir unseren Glauben offen und frei leben und andere damit anstecken."*

Allgemeine Beschreibung der „Unauffälligen" (Typ 4)

Die „Unauffälligen" ähneln zunächst den „Ambivalenten" in der Art und Weise ihres Glaubens. Dieser ist ein tendenziell exklusiver, aber nicht unterstützender Glaube.

Nach den „Erweckten" sind die „Unauffälligen" der vom Altersdurchschnitt gesehen älteste Typus (fast zwei Drittel von ihnen sind junge Erwachsene zwischen 20 und 29 Jahren). Das Bibellesen, Beten und die Gottesdienstteilnahme ist bei ihnen insgesamt stark ausgeprägt, aber deutlich geringer als bei den „Frommen Höchstleistern" und den „Erweckten" (im Bibellesen und Beten) beziehungsweise den „Ambivalenten" (im Gottesdienstbesuch). Ein ähnliches Muster ergibt sich darüber hinaus bezüglich der Intensität ihres Glaubens. Zwar sind sie überdurchschnittlich häufig hochreligiös, haben mit 92 Prozent Hochreligiösen jedoch den geringsten Anteil unter den ersten vier Typen – gleiches gilt für die Rolle des christlichen Glaubens in ihrer Erziehung.

In ihrem Gottesbild ist die strafend-kontrollierende Dimension Gottes relativ stark ausgebildet. Als einziger Typ stimmen sie der Aussage „Gott ist zornig auf mich, wenn ich gegen seine Gebote verstoße" überdurchschnittlich oft zu. Seltener sind sie hingegen der Meinung, dass Gott ihnen ihren freien Willen lässt, was interessanterweise eine Gemeinsamkeit mit den „Reservierten" darstellt. Ihre persönliche Vorstellung von Gott wird vor allem durch Aussagen wie „Gott hat Jesus gesandt, um mich zu erlösen" und „Vor Gott bleiben meine Sünden nicht verborgen" geprägt. In Bezug auf Homosexualität sehen sie in der Bibel eher eindeutige Aussagen, dass dies Sünde ist. Beim Thema „Sex vor der Ehe" sind sie da nicht so sicher.

Auch die Auskunftsfähigkeit bezüglich des Glaubens ist bei den „Unauffälligen" insgesamt unterdurchschnittlich ausgeprägt. In der Regel kennen sie sich weder mit anderen Religionen gut aus, noch können sie anderen ihren Glauben verständlich erklären.

Auch bei ihnen zeigt sich ein leicht egozentrisches Muster, indem sie zum Beispiel überdurchschnittlich für sich selbst bitten (nicht den Glauben zu verlieren), aber unterdurchschnittlich für andere Menschen bitten oder im Gebet Gott Dankbarkeit oder Verehrung entgegenbringen. Ebenfalls mit den „Ambivalenten" gemeinsam haben die „Unauffälligen", dass ihnen mehr Männer (als der Durchschnitt) angehören und in ihrer Werteorientierung der Wertetyp der „Zögerlichen" stärker ausgeprägt ist. Mit 50 Prozent haben die „Zögerlichen" in dem hier beschriebenen Typus sogar die höchste Ausprägung. Zu vergleichen ist das mit den „Unauffällig-Zögerlichen", bei denen alle drei Wertedimensionen (Tugend und Sicherheit, idealistische Werte sowie hedonistische und materielle Werte) verhältnismäßig wenig ausgeprägt sind.

Im Gegensatz zu den „Ambivalenten" ist die Gemeindebindung der „Unauffälligen" eher gering und weniger gut. Gemeindlich fühlen sie sich häufiger in der landeskirchlichen Gemeinschaft, deren Jugendverband EC, sowie bei den Baptisten und anderen Freikirchen zu Hause. Die Gottesdienste, die sie dort besuchen, beschreiben sie als eher *„traditionell", „liturgisch-rituell", „für Ältere", „lebensfern"* und *„zum Zuhören gestaltet"*. Seltener wünschen sie sich Teilnahme, Modernität und Gemeinschaft im Gottesdienst.

Auch in ihrer Alltagsästhetik sind „Spannung und Action" gering ausgeprägt. Dies ist insofern interessant, da sie sehr medienaffin sind und daher häufiger christliche Zeitschriften oder Bücher der Bibel vorziehen. Als einziger Typus geben sie überdurchschnittlich an, dass christliche Zeitschriften sowie das Internet mit Onlinepredigten, Facebook und Blogs Quellen zur Stärkung ihres Glaubens sind. Auch christliche Konferenzen geben sie neben den „Höchstleistern" als einziger Typus häufiger als etwas an, das ihren Glauben stärkt.

Durchaus überraschend bezüglich des Gesamtbildes ist daher, dass die „Unauffälligen" sich überdurchschnittlich gut vorstellen können, später als Pfarrerin oder Pfarrer zu arbeiten. In ihrem vergleichsweise durchschnittlichen Engagement sind sie dabei sehr wenig motiviert durch „Spaß und Freude am Engagement", „gemeinsame Aktivitäten", „Anderen Menschen zu helfen" oder „Neue Kenntnisse und Fähigkeiten zu erwerben". Dahingegen ist es ihnen (fast) als einziger Typ besonders wichtig, für ihr Engagement Anerkennung und Bestätigung zu bekommen.

Typ 5: Die Ganzheitlichen

Portrait Lea*

„Gott ist für mich die Liebe, ja auch die Gemeinschaft mit Gott und die Gemeinschaft mit der Natur und mit dem Menschen." LEA

Lea ist 22 Jahre alt und kommt aus Minden. Sie fühlt sich ihrer evangelischen Kirchengemeinde zugehörig, hat ein Studium der Religionspädagogik absolviert und ist gerade Mutter geworden. Glaube bedeutet für sie *„Leben, Vertrauen, Gemeinschaft leben oder auch die Liebe leben, weil Gott ist für mich die Liebe. Aber auch die Gemeinschaft mit Gott und die Gemeinschaft mit der Natur und dem Menschen oder mit Gott durch die Menschen und sein Umfeld."*

Ihre Familie spielt für ihren Glauben eine *„sehr große"* Rolle, da sie in *„einer sehr ökumenischen Familie aufgewachsen ist, die aber den Glauben sehr lebendig gelebt hat"* (Vater evangelisch, Mutter römisch-katholisch). *„Ich bin von klein auf jedes Jahr, seit meiner Geburt, nach Taizé gefahren. Das hat mich auch geprägt."* Groß geworden ist sie vor allem mit einem sehr *„eigenbestimmten Glauben"*. Ihre Eltern haben ihr den Glauben *„eigentlich eher vorgelebt und mich dann eher mal gefragt, wie ich das selbst sehe"*. In Bezug auf den Glauben haben sie ihr *„nie was vorgeschrieben"*, jedoch erlebt es sie so, dass *„Gott für uns immer da war und seine schützende Hand auch über uns gehalten hat"*.

Geprägt haben Lea Erlebnisse in ihrem Glauben, *„wo ich das Gefühl hatte, die hat mir Gott geschickt"*. Ihre Vorbilder im Glauben sind unter anderem der Benediktinermönch David Steindl-Rast, Augustinus und *„meine Eltern, auch Freunde"*. *„Mit solchen*

* Das Foto zeigt nicht die interviewte Person; Foto © Markus Mainka | Fotolia.com

Vorbildern" kann sie auch am besten über ihren Glauben sprechen sowie mit ihrem Freund. Ihr Glaube schenkt ihr *„irgendwie meine Lebensfreude"*, *„er schenkt mir einen Sinn im Leben und auch die Möglichkeit, die Welt bestimmt wahrzunehmen, den Menschen mit einem bestimmten Menschenbild gegenüberzutreten. Weil er mir die Gewissheit gibt, dass jeder Mensch ein Geschöpf Gottes ist. Dadurch kann ich auch in den anderen Menschen Gott begegnen und gegenübertreten. Das zum einen, zum anderen ist Gott für mich auch überall und um mich herum, auch in der Natur [...] Gott ist in dem Gänseblümchen am Straßenrand. Gott ist in dem Lächeln von dem Menschen, der mir gerade entgegenkommt. Gott ist in der Liebe, wo sich zwei Menschen begegnen. Ja, wo zwei oder drei Menschen zusammenkommen, da bin ich mitten unter ihnen. Ich glaube, dass Gott überall ist im Alltag, in allem, was Gott geschaffen hat. Aber die Frage ist: Kann ich ihn überhaupt richtig wahrnehmen? Und das muss ich mir auch immer wieder neu verinnerlichen, weil, es lohnt sich, Gott wahrzunehmen, weil es so eine Freude, ja ein Glück schenkt, so eine innere Liebe und einen inneren Frieden und dadurch auch ein Vertrauen. Ja, das fühlt sich manchmal so an, also wäre man verliebt."*

Lea mag gerne Taizé-Gesänge und Lobpreismusik, auch das persönliche Gebet ist ihr sehr wichtig. Dafür nimmt sie sich alle paar Tage eine Zeit, in der sie Gott dann dankt und ihm sagt, wie wichtig er für ihr Leben ist. Außerdem bittet Lea ihn, dass er auch bei den Menschen in ihrem Umfeld sein möge. Besonders wichtig in ihrem Glauben ist eine *„Ikone des Friedens"*, bei der *„Christus und sein Freund Mena"* abgebildet sind. Für sie drückt sie aus, dass das, was *„wir mit dem, was wir schon vom Evangelium verstehen oder auch praktisch leben, für andere ein Segen werden können, und das finde ich immer wieder einen schönen Gedanken, und jedes Mal, wenn ich die Ikone sehe und auch an ihr vorbeigehe oder einen ganz kurzen Blick drauf werfe, werde ich wieder gesegnet und das hat mich zum Beispiel irgendwie begleitet"*.

Gemeinde ist für ihren Glauben *„ganz wichtig"*, *„weil davon ‚ernähre' ich mich auch, ich bin auch einfach ein Typ, der viel in der Gemeinschaft lebt"*. Gottesdienste sind für sie *„immer wieder eine schöne Erinnerung daran, Gott im Leben wahrnehmen zu können und das dann auch wieder weitergeben zu können, das heißt, sich gesegnet zu fühlen, und dass man für andere auch ein Segen sein kann. Gottesdienste können einen mal ansprechen und halt Erinnerung sein, aber manchmal können sie auch sehr enttäuschend sein, wenn sie einen mal nicht ansprechen."* Lea ist jedoch überzeugt, dass überall, wo man Gottes Wirklichkeit wahrnimmt und mit Gott kommuniziert und mit ihm in Verbindung ist, auch *„das ganze Leben ein Gottesdienst"* ist. Auch Gemeinschaft mit anderen Christen hat für sie *„eine ganz große Bedeutung"*, weil *„durch die Gemeinschaft, durch dieses Leben in der Gemeinschaft, lebt für mich auch Gott und wird auch Gott lebendig"*. Dreimal die Woche arbeitet sie mit Teenagern und hat so die Möglichkeit, etwas zurückzugeben. Außerdem macht ihr diese Arbeit an sich sehr viel Spaß, sie mag es, Menschen zu helfen. Wichtiger als bestimmte Angebote, die in der Jugendarbeit unbedingt vorkommen sollten, empfindet sie es, *„den Jugendlichen mit einer ganz bestimmten Haltung gegenüberzutreten: dass ich von denen lernen möchte und dass ich der bin, der von ihnen lernen kann, also wertschätzend und einladend. Und die Angebote sollten den Rahmen dazu bilden." „[...] was die Jugendlichen gerade so wirklich interessiert, das muss ich die Jugendlichen vor Ort fragen."*

Mit Blick auf die Zukunft denkt sie, dass *„so, wie mein Leben sich wandelt", „genauso wird mein Glaube auch mit mir gehen und sich in dem Sinne weiterentwickeln". „Wenn wir stehen bleiben und irgendwas einfriert, dann stagnieren wir und dann haben wir wie einen Eisbrocken, der kann ganz leicht, wenn man mit dem Hammer draufhaut, zersplittern. Wenn das Wasser aber flüssig ist und es ein weiterer Fluss ist, dann kann man dann mit einem Hammer gerne drauf rumhauen, das Wasser bleibt beständig und geht dadurch nicht kaputt und so muss der Glaube auch wandelbar sein und wie ein lebendiges Wasser fließen."*

Lea kennt viele Menschen, die unterschiedliche Glaubens- und Frömmigkeitsstile haben und hat daher schon viele unterschiedliche *„Glaubenssprachen gehört", „also dass manche andere Wörter im Reden über den Glauben verwenden"*. Sie kennt sowohl *„ganz viele Atheisten"* als auch *„befreundete Muslime und Hinduisten"* durch eine Auslandserfahrung. Mit diesen erlebt sie in der Gemeinschaft Momente *„wo ich sagen würde, ja, das ist für mich auch Gott, diese Freude und Lebensfreude"*. Dieser *„interreligiöse und interkulturelle Dialog"* ist für *„ihren eigenen Glauben ganz essenziell", „also im Englischen kommt das viel besser raus, dort sagt man ‚to share communion with others'. Eucharistie und Kommunion bedeutet ja auch im Deutschen, nicht nur vom Englischen her, Gottes Gemeinschaft teilen miteinander und ich glaube zwar für mich auch unabhängig vom christlichen Glauben."*

Auch wenn Lea weiß, dass Mission anders verstanden werden kann, so assoziiert sie damit doch vor allem bestimmte Erfahrungen im freikirchlichen Bereich. Dort hatte sie einige gute Freunde, mit denen es *„wenn es mal nicht um Glauben ging, total schön"* war. Wenn es jedoch um Glaubensfragen ging, und Diskussionen darum wurden oft initiiert, dann machte sie die Erfahrung, dass *„der Glaube abgesprochen wurde, weil Christ sein bedeutet ja: das und das glaubt ein Christ, und wenn diese Aussage nicht so geglaubt wird, dann ist man kein Christ"*. Sie hatte somit das Gefühl, dass diese *„Freunde"* sie zu deren Glauben *„sozusagen zu überreden"* versuchten, was *„sehr wehgetan hat, eben weil es auch meine Freunde waren". „Das hat mich echt unter Druck gesetzt, und das fand ich nicht fair und verletzend, ja, so habe ich Mission erfahren."*

Allgemeine Beschreibung der „Ganzheitlichen" (Typ 5)

In einigen Aspekten ähneln die „Ganzheitlichen" den „Höchstleistern". Neben überdurchschnittlichem Engagement zeichnen sie sich durch eine überdurchschnittlich hohe Gemeindebindung und einen unterstützend erlebten Glauben aus.

Zwar bestehen sie vornehmlich aus Hochreligiösen (knapp 90 Prozent) – in Bezug auf diese bilden sie insgesamt die zweitgrößte Gruppe –, jedoch ist ihr Glaube nicht exklusiv. In der Art und Weise ihres Glaubens unterscheiden sie sich somit deutlich von den „Höchstleistern" beziehungsweise den gesamten Typen 1–4. Während bei diesen der Einfluss des christlichen Glaubens in der Erziehung überdurchschnittlich ausgeprägt war, ist er bei den „Ganzheitlichen" nur durchschnittlich stark ausgeprägt: mit 3,4 von 5 (5 = sehr hoch) aber immer noch stark.

Ihre unterschiedliche Art und Weise des Glaubens zeigt sich auch in einer offeneren Sexualethik und einem progressiveren Bibelverständnis – beides haben sie mit den Typen 6–8 gemeinsam. Bei diesen sagt mit etwa zwei Drittel eine deutliche Mehrheit, dass nichts Eindeutiges über Sex vor der Ehe in der Bibel steht. Insgesamt interpretiert zudem nur eine Minderheit (zwischen 21 und 37 Prozent), dass Homosexualität in der Bibel eine Sünde ist. Es kommt zudem zu höheren Antworthäufigkeiten in der Kategorie „Zu Homosexualität steht nichts in der Bibel". Entsprechend zeigen die Typen 5–8 alle eine deutlich höhere Akzeptanz homosexueller Lebensweisen als die Typen 1–4. Über zwei Drittel der Typen 5–8 geben an, dass homosexuelle Personen „ohne jede Einschränkung in der Gemeinde bleiben und mitarbeiten" dürfen. Auch alle anderen Einschränkungen werden deutlich seltener genannt.

Die „Ganzheitlichen" sind mit 60 Prozent der 14- bis 19-Jährigen nach den „Erlebnisorientierten" der jüngste und nach den „Sozialpolitischen" der weiblichste Typus. Sie fühlen sich überdurchschnittlich oft einer evangelischen Kirche (zu 73 Prozent; nach den „Erlebnisorientierten" der zweithöchste Wert) und/oder einem CVJM (zu 50 Prozent) zugehörig.

Ihr Glaube wird überdurchschnittlich durch Lobpreismusik/Worship (71 Prozent von ihnen geben dies an; dies ist der höchste Wert aller Typen), „christliche Freizeiten" (63 Prozent), das „persönliche Gebet" (61 Prozent) und die „Mitarbeit in der Gemeinde oder Diakonie" (44 Prozent) gestärkt.

Die Häufigkeit des Bibellesens, des persönlichen Gebets und des Gottesdienstbesuchs ist aber nur durchschnittlich ausgeprägt. Dies bedeutet trotzdem, dass eine deutliche Mehrheit von ihnen mindestens einmal pro Woche in der Bibel liest, fast zwei Drittel mindestens einmal pro Tag beten und ca. die Hälfte von ihnen mindestens einmal pro Woche einen Gottesdienst besucht. Trotzdem gibt es hier deutliche Unterschiede zu den sehr hohen Werten der Typen 1–4. Sie besuchen dabei Gottesdienste, die meist als „modern", „offen-spontan", „für Jüngere", „lebensnah" und „zum Mitmachen gehalten" charakterisiert werden, worin sie sowohl den „Höchstleistern" als auch den „Erlebnisorientierten" ähneln.

Ganzheitlich sind sie darüber hinaus in ihren Wünschen für einen Gottesdienst. Sie erwarten dort sehr häufig sowohl eine Fokussierung auf Gott, Jesus Christus und den Heiligen Geist als auch Hilfe für Alltägliches und die Lebensführung sowie Teilnahme, Modernität und Gemeinschaft. Auch hier lassen sich Ähnlichkeiten/Gemeinsamkeiten zu den „Höchstleistern" erkennen. Letzteres tun sie auch in ihrem Gottesbild, da die Aussagen: „Gott hat einen Plan für mich", „Gott greift in mein Leben ein", „Gott lässt mir meinen freien Willen" und „Gott hat Jesus gesandt, um mich zu erlösen" allesamt häufiger als im Durchschnitt genannt werden. Der einzige Unterschied zu den „Höchstleistern" ist, dass sie der Aussage „Vor Gott bleiben meine Sünden nicht verborgen" unterdurchschnittlich oft zustimmten.

In ihren Gebetsthemen wird das Gegenteil des eher egozentrischen Musters von „Ambivalenten" und „Unauffälligen" sichtbar. Sie bitten überdurchschnittlich oft für andere Menschen und bringen Gott Dankbarkeit und Verehrung entgegen, während sie unterdurchschnittlich häufig für sich selbst bitten sowie darum, nicht den Glauben zu verlieren.

In Bezug auf ihre Alltagsästhetik sind sie mit den „Erlebnisorientierten" der einzige Typus, bei dem die Dimension „Spannung und Action" überdurchschnittlich stark ausgeprägt ist. Als einziger Typus ist bei den „Ganzheitlichen" zudem das Interesse an „Hochkultur und Reflexion" überdurchschnittlich ausgeprägt. Bezüglich ihrer Werteorientierung ist der ohnehin am stärksten in der Stichprobe vorkommende Typus der „Aufstrebende Macher" stark ausgeprägt, bei dem alle Wertedimensionen starke Zustimmung erhalten und zu einer Wertesynthese verschmolzen werden.

„(Aufstrebende) Macher" sind sie auch bezüglich ihres überdurchschnittlich hohen Engagements in überdurchschnittlich vielen Partizipationsarten. In beiden Aspekten haben sie nach den „Höchstleistern"' die höchsten Werte. 42 Prozent von ihnen engagieren sich mehr als einmal die Woche ehrenamtlich im christlichen Kontext. Besonders in der Arbeit mit Teenagern (hier haben sie den höchsten Wert), aber auch in der Friedens- und Umweltarbeit sind sie überdurchschnittlich engagiert, unterdurchschnittlich hingegen nur im Bereich Mission und Evangelisation. Mit Ausnahmen von „Anerkennung und Bestätigung bekommen", sind alle Arten der Motivation bei ihnen überdurchschnittlich ausgeprägt. Neben ansonsten durchschnittlichen Werten in der Auskunftsfähigkeit, können sie anderen ihren Glauben überdurchschnittlich gut verständlich erklären. Auch in den Aufgaben der Kirche tritt nur ein Wert überdurchschnittlich hervor: das Gespräch mit Vertretern anderer Religionen zu suchen.

Zwei Drittel von ihnen können sich vorstellen später in der kirchlichen Kinder- und Jugendarbeit mitzuarbeiten. Dies ist gemeinsam mit den „Erweckten" der höchste Wert. Bezüglich einer möglichen späteren Tätigkeit als Pfarrer*innen sind sie die noch unentschiedenste Gruppe (die meisten Angaben bei „vielleicht").

Typ 6: Die Erlebnisorientierten

Portrait Marie*

„Für mich ist wichtig, dass Christen authentisch ihren Glauben leben und nicht etwas vorheucheln." MARIE

Marie ist 18 Jahre alt und beginnt demnächst eine Ausbildung zur medizinischen Fachangestellten. Sie wohnt aktuell in Köln und war trotz ihres jungen Alters schon *„in verschiedenen Gemeinden"*, darunter eine *„Stadtmission"*, eine *„Landeskirche"* und eine *„Freie evangelische Gemeinde"*. Aktuell besucht sie eine internationale Gemeinde, da die Gottesdienste modern und lebendig sind und sie die Gemeinschaft untereinander schätzt. Aber sie geht auch öfter in einen überregionalen Lobpreis-Gottesdienst, wo viele Gemeinden zusammenkommen. Glaube assoziiert sie mit *„aktiv, Kirche, Gemeinde, Freizeiten und Gott"*. Momentan sind besonders die Sommercamps für sie wichtig, da dort Spaß und Glaube perfekt zusammenkommen. Für ihr Leben ist der Glaube *„essenziell, er macht eigentlich schon viel von meinem Leben aus. Ich bete jeden Tag. Und ich glaube nicht, dass ich meinen Lebensweg bis jetzt durch*

* Das Foto zeigt nicht die interviewte Person; Foto © Markus Mainka | Fotolia.com

eigene Kraft geschafft habe. Ich glaub', dass da ein Plan von Gott dahinter ist." Jedoch *„hinterfragt"* sie *„auch schon jetzt"* sehr viel in ihrem Glauben.

Für den Jugendgottesdienst übernimmt Marie gern kreative Aufgaben und fährt auf viele Freizeiten mit. Diese haben *„meinen Glauben meistens nochmal ein bisschen verstärkt"*. Bei Vorbildern im Glauben ist ihr wichtig, *„dass diese authentisch ihren Glauben leben und nicht etwas vorheucheln, sondern dass man in ihrem Leben sieht, dass sie ein Leben mit Gott haben"*. Am besten kann sie mit ihren Eltern, ihren Geschwistern oder ihrem Freund über den Glauben reden. Mit ihren Freunden, die meist weniger mit dem Glauben am Hut haben, spricht sie darüber hingegen eher selten. Außerdem arbeitet sie viel mit Teenagern in der Gemeinde, da ihr das sehr viel Spaß bereitet und sie so unter Leute kommt. Wenn man sie auf andere Religionen anspricht, sagt sie, sie findet es *„ganz gut, wenn man sich zu einem Glauben hin positioniert"*, *„da ich halt Christ bin, glaube ich natürlich, dass Jesus Gottes Sohn ist"*. Zugleich sieht sie die anderen Religionen, *„solange sie nicht zu radikal werden [...], nicht als falsch an, ich find, dass das natürlich vollkommen berechtigt ist, so zu glauben"*. Mission spielt für ihren Glauben *„nicht so eine große Rolle"*. In Bezug auf homosexuelle Gemeindemitglieder sieht sie kein Problem. Den normalen Sonntagmorgengottesdienst findet sie eher langweilig und für sie wenig relevant, aber: *„Die Jugendgottesdienste mag ich meistens schon."* Da sie selbst teils mit ihrer Kirchengemeinde fremdelt, verwundert es nicht, dass sie *„glaubt, dass Gemeinde nicht für jeden etwas ist"*. In Bezug auf Gemeinde wünscht sie sich: *„Ich brauche offene Angebote und das Gefühl, dass es so, wie ich das mache, nicht falsch ist."*

Allgemeine Beschreibung der „Erlebnisorientierten" (Typ 6)

Wie die „Ganzheitlichen" sind die „Erlebnisorientierten" überdurchschnittlich jung (mit 64 Prozent an 14- bis 19-Jährigen sind sie der jüngste Typus), überdurchschnittlich kirchlich (mit 74 Prozent die stärkste Ausprägung aller Typen) und wie bei den „Ganzheitlichen" ist in ihrer Alltagsästhetik „Spannung und Action" besonders ausgeprägt. Gemeinsam mit den „Ganzheitlichen" und den „Reservierten" haben sie zudem, dass sie in Punkto Werteorientierung überdurchschnittlich aus „Aufstrebenden Machern" (bei beiden ca. 53 Prozent) bestehen. Des Weiteren teilen sie eine überdurchschnittliche Gemeindebindung und einen weniger exklusiven Glauben mit den „Ganzheitlichen". Von ihnen trennt sie jedoch, dass sie ihren Glauben weniger als unterstützend erleben.

Mit den „Reservierten“ sind sie zudem in Bezug auf die Ausprägung der Religiosität die einzigen beiden Mischtypen, bei denen sich Religiöse und Hochreligiöse mischen, da sie nur knapp zur Hälfte aus Hochreligiösen bestehen. Mit 20 Prozent aller Befragten bilden sie den größten Typ. Betrachtet man hier nur die Hochreligiösen innerhalb der Typen, dann sind sie nach den „Höchstleistern“ und „Ganzheitlichen“ immerhin noch die drittgrößte Gruppe unter den Hochreligiösen.

Die gegenüber dem Durchschnitt geringere Intensität ihres Glaubens zeigt sich deutlich in ihrer Glaubenspraxis: Sie beten unterdurchschnittlich wenig (39 Prozent beten täglich oder öfter), gehen eher selten in den Gottesdienst (37 Prozent gehen einmal die Woche oder öfter zum Gottesdienst, 27 Prozent gehen seltener oder nie) und lesen ebenfalls weniger als andere Typen in der Bibel („nur“ 31 Prozent lesen mindestens einmal die Woche die Bibel). Viel eher lesen sie dann christliche Zeitschriften oder Bücher. Und auch in ihrer Erziehung spielte der christliche Glauben für sie eine weniger große Rolle.

Wie die „Ganzheitlichen“ nehmen sie häufig oft an „modernen“, „offen-spontanen“, „für Jüngere“, „lebensnahen“ und „zum Mitmachen gehaltenen Gottesdiensten“ teil. Zudem wünschen sie sich für den Gottesdienst häufiger die Möglichkeit zur Partizipation, Modernität und Gemeinschaft. Wie bei den „Ambivalenten“ besuchen sie überdurchschnittlich oft (zu knapp zwei Dritteln) nicht den Gottesdienst anderer Gemeinden.

Mit den Typen 5–8 teilen sie eine eher liberalere Sexualethik und ein progressiveres Bibelverständnis. Bezüglich des Umgangs mit homosexuellen Menschen in der Gemeinde weisen sie sogar den höchsten Wert auf. Deutlich mehr als drei Viertel der „Erlebnisorientierten“ sagen, dass homosexuelle Menschen ohne Einschränkungen in der Gemeinde bleiben dürfen.

Sie unterscheiden sich von den bis hierhin beschriebenen Typen in ihrem Gottesbild, da bei ihnen alle Aussagen unterdurchschnittlich ausgeprägt sind, bis auf die Aussage, Gott lasse ihnen ihren freien Willen.

Neben den „Reservierten“ sind sie die Einzigen, die sich nur selten bis gelegentlich über den Glauben mit Freunden unterhalten. Insgesamt sind sie in Bezug auf den Glauben unterdurchschnittlich auskunftsfähig. Stärkung in ihrem Glauben erfahren sie überdurchschnittlich durch kreatives Arbeiten (neben den „Reservierten“ die einzige Gruppe, wo dies überdurchschnittlich ausgeprägt ist), vor allem aber durch

Mitarbeit in Gemeinde und Diakonie (55 Prozent) sowie durch christliche Freizeiten (67 Prozent). Bezüglich der beiden letzten Aspekte haben sie die höchsten Angaben aller Typen.

Engagiert im christlichen Kontext sind sie relativ durchschnittlich, häufiger nur in Bezug auf die Arbeit mit Teenagern. Von allen Typen können sie sich am wenigsten vorstellen, später als Pfarrerin oder Pfarrer (77 Prozent sagen Nein) oder in der Diakonie (53 Prozent: nein) zu arbeiten. Motiviert sind sie überdurchschnittlich durch „Spaß und Freude am Engagement" und durch „Gemeinschaft", unterdurchschnittlich durch ihre „Verantwortung als Christ".

Mit den „Reservierten" sind sie der Typus, dem es am wenigsten wichtig ist, dass die Kirche die christliche Botschaft verkündigt, für christliche Normen und Werte eintritt und Menschen Orientierungshilfe für das eigene Leben gibt. Sie ähneln insgesamt also teils den „Ganzheitlichen", sind aber weniger intensiv gläubig und weniger bildungsorientiert als diese. Ihr Glaube und ihre Alltagsgestaltung weisen insgesamt eher hedonistische Muster auf.

Typ 7: Die Sozialpolitischen

Portrait Anna*

„Ich bin der festen Überzeugung, dass alle Weltreligionen denselben Kern haben." ANNA

Anna ist 19 Jahre alt und hat gerade begonnen, Geschichte zu studieren. Sie gehört zu einer methodistischen Freikirche aus Hamburg, ist aber auch immer wieder in einer evangelischen Kirche aktiv. Sie kommt ursprünglich aus Wesel und wohnt derzeit in einer WG. Ihr ist es wichtig, keinen *„Sonntagsglauben"*, sondern einen *„Montagsglauben"* zu haben, das heißt einen Glauben, dessen Relevanz sich im Handeln und gesellschaftlichem Engagement zeigt. In ihrem Glauben geprägt haben sie vor allem Freizeiten und ihre Familie, *„weil ich auch christlich erzogen wurde und da dann auch eine gewisse Basis schon da war und so konkret*

* Das Foto zeigt nicht die interviewte Person; Foto © Markus Mainka | Fotolia.com

christliche Erlebnisse eben auf Freizeiten, mit guten Freunden in Gesprächen". Direkte Vorbilder im Glauben hat sie nicht, *„das ist immer ein Mix zwischen verschiedenen Personen oder Situationen, die dann für mich zum Vorbild geworden sind, oder auch eigene Erfahrungen".*

Über ihren Glauben kann Anna am besten mit Freundinnen und Freunden in ihrem Alter oder bis Ende zwanzig reden. Ihr *„Glaube ist für mich meine Lebenseinstellung".* Gott erlebt sie im Alltag als *„die Gewissheit, dass man einen guten Freund an der Seite hat, und ich erlebe es auch in meinem Leben, dass da jemand auf mich aufpasst".* In ihrer Gemeinde fühlt sie sich weniger zu Hause, allerdings ist es ihr wichtig, mehrmals im Monat in den Gottesdienst zu gehen, *„um auch eine gewisse Regelmäßigkeit reinzubekommen". „So wie bei allen Dingen, beim Sport auch, muss man versuchen, eine Regelmäßigkeit reinzubekommen, sonst wird man faul. Aber das ist nicht alles, es gibt Wichtigeres als den Gottesdienst."* Wichtig ist ihr auch, nicht nur Gemeinschaft mit Christ*innen zu haben, daher achtet sie darauf, *„das Gleichgewicht zu finden zwischen Christen und Nichtchristen, weil einfach beides unheimlich bereichernd ist". „Einfach, weil wir alle Menschen sind und alle an etwas glauben."* In der Jugendarbeit, in der sie engagiert ist, haben sie *„einen guten Mix aus Jungen und Mädchen"* und *„seit Längerem drei oder vier Flüchtlinge". „Sonst sind wir auch ein guter Mix aus unterschiedlichen sozialen Schichten, auch vom Bildungsstandard her."* Das zeigt sich auch in ihrer ehrenamtlichen Mitarbeit beim Weltladen. Aus ihrer Sicht sollte es in der Gemeinde noch ein Angebot geben, wo sich die Jugend zum Austausch treffen kann *„wo aber auch Spaß im Vordergrund steht und nicht das Reden über Gott".* Ansonsten denkt Anna, dass man neue Mitarbeiter durch Vorbilder in der Kirchengemeinde gewinnt, mit Schnupperangeboten und durch Werbung.

Über andere Religionen denkt sie: *„Liebe deinen Nächsten, das Doppelgebot findet sich in jeder Religion. Jede hat eben andere Auslegungen und Richtungen entwickelt im Laufe der Zeit, so würde ich das sagen. Alle sollten eben gleichberechtigt behandelt werden." „Ich bin der festen Überzeugung, dass alle Weltreligionen denselben Kern haben."* Mit dem Thema Mission hat sie sich *„noch nicht so sehr beschäftigt". „Aber klar ist es wichtig, Leuten von Gott zu erzählen, weil nur wenn sie Wissen darüber haben, können sie entscheiden und sagen: ‚Oh, das ist auch was für mich.' Von daher finde ich es wichtig anzusprechen, aber im Sinne von, dass der andere auch die Chance hat ‚Nein' sagen zu können und nicht Mission [in der Art] von ‚ich stülp dir was über' zu betreiben."*

Allgemeine Beschreibung der „Sozialpolitischen“ (Typ 7)

In vielem ähneln auch die „Sozialpolitischen“ den „Ganzheitlichen“. Sie erleben den Glauben unterstützender als der Durchschnitt, außerdem hat er für sie weniger exklusive Züge. Wie die „Ganzheitlichen“ bestehen sie größtenteils (zu 85 Prozent), aber nicht ausschließlich, aus Hochreligiösen und sind überdurchschnittlich weiblich. 71 Prozent weibliche Jugendliche stellen den höchsten Anteil aller Typen dar. Ebenso haben die „Sozialpolitischen“ den höchsten Anteil von Abiturienten aller Typen. Der entscheidende Unterschied zu den „Ganzheitlichen“ ist ihre geringe Gemeindebindung. Möglicherweise liegt dies daran, dass sie überdurchschnittlich oft Gottesdienste besuchen, die auf Ältere ausgerichtet sind. Wie alle Typen 5–8 sind sie überdurchschnittlich kirchlich. Sie unterscheiden sich von den „Ganzheitlichen“ vor allem darin, dass es in ihrer Gemeinde wahrscheinlich keine oder kaum jugendgerechte Veranstaltungen gibt und sie in ihrem Engagement eher auf Dinge außerhalb der Gemeinde gerichtet sind. Entsprechend besuchen sie größtenteils nur ein- bis dreimal pro Monat den Gottesdienst. Interessant ist jedoch, dass nicht etwa Modernität und Teilnahme, sondern der Fokus auf Gott, Jesus Christus und den Heiligen Geist in Bezug auf die Wünsche für einen Gottesdienst stark ausgeprägt sind.

Sowohl das Bibellesen (49 Prozent lesen mindestens einmal pro Woche in der Bibel) als auch das Gebet (43 Prozent beten mehrmals am Tag) sind bei ihnen hingegen durchschnittlich ausgeprägt. In ihren Gebeten sind „Bitten für andere Menschen“, „Dankbarkeit gegenüber Gott“ und „Verehrung oder Lob Gottes“ wichtig. In ihrem Gottesbild zeigt sich die Vorstellung eines sehr aktiven Gottes. Er greift überdurchschnittlich oft in ihr Leben ein, hat einen Plan für ihr Leben und sieht ihre Sünden. Im Glauben werden sie besonders durch das persönliche Gebet und durch Lobpreis gestärkt. In Bezug auf die Aufgaben der Kirche sind sie der einzige Typus, der überdurchschnittlich angibt, dass es Aufgabe der Kirche ist, politische, soziale und interreligiöse Verantwortung zu übernehmen. Sie sind zudem diejenigen, die sich am ehesten vorstellen können, später im Bereich der Diakonie zu arbeiten.

In sexualethischen Fragen haben die „Sozialpolitischen“ eine recht klare Meinung, denn sie geben überdurchschnittlich an, dass in der Bibel nichts Eindeutiges zum Thema Sex vor der Ehe und Homosexualität steht. Auch ist es für sie kein Problem, wenn homosexuelle Paare in Gemeinden leben.

In ihrer Werteorientierung sind sie der Typ mit dem größten Anteil „Pragmatischer Idealisten" und zeichnen sich dadurch aus, dass sie besonders idealistische Werte sowie Werte in Bezug auf Tugend und Sicherheit vertreten. Idealistische Werte sind z. B. sozial Benachteiligten helfen, andere Meinungen tolerieren, sich politisch engagieren sowie Fantasie und Kreativität entwickeln.

Mit nur 182 Jugendlichen bilden sie den kleinsten Typ, weswegen unter anderem rein statistisch weniger signifikante Zusammenhänge gefunden werden konnten. Wie bereits erwähnt, ähneln sie den „Ganzheitlichen" in einigen Aspekten, wobei bei ihnen deutlicher als bei diesen die sozialökologischen und sozialpolitischen Werte ausgeprägt sind. Anders als die „Ganzheitlichen" haben sie aber eine geringere Gemeindebindung.

Typ 8: Die Reservierten

Portrait Philipp*

„Also Stille ist mir wichtig, vielleicht gar nicht im aktiven Rausgehen, sondern eher im Ruhigwerden, im Hören, vielleicht auch in repetitiven Formen." PHILIPP

Philipp ist ein 25 Jahre alter Politikstudent aus Waltersberg bei Nürnberg und gehört einer evangelisch-lutherischen Gemeinde an. Bei dem Wort Glaube fällt ihm spontan *„evangelische Glaubensübersteigerung"* ein, also *„dass man denkt, alles hängt nur am Glauben, wo ich in letzter Zeit demgegenüber eher wieder kritisch geworden bin"*. Jedoch assoziiert er auch mit Glaube *„die Sakramentalität, die ja eigentlich auch im Christentum eine Rolle spielt"*. Entscheidend für Letzteres war eine Erfahrung in einer lutherischen Kirche im Auslandssemester, wo sie *„immer nach dem Abendmahl gesagt haben: ich habe dich in meinen Mund gelegt, dich, den das ganze Universum nicht fassen kann. Das war so ein Moment, wo sich mein ganzes Verständnis vom sakramentalen Abendmahl nochmal richtig gewandelt hat."* Seine Familie spielt *„eine relativ geringe"* Rolle für seinen Glauben, da sein Vater Atheist ist und seine Mutter *„geht halt an Weihnachten in die Kirche und das war es"*. Auch sonst hatte und hat er *„im Alltag, jetzt speziell wenn es um Glaubensdinge geht, relativ wenig Personen"*, die ihm ein Vorbild sind.

* Das Foto zeigt nicht die interviewte Person; Foto © Cara-Foto | Fotolia.com

Als Jugendlicher hatte er eine *„evangelikale Phase“*, die ihn in seinem Glauben geprägt hat. Wichtig war ihm dort besonders der *„Lobpreis, wo ich mich so überwältigt gefühlt habe oder einfach sowas Transzendentes vernommen habe oder so eine Form von vagem Gefühl, sage ich mal“*. Daher ist er von seiner Geschichte her *„eher Lobpreisgeprägt“*. *„Ich würde schon sagen, dass mir das bei meiner Formierung im Glauben sehr geholfen hat, weil man diese Momente hatte, wo ich sage, da spüre ich etwas, ohne sagen zu können, ob es genau Gott ist, aber ich weiß, dass ich das erfahre, ja.“* Jedoch begann er irgendwann, sich *„so von diesem Evangelikalen wieder abzuwenden und eher wieder in die normale landeskirchliche Richtung“* zurückzugehen. Grund dafür war für ihn *„dieses Konfrontative“* und *„sehr Enge“*, das besonders ein früherer Jugendgruppenleiter verkörpert, den er als *„sehr, ja: fundamentalistisch, weiß nicht, ob man das sagen kann“* bezeichnet. An einem Jugendgruppenabend zu Schöpfung und Evolution äußerte Philipp, *„naja, ich kann mir das mit der Evolution schon vorstellen“*, woraufhin ihn der Jugendleiter bezichtigte *„mit Satan im Bunde“* zu sein. Zugleich stört ihn in der evangelischen Kirche *„die Unverbindlichkeit, die gelebt wird“*.

Sein Glaube gibt Philipp heute vor allem Kraft, er verbindet damit etwas *„Analoges zur Heimat: Da komm ich her, das ist etwas, was mich trägt, was mich behütet bis zu einem gewissen Grad“*. Gott erfährt er im Alltag eher weniger direkt, stattdessen im Abendmahl, *„ansonsten in der Stille, vielleicht gar nicht im aktiven Rausgehen, sondern eher im Ruhigwerden, im Hören, vielleicht auch in repetitiven Formen“*. Zu Gottesdiensten geht er nur selten, wobei er dann *„allerdings im Sonntagsgottesdienst tatsächlich den traditionskontinuierlichen Gottesdienst“* bevorzugt, weil er dort *„an Formen gebunden ist, mit denen ich mich nicht selber neu erfinde, sondern die von Christen über die Jahrhunderte hinweg immer wieder benutzt wurden“*. Jedoch sagt er zugleich: *„Im Privaten nutze ich auch Lobpreislieder und höre mir die an.“* In Bezug auf die Gemeinschaft mit anderen Christ*innen findet er es *„vor allem sehr traurig, dass wir uns so in Konfessionen zersplittert haben“*. *„Wenn wir uns nicht einmal untereinander vertragen, wie wollen wir dann glaubhaft der Welt sagen, dass da irgendwo eine wichtige Botschaft drinsteckt?“* In Bezug auf seine Meinung zu anderen Religionen sagt er, *„das kommt auf die Religion an“*, und er hat zu vielen Religionen eine ausgesprochen eigene Meinung. Mission hält er in der Theorie *„für richtig, aber in der Praxis muss ich sagen, dass ich damit relativ wenig zu tun habe“*. In der Schule hat er damals *„Spruch-T-Shirts und Ähnliches getragen, und das hat damals dazu geführt, dass man sich mal darüber gestritten hat, aber wirklich erreicht, habe ich glaube nicht wirklich jemanden“*.

Allgemeine Beschreibung der „Reservierten" (Typ 8)

Die „Reservierten" sind, wie bereits erwähnt, mit den „Erlebnisorientierten" die einzigen Mischtypen und insgesamt haben sie den geringsten Anteil hochreligiöser Jugendlicher (mit immerhin noch 47 Prozent Hochreligiösen). Insgesamt haben sie sehr viele Gemeinsamkeiten mit den „Erlebnisorientierten". Beide haben in Bezug auf die Werteorientierung überdurchschnittlich viele aufstrebende Macher. Beide sind die einzigen Typen, in deren Erziehung der Glaube eine im Vergleich unterdurchschnittliche Rolle gespielt hat. Beide Typen sind unterdurchschnittlich auskunftsfähig zum Glauben, zudem tauschen sie sich am seltensten mit Freunden über den Glauben aus (nur 24 Prozent tun dies oft oder öfter). In Bezug auf die Glaubenspraxis haben beide die geringsten Werte: die „Reservierten" lesen unterdurchschnittlich häufig in der Bibel (37 Prozent lesen einmal in der Woche oder häufiger), beten unterdurchschnittlich oft (nur 19 Prozent beten mehr als einmal am Tag, 15 Prozent sogar nur mehrmals im Jahr oder nie) und nehmen seltener an Gottesdiensten teil (34 Prozent seltener als ein- bis dreimal im Monat bis nie). Beide haben in Bezug auf das Gottesbild bei fast allen Aussagen nicht nur relativ, sondern auch absolut niedrigere Werte. Und schließlich sind beide in der Art und Weise ihres Glaubens wenig exklusiv oder unterstützend.

Bei allen Gemeinsamkeiten unterscheiden sie sich jedoch auch von den „Erlebnisorientierten", vor allem in ihrer Gemeindebindung. Diese ist nicht wie bei den „Erlebnisorientierten" über-, sondern unterdurchschnittlich ausgeprägt. Ganz im Gegenteil zu diesen nehmen sie häufiger an Gottesdiensten teil, die sie als eher „traditionell", „liturgisch-rituell", „für Ältere", „lebensfern" und „zum Zuhören gestaltet" wahrnehmen. Im Gegensatz zu den „Erlebnisorientierten" wünschen sie sich auch wenig Teilnahme, Modernität und Gemeinschaft im Gottesdienst. Somit verhalten sie sich auf ähnliche Weise zu den „Erlebnisorientierten" wie die „Sozialpolitischen" zu den „Ganzheitlichen". Konträr ist ihre Tendenz ebenso bezüglich der Dimension von „Spannung und Action", die bei den „Reservierten" unterdurchschnittlich und bei den „Erlebnisorientierten" überdurchschnittlich ausgeprägt ist. Ein deutlicher Unterschied zwischen den „Reservierten" und den „Erlebnisorientierten" liegt in der Arbeit mit Teenagern, welche bei Letzteren überdurchschnittlich häufig vorkommt, bei den „Reservierten" jedoch nur unterdurchschnittlich häufig.

Insgesamt sind die „Reservierten" der einzige Typ, der unterdurchschnittlich im christlichen Kontext aktiv ist (30 Prozent haben sich noch nie engagiert). Sie arbeiten insgesamt in den wenigsten Partizipationsarten mit und können sich nach den

„Erlebnisorientierten" am wenigsten vorstellen, später als Pfarrer*innen sowie in der Diakonie zu arbeiten. In Bezug auf eine spätere hauptamtliche Tätigkeit in der Kinder- und Jugendarbeit sind sie die unentschiedenste Gruppe (ein gutes Drittel sagt: vielleicht).

Nicht nur in Bezug zum Engagement sind sie in gewisser Weise der Gegentypus zu den „Höchstleistern", wie man auch bezüglich der drei Dimensionen an der Grafik zu Beginn des Kapitels sehen kann. Hervorzuheben ist jedoch, dass unter ihnen besonders viele soziale Aufsteiger sind. Während ihre Eltern unterdurchschnittlich wenige Bücher im Hause haben (ein recht verlässlicher Indikator für Schichtzugehörigkeit), haben sie überdurchschnittlich oft einen Studienabschluss oder streben diesen an. In beidem sind sie der einzige Typ mit signifikanten Ausprägungen in diesen Variablen.

Wie alle Typen 5–8 haben die „Reservierten" eine liberalere Sexualethik und ein progressiveres Bibelverständnis und sind überdurchschnittlich kirchlich. Zudem kommen sie unterdurchschnittlich aus Pfingstgemeinden oder charismatischen Freikirchen.

Mit knapp 19 Prozent und 546 Jugendlichen stellen sie insgesamt den zweitgrößten Typ dar. Betrachtet man nur die Hochreligiösen, befinden sie sich mit 259 Vertretern im mittleren Bereich (ähnlich wie die „Ambivalenten", „Erweckten" und „Unauffälligen").

Notizen

KAPITEL 4

Wie die Generation Lobpreis glaubt

Foto © Lisa F. Young | Fotolia.com

Die Glaubenspraxis: Gott muss erlebt werden

„Also, ich finde Lobpreis sehr, sehr wichtig, das ist ja auch gleichzeitig beten. Deswegen ist eigentlich das beides vereint. Also, im Lobpreis kann man ja auch beten und die Texte als Gebet nehmen." LUKAS

„Gottes Nähe spüren; zu wissen, dass man geliebt ist; zu wissen, dass er jemand ist, der einen besser kennt, als man sich selber kennt. Und dass er einen Plan für einen hat." DANIEL

„Also Gebete gehören ganz natürlich dazu, weil das halt einfach die ganz normale Kommunikation ist zwischen Gott und mir." ANTON

Jugendkultur und Glaubensleben

Wenn wir uns die Entwicklung der Jugendkultur der letzten Jahrzehnte im Kontext der Jugendforschung anschauen, dann stellen wir fest, dass die großen Stichworte Erlebnisorientierung, Subjektorientierung und Konsumorientierung sind.[30] Inwiefern beziehungsweise wie stark können wir diese Entwicklungen nun auch im Bereich der hochreligiösen Jugendlichen feststellen? Wenn es nun um die Frage geht, wie unsere befragten Jugendlichen ihren Glauben leben und erleben, wie sie ihr Glaubensleben gestalten und wie dies in ihrem Alltag verortetet ist, stellen wir fest, dass sich eben erwähnte Entwicklungen hier noch deutlicher zeigen.

Die Individualisierung des Glaubens

Durch die religionssoziologisch vielfach diagnostizierte Individualisierung des Glaubens verlieren tradierte religiöse Formen zunehmend an Bedeutung. Die Jugendlichen, die in einer individualisierten und beschleunigten Multioptionsgesellschaft aufwachsen, sind zur Freiheit verdammt. Sie können und müssen frei wählen und selbst bestimmen, darunter auch was und wie sie glauben und ihren Glauben leben. Dieser individualisierte Glaube kann aus unterschiedlichen Komponenten bestehen, sodass *„das Basteln an der eigenen individuell-biografisch bestimmten Religion"*[31] keine Seltenheit ist. In der Literatur der letzten Jahre wird dieses Phänomen etwa als „Bastelglauben“, „religiöse Bricolage“, „Patchwork-Religion“ oder „multireferenzielle Collage“ bezeichnet. Die Mehrheit der Jugendlichen durchläuft dennoch nach wie vor die kirchlichen Stationen, von der Taufe bis zur Konfirmation.[32] Neuere Studien zeigen, dass Beziehungen oder Gemeinschaftszusammenhänge den inhaltlichen Kern des Glaubens ausmachen. Dieser ist eher *„unabhängig von einer immanenten oder transzendenten Glaubenseinstellung“*.[33] Es kommt zu einer Verschiebung von der inhaltlichen Ausgestaltung des Glaubens hin zu einer größer werdenden Bedeutung von sozialen Beziehungen in der Gruppe (zur Bedeutung von Gemeinde vgl. Kapitel fünf). Geselligkeit und Gemeinschaft rücken auf Kosten der (dogmatischen) Glaubenseinstellungen in den Vordergrund. So versuchen Arndt Büssing und Klaus Baumann die aktuellen Studien zur Spiritualität bei Jugendlichen und jungen Erwachsenen zusammenzufassen und kommen zu dem Fazit: *„In der nominell christlichen Mehrheit Jugendlicher und junger Erwachsener scheint die religiöse Praxis gleichwohl weiter stark zurückzugehen, und explizit religiöser Glaube ist für sie nur eine Option unter vielen.“*[34] Die in der Literatur breit rezipierte Individualisierungsthese wirft die Frage auf, inwiefern auch der Glaube der hochreligiösen Jugendlichen individualisiert ist. Diese Gruppe Jugendlicher bleibt in der Diskussion jedoch weitgehend außen vor. Die Thesen zur Individualisierung von Glaube und der damit verbundenen Entwicklung hin zu einem „Bastelglauben“ geben somit nur wenig Auskunft darüber, wie hochreligiöse Jugendliche ihren Glauben gestalten und ausleben.

Was glauben hochreligiöse Jugendliche im Alltag?

Fragt man den Leipziger Religionssoziologen Gert Pickel dazu, so bestätigt er den eben ausgeführten Befund und stellt fest, dass es kaum *„empirisch zuverlässige Studien“*[35] über den Einfluss religiöser Überzeugungen von Jugendlichen auf ihren Lebensalltag gibt. Neben den Studien, die das Thema der hochreligiösen Jugendlichen nur am Rande berühren, gibt es wenige Arbeiten, die sich detailliert mit hochreligiösem Glauben von jungen Menschen auseinandersetzen. Sie beschäftigen sich jedoch vornehmlich mit Jugendlichen in freikirchlichen Gemeinden.

Mit den Inhalten, die den Glauben von Freikirchlern auszeichnen, befasst sich etwa Arne Schäfer in der Studie „Zwiespältige Lebenswelten“ (2010). Er zeigt auf Grundlage des aktuellen Forschungsstands, dass freikirchliche Aussiedlergemeinden mennonitischer und baptistischer Ausrichtung *„traditionale Enklaven innerhalb moderner und hochindividualisierter Gesellschaften bilden“*.[36] Traditionelle sowie religiöse Werte und Normen vermischen sich zu einer besonderen Lebensweise, die Kindern und Jugendlichen vermittelt werden soll, um sie vor den *„negativen Auswirkungen moder-*

ner Gesellschaften zu schützen".[37] Jugendliche, die selbstverständlich trotzdem mit der Welt außerhalb der Gemeinde in Kontakt kommen, stehen dadurch im *„Spannungsfeld zwischen Tradition und Moderne"*.[38] Im Kontext der Gemeinschaftsbewegung geht der Diakon Matthias Stempfle in seiner Studie auf eine kleine Gruppe hochreligiöser Jugendlicher im Bereich von Jugendgottesdiensten ein. Er kommt zu dem Schluss, dass die Akzente hier ebenfalls auf *„der Glaubenserfahrung des Einzelnen und der Individualethik [sowie auf] der persönlichen Spiritualität"* liegen.[39] Bezüglich der Gottesdienste kritisiert er am Beispiel eines im evangelikal-pietistischen Raum weitverbreiteten Gesangbuchs für Jugendliche, dass der Glaube auf *„seine ‚Innenseite' reduziert wird"* und *„seine soziale und weltgestaltende Komponente verliert"*.[40] Die praktizierte Form von Gottesdiensten leite die Jugendlichen dazu an, sich auf sich selbst und ihren eigenen Glauben zurückzuziehen, anstatt äußere, einübbare Formen der praktischen Frömmigkeit zu vermitteln. Die Studie Stempfles bietet erste Anhaltspunkte zu der Frage, wie hochreligiöse Jugendliche glauben. Hier wollen wir anknüpfen und die Frage nach der Glaubenspraxis bei hochreligiösen Jugendlichen stellen.

Was macht eine hochreligiöse Glaubenspraxis eigentlich aus?

Bevor wir zu konkreten Ergebnissen kommen, wollen wir kurz erläutern, was die Glaubenspraxis hochreligiöser Jugendlicher ausmacht und wie wir diese abgefragt haben. Dabei standen, wie auch bei einigen anderen Fragestellungen, der Bertelsmann Religionsmonitor und seine Messmethoden zur Intensität von Glaubenspraxis Pate. Darin geht es um Fragen: „Wie häufig beten die Jugendlichen?", „Wie wichtig ist ihnen das persönliche Gebet?", „Wie oft und wie intensiv erleben sie Situationen, in denen sie das Gefühl haben, dass Gott ihnen etwas sagen will oder sogar in ihr Leben eingreift?", „Was stärkt ihren Glauben und welche Konsequenzen hat dieser im Alltag, zum Beispiel bei der Auswahl der Freunde?". Letzteres ist auch deshalb von Bedeutung, weil damit ein zentrales Kennzeichen von Hochreligiosität angesprochen wird. Stefan Huber, einer der Autoren des Bertelmann Religionsmonitors, beschreibt dies folgendermaßen: *„Daher durchdringen religiöse Inhalte die ganze Persönlichkeit und üben einen deutlichen Einfluss auf zahlreiche Lebensbereiche aus."*[41] Hochreligiöse Jugendliche verknüpfen zum Beispiel erlebte Gefühle wie Geborgenheit, Dankbarkeit, Kraft, Freude, Hoffnung, Liebe, Gerechtigkeit oder Hilfe öfter mit ihrem Glauben als alle anderen Jugendlichen. Deshalb ist ihre Glaubenspraxis wesentlich reichhaltiger und vielschichtiger als bei „bloß" religiösen jungen Menschen. Huber kommt zu dem Schluss, dass Hochreligiosität einen direkten Einfluss auf die Persönlichkeit von Jugendlichen hat.[42] Dies ist besonders im Jugendalter wichtig, wo sich Persönlichkeit und Glaube maßgeblich entwickeln und verändern.

Die Glaubenspraxis ist für hochreligiöse Jugendliche also eine prägende und wichtige Erfahrung, die einen Einfluss auf die eigene Persönlichkeitsentwicklung und die Gestaltung des Alltags hat. Die Tübinger Studie „Jugend – Glaube – Religion" hat die Frage, wie sich der Glaube der Jugendlichen verändert, aufgenommen und nach konkreten Veränderungen innerhalb eines Zeitraums von zwei Jahren gefragt.[43] Dabei sollten die befragten Jugendlichen angeben, ob sich ihr Glaube „schwächer" oder „stärker" entwickelt hat. Bei 38 Prozent der Schüler*innen hat sich der Glaube in den letzten zwei Jahren verstärkt. Lediglich 13 Prozent der Jugendlichen gaben an, dass sie keine nennenswerte Veränderung der Stärke im Glauben feststellen konnten. Nicht ganz die Hälfte (49 Prozent) derjenigen, die sich einer Glaubensveränderung bewusst sind, gaben an, dass ihr Glaube schwächer wurde. Auf die Frage, was sich verändert hat, antworteten sie am häufigsten, dass ihnen der Glaube in schwierigen Situationen Halt gibt.

Doch wie sieht das konkret aus? Fangen wir mit der Frage an, was den eigenen Glauben stärkt.

Was stärkt den eigenen Glauben?

Die Frage nach der Stärkung des eigenen Glaubens ist ein guter Einstieg in die persönliche Glaubenspraxis hochreligiöser Jugendlicher. Sie zeigt, was Jugendlichen für ihren eigenen Glauben besonders wichtig ist, welchen Einflüssen sie sich aussetzen und aus welchen Glaubensquellen sie in ihrem Alltag schöpfen. Die höchste Zustimmung auf die Frage, was den eigenen Glauben stärkt, hat Lobpreismusik/Worship mit 64 Prozent. Dieses Ergebnis überrascht, da gerade Hochreligiöse traditionell zuerst mit „Gebet" (auf Platz zwei) und „Bibellesen" (auf Platz sechs) in Verbindung gebracht werden. Erwartet hoch bei der Frage nach der Stärkung des eigenen Glaubens sind die „Gespräche mit Freunden und Familie" (54 Prozent auf Platz drei und „christliche Freizeiten" mit 47 Prozent auf Platz vier). Dass „Predigen im Gottesdienst" mit 44 Prozent auf Platz fünf noch vor „Bibellesen" kommt, ist überraschend und interessant. Es zeigt aber auch, dass die neue Generation der hochreligiösen Jugendlichen einen nicht einfachen Zugang zur Bibel hat (vgl. auch Kapitel Bibel am Ende des Kapitels). Die gemeinschaftlichen Angebote zur Stärkung des Glaubens, wie „Kleingruppen" (mit 37 Prozent auf Platz sieben) und „Mitarbeit in Gemeinde und Diakonie" (mit 29 Prozent auf Platz acht), liegen im Mittelfeld. Besonders Ersteres ist aufgrund der hohen Bedeutung von Gemeinschaft eine Überraschung. Einen Platz dahinter (Platz neun) halten sich „christliche Bücher" mit 19 Prozent. Für uns überraschend war, dass „christliche Konferenzen" mit nur 15 Prozent auf den zehnten Rang kamen.

Gerade in Bezug auf Lobpreis gibt es durchaus das Bild der „Eventisierung“ des Glaubens. Dieser Befund spricht jedoch nicht dafür. Vielleicht liegt dies jedoch auch daran, dass die Jugendlichen manche Events nicht unter dem Begriff der „Konferenz“ verstanden haben. Mit nur 7 Prozent Zustimmung (auf dem 13. Platz) kamen das „Internet“ mit Onlinepredigten, Facebook, Blogs etc. Dies überraschte uns ebenfalls, da für die neue Generation „Social Media“ bekanntlich eine, wenn nicht die entscheidende Rolle spielt. Jedoch verbinden die Jugendlichen dies nicht mit einer Stärkung ihres Glaubens. Auf den letzten Platz (mit 5 Prozent) kamen die „christlichen Zeitschriften“, was dem ohnehin von Überlebenskämpfen geprägten christlichen Zeitschriftenmarkt auch keine große Hoffnung auf bessere Zeiten machen dürfte.

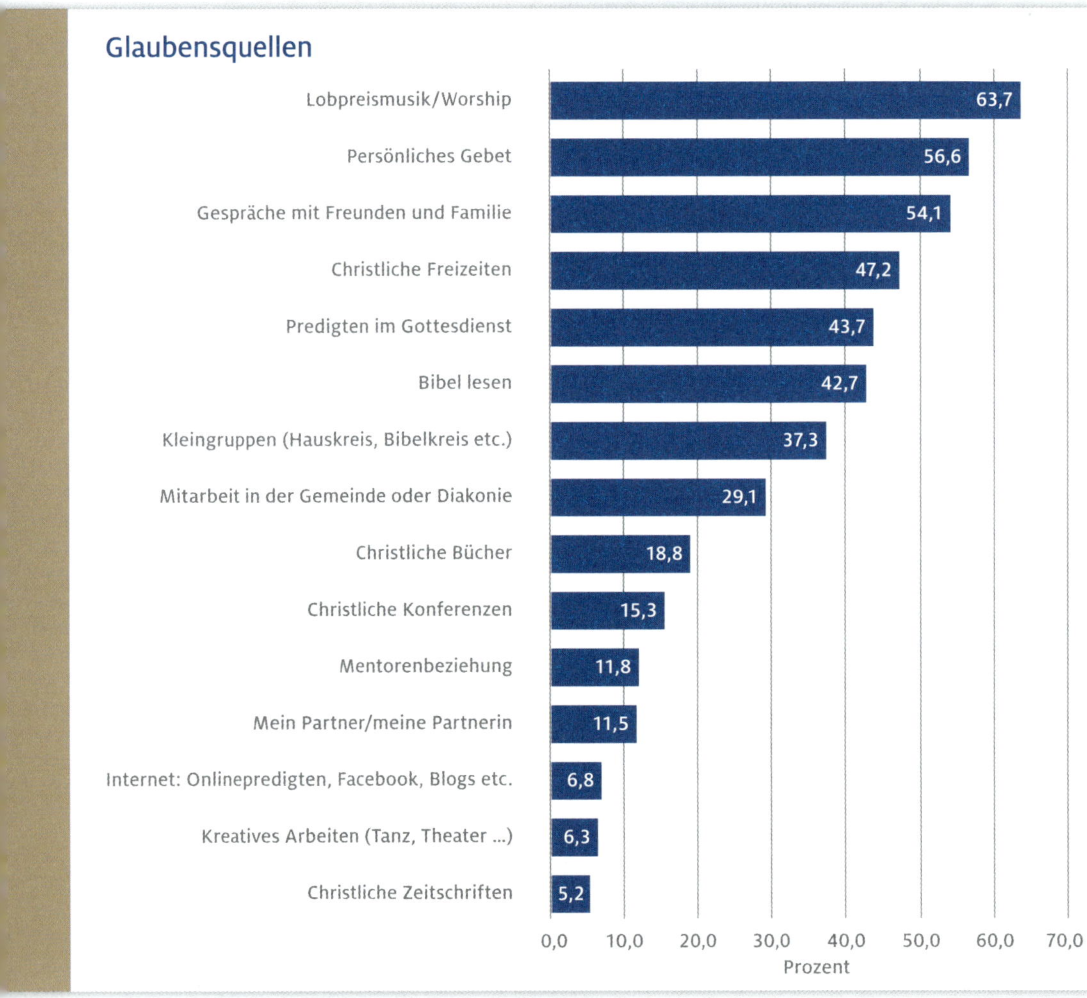

Grafik 6: Was stärkt dich in deinem Glauben?

Schauen wir uns die Ergebnisse noch einmal genauer an und fragen, wo es innerhalb der Ergebnisse deutliche Abweichungen und Unterschiede gegeben hat. Dabei nehmen wir zunächst die Unterscheidung zwischen religiösen und hochreligiösen Jugendlichen in den Blick. Die höchste Zustimmung bei religiösen Jugendlichen liegt mit 60 Prozent bei „christlichen Freizeiten“ (47 Prozent bei Hochreligiösen) vor „Gespräche mit Freunden und Familie“ mit 54 Prozent (gleicher Wert wie bei Hochreligiösen) und „Mitarbeit in Gemeinde und Diakonie“ mit 48 Prozent (nur 29 Prozent bei Hochreligiösen). Lobpreismusik/Worship landet bei religiösen Jugendlichen mit 45 Prozent auf dem vierten Platz. Erwähnenswert ist, dass „Kreatives Arbeiten wie Tanz, Theater“ bei religiösen Jugendlichen mit 21 Prozent wesentlich wichtiger für die Stärkung des eigenen Glaubens angesehen wird als bei hochreligiösen Jugendlichen (6 Prozent). Ein weiterer signifikanter Unterschied betrifft das „Bibellesen“, welches mit 11 Prozent bei den religiösen Jugendlichen im letzten Drittel liegt (im Vergleich zu 43 Prozent bei den Hochreligiösen).

Weitere Unterschiede sind zwischen kirchlichen und freikirchlichen Jugendlichen auszumachen. Bleiben wir zunächst beim Bibellesen. Dies haben 38 Prozent der kirchlichen Jugendlichen als Quelle zur Stärkung ihres Glaubens genannt, bei den Freikirchlern sind es 47 Prozent. Kirchliche Jugendliche erfahren durch christliche Bücher weniger Stärkung im Glauben. Freikirchliche erfahren durch Mentoren mehr Stärkung im Glauben (14 Prozent) als kirchliche Jugendliche (10 Prozent). Umgekehrt erfahren kirchliche Jugendliche durch christliche Freizeiten (55 Prozent) und Mitarbeit in der Gemeinde (37 Prozent) mehr Stärkung im Glauben als Freikirchler (40 Prozent und 22 Prozent).

Männliche Jugendliche werden in ihrem Glauben eher durch Predigten (49 vs. 40 Prozent) und Bibellesen gestärkt (47 vs. 40 Prozent), weibliche Jugendliche hingegen stärker durch Lobpreis (68 vs. 58 Prozent) sowie Familie und Freunde (59 vs. 47 Prozent).

Schauen wir auf die Altersunterschiede, so sind hier vor allem bei christlichen Freizeiten, Lobpreis und beim Bibellesen große Unterschiede auszumachen. Während christliche Freizeiten (m: 66 Prozent/w: 32 Prozent) und Lobpreis (m: 71 Prozent/w: 58 Prozent) bei den 14- bis 19-Jährigen eine viel wichtigere Rolle bezüglich der Glaubensstärkung spielen, ist den 20- bis 29-Jährigen das Bibellesen wichtiger (m: 49 Prozent/w: 35 Prozent). Wie zeigen sich aber diese Quellen des Glaubens ganz praktisch im Alltag?

Konsequenzen des Glaubens im Alltag

Wie sich der Glaube hochreligiöser Jugendlicher im Alltag zeigt, war für unsere Studie von besonderer Bedeutung. Mit Abstand den höchsten Zustimmungswert (81 Prozent) hat die Aussage, dass der „Glaube eine Hilfe für den Alltag ist". Hier wird auch wieder ein deutlicher Unterschied zu religiösen Jugendlichen deutlich, bei denen nur 30 Prozent zustimmen. Hochreligiöse Jugendliche erleben den Glauben als etwas Positives, das ihnen im Alltag hilft und Halt gibt. Die abgefragten negativen Erfahrungen, wie gefühlte Ausgrenzung oder im Alltag hervorgerufene Konflikte durch den eigenen Glauben, spielen, wie die Grafik zeigt, eine untergeordnete Rolle (nur 14 bzw. 7 Prozent Zustimmung).

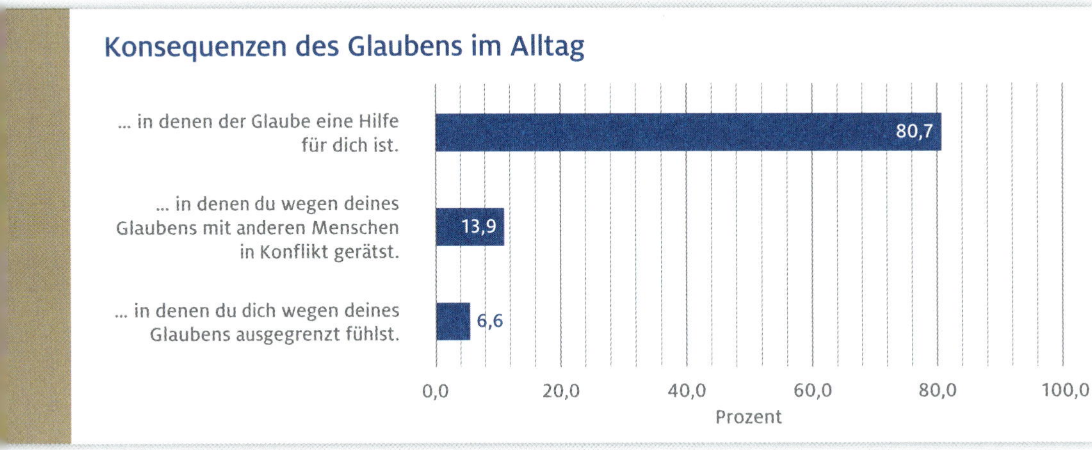

Grafik 7: Wie oft erlebst du im Alltag Situationen ...

Bei den befragten weiblichen Jugendlichen ist das Erleben von Hilfe mit 82 Prozent noch stärker ausgeprägt als bei den männlichen Befragten (78 Prozent). Auch die älteren Jugendlichen stimmen hier noch stärker zu (85 Prozent die 20- bis 29-jährigen Jugendlichen; die 14- bis 19-Jährigen 76 Prozent).

Wie wirkt sich der Glaube auf die sozialen Beziehungen aus, zum Beispiel bei der Auswahl von Freunden? Für hochreligiöse Jugendliche spielt der Glaube durchaus eine Rolle bei der Auswahl der Freunde, im Gegensatz zu religiösen Jugendlichen, wie die folgende Grafik zeigt.

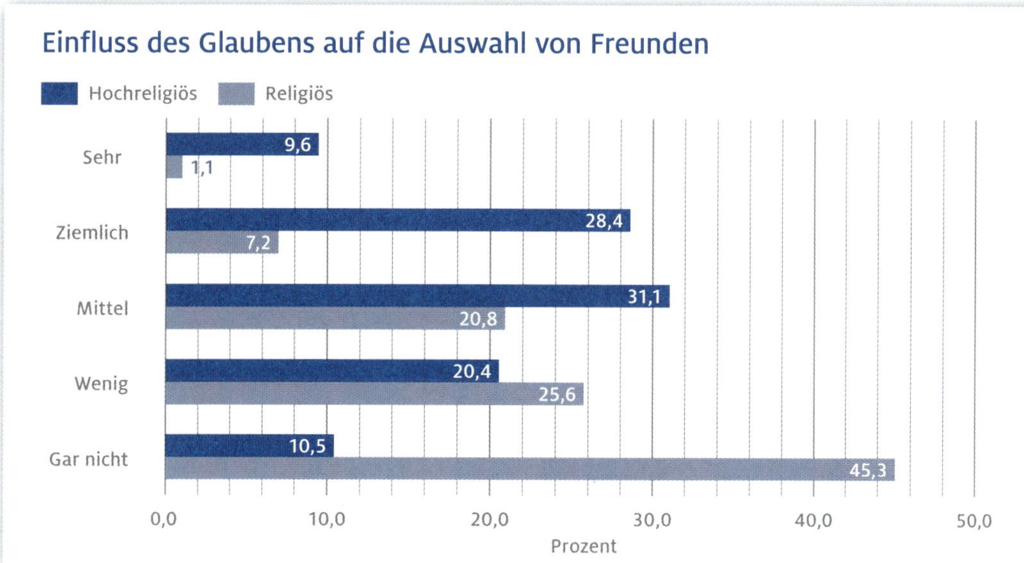

Grafik 8: Wie stark wirkt sich dein Glaube darauf aus, mit wem du befreundet bist und mit wem nicht?

Für kirchliche Jugendliche hat der Glaube einen geringeren Einfluss auf die Auswahl der Freunde als für freikirchliche Jugendliche (33 vs. 42 Prozent). Gleiches gilt für männliche, im Vergleich zu weiblichen Jugendlichen (42 vs. 36 Prozent). Die höchste Zustimmung auf die Auswahl der Freunde aus Glaubensgründen findet sich mit 45 Prozent bei den 20- bis 29-jährigen Jugendlichen.

Als wir nach weiteren Konsequenzen des Glaubens im Alltag der Jugendlichen fragten, wurde deutlich, dass hochreligiöse Jugendliche ihren Glauben eher selbstverständlich in ihrem Alltag leben. Etwa jede oder jeder zweite Jugendliche „äußert seinen Glauben frei heraus, auch wenn er oder sie dadurch aneckt". Der Aussage „in Bezug auf meinen Glauben bin ich gegenüber anderen eher zurückhaltend" stimmt nur jede oder jeder vierte Jugendliche zu. Nur 12 Prozent sagen, dass sie aufgrund ihres Glaubens in ihrem Freundeskreis Kompromisse machen müssen. Interessant ist, dass die Jugendlichen trotz dieser selbstbewussten Werte beim Thema Mission zurückhaltend sind. Nur knapp ein Drittel versucht „möglichst viele Menschen für den Glauben zu gewinnen". Diese Ambivalenz wird im nächsten Teilkapitel (Mission) noch einmal ausführlicher beleuchtet.

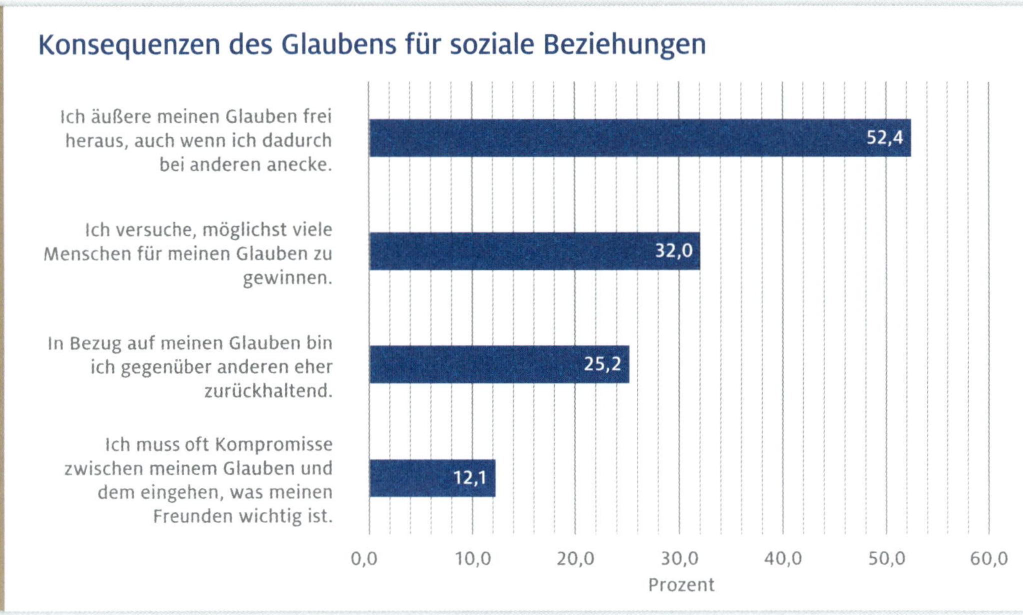

Grafik 9: Inwiefern treffen folgende Aussagen auf dich zu?

Interessant ist, dass kirchliche Jugendliche im Gegensatz zu Freikirchlern ihren Glauben freier äußern, auch wenn sie damit anecken (57 vs. 48 Prozent). Männliche Jugendliche versuchen stärker möglichst viele von ihrem Glauben zu überzeugen als weibliche Jugendliche (38 vs. 28 Prozent). Jüngere (14- bis 19-Jährige) machen häufiger Kompromisse zwischen ihrem Glauben und dem Willen ihrer Freunde als die 20- bis 29-jährigen Jugendlichen.

„Du kennst mein Herz, die Sehnsucht in mir" – die qualitativen Befunde

In Bezug auf den Stellenwert des Glaubens haben mit deutlichem Abstand die meisten Jugendlichen während des Interviews gesagt, dass der Glaube für sie eine hohe beziehungsweise die wichtigste Bedeutung in ihrem Leben hat. Er ist für sie Grundlage beziehungsweise Fundament ihres Handelns. Außerdem empfinden sie oft ein Urvertrauen gegenüber Gott oder fühlen sich durch ihn nicht alleine. Nur wenige sagen explizit, dass ihnen in Bezug auf den Stellenwert des Glaubens Nächstenliebe oder Hoffnung wichtig sind. Ebenfalls wenige Jugendliche stehen für ihren Glauben vor anderen ein. Wir wollen nun fünf zentrale Thematiken aus den Interviews anschauen, um einen noch tieferen Einblick in den Glauben hochreligiöser Jugendlicher zu bekommen.

Welche Elemente gehören zum Glauben der Jugendlichen dazu?

Bei den Elementen des Glaubens stechen in den Ergebnissen der qualitativen Interviews vor allem Gebet, Musik/Lobpreis und persönliche Kontakte beziehungsweise die Gemeinde, Mitarbeit oder Gemeinschaft heraus. Dahingegen scheinen Literatur, Onlinepredigten beziehungsweise christliche Blogs und geistliches Coaching/Mentoring nur eine geringe Rolle bei den Jugendlichen zu spielen. Dies wird auch bei Simon deutlich: *„Wir haben bei uns beispielsweise im Gottesdienst neben dem, was man kennt – also Lobpreisteil mit Liedern und einer Predigt – auch meistens eine Zeugniszeit, wo man eben persönliche Erfahrungen mitteilen kann, und es immer wieder interessant und auch ermutigend ist, von anderen in der Gemeinde zu hören, was sie für Sorgen mit Gott erlebt haben in der letzten Zeit.“* Lucie betont die verschiedenen Elemente, die für sie gemeinschaftsstiftend sind: *„Irgendwas, wo man zusammen Gemeinschaft haben kann, sowas wie Hauskreis. Gebetstreffen hört sich ein wenig eingeschlafen an, aber das kann ja auch echt cool sein. Oder halt so Lobpreisabend, finde ich auch ziemlich cool.“* Und Lars bringt die am häufigsten genannten Elemente für das eigene Glaubensleben kurz und knapp auf den Punkt: *„Gebet, Lobpreis, Gemeinschaft ist glaube ich das Größte so – und Spaß.“* Dass Lars hier am Ende noch „Spaß“ betont ist symptomatisch, denn vielen Jugendlichen scheint es wichtig zu sein, ein gutes Gefühl bei der Ausübung ihres Glaubens zu haben. Wir haben ja schon eingangs festgestellt, dass Glaube heute weniger über theologische Wahrheiten als vielmehr über ein gutes Gefühl wahrgenommen wird.

Welche Schwierigkeiten sehen Jugendliche in Bezug auf ihren Glauben?

In Bezug auf Schwierigkeiten mit dem Glauben berichteten einige Jugendliche von Mobbing-Erfahrungen aufgrund des Glaubens, da es nicht „cool“ zu sein scheint, gläubig zu sein. Genauso viele berichteten davon, dass der Glaube ihnen bei persönlichen Schwierigkeiten helfe und dass sie anderen mit ihrem Glauben nicht auf die Füße treten wollten. Einige Jugendliche haben aber auch Probleme, die Bibel zu verstehen oder den Sinn von bestimmten ethischen Anforderungen umzusetzen. Dahingegen sind nur wenige der Meinung, dass man es allen im Glauben recht machen sollte, oder haben Schwierigkeiten damit, ihre Gaben auszuprobieren und einzuschätzen, was von Gott kommt und was von ihnen. Sophia spricht hier für diejenigen, die erlebt haben, dass es in der Schule auch zu Ausgrenzungserfahrungen aufgrund des Glaubens kommen kann. Eine für sie und andere prägende Erfahrung: *„Also, was ich persönlich immer ganz wichtig finde, ist, dass niemand wegen seinem Glauben diskriminiert werden darf. Ich persönlich habe auch die Erfahrung gemacht, dass* *man immer, gerade wenn man jünger ist und gerade wenn man alleine ist, auch viele, ja so Mobbingsprüche bekommt. Und ich finde es ganz wichtig, dass man dagegenstehen kann. Und ich hab mal dazu gepredigt, auch weil das ein Thema ist, was mich wirklich ziemlich mitgenommen hat auch und ich einfach denke, dass man sich davon nicht abbringen lassen sollte.*"

Später in diesem Kapitel werden wir noch über den indifferenten Umgang mit der Bibel sprechen und darüber, dass die Bibel in Bezug auf die Glaubenspraxis bei hochreligiösen Jugendlichen eine wichtige Rolle spielt.

Was sind Meilensteine des Glaubens?

Wir haben die Jugendlichen auch nach Meilensteinen in ihrem Glaubensleben gefragt. Bei den meisten Jugendlichen ging es um persönliche Erlebnisse wie beispielsweise Taufen oder besondere Lebensmomente. Außerdem spielten Freizeiten und Schulungen bei ihnen eine große Rolle, ebenso wie Schutzengel-Momente beziehungsweise persönliche Augenblicke mit Gott. Bücher und Onlinepredigten, aber auch der Kirchentag oder Festivals spielten nur eine untergeordnete Rolle in Bezug auf die persönlichen Meilensteine im Glauben. Nur wenige gaben an, dass es bei ihnen keine Meilensteine gab. Simon erzählte uns von seinen persönlichen Erlebnissen: „*Unter anderem meine eigene Taufe, mit 13 Jahren in meinem Fall. Darüber hinaus erinnere ich mich an einzelne Beerdigungen, wo ich erlebt habe, wie Menschen mit einer festen Hoffnung gestorben sind und nicht mit dem Gefühl, dass alles vorbei ist.*" Auch David erzählt von seinen Meilensteinen und bestätigt, dass diese oftmals mit sehr emotionalen Momenten verbunden sind: „*Den Tod meines Opas. Da habe ich Gott so wirklich das erste Mal richtig erfahren. Da war ich im Konfi-Unterricht, und da war das halt extrem schwer für mich, weil das halt alles wieder hochkam, als ich da in diesem Konfi-Unterricht war. Und dann, dann hab ich da meinen besten Freund kennengelernt und das war so ein Geschenk von Gott und ist es immer noch, weil wir jetzt immer noch beste Freunde sind und das finde ich einfach so cool, dass Gott so eine Macht hat und uns beste Freunde oder Freunde zur Verfügung stellt.*" Am häufigsten wurden von den Jugendlichen Freizeiten und Camps genannt, wie zum Beispiel von Max: „*Ja, da waren die Sommerfreizeiten, auf denen ich war. Vorher als Teilnehmer, mittlerweile als Mitarbeiter. Das war sehr prägend.*" Oder Jan: „*Und was natürlich auch sehr stark meinen Glauben geprägt hat, war das Konfi-Camp.*" Gerade solche Gemeinschaftserfahrungen spielen für viele Jugendliche eine große Rolle für ihren Glauben.

Wie wirkt sich der Glaube im Alltag aus?

Bei den Auswirkungen des Glaubens im Alltag geben sehr viele Jugendliche an, sie hätten das Gefühl gehabt, dass sie von Gott in ihrem Alltag getragen werden. Außerdem richten viele ihre Entscheidungen und ihr Handeln nach ihrem Glauben aus und empfinden, dass Gott sie unterstützt und beschützt. Nur wenige erwähnen in diesem Zusammenhang ihr Ehrenamt, ihre Jugendarbeit oder dass sie anderen ein Vorbild sind. Dass für hochreligiöse Jugendliche der erlebte Alltagsglaube tragend ist, haben wir bereits mehrfach gesehen. Sophia formuliert dies wie folgt: „*Ich find' immer Gottes Schutz so ganz wichtig. Also, dass immer, wenn's brenzlig wird, da irgendwie so 'n Puffer drin ist, der irgendwas Schlimmes verhindert. Wenn ich zum Beispiel Auto fahre oder Fahrrad fahre, da passiert ja auch ganz schnell irgendwie was. Das mach' ich eigentlich jeden Tag – also entweder Fahrrad- oder Autofahren. Und, also ich persönlich find's immer ziemlich gefährlich und deswegen glaub' ich ganz fest, dass Gott da auch jeden Tag dabei ist und irgendwie das Schlimmste verhindert.*“

Neben diesen allgemeinen Alltagserfahrungen gibt es eine weitere wichtige Komponente, wie Jugendliche ihre Glaubenspraxis selbst aktiv gestalten. Beispielweise erzählt Oliver: „*Einmal ist es für mich in der Natur. Ich bin sehr gerne draußen und kann mich an Gottes Schöpfung unglaublich erfreuen. Ich finde es sehr faszinierend, wie bunt und vielfältig diese Welt gemacht ist, sodass es einfach nicht langweilig wird. Ein zweiter Punkt ist Sport. Beim Joggen merke ich, wie ich den Kopf frei kriege und dann nochmal den Blick schärfen kann, auf Gott zu gucken. Das ist für mich sehr, sehr gut. Und ein dritter Punkt wäre für mich Musik; Lobpreis. Gerade Lobpreis ist für mich etwas sehr, sehr Wichtiges und Besonderes in meinem Leben. Eine andere Komponente wäre jetzt für mich das Rückblicken. Wenn ich gerade jetzt auf die Semesterferien zurückblicke, wo viel passiert ist, wo viel zu tun war für die Uni und ich an einigen Punkten gedacht hab: ‚Wie soll ich das alles schaffen?‘, und jetzt im Rückblick doch sage: ‚Ja, ich hab so viel da geschafft mit einer Kraft, die ich nicht selber hätte aufbringen können.‘ Da hat Gott schon Kraft geschenkt.*“ So, wie bei Oliver Lobpreis eine Rolle spielt, haben viele Jugendliche immer wieder Lobpreis in verschiedenen Variationen beschrieben; ob sie selbst singen oder zuhören, wie Laura erzählt: „*Also, ich mache sehr gerne selbst Musik und dann viel christliche Musik. Das ist so eine Art, wie ich quasi für mich meinen Glauben irgendwie lebe. Jetzt nicht irgendwie in einer Band oder sonst irgendwie, sondern wirklich für mich Musik machen. Ich gehe gerne zu Taizé-Gebeten hier in Münster, oder irgendwie so, um zur Ruhe zu kommen, und ich glaube, ja, dieser Ruhepol, den ich im Glauben gefunden habe, ist eine ganz wichtige Sache. In Form von Beten, in Form von Meditieren äußert sich das, aber auch in meiner Lebenseinstellung insgesamt, also in Form von Nächstenliebe, für andere da sein, was manchmal auch sehr anstrengend ist [lacht]. So, aber, ja, ich würde sagen, eigentlich komplett in meiner Lebensart.*" Zum Abschluss soll Felix zu Wort kommen, der zur eigenen Glaubenspraxis sagt: „*Relativ pragmatisch kommt der vor. Man liest die Tageslosung und so nimmt man dann ein paar Gedanken mit raus.*"

Wie und wodurch entwickelt sich der Glaube?

Bei der Entwicklung von Glaube und Glaubenspraxis haben vor allem Schlüsselmomente beziehungsweise schwierige Momente den Glauben der Jugendlichen verändert. So sind viele der Meinung, dass man im Glauben wächst. Deutlich weniger Jugendliche betonen, es sei wichtig aufzupassen, nicht mit dem Glauben zu übertreiben und anderen dabei zu helfen, in ihrem Glauben zu wachsen. Auch sind wenige der Meinung, dass ihr Glaube kaum Einfluss auf ihr Leben hat. Bei unseren Interviews ging es immer wieder um das Thema, dass sich Jugendliche von Gott gerade in schwierigen Situationen getragen fühlen, wie beispielsweise bei Kristin, die sagt: „*In schwierigen Situationen fühlt man sich ja meistens recht alleine, aber ich habe mich nie wirklich alleine gefühlt. Ich wusste immer, Jesus und Gott, die sind da, mit denen kann ich reden. Und dadurch sind mir schwere Situationen sehr leichtgefallen, damit umzugehen. Ging auch recht schnell vorbei, einfach, weil jemand da war, der einem zugehört hat.*" Auch hier ist auffallend, dass der Glaube den Jugendlichen helfen soll, dass sie sich positiv entwickeln, wie das Simon zum Beispiel ausdrückt: „*Dass ich hoffentlich noch gelassener und fröhlicher werde und regelmäßiger die Bibel lese – noch regelmäßiger. Und dass ich mit Hoffnung sterben kann eines Tages, das ist wirklich mein Wunsch, dass ich eines Tages mit Hoffnung sterben kann und dass ich im Vorhinein mir nicht zu viele Sorgen darum mache. Darüber hinaus wünsche ich mir, meinen Glauben noch fröhlicher gegenüber meinen Mitmenschen erklären zu können.*" Neben dem Punkt der Glaubensentwicklung ist den Jugendlichen oftmals wichtig, dass diese Entwicklungen in ihrem Alltag zu spüren sind, wie Sven anmerkt: „*Die Erwartung ist, im Glauben weiterzukommen, mit anderen Christen gestärkt zu werden und mit neuem Schwung in den Alltag zurück.*" Dabei suchen sich die Jugendlichen ganz unterschiedliche Hilfestellungen aus ihrem Lebensumfeld, wie zum Beispiel Dana: „*Also ich habe eine Mentorin und die ist für mich und mein Glaubensleben richtig wichtig.*"

Zwischenfazit: Gott im Alltag spüren

Versuchen wir, für die Glaubenspraxis ein erstes Zwischenfazit zu ziehen, bevor wir Gebet und Bibellesen als zwei zentrale Glaubenspraktiken genauer betrachten. Insgesamt ist festzustellen, dass der Glaube hochreligiöser Jugendlicher fest mit ihrem

Alltag verwoben ist. Dort spielt er eine sehr positive Rolle, stärkt die Persönlichkeit und gibt Sicherheit im Alltagsgeschehen. Einige versuchen (fast) alle Entscheidungen im Alltag von ihrem Glauben und Gott abhängig zu machen. Sie fragen Gott um Rat oder haben das Gefühl, dass er sie im Alltag beschützt. Andere erleben Gott im Alltag auch durch andere Personen oder erfahren ihn sehr pragmatisch, indem sie die Tageslosung lesen oder das Wirken Gottes, vor allem im Rückblick, erkennen. Die Erwartung, dass Gott in das eigene Leben eingreift, ist ein Element von Hochreligiosität und zeigt sich bei unseren Jugendlichen sehr konkret in der Auswahl der Freunde, teilweise auch in der Wahl der Freizeitgestaltung, wobei Letzteres nicht bei allen Jugendlichen zu erkennen war. Diese sich stark im Alltag zeigende Glaubenspraxis passt zu vielen anderen Ergebnissen der Studie und ist ein wesentliches Merkmal der Generation Lobpreis. Dazu passt, dass ausgerechnet die Bibel nicht als nur stärkend empfunden wird, sondern oftmals als schwierig mit dem Alltagsgeschehen zu vereinbaren. Darauf werden wir gleich noch einmal genauer schauen, zunächst wenden wir uns aber dem Gebet als einem Zentrum der Glaubenspraxis zu.

Glaubenspraxis Gebet: Kraftquellen des Glaubens

Ein wichtiges Element der eigenen Glaubenspraxis ist das persönliche Gebet. Deshalb werden wir hier zunächst genauer hinschauen und fragen, wie Jugendliche zum Thema Gebet stehen. Dabei soll es spezifisch um die Gebetshäufigkeit, die Häufigkeit von bestimmten Gebetsthemen und mögliche Präferenzen bei der Gebetsdurchführung gehen, um einen möglichen Zusammenhang zwischen Gebetsverhalten und der eigenen Religiosität festzustellen.

Betrachten wir zum Einstieg allgemein das evangelische Milieu. Nach den aktuellen Daten der V. KMU sehen wir, dass Gebet eine wichtige Rolle spielt. Jedes zweite Mitglied, das sich der evangelischen Kirche verbunden fühlt, betet mindestens einmal die Woche.[44] 75 Prozent sind der Meinung, dass sich die evangelische Kirche im Bereich „Raum für Gebet, Stille und persönliche Besinnung geben“ engagieren sollte.[45] Wenn wir uns bei den Jugendlichen den Bundesdurchschnitt in Deutschland anschauen (nach der Shell Jugendstudie 2015), dann beten evangelische Jugendliche am seltensten (15 Prozent), katholische Jugendliche (20 Prozent) sind in dieser Hinsicht etwas aktiver, aber fast die Hälfte (46 Prozent) Jugendlicher anderer Religionen betet mindestens einmal in der Woche.[46] In der Sinus Jugendstudie (2016) wird zudem festgehalten: „*Am häufigsten wird das Gebet als religiöse Praxis erwähnt. Für manche gehört das regelmäßige Gebet zum Alltag, noch häufiger wird jedoch in*

Krisensituationen und vor besonderen Herausforderungen gebetet."[47] Auch unsere empirica Studie aus dem Jahr 2013 bestätigt dieses Ergebnis. Interessanterweise haben wir in der Studie Jugendliche mit geringer kirchlicher Verbundenheit innerhalb der evangelischen Kirche untersucht, das heißt in evangelischen Jugendzentren, Schulen oder Freizeiten. Die subjektive Gebetserfahrung gehörte mit zu den häufigsten spirituellen Erlebnissen der Jugendlichen.[48]

Wir können also aussagen, dass Gebet für viele Jugendliche eine Rolle spielt. Der Unterschied liegt vor allem in der Häufigkeit und dem Inhalt des Gebets. Dies konnten wir auch in unserer Befragung feststellen. Der Unterschied der Häufigkeit zwischen religiösen und hochreligiösen Jugendlichen ist groß. Während 57 Prozent der hochreligiösen Jugendlichen mehrmals am Tag beten, sind es nur 3 Prozent der religiösen Jugendlichen. Dieser Unterschied zieht sich durch die ganze Fragestellung, wie die folgende Grafik veranschaulicht. Hier zeigt sich also ein wesentliches Merkmal von Hochreligiosität.

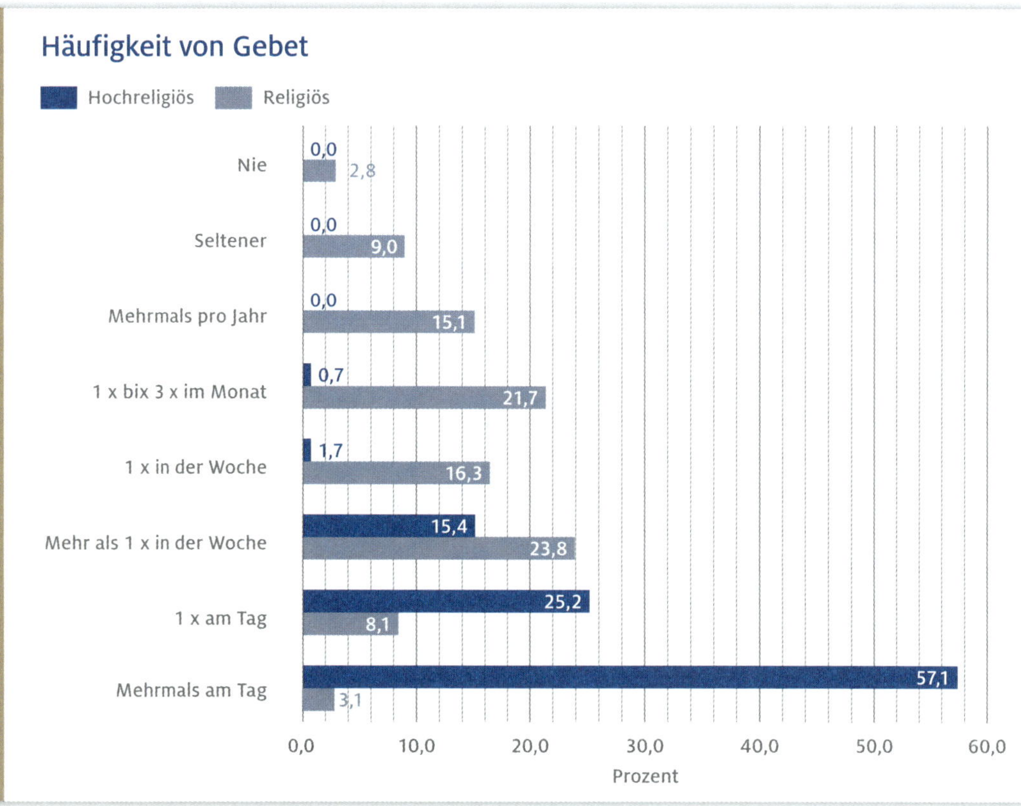

Grafik 10: Wie häufig betest du?

Interessant ist, dass es kaum große Unterschiede beim Gebet zwischen den Geschlechtern oder dem Alter gibt. Selbst zwischen Kirchlern (77 Prozent beten mindestens einmal am Tag) und Freikirchlern (87 Prozent) ist der Unterschied eher gering.

Die nächste Frage, die uns interessiert hat, ist die nach dem Inhalt der Gebete. Die aktuelle Tübinger Studie „Jugend – Glaube – Religion" (2018) stellt fest, dass Gebet im Leben von Jugendlichen eine wichtige Rolle spielt. Darin heißt es: *„Denn für drei Viertel der Befragten gehört das Gebet zumindest gelegentlich, vielfach aber auch regelmäßig zu ihrem Alltagsleben. Naheliegenderweise denken sie dabei an Situationen, in denen es ihnen schlecht geht, aber auch Dankbarkeit spielt eine wichtige Rolle als Gebetsanlass oder Gebetsmotiv."*[49] Wir wollten von den Jugendlichen genau wissen, was ihre Gebetsthemen sind, und haben ihnen acht zur Auswahl gegeben und gefragt, wie häufig sie für die verschiedenen Bereiche beten. Demzufolge beten die Jugendlichen ebenso häufig „für sich selber" und sind „Gott dankbar". Beides liegt mit 88 Prozent an der Spitze und zeigt eine Ambivalenz, die wir auch an anderer Stelle in der Umfrage festgestellt haben. Auf der einen Seite sind hochreligiöse Jugendliche, ebenso wie ihre Altersgenossen, Kinder ihrer Zeit und leben einen individualisierten und ichzentrierten Glauben. Auf der anderen Seite fokussieren sie sich auf Gott und wollen ihm hingegeben leben. Es folgen auf dem dritten Platz mit 82 Prozent die „Bitte für andere Menschen" und auf Platz vier mit 68 Prozent die „Bitte um Führung". Interessant ist, dass „Lob und Ehre Gottes" mit 47 Prozent auf Platz sechs liegt. Vielleicht, weil es eine gewisse Doppelung mit „Dankbarkeit" gegenüber Gott hat, was insgesamt eine hohe Nennung ergibt. Mit 14 Prozent und an letzter Stelle ist das Gebet gegen die „Angst, den eigenen Glauben zu verlieren". Interessanterweise spielt auch das Thema „Ärger oder Enttäuschung Gott gegenüber" nur eine geringe Rolle. Was zunächst verwunderlich erscheint, interpretieren wir im Hinblick auf das Gesamtergebnis. Dort fügt sich das Ergebnis gut ein, da hochreligiöse Jugendliche mehrheitlich eine feste Gewissheit in ihrem Glauben verspüren. Außerdem spiegelt es die inhaltlichen Texte der meisten Lobpreislieder wieder, in denen es mehr um Lob als um Klage geht.

Foto © gustavofrazao | Fotolia.com

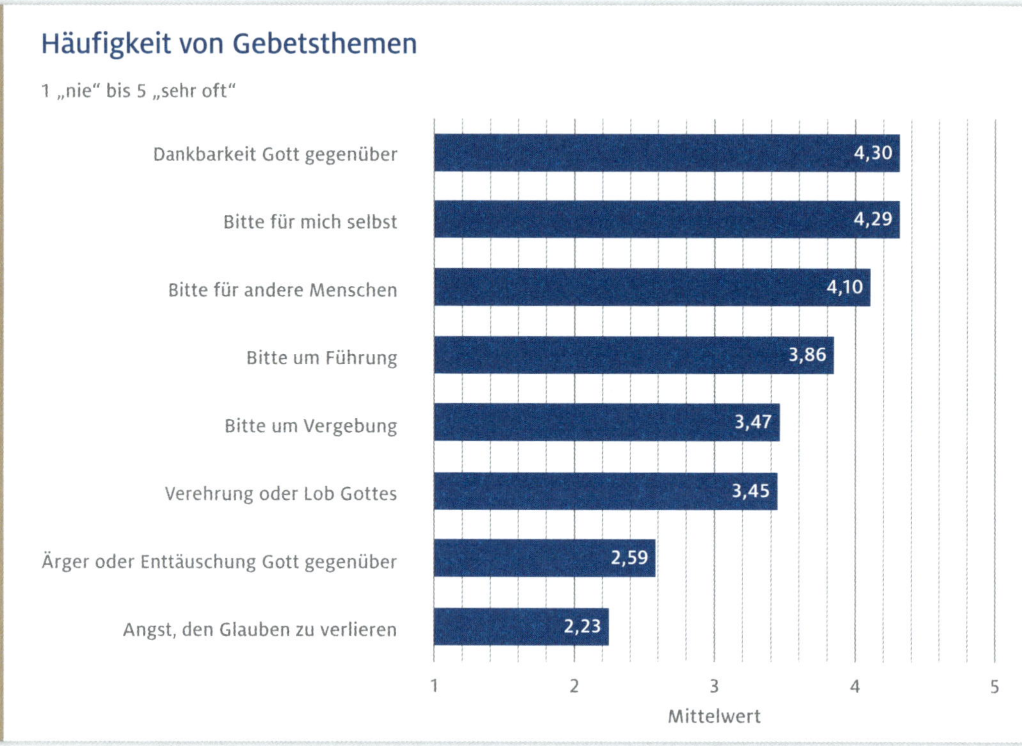

*Grafik 11: Wie oft kommen in deinen Gebeten folgende Themen vor?**

Auch bei den Gebetsthemen gibt es kaum Unterschiede zwischen Freikirchlern und Angehörigen einer evangelischen Kirche. Kirchliche Jugendliche beten etwas seltener um Führung. 64 Prozent der kirchlichen Jugendlichen beten zu diesem Thema oft oder sehr oft, bei den Freikirchlern sind es 72 Prozent. Schauen wir auf die Geschlechter, so stellen wir fest, dass weibliche Jugendliche häufiger „für andere bitten“ (86 Prozent) als männliche (76 Prozent). Sie haben auch öfter „Angst, den Glauben zu verlieren“ (15 Prozent vs. 11 Prozent). Auch in den Altersunterschieden gibt es kaum Abweichungen voneinander.

Welche Präferenz haben die befragten Jugendlichen aber bei der Gebetsdurchführung? Interessant ist, dass die meisten Jugendlichen lieber allein beten und die wenigsten mit anderen zusammen, wie die folgende Grafik zeigt.

** In dieser und manchen nachfolgenden Grafiken sind in den Grafiken Mittelwerte dokumentiert. Welche Antwortmöglichkeiten die Fünfer- bzw. Siebenerskalen vorgaben, ist jeweils oben in der Grafik dokumentiert (hier: 1 „nie“ bis 5 „sehr oft“). Im Fließtext haben wir diese präzisen aber oft eher abstrakten Werte in Prozentzahlen umgesetzt, dafür haben wir jeweils die zwei (bei Fünferskalen) bzw. drei (bei Siebenerskalen) höchsten Zustimmungswerte zu einer Prozentzahl addiert; hier also die Antworten oft und sehr oft.*

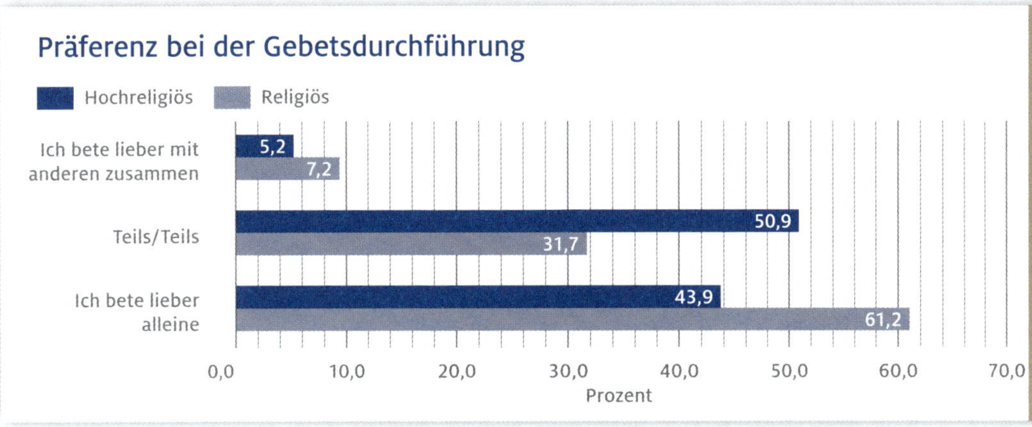

Grafik 12: Was trifft auf dich zu?

Hier ist ebenfalls eine kleine Verschiebung zwischen religiösen und hochreligiösen Jugendlichen festzustellen. Die religiösen Jugendlichen beten lieber alleine als die hochreligiösen Jugendlichen, die dafür einen höheren Wert bei Teils/Teils aufweisen. Auch hier gibt es keine statistisch signifikanten Zusammenhänge zwischen evangelischen Kirchen und Freikirchen oder zwischen den Geschlechtern. Schauen wir auf das Alter, so lässt sich feststellen, dass die 14- bis 19-Jährigen (51 Prozent) im Gegensatz zu den 20- bis 29-Jährigen (38 Prozent) lieber allein beten.

Zwischenfazit: Gebet als zentrales Merkmal hochreligiösen Glaubens

Gebet spielt für alle Jugendlichen eine große Rolle, egal welcher Denomination, welchem Alter oder Geschlecht sie angehören. Beim Beten geht es um das Gefühl, mit Gott verbunden zu sein, und darum, die eigenen Gefühle vor Gott zu bringen. Der große Unterschied liegt in der Häufigkeit des Gebets. Hier unterscheiden sich nicht kirchliche von freikirchlichen , sondern religiöse und hochreligiöse Jugendliche signifikant. So können wir festhalten, dass die Häufigkeit des Gebets ein wesentliches Merkmal der untersuchten hochreligiösen Jugendlichen ist. Wie sehen diese Gebete jedoch aus? Wann und warum beten hochreligiöse Jugendliche und wie drücken sie sich dabei aus? Das sind spannende Fragen, denen wir in den Interviews nachgegangen sind. Die Forscherinnen Konstanze Marx und Sally Damisch haben in ihrer Studie „Wenn du aber betest ... Gespräche mit Gott" 2014 festgestellt, dass es eine hohe Intensität im Gebet bei Jugendlichen gibt und beispielsweise 94 Prozent der Jugendlichen die Überzeugung haben, dass Gott ihr Gebet hört. 87 Prozent haben das Gefühl, beim Gebet mit Gott in Kontakt zu treten. Zudem fühlen 67 Prozent der Jugendlichen etwas beim Gebet (unabhängig davon, ob es positiv oder negativ ist).[50]

Schauen wir nun auf die Ergebnisse der qualitativen Interviews.

„Näher, näher zu dir" – die qualitativen Befunde

Die meisten Jugendlichen erzählen in Bezug auf das Thema Gebet, dass Gott ihre Gebete erhören würde. Man erkennt, dass sie diesbezüglich eine sehr klare Meinung haben. Darüber hinaus handelt es sich bei Gebet um eine intensive Erfahrung, wobei es allerdings nur wenig ausführliche Erfahrungsberichte gibt. Außerdem empfinden viele das Gebet als beruhigend. Sie haben das Gefühl, dass Gott ihnen immer zuhört oder empfinden dabei eine innere Gewissheit, was zu tun ist. Für viele ist die Gebetszeit Zeit mit Gott, in der sie seine Präsenz spüren oder mit ihm kommunizieren. Egal wann, Gott hat immer für sie Zeit. Nur wenige benennen explizit und im Gegensatz zu der quantitativen Befragung, dass ihnen das Danken im Gebet wichtig ist und dass sie im Gebet von ihrem (All-)Tag erzählen. Die Jugendlichen wurden hiernach nicht explizit gefragt, sondern es gab eine offene Frage, was Gebet für sie bedeutet. Außerdem äußerten sich wenige in Bezug darauf, dass man auch vorsichtig sein sollte, wofür man betet oder sie froh darüber sind, dass manche Gebete nicht erhört wurden.

Gott erhört Gebete

Ordnen wir die qualitativen Aussagen nach Häufigkeit und Themen, stellen wir fest, dass das Thema „Gott erhört Gebete" am häufigsten genannt wurde. Obwohl wir nicht explizit danach gefragt haben, haben uns viele Jugendliche von ihren Gebeten erzählt und dass Gott ihre Gebete oftmals erhört. Dabei war auffallend, dass viele Jugendliche differenziert mit dem Thema Gebetserhörung umgehen, wie beispielsweise Till, der uns erzählt hat: „*Ich habe erfahren, dass mein Gebet erhört wurde, und auch, dass es im ersten Moment vielleicht nicht erhört wurde, oder dass es anders erhört wurde, als ich erhofft habe. Oder auch, dass teilweise nichts passiert ist oder dass ich nichts gemerkt habe. Also, ja – positiv wie negativ.*" Oftmals geht es bei Gebetserhörungen um Situationen aus dem Alltag, wie bei Dennis: „*Oder auch so Kleinigkeiten, zum Beispiel einmal: Ich arbeite bei der Post und einmal war ich halt irgendwie so sehr müde und mir fehlte so ein bisschen die Motivation und dann habe ich halt auch gebetet und dann hat mir eine Frau einen Schokoriegel geschenkt und dadurch war meine Motivation wieder voll gut.*" Insgesamt spiegelten uns die Jugendlichen ein hohes Vertrauen in Gebet als positives Unterstützungssystem für ihren Alltag. Gebet stellt eine Kraftquelle dar, so wie es Patrick erklärt: „*Ich habe erfahren, dass Gebet wirkt und dass im Gebet so eine Power ist und wir unterschätzen das so sehr. Und dass da einfach noch so viel mehr geht. Und ich denke, ich bin da noch ein Baby.*" Neben dem Thema Gebetserhörung gab es ein weiteres wichtiges Themengebiet für die Jugendlichen.

Gott als Gegenüber und Gesprächspartner

Gebet ist für die befragten Jugendlichen eine Beziehungsangelegenheit. Mit Gott können sie jederzeit über alles reden. Er ist immer da und hört immer zu. So erlebt es auch Tanja, die sagt: „*Dass ich einfach über den Tag rede, Gott einfach von meinem Alltag erzähle und was mich grad so beschäftigt.*" Tanja erzählt exemplarisch für viele der Jugendlichen, wie das praktisch in ihrem Alltag aussieht: „*Also, ich bete immer abends, wenn ich in meinem Bett liege, wenn einfach so der Tag vorbei ist. Manche sagen ja auch, dass es morgens besser ist, aber ich hab dafür morgens einfach irgendwie nicht so die Zeit oder da hab ich einfach so viel anderes im Kopf, dass ich das einfach abends mache, wenn ich zur Ruhe komme. Ja, und manchmal versuche ich auch einfach so, wenn ich zur Schule fahre, dass ich da irgendwie auch nochmal so bete. Oder manchmal einfach so zwischendurch Stoßgebete. Ja, das sind so meine Rituale eher.*" Ergänzend zu diesen Gebetsritualen ergänzt Till eine Gebetsmotivation, die für viele Jugendliche wichtig ist, nämlich dann zu Gott zu kommen, wenn man selbst nicht mehr weiter weiß: „*Also, wenn ich bei irgendeiner Entscheidung nicht weiterkomme oder nicht weiß, wie ich mich entscheide, ist meistens ein Gebet schon eine – oder ja, die erste Wahl.*" Die meisten Gebete im Alltag sind also Zwiegespräch der Jugendlichen mit Gott. Allerdings hatte in den Interviews, im Gegensatz zur quantitativen Befragung, das Thema „gemeinsam beten" eine größere Rolle und wurde immer wieder positiv benannt, wie zum Beispiel von Lucie, die sagt: „*Ja, schon halt irgendwas, wo man zusammen Gemeinschaft haben kann, sowas wie Hauskreis. Gebetstreffen hört sich ein wenig eingeschlafen an, aber das kann ja auch echt cool sein. Oder halt so Lobpreisabend, finde ich auch ziemlich cool.*"

Kraft und Gefühl: Erfahrungen mit Gebet

Ein dritter großer Themenkomplex ist das Thema „Erfahrungen mit Gebet". Diese Kategorie ist nicht ganz trennscharf zu „Gott erhört Gebete". Wir haben hier allerdings vor allem praktische Erfahrungsberichte aufgenommen, die keine Antwort auf eine Bitte der Jugendlichen waren, sondern eher ihre Gefühle und Emotionen beim Beten beschreiben. Dies ist für viele Jugendliche sehr wichtig, weil sie dadurch spüren, dass Gott ihnen nahe ist und sich ihnen zuwendet. Es macht deutlich, dass sie zu einem Gott beten, der die Kraft und Möglichkeit hat, in ihr Leben einzugreifen, wie Sven das beschreibt: „*Das ist die Kraft dahinter; diese Kraft, die man spürt, dass im Gebet mehr dahinter ist. Dass Gott das wirklich auch erhören kann, dass Gott Änderung machen kann, dass Gott, dass Gott auch Wunder geschehen lassen kann. Auch wenn es vielleicht irgendwie nicht gerade Totenauferstehung ist oder so. Sondern, dass Gott Herzen berühren kann, Herzen bewegen kann, Männer vorwärtsbringen kann. Das war sehr eindrücklich, ja."* Dabei spielt das Vertrauen zu Gott eine große Rolle. Er hat die Möglichkeit und kann etwas verändern, allerdings liegt es an ihm, weil er es besser weiß, wie uns Sebastian erklärt: *„Ich habe das Vertrauen, wenn ich manche Gebete bete, sei es schwierig, wie Heilung oder sowas, dass ich sie zu einem Gott bete, der mehr versteht als ich verstehe und ich deshalb, ich hab selten Erwartungen an die Antwort oder sowas, ich mach dann halt. Ich kann es Gott sagen und ich weiß, er hört das und ich merk', er hört es und ja, mir fällt grad kein konkretes Beispiel ein."* Gebet ist für viele Jugendliche eine praktische Erfahrung mit Gott. Sie spüren seine Anwesenheit und dies verändert die eigene Gemütslage. Dies muss nicht spektakulär sein, wie Tanja beschreibt: *„Ich denke auf jeden Fall, dass Gebet hilft, und vor allem, dass es dich einfach auch irgendwie beruhigt, wenn du jetzt betest, gerade in einer schwierigen Situation."*

Zwischenfazit: „Herr, zu dir kann ich so kommen, wie ich bin"

Fassen wir das Gebetsleben der Jugendlichen zusammen, so befinden wir uns im Zentrum hochreligiöser Spiritualität. Gebet ist für die meisten hochreligiösen Jugendlichen eine intime und vertrauensvolle Zusammenkunft mit dem Gott, der sie über alles liebt. Hier können sie so sein, wie sie sind und Gott hört ihnen immer zu. Gebet bedeutet Gott erleben, ihn zu spüren und sich seiner Gegenwart bewusst zu werden. Dies hat zur Auswirkung, dass auch die eigene Gegenwart davon berührt und verändert wird. Dabei geht es zum einen um die grundsätzliche Beziehungsebene und zum anderen darum, dass Gebet verändert. Entweder die konkrete Situation, für die man gebetet hat, oder aber die eigene Einstellung auf die Situation. Beides beschreibt ein hohes Vertrauen, was wir bei hochreligiösen Jugendlichen festgestellt haben.

Wir wollen nun auf ein weiteres Element der Glaubenspraxis eingehen, das Bibellesen.

Glaubenspraxis Bibel lesen: „Ich versuche, jeden Tag Bibel zu lesen"

Das Thema „Bibelverständnis" wird am Ende dieses Kapitels nochmal ausführlicher thematisiert, jetzt wollen wir im Kontext der Glaubenspraxis auf das Thema Bibellesen eingehen. Wir haben bisher festgestellt, dass die Bibel als Glaubensquelle nicht solch eine hohe Bedeutung hat, wie wir bei hochreligiösen Jugendlichen erwartet haben. Jetzt wollen wir auf die Häufigkeit schauen, also darauf, wie oft hochreligiöse Jugendliche in der Bibel lesen und was dies für ihren Alltag bedeutet.

Wie häufig lesen Jugendliche in der Bibel?

Ungefähr jede oder jeder vierte hochreligiöse Jugendliche liest täglich oder häufiger in der Bibel. Knapp ein Drittel der Jugendlichen liest mehr als einmal die Woche und 17 Prozent genau einmal die Woche. Es ist nicht ganz einfach, diese Zahlen zu werten, da es nicht viele Vergleichswerte gibt. Wir finden dieses Ergebnis, auch im Spiegel des Gesamtergebnisses, erstaunlich hoch. Im Gegensatz zu unserer Vergleichsgruppe, den religiösen Jugendlichen sind die Werte der hochreligiösen Jugendlichen sehr hoch, wie die folgende Grafik zeigt:

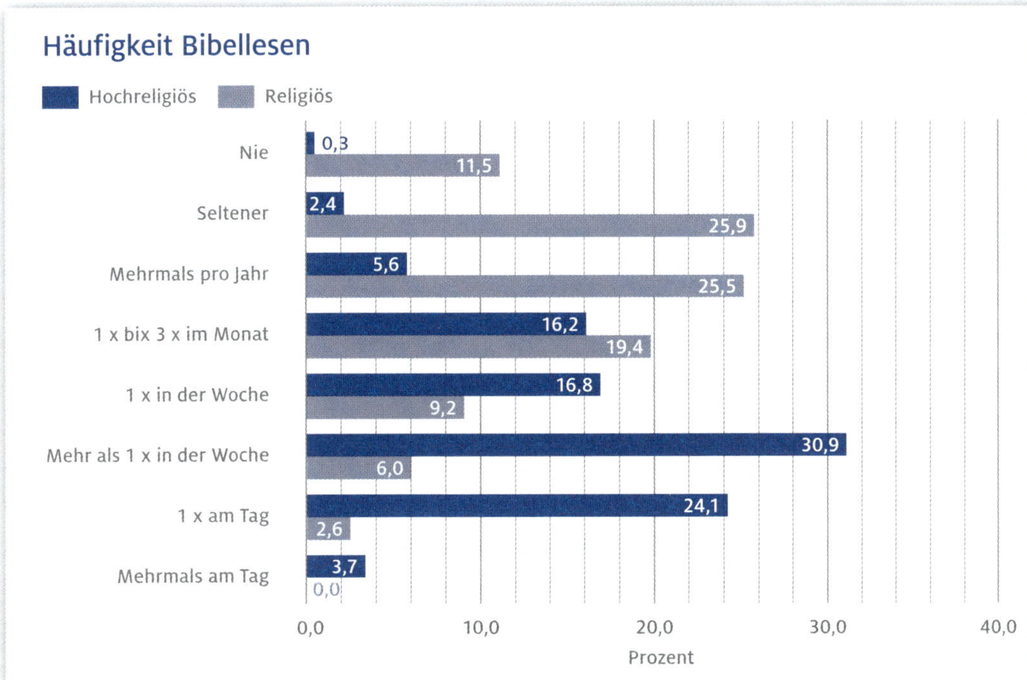

Grafik 13: Wie häufig liest du in der Bibel?

Für religiöse Jugendliche spielt die Bibel im Alltag keine große Rolle, was die Häufigkeit des Bibellesens deutlich ausdrückt. Nur knapp 3 Prozent lesen einmal am Tag in der Bibel, 6 Prozent mehr als einmal die Woche und 9 Prozent einmal die Woche. Hier sind doch große Unterschiede festzustellen. Diese Unterschiede werden auch deutlich, wenn wir unsere Daten der hochreligiösen Jugendlichen mit den Ergebnissen der fünften Mitgliedschaftsuntersuchung der EKD vergleichen. Hier gehen die Unterschiede noch weiter auseinander als bei den religiösen und hochreligiösen Jugendlichen unserer Studie:

Vergleichsdaten V. KMU 2014

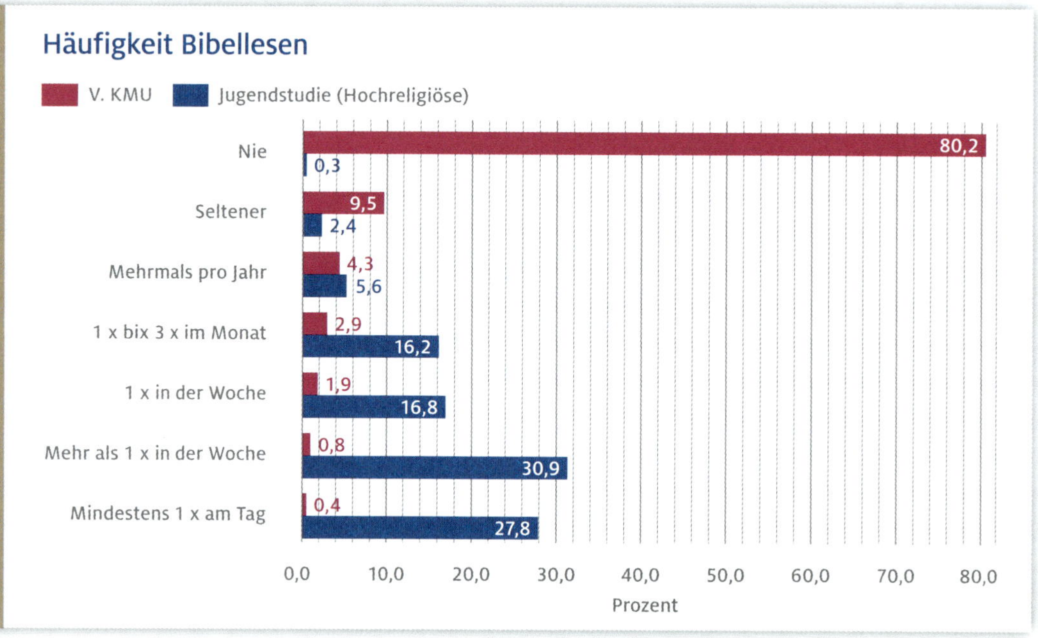

Grafik 14: Wie häufig liest du in der Bibel?

Interessant ist, dass es bei unserer Studie kaum Unterschiede zwischen den Geschlechtern gibt, wenn es um das Bibellesen geht. Auch die Unterschiede zwischen kirchlichen und freikirchlichen Jugendlichen sind nicht so hoch, wie man es vielleicht auf den ersten Blick erwarten würde. 23 Prozent der kirchlichen Jugendlichen lesen mindestens einmal am Tag in der Bibel, bei den Freikirchlern sind es 32 Prozent. Auch dies belegt, dass es vor allem einen Unterschied zwischen hochreligiösen und religiösen Jugendlichen gibt und keinen zwischen den Denominationen.

„Dein Wort ist ein Licht auf meinem Weg“ – die qualitativen Befunde

In den qualitativen Interviews wollten wir von den Jugendlichen wissen, was die Bibel für sie und ihren Alltag bedeutet. Dabei haben sich drei inhaltliche Schwerpunkte ergeben, die besonders häufig genannt wurden.

Die Bibel prägt meinen Glauben

Für die befragten hochreligiösen Jugendlichen hat das Bibellesen eine hohe Bedeutung und prägt ihren Alltag. Einzelne Bibelverse bekommen in bestimmten Situationen eine besondere individuelle Aussage und sprechen so mitten in das Leben der Jugendlichen, wie zum Beispiel bei Kristin, die uns erzählt: *„In gewissen Situationen fallen mir dann bestimmte Bibelverse ein, die ich dann gelesen habe und da macht es dann irgendwie so ‚klick‘ und du denkst ja, genau das ist es. Also, es gibt einige Bibelverse, die mein Leben voll geprägt haben. Also generell, bevor ich Bibel lese, bete ich immer, dass Gott mich durch den Text anspricht. Und es gibt dann hin und wieder halt mal Verse, die einen voll prägen.“* Dass diese Prägung für die Jugendlichen wichtig ist und dass sie diese wollen und gestalten, zeigt sich exemplarisch an Dana, die sich Bibelverse in ihr Zimmer hängt: *„Also, ich habe in meinem Zimmer ganz viele Bibelverse hängen und wenn ich aufwache, dann steht direkt einer da. Ja. Und das beeinflusst schon mein Leben, weil ich dann mit Gott in den Tag gehe.“* Oder Anje, die jeden Morgen die Tagesverse liest, um anschließend gestärkt und ermutigt in den Tag zu starten: *„Also, ich lass mich von ihnen motivieren und inspirieren. Und oftmals ist es so, dass zum Beispiel Tagesverse oder so mir schon so einen Faden für meinen Tag geben, praktisch, oder mich leiten oder wo ich sehe: Krass, der passt perfekt zu meiner heutigen Situation.“* Dabei hatten wir nicht den Eindruck, dass es einen äußeren Druck gibt, in der Bibel zu lesen, sondern dass die Jugendlichen das für sich ganz pragmatisch lösen, wie Tanja berichtet: *„Ich versuche, jeden Tag Bibel zu lesen, meistens abends. Mal klappt es mehr, mal klappt es weniger“* oder Felix: *„Relativ pragmatisch. Man liest die Tageslosung und so, nimmt dann ein paar Gedanken mit raus.“* Eng mit diesem prägenden Verständnis der Bibel im Alltag hat auch der zweite oft genannte Punkt zu tun: die Aktualität der Bibel.

Die Bibel hat heute noch etwas zu sagen

Neben diesen Zugängen zum Bibellesen haben uns die Jugendlichen immer wieder von der Aktualität der Bibel für ihr Leben heute erzählt. Dies scheint ihnen besonders wichtig zu sein, wie beispielsweise auch Niklas sagt: *„Ich habe gemerkt, Gottes*

Verheißungen aus der Bibel sind nicht fern von dem, was ich selbst erleben kann mit Gott.“ Tanja erklärt dies ganz praktisch anhand von biblischen Geschichten und Aussagen und wie sie diese auf heute überträgt: *„Also, es gibt ja auch manchmal so Gleichnisse oder andere biblische Geschichten. Und da siehst du halt, wie die Menschen gehandelt haben, dass die Menschen auch nicht perfekt waren, die jetzt Gott einfach berufen hat. Und dass man ja einfach selber sieht, das waren keine perfekten Leute in der Bibel hier immer am Start, und Gott hat sie trotzdem irgendwie gebraucht. Und da sehe ich dann, ja, ich muss auch nicht perfekt sein, um vielleicht irgendwie was zu bewirken in der Welt, und einfach für Gott geradezustehen. Dass ich da einfach vielleicht auch Leute damit bewege, beeindrucke.“* Gerade diese positiven Grundaussagen der Bibel sind für viele Jugendliche wichtig und sie sind bereit, sich darauf einzulassen, wie Juliane erzählt: *„Und dann zwischendrin, also ich finde halt immer wieder Sätze, die sagen: ‚Mach das so oder mach das so!‘ und dann denk ich mir: ‚Okay krass, versuchst du es mal!‘“* Diese positive Mentalität und dieses Grundvertrauen, dass es Gott gut mit einem meint, passt in das Gesamtbild der „Generation Lobpreis“, die eher einem Lobpsalm gleicht als einen Trauerpsalm, eher den liebenden und zugewandten als den einen wütenden oder gar strafenden Gott sieht. Dieses Zutrauen kann manchmal auch ganz pragmatisch sein, wie Lars beschreibt: *„Also, ich bin nicht so der, der gerne liest, muss ich sagen. Und wenn,*

dann immer nur stichpunktartig. Damals immer, so: ‚Hach Gott, was meinst du?‘ Zack, irgendwo die Bibel aufgeschlagen, ‚ah, die Bibelstelle passt total.‘, zack, wieder zugeklappt.“

Die Bibel fordert mich heraus: schwierige Stellen

Ein dritter Punkt, der öfter genannt wurde, sind schwer verständliche Bibelstellen und die Forderung der Bibel an ethische Leitlinien. Auch wenn einige Jugendliche sich vor allem mit dem Alten Testament sehr schwertun, herrscht auch hier eher ein Pragmatismus, wie das am Ende dieses Kapitels noch aufgezeigt wird. Deshalb wollen wir hier nicht noch einmal darauf eingehen.

Zwischenfazit: „Zwischen Himmel und Erde stehen wir“

Schauen wir auf die Glaubenspraxis von hochreligiösen Jugendlichen und versuchen besonders die Bereiche Gebet und Bibellesen zusammenzufassen, dann können wir dies mit der Liedzeile von Albert Frey vielleicht am besten tun: *„Zwischen Himmel und Erde“*. Gebet und Bibellesen beschreibt für die befragten Jugendlichen die Kommunikation mit ihrem Gott. Gebet ist dabei die immer offene Leitung zu Gott und Bibellesen die Anleitung, was Gott für ihr Leben an diesem Tag will. Interessant ist, dass es beim Bibellesen kaum um grundsätzliche Antworten der Wahrheit ging, sondern meist um situative Lebensfragen. Dabei geht es den meisten Jugendlichen um eine positive Grundhaltung, dass Gott für sie in jeder Situation da ist, auch wenn sie es nicht spüren oder ihr Gebet nicht direkt beantwortet wird. Für wenige ist dies ein Problem. Sie hadern oder verstehen nicht, warum Gott im Alten Testament so anders beschrieben wird, als sie ihn heute kennen und erleben. Allerdings stellten Jugendliche mit dieser Meinung in unserer Befragung eine Minderheit dar. Insgesamt lässt sich feststellen, dass die Glaubenspraxis hochreligiöser Jugendlicher identitätsstiftend ist und einen hohen Ausdruck im Alltag der Jugendlichen findet.

Wir haben bei der Glaubenspraxis schon gemerkt, dass das Gottesbild eine ganz entscheidende Rolle einnimmt, deshalb wollen wir uns das Gottesbild der hochreligiösen Jugendlichen nun genauer betrachten.

Wie die Jugendlichen Gott sehen: „Das ist eigentlich so das, was Gott für mich ausmacht."

„Er ist immer da, er ist liebevoll und er vergibt. – Und er ist allmächtig." JULIANE

„Es ist krass, dass er einfach JEDEN so liebt, wie er ist." NADINE

„Auch, wenn ich oft ganz enttäuscht war, hat er mir immer hoch geholfen." NICOLE

Welche Gottesbilder Jugendliche haben, ist nicht nur ein sehr wichtiges, sondern auch ein verhältnismäßig gut erforschtes Thema. Oft konzentriert sich die Forschung aber auf entwicklungspsychologische Fragestellungen, wie den Zusammenhang zwischen Glaubensentwicklung und einer Veränderung der Gottesvorstellungen. Oder es steht die Frage im Vordergrund, inwiefern diese Gottesvorstellung eine personale ist. Gerade zu dieser Fragestellung gab es nicht zuletzt durch eine Standardfrage in der Shell Studie repräsentative Daten für eine langfristige Entwicklung. Galt in der vorletzten Shell Studie noch, dass Gott aus Sicht der Jugendlichen immer weniger eine Person sei, weil es einen deutlichen Abwärtstrend gab, wurde dieser Trend bei der letzten Studie gestoppt. 2015 glaubten 29 Prozent der Jugendlichen an Gott als eine Person (2006: 30 Prozent, 2010: 26 Prozent). Viel weniger wissen wir jedoch darüber, wie das personale Gottesbild von Jugendlichen inhaltlich ausgestaltet wird. Auch hier gibt es wieder kaum Daten über hochreligiöse Jugendliche.

Dass die hochreligiösen Jugendlichen zu 99,7 Prozent (gegenüber 69 Prozent der religiösen Jugendlichen) daran glauben, dass es einen Gott gibt, verwundert erst einmal nicht. Schließlich ist die Zustimmung zu dieser Aussage ein Bestandteil der Messung von Hochreligiosität. Wir wollten aber genauer wissen, wie sich Hochreligiöse diesen Gott vorstellen. Bereits in unserer empirica Familienstudie befragten wir hochreligiöse Elternteile: „Wie stark verbinden Sie die folgenden Aussagen mit der Vorstellung von Gott, die Sie an Ihr Kind weitergeben möchten?" Wir legten ihnen dazu zehn kurze Aussagen über Gott vor, deren Ergebnis sich in der folgenden Grafik zeigt.[51]

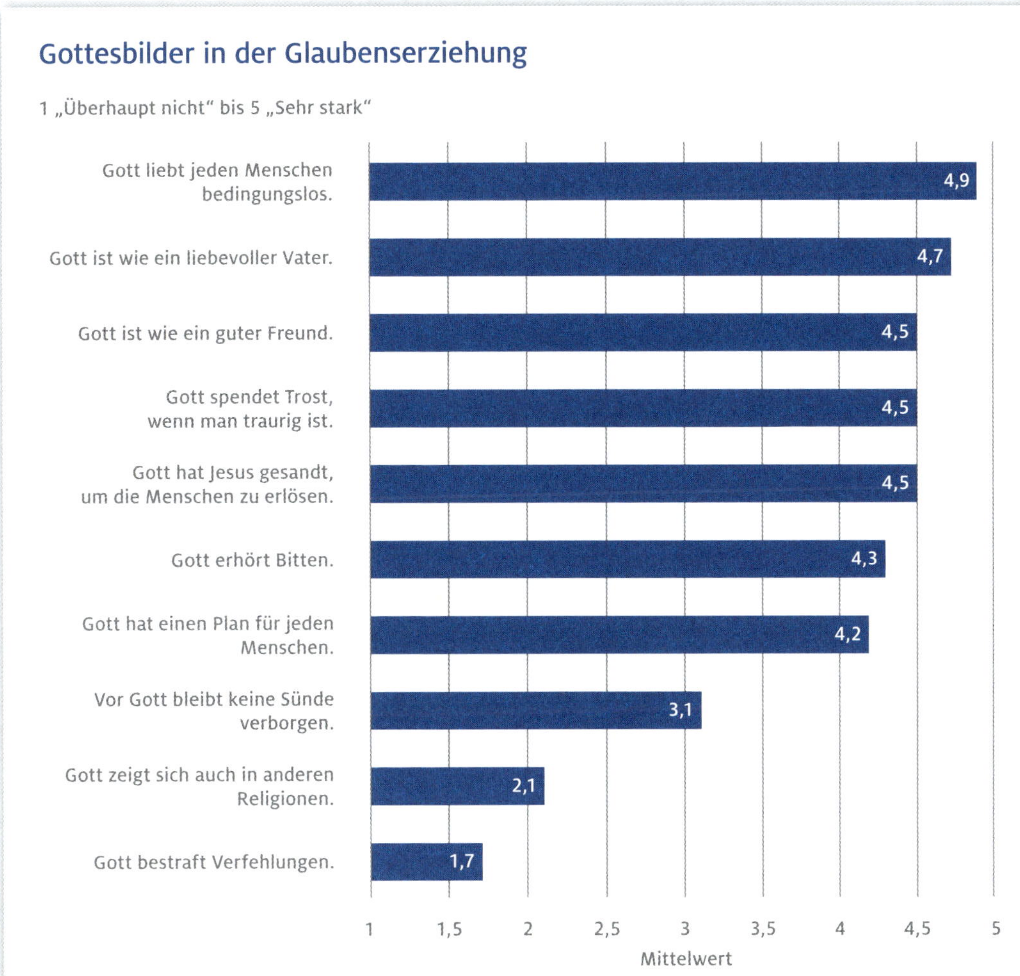

Grafik 15: Wie stark verbinden Sie die folgenden Aussagen mit der Vorstellung von Gott, die Sie an Ihr Kind weitergeben möchten?

Am stärksten wollen Eltern das Bild von einem bedingungslos jeden Menschen liebenden Gott vermitteln (97 Prozent), am wenigsten das eines Gottes, der Verfehlungen bestraft (4 Prozent). Sieben der zehn vorgelegten Aussagen bekamen eine sehr hohe Zustimmung. Eine Analyse der Daten führte auch zu zwei unterschiedlichen

Dimensionen, die anzeigen, wie stark Gott als kontrollierend-allmächtige Instanz oder als liebevoll-empathisches Wesen gesehen und weitergegeben werden soll. Bei den befragten Eltern ist vor allem die Dimension des liebevoll-empathischen Gottesbildes stark ausgeprägt. Die kontrollierend-allmächtige Seite ist im Verhältnis deutlich geringer, insgesamt jedoch nicht wenig ausgeprägt.

Wie sieht dies bei den hochreligiösen Jugendlichen aus, die teils die Kinder der damals befragten Eltern sein könnten?

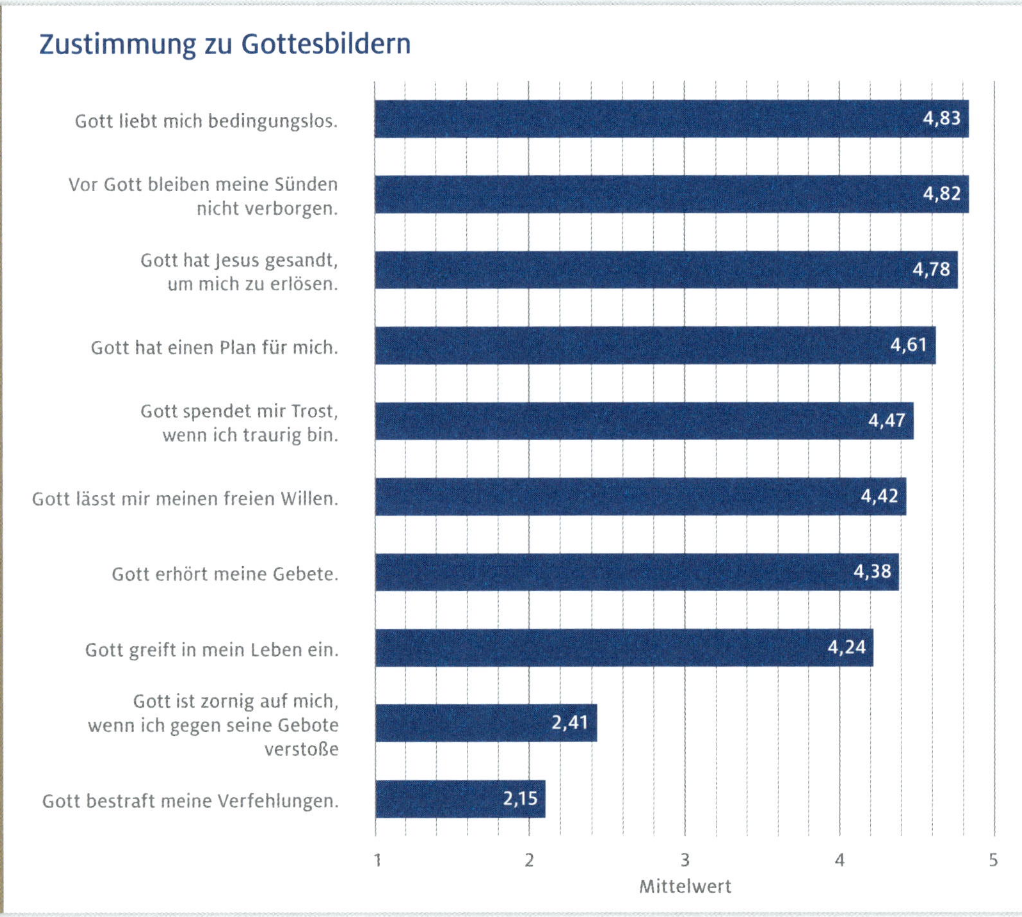

Grafik 16: Wie sehr stimmen die folgenden Aussagen mit deiner persönlichen Vorstellung von Gott überein?

Acht der ihnen vorgelegten zehn Aussagen über Gott fanden eine starke Zustimmung, das heißt mindestens 80 Prozent von ihnen stimmten ziemlich oder sehr zu. Fünf Aussagen fanden sogar bei mehr als 90 Prozent von ihnen Zustimmung, bei dreien lag die Zustimmung sogar über 95 Prozent: „Gott liebt mich bedingungslos" (97 Prozent), „Vor Gott bleiben meine Sünden nicht verborgen" (97 Prozent) und „Gott hat Jesus gesandt, um mich zu erlösen" (96 Prozent). Danach kommen: „Gott hat einen Plan für mich" (92 Prozent) und „Gott spendet mir Trost, wenn ich traurig bin" (90 Prozent). Zwei Aussagen finden hingegen kaum Zustimmung: „Gott ist zornig auf mich, wenn ich gegen seine Gebote verstoße" (16 Prozent) und „Gott bestraft meine Verfehlungen" (11 Prozent).

Gott, das liebevolle Wesen

Im Vergleich zu den Ergebnissen aus der Familienstudie bezüglich gleich oder ähnlich formulierter Aussagen zeigen sich überraschend viele Übereinstimmungen. Dass Gott bedingungslos liebt, ist bei beiden mit fast identischen Werten auf Platz eins. Ähnliche Zustimmung gibt es bezüglich der Aussagen, dass Gott Jesus zur Erlösung der Menschen gesandt hat, einen Plan für Menschen hat, Gebete beziehungsweise Bitten erhört und Trost bei Traurigkeit spendet. Die Zustimmung zur Aussage, dass Gott Verfehlungen bestraft, steht bei beiden an letzter Stelle, auch wenn sie überraschenderweise bei den Jugendlichen insgesamt höher ist. Ein einziger deutlicher Unterschied ist noch überraschender und zeigt sich bei der Aussage, dass vor Gott Sünden nicht verborgen bleiben. Diese Aussage hat bei den Eltern nur eine mittlere Zustimmung und steht erst an achter Stelle, während die Zustimmung zu dieser Aussage bei den Jugendlichen sehr groß ist und bei ihnen an zweiter Stelle steht. Auch wenn man bedenkt, dass die leicht andere Formulierung („meine" statt „keine" Sünde) vielleicht die Zustimmung erhöht, ist dieser Unterschied doch überraschend.

Insgesamt zeigt sich jedoch auch bei den Jugendlichen ein Gottesbild, das Gott deutlich als liebevoll-empathisches Wesen zeichnet. Sie legen jedoch auch durchaus Wert auf dogmatische Aussagen, wie die sehr große Zustimmung zur Aussage belegt: „Gott hat Jesus gesandt, um mich zu erlösen." Dieser Gott wird zudem als durchaus umfassend wirkmächtig wahrgenommen, wie die große Zustimmung zur Aussage „Vor ihm bleiben meine Sünden nicht verborgen" zeigt. Da Gott mich jedoch bedingungslos liebt, ist er eher nicht zornig auf mich, wenn ich sündige. Für meine Verfehlungen bestraft er mich erst recht nicht. Vielmehr spendet er mir Trost, wenn ich traurig bin, und er erhört meine Gebete (88 Prozent).

Diese Tendenz zeigt sich auch bezüglich der Antworten, die die Jugendlichen auf die Frage gegeben haben, welche Gefühle sie Gott gegenüber haben. Sie empfinden vor allem Dankbarkeit, Liebe und Geborgenheit. Zwar gehört auch Schuld zu den häufiger vorkommenden Gefühlen, jedoch wird die Vergebung der Sünden noch häufiger empfunden. Nur selten ist man enttäuscht von Gott, gar zornig auf ihn oder hat Angst vor ihm. Sehr spannend und wieder ins Bild passend ist es, dass die Jugendlichen häufiger zornig auf Gott sind, als dass sie Angst vor ihm haben.

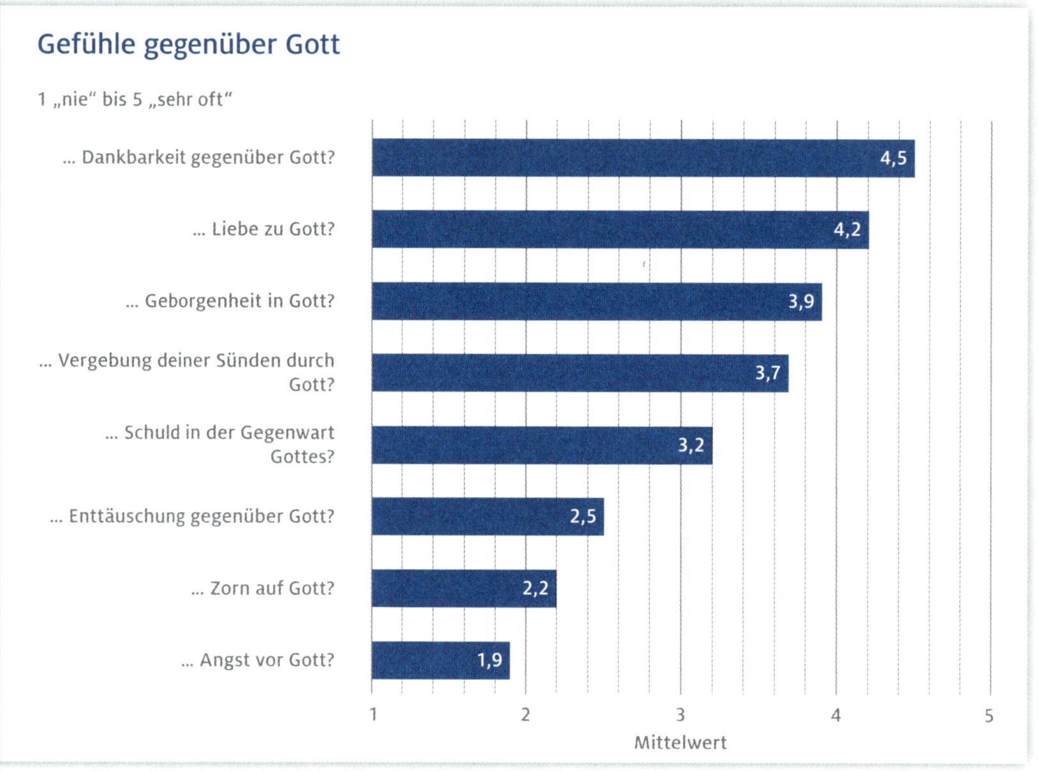

Grafik 17: Wie oft erlebst du ...

Die meisten hochreligiösen Jugendlichen gehen davon aus, dass Gott zugleich einen Plan für ihr Leben hat, ihnen aber ihren freien Willen lässt (87 Prozent) und in ihr Leben eingreift (81 Prozent). Diese Aussagen sind sehr interessant und in gewisser Weise widersprüchlich. Wenn man davon ausgeht, dass die Ursache hierfür keine ausgetüftelt-elaborierte Theologie ist, Prädestinationslehre (das Schicksal der Menschen ist von Gott vorherbestimmt) und Voluntarismus (Menschen haben einen starken freien Willen) miteinander versöhnt, gibt es zwei weitere Deutungsmöglichkeiten: Entweder ist dies schlicht widersprüchlich und eine weitere hochreligiöse Variante eines postmodernen Pachtworks im Sinne einer Synthese widersprüchlicher Elemente oder Gott wird als jemand gedacht, der zwar omnipräsent ist, sich zugleich aber vornehm zurückhält, solange er nicht darum gebeten wird, einzugreifen (und Bitten zu erfüllen oder Trost zu spenden). Er versorgt zwar jeden Menschen mit einem individuellen göttlichen Plan für ihr oder sein Leben und entlastet seine Geschöpfe somit mit der lästigen Kontingenzproblematik (warum die Dinge so sind, wie sie sind, und nicht anders), die dank der Multioptionsgesellschaft eine besondere Dringlichkeit mit sich bringt. Jedoch greift er nur dann in das Leben ein, wenn er darum gebeten wird und für Problemlösungen, Geborgenheit und umfassendes subjektives Wohlbefinden sorgen darf.

Leichte Unterschiede gibt es bezüglich der Gottesvorstellung auch zwischen freikirchlichen und kirchlichen Jugendlichen. Letztere glauben weniger, dass ihre Sünden vor Gott nicht verborgen bleiben, dass Gott Jesus zu ihrer Erlösung gesandt hat und dass er in ihr Leben eingreift (78 Prozent gegenüber 84 Prozent). Die weiblichen Jugendlichen glauben stärker, dass Gott einen Plan für sie hat und ihnen in Trauer Trost spendet. Männliche Jugendliche stimmen hingegen eher der Aussage zu, dass Gott zornig ist, wenn sie Gebote brechen (20 Prozent zu 14 Prozent). Ein weiterer Hinweis, dass Männer ein strengeres Gottesbild haben als Frauen, findet sich bei der Frage nach den Gebetsthemen wieder. Vergebung ist für Männer häufiger ein Gebetsthema als für Frauen. 51 Prozent der Männer beten oft oder sehr oft um Vergebung. Bei den Frauen sind es nur 45 Prozent. Bezüglich des Alters gab es hier keine statistisch signifikanten Zusammenhänge.

Insgesamt lässt sich feststellen, dass die positiven emotionalen Werte im Gottesbild (Liebe, Dankbarkeit, Geborgenheit) der hochreligiösen Jugendlichen eine zentrale Rolle spielen und sich so in das Gesamtergebnis der Studie einfügen.

„Zuhörer, Tröster, Schuldvergeber, Heimatgeber, Glücklichmacher" – die qualitativen Befunde

Das sich durch die quantitativen Ergebnisse ergebende Bild wird durch die qualitativen Ergebnisse bestätigt. Die wichtigste Eigenschaft Gottes ist seine Liebe beziehungsweise, dass er bedingungslos liebt. Diese Liebe zeigt sich zum einen darin, dass er der gnädige und treue Gott ist, der uns von unserer Sünde erlöst. Zum anderen drückt sich die Liebe im Bild des liebenden Vaters und guten Freundes aus, die beide eng miteinander zusammenhängen. In beiden Bildern schwingt die Auffassung mit, dass Gott von vielen Jugendlichen als konkrete Hilfe im Leben erlebt und als derjenige angesehen wird, der einen Plan für jede und jeden hat. All dies setzt voraus, dass Gott mächtig, ja allmächtig ist. Letzteres wird allerdings deutlich seltener formuliert. Von diesem klaren Mainstream gibt es nur wenige abweichende Aussagen, die

Gott noch einmal ganz anders beschreiben oder ihn eher ambivalent sehen. Im Grunde fasst Juliane das Gesamtbild gut zusammen: „*Er ist immer da, er ist liebevoll und er vergibt. – Und er ist allmächtig.*" Schauen wir uns die Ergebnisse jedoch etwas genauer an, gibt es dort viel zu entdecken.

Gott liebt bedingungslos

Wie gesagt, ist die am häufigsten genannte Eigenschaft Gottes seine (bedingungslose) Liebe, beziehungsweise wie Anton es formuliert „*diese bedingungslose, pure Liebe, die nicht aufhört. Das ist eigentlich so das, was Gott für mich ausmacht.*" Besonders wichtig ist, dass diese Liebe jeder und jedem und damit auch den Jugendlichen persönlich gilt und niemals aufhört: „*Gott liebt dich, es ist so. Und da ändert sich nichts dran*" (Marcel). Diese Liebe kann von Treue und Gnade daher nicht getrennt werden, sie zeigt sich in den Worten der Jugendlichen vor allem daran, dass Gottes Liebe für die einzelne Person nicht aufhört, unabhängig von ihren Taten. Entsprechend äußert sich Lukas: „*Und dann auch einfach seine Liebe für uns, dass er einfach nie aufhört, uns zu lieben, auch wenn wir jetzt viel Mist bauen.*" Ähnlich Nadine: „*Dass er mich immer liebt, egal was ich mache, egal wo ich bin; dass er mich immer liebt und für mich da ist. Es ist krass, dass er einfach JEDEN so liebt, wie er ist. Das finde ich halt schön, irgendwie.*" Diese Liebe ist es, „*die kein Mensch einem geben kann. Also immer wieder fallen dürfen und trotzdem ist man angenommen*" (Monika).

Gott vergibt und erlöst

Gottes Liebe bedeutet somit für die Jugendlichen wesentlich die Vergebung von Schuld, die vor allem als persönliches Fehlverhalten beschrieben wird. Beides hängt eng miteinander zusammen. Auf den Punkt bringt das Kristin mit ihrer Aussage: „*Das sind der verzeihende Gott und der stetig liebende Gott. Das sind so die wichtigsten Eigenschaften, die ich mir so von ihm denke.*" Die Vergebung der Schuld wird dann oft mit Jesus Christus in Verbindung gebracht: „*Dass Gott uns so sehr liebt, dass er einfach seinen Sohn geschickt hat und damit all unsere Schuld von uns weggenommen hat. Ja, ich kann's kaum glauben oder nicht fassen und es ist echt so ein großes Geschenk.*" (Anje) Dieses Geschenk erfordert jedoch erst eine Entscheidung: „*Jesus Christus lebt, Jesus Christus ist für meine Sünden gestorben, Gott hat mich lieb. Man ist nicht einfach von Geburt aus oder so errettet. Man muss eine Entscheidung treffen, was mich aber auch dahinführt, dass ich das Evangelium auch zu anderen Leuten bringe.*" (Dennis) Und in einer weiteren Variante: „*Ja, dass Gott uns liebt und Jesus halt auf die Welt geschickt hat, damit wir in Beziehung mit ihm leben können.*" (Lara)

Die eigene Sündhaftigkeit, die gnädige Liebe Gottes und die persönliche Erlösung hängen demnach direkt miteinander zusammen. Maik erläutert Gottes Gnade so: *„Ich als Mensch bin Sünder und ich kann zwar versuchen, was daran zu ändern, aber ich werde niemals von der Sünde wegkommen. Und da bin ich halt auf Gottes Gnade angewiesen, dass ich überhaupt nachher in den Himmel kommen kann."* Auch Amelie spricht von Gottes *„großer Gnade, ohne die ich verloren wär', weil ich wirklich oft auch seine Geduld aufs Spiel setz'. Naja, nicht aufs Spiel setze, aber sehr beanspruche, würde ich sagen. Also seine Geduld und seine Gnade. Ja, seine Liebe."*

Dieser Zusammenhang wird von Monika als Gottes Heilsplan beschrieben: *„Also, ich merk' voll, wie sich halt dieser Heilsplan durch Altes und Neues Testament voll durchzieht. Also wirklich dieser Gedanke: Gott liebt uns und möchte uns erretten. Es hat nicht funktioniert im Paradies und deswegen brauchen wir einen Messias. Also, das zieht sich einfach komplett durch die Bibel und das finde ich irgendwie cool, wie Gott uns so liebt."*

Vater und Freund

Dieser liebende, gnädige, treue und vergebende Gott wird als Vater und als Freund beschrieben. Auch hier hängen beide Bilder jedoch wieder sehr eng miteinander zusammen, wie das folgende Zitat deutlich macht. Marcel sieht Gott *„als einen liebenden Vater. Als einen Vater, dem man vertrauen kann. Ein Freund, der eben für einen da ist, einem hilft durchs Leben zu gehen. Und dem man auch alles geben kann, was man eben an Problemen hat."*

Gott ist also *„Vater, mein Papa"*, *„der Vater, zu dem man kommen kann, egal was ist; der einem Sachen zeigt, der mit einem super gut umgeht – ja, der liebende Vater"* (Dennis). *„So mit offenen Armen, zu dem du einfach kommen kannst, wenn du Probleme hast. Der mich so liebt, wie ich bin."* (Tanja) Oder wie sie es noch formuliert: *„Dieses Bild von dem Vater, dass er dir zuhört, dass er dich auch in den Arm nimmt, sozusagen. Also ja, kann er ja nicht [lacht]. Aber, dass er einfach immer da ist, dass du einfach immer zu ihm kommen kannst. Also ja, einfach wie ein liebender Vater so."*

Gott ist aber auch *„ein Freund, der mit dir einen Weg gehen will"* (Sven), beziehungsweise *„so ein guter Kumpel, mit dem man halt über alles reden kann und der einfach, ja, immer da ist"* (Juliane). Anders gesagt: Gott ist ein Freund, *„der dir aufhilft"* (Kilian) und mit dem man *„quasi durch dick und dünn gehen kann"* (Sally).

Gott als Helfer und Problemlöser

Zentral für beide Bilder (Vater und Freund) ist somit nicht nur die liebevolle Zuwendung, sondern die ständige Begleitung und praktische Hilfe bei Problemen im Leben. So formuliert Kilian auf die Frage, was zentrale Eigenschaften Gottes seien: „*Dass Gott treu ist und mir hilft*". Ähnlich Marcel: „*Dass ich drauf vertrauen kann, dass Gott es gut mit mir meint und wenn es mir mal schlecht geht, dass er mir da eben auch durchhilft.*"

Diese Hilfe kann ganz situativ sein: „*Also, oft hab' ich schon erlebt, dass er mir einfach Frieden und Ruhe dann in diesen Situationen gibt, wo ich Angst hab.*" (Nicole) Meist zeigt sich diese Hilfe aber darin, dass Gott einen Plan hat. Auch dieser Plan kann wieder recht pragmatisch gedeutet werden, wie bei Dennis, der sagt: „*Dass Gott den Plan hat, den ich nicht habe. Und, dass er einfach stärker ist als ich und als die Probleme, die sich vor mir aufbauen.*" Oder Jessica: „*Diese Versorgung, das Vertrauen und auch die Hoffnung, dass wir trotz dem ganzen Leid, dass wir wissen dürfen, dass Gott es in seiner Hand hält und er mit uns durchgeht.*"

Meist wird der Plan aber als persönlicher Lebensplan beschrieben, der sich wiederum besonders in Situationen des persönlichen Scheiterns zeigt: „*Auch, wenn ich versagt habe, es war immer so; Gott hat 'nen Plan, Gott macht das und auch wenn's jetzt schlecht wird, dann wird es trotzdem okay, weil Gott hat 'nen Plan: alles wird okay. Auch wenn ich oft ganz enttäuscht war, hat er mir immer hochgeholfen und deshalb kann ich mich auch in schwierige Lagen auf ihn verlassen. Er hat mir einfach so viele Sachen im Leben geschenkt. Und so Sachen, wo ich am Anfang dachte: ‚Das ist absolut scheiße, was du da machst.' Entschuldigung, dass ich das so sage, aber am Ende hab' ich immer gemerkt, dass er 'nen Plan hat und ich mich absolut auf ihn vertrauen, also verlassen kann. Genau, auch wenn's vielleicht mal schwerfällt, ich versuch', ihm einfach immer zu vertrauen.*" (Nicole)

Zwei besonders interessante Aussagen dazu sind: „*Da, wo ich mich nicht entscheiden kann, macht Gott das für mich*" (Lara). Und: „*Als Kind hab' ich halt ein bisschen so gedacht, dass Gott wie ein Wunschautomat ist und wenn man betet kommt das raus, was man haben will. Mittlerweile weiß ich, dass das nicht ganz so ist. Ja, man muss halt gucken, dass man, Gott hat halt seinen Willen, und wir müssen versuchen, unseren Willen mit Gottes Willen übereinzukriegen, dass wir halt quasi einen gemeinsamen Willen haben. Und so können wir was erreichen, was auch Gott gut findet und was ich gut unterstützen kann, ohne dass es, ich sag mal, falsch ist.*" (Maik) Vielleicht liegt in dieser Deutung die Lösung zum Rätsel, wie Gott zugleich einen Plan für uns hat und uns unseren freien Willen lässt.

Gott ist mächtig

Wie oben schon angedeutet und wie sich auch implizit in den quantitativen Ergebnissen zeigt, ist eine weitere wichtige Komponente des Gottesbildes, dass Gott aus Sicht der Jugendlichen mächtig beziehungsweise allmächtig ist. Der Begriff Macht oder Mächtigkeit Gottes ist hierbei meist nicht negativ belegt und wird oft in einem Atemzug mit seiner Liebe genannt. So sagt Anje von Gott, „*dass er liebend, heilig und gerecht*" ist. Und Niklas beschreibt als wichtige Eigenschaft Gottes: „*Zum einen diese Liebe, zum anderen die Allmächtigkeit Gottes*". Till formuliert sogar: „*Die Liebe, die Allmächtigkeit und – was gibt's noch wichtiges? Ja. Der Rest kann eigentlich alles darauf zurückgeführt werden.*" Prägnant beschreibt es Dana: „*Gott ist halt echt König, dem gebührt die Ehre.*"

Gottes Allmacht wird dabei mehrfach auf folgende Weise definiert: „*Also für mich ist eins der coolsten Dinge an Gott ist, dass für Gott nichts unmöglich ist. Das find' ich so cool an Gott. Dass er einfach soooo unbegreiflich groß und spontan, ne spontan vielleicht nicht [lacht], aber unbegreiflich ist. Wie sagt man? Einfach groß und mächtig. Dass für ihn ist einfach nichts unmöglich ist, wirklich nichts. Und das find' ich so cool.*" (Lukas) Die Allmacht Gottes zeigt sich für Lars auch in der Schöpfung: „*Gottes Allmacht. Da ist mir einfach klar geworden: jedes Blatt, jeder Grashalm, jeder Baum ... einfach alles ist so individuell, das hat alles Gott gemacht. Man sieht es halt jeden Tag wieder, wie schön das alles ist und wie viel Mühe, wie viele Details er da einfach mit reingebaut hat. Und dann hat er gesagt: ‚Oh, die Pflanze da, die wächst grade, so [schnippst] jetzt mach ich da einen Gendefekt rein und dann wächst die krumm und schief. Da hat man eine Korkenzieherhasel.*'"

Der ambivalente Gott

Nur manchmal zeigen sich auch andere, ambivalente Bilder von Gott. Nicole denkt Folgendes über Gott: „*Dass er ein liebender Gott ist, auf den man sich verlassen kann. Ein rettender Gott, aber dass er auch der Vater ist, der auch mal sagen muss ‚Hey, komm, das war jetzt nicht so in Ordnung' und auch so 'n bisschen der erzieherische Gott. Aber, was ich total cool finde, ist einfach, dass er jeden Tag aufs Neue sagt ‚Hey, heute geb' ich dir wieder meine Gnade und heute wirst du wieder Fehler machen, aber das ist trotzdem okay und ich weiß, dass du Fehler machen wirst, aber ich lieb' dich trotzdem.' Also, dass er einfach so bedingungslos liebt, und egal, was ich mache, es ist total egal, weil Gott mich trotzdem liebt und das finde ich halt so das Schöne, was mich immer wieder auch berührt.*" Auch Anje benennt Gott als „*liebender Vater, vielleicht aber auch ein Strafender*". Für Lars ist Gott „*halt der Vater, der, wenn er zornig wird, sich auch wieder beruhigen kann. Der Zuhörer, der Heiler, der Befreier, der Liebende. Aber der halt auch mal böse werden kann.*"

Auch Lara sagt von sich: *„Inzwischen kenne ich halt auch die irgendwie härtere Seite oder auch bisschen vielleicht krasse Seite von Gott. Aber ich weiß letztendlich trotzdem, dass er's gut mit mir meint."*

Zwischenfazit: ein liebevoll-empathischer Gott

Insgesamt ergibt sich ein sehr deutliches Ergebnis: die hochreligiösen Jugendlichen haben ein Bild von Gott, das als liebevoll-empathisch beschrieben werden kann. Gott ist zuerst bedingungslose Liebe. Diese Liebe zeigt sich in seiner Gnade und Treue beziehungsweise darin, dass er uns durch das Heilsgeschehen in Jesus Christus von unserer Sünde erlöst. Gott ist Vater und Freund. Er ist uns und unseren Bedürfnissen sowie unseren Problemen zugewandt und grundsätzlich positiv eingestellt. Gott ist aber auch mächtig beziehungsweise allmächtig, daher sind ihm auch unsere Sünden nicht verborgen. Eher im Hintergrund, wie ein schwacher Schatten dieses durch und durch guten Wesens, lauert ein auch mal zorniger Gott, der straft und vor dem man auch mal Angst haben kann. Diesen Befund kann man sehr unterschiedlich deuten und werten. Einerseits legen manche Aussagen zur impliziten Kreuzestheologie der Jugendlichen nahe, dass bei manchen zumindest als Residuum eine Trennung zwischen Gott Vater, der tendenziell eher mit Zorn und Strafe assoziiert wird, und Jesus Christus, der tendenziell als Ausdruck bedingungsloser Liebe gesehen wird, vorhanden ist. Hierzu passt dann das Verständnis vom Sühnetod, dass also Jesus Christus für uns gestorben ist, um uns von Sünde zu erlösen und den Zorn des Vaters zu besänftigen. Wer diese Sicht vom Sühnetod ablehnt, wird über diesen lauernden Schatten des zornigen und strafenden Gottes eher noch besorgt beziehungsweise erfreut darüber sein, dass insgesamt ein so deutlich positives Gottesbild vorherrscht. Umgekehrt wird es auch die geben, die genau darin eine Gefahr sehen und beklagen werden, dass sich die Jugendlichen hier ein Gottesbild zurechtbasteln, das die – vermeintlichen – Schattenseiten Gottes verdrängt und aus ihm einen Kuschelgott machen, der zu allererst für uns und unsere Bedürfnisse da ist. Dies könnte man die Emotionalisierung der Gottesbeziehung nennen. Insgesamt weisen gerade die qualitativen Ergebnisse aus unserer Sicht darauf hin, dass scheinbar die Semantik der Lobpreislieder das Bild der Jugendlichen von Gott mehr geprägt hat als die Bibel. Diese Debatte und Interpretationen nehmen wir später in diesem Kapitel noch einmal auf. Zunächst wollen wir jedoch weitere Befunde über die Sprachfähigkeit in Bezug auf den eigenen Glauben sowie über das spannende Thema widmen.

Mission und Sprachfähigkeit: „Über Gott kann ich gut reden“

„Ich glaube, der christliche Glaube ist ein missionarischer Glaube. Wir haben den Auftrag, anderen Menschen von der frohen Botschaft weiterzusagen. Insofern gehört es ganz klar dazu.“ SIMON

„Also, so missionarische Einsätze nach dem Motto: ‚Und du musst jetzt an Gott glauben, sonst passiert dir etwas ganz Schlimmes‘, finde ich ganz furchtbar!“ JANINA

„Mission ist so ein Begriff, der an vielen Stellen schon verbraucht ist. Ich möchte fröhlich von meinem Glauben erzählen, andere einladen, es auch mit diesem Gott zu probieren.“ HENRIK

Über kaum etwas wird in unserer Zeit so kontrovers diskutiert wie über den Begriff „Mission“. In einer Zeit des religiösen Pluralismus, in der alle Glaubensformen und Religionen gleichzeitig und gleichwertig nebeneinanderstehen, scheint Mission kaum noch angebracht, vor allem, wenn sie in einem Atemzug mit Exklusivismus gesehen wird (dem Glauben, dass nur die eigene Religion wahr und richtig ist). In unserer Studie folgen wir der Definition von Huber und dem Bertelsmann Religionsmonitor, nach welcher religiöser Exklusivismus über die Zustimmung von zwei Aussagen definiert wird, zum einen mit der Aussage: „Ich bin davon überzeugt, dass in religiösen Fragen vor allem meine eigene Religion recht hat und andere Religionen eher Unrecht haben“, und zum anderen: „Ich bin davon überzeugt, dass vor allem die Mitglieder meiner eigenen Religion zum Heil gelangen.“ Diese beiden Aussagen zeichnen das Bild eines exklusivistischen Glaubens.

Das Gegenstück zum Exklusivismus bilden Inklusivismus oder Pluralismus.[52] Wie die befragten Jugendlichen sich dazu äußern, wird über ihre Zustimmung oder Ablehnung der folgenden beiden zentralen Aussagen ermittelt: „Für mich hat jede Religion einen wahren Kern“, und: „Ich finde, man sollte gegenüber allen Religionen offen sein.“ [53] Wenn wir uns die Diskussionen rund um das Thema Hochreligiosität anschauen, dann wird schnell deutlich, dass diese oftmals mit Exklusivismus gleichgesetzt wird. Das wird bei den Gesprächen mit unseren hochreligiösen Jugendlichen deutlich, die sehr unterschiedlich zum Exklusivismus stehen und den Begriff Mission teilweise eher skeptisch sehen wie Laura, die sagt: *„Ich mag den Begriff Mission überhaupt gar nicht, aber eher vom Begriff her, weil man damit so viel Negatives verbindet, so viel zwanghafte Überzeugung"* oder auch Janina: *„Also, so missionarische Einsätze nach dem Motto: ‚Und du musst jetzt an Gott glauben, sonst passiert dir etwas ganz Schlimmes', finde ich ganz furchtbar!"* Auch deshalb wollen wir uns natürlich genau anschauen, was die befragten Jugendlichen über das Themen Mission sagen. Darüber hinaus wollten wir ganz praktisch wissen, wie auskunftsfreudig und -fähig die Jugendlichen sind und welche Rolle dies in ihrem Alltag spielt. Bevor wir die Ergebnisse ansehen, wollen wir zunächst den aktuellen Kontext betrachten, um die Ergebnisse später richtig deuten und einordnen zu können. Dabei wollen wir zwei Ebenen betrachten, die zwar miteinander zusammenhängen, aber doch unterschiedlich sind. Zum einen die großen gesellschaftlichen Entwicklungen, die in den letzten Jahrzehnten eine zunehmende Pluralisierung an Werten, Lebens- und Glaubensformen mit sich gebracht haben, und zum anderen die Auswirkungen auf die Glaubensausprägungen, wie wir sie gerade am Beispiel des exklusivistischen Glaubens gesehen haben.

Mission und Pluralisierung

Der Würzburger Theologe Hans-Georg Ziebertz beschreibt anschaulich, warum die Veränderungen durch die Pluralisierung des Glaubens und der Kirche so wichtig sind: *„Das entscheidende Kennzeichen der gegenwärtigen Welt ist Pluralität. Auf absehbare Zeit ist von der Unumkehrbarkeit der Pluralität auszugehen. Die Pluralität betrifft sämtliche Bereiche des Lebens und bezieht Religion und Religiosität mit ein. Wenn das wesentliche Kennzeichen der Pluralität ist, dass es keinen verbindlichen Rahmen und keine ursprünglich gemeinsame Wurzel der unterschiedlichen Werte, Normen, Lebenskonzepte und Glaubensüberzeugungen gibt, wird die Pluralität zu Recht als ‚radikal' bezeichnet. Die christliche Religion ist davon betroffen, weil ihr in der funktional ausdifferenzierten modernen Gesellschaft nicht mehr die Funktion des alles überwölbenden Baldachins zukommt."*[54] Hier wird deutlich, warum ein exklusivistischer Glaube (der davon ausgeht, dass nur die eigene Religion zum Heil führt) für Jugendliche nicht selbstverständlich ist. Dies zeigen auch die Ergebnisse der letzten Shell Jugendstudie von 2015. Dort lässt sich schnell erkennen, dass die Auswirkungen der Pluralisierung längst bei den Jugendlichen angekommen sind. 82 Prozent der Jugendlichen finden die gegenseitige Anerkennung der Vielfalt von Werten, Religionen und Lebensformen demnach wichtig. Im Bertelsmann Religionsmonitor von 2013 stimmen

80 Prozent der Aussage zu: „Man sollte gegenüber allen Religionen offen sein", also ein ähnlich hoher Wert. Dies wird allgemein als Bereicherung in unserer Gesellschaft wahrgenommen.[55] Überraschenderweise wird die Frage, ob man die wachsende Vielfalt religiöser Gemeinschaften als eine Ursache für Konflikte ansieht, gleichfalls von einer Mehrheit bejaht. Hier sind die Anteile derjenigen, die zustimmend antworten, sogar leicht höher. Wir müssen also beachten, welche Konsequenzen die religiöse Pluralisierung mit sich bringt. Fragen wir nach den konkreten Auswirkungen, werden vor allem drei deutlich:

1. Die Individualisierung des eigenen Glaubens,
2. die Relativierung religiöser Wahrheitsansprüche und
3. ein Abbruch an traditionell-religiöser Sprache.

Wir halten das für eine wesentliche Veränderung und wollen zunächst deren Hintergründe erläutern, um unsere Ergebnisse einzuordnen. Der kanadische Philosoph und Politikwissenschaftler Charles Taylor beschreibt die gegenwärtigen religiösen Transformationsprozesse und spricht davon, dass wir zurzeit eine explodierende „Super-Nova" der Religiosität erleben. Statt der einen christlich institutionalisierten Sonne, wie sie Kirche und christlicher Glaube in der westlichen Welt über Jahrhunderte darstellten, rotiere nun religiöser Sternenstaub durch den Menschheitskosmos. Zentral zusammengehalten werde diese „Super-Nova" vom subjektiven religiösen Konsum jedes Einzelnen und von einer Ethik der Authentizität.[56] Taylor vertritt die These, dass es unter dem Etikett „Säkularität" um *„eine neue Gestalt der zum Glauben veranlassenden und durch Glauben bestimmten Erfahrung"* vieler Menschen geht. Zentrales Merkmal dieser „Säkularität" ist demnach eine neue subjektive Erfahrungswelt, in der alles spirituell wird, was einem im Leben weiterhilft.[57] Wenn wir diesen Ansatz auf unsere Verhältnisse in Deutschland anwenden, kann man sagen, dass wir gerade eine institutionelle Säkularisierung erleben, die sich in schrumpfenden Kirchen zeigt, gleichzeitig jedoch eine neue, subjektiv aufgeladene Spiritualisierung. Diese Kombination zeigt sich auch in der Diskussion um die Kirchenmitgliedschaftsuntersuchung (V. KMU). Unter ihren vielfältigen Deutungen und Perspektiven haben sich drei Modelle religiöser Transformation im deutschen Kirchenkontext herauskristallisiert:[58]

■ 1. Die Säkularisierungsthese geht von einer Grundspannung zwischen Moderne und Religion aus und sieht einen andauernden Abwärtstrend der Religion, nach welchem die Wissenschaft der Moderne die Religion „entzaubert" habe. Die Aussage der Säkularisierungsthese war schon lange umstritten, wurde aber zuletzt durch Religionssoziologen wie Pollack oder Pickel wieder neu belebt.[59]

■ **2. Die Individualisierungsthese** (Privatisierungsthese) geht davon aus, dass Religiosität eine konstante Grundfunktion des Individuums ist und sich vor allem von der institutionellen auf die persönlich-individuelle Ebene verschoben hat („Privatisierung der Religion"). Religion kann somit ein anthropologisches Grundbedürfnis nach „Sinn" erfüllen, das heißt nach einem bedeutungsvollen Rahmen des In-der-Welt-Seins von Individuen. Daraus folgt eine Transformation des Religiösen in ganz unterschiedliche spirituelle, synkretistische und Patchwork-Strömungen, die im gesellschaftlichen Diskurs zunehmend unsichtbarer werden, was beispielsweise auch Luckmann oder Zulehner vertreten.

■ **3. Das Marktmodell** geht ebenfalls von einer konstanten Grundfunktion des Individuums in Bezug auf Religion aus, sieht darin aber einen positiven Effekt, der sich in einer Konkurrenz verschiedener religiöser Angebote, wie *„religiöser Gemeinschaften, Glaubensüberzeugungen und religiöser Praktiken"* zeigt.[60] Kirchen oder andere spirituelle Anbieter müssen sich auf die veränderten religiösen Bedürfnisse der Menschen anpassen und entsprechende Angebote vorlegen, sodass Bewegung in den „religiösen Markt" kommt. Dieses Theoriemodell wurde vor allem in den USA entwickelt, in Deutschland hat es sich bislang in der Erforschung der sogenannten Freikirchen bewährt. Vertreter ist beispielweise der amerikanische Religionssoziologe Rodney Stark. Taylor behauptet nun, dass es eine Gleichzeitigkeit der verschiedenen Perspektiven sowie konkurrierenden Theorien und Denkmodelle gibt, welche sich nicht ausschließen. Diese Gleichzeitigkeit kann im Alltag der jungen Erwachsenen beobachtet werden und zeigt sich ganz praktisch in neuen Gemeindeformen wie ICF (International Christian Fellowship), Kirche in Aktion (KIA) oder verschiedenen City Churches. Es gibt also nicht nur eine religiöse Pluralisierung, sondern auch ein plurales Angebot an Möglichkeiten, um den eigenen Glauben zu leben.

Exklusivismus und Pluralisierung

Gehen wir nun der Frage nach, wie die befragten Jugendlichen ihren eigenen Glauben einschätzen. Dies geschah über vier unterschiedliche Fragestellungen. So stimmten 73 Prozent der befragten hochreligiösen Jugendlichen der Aussage „Ich bin davon überzeugt, dass nur der christliche Glaube zum Heil führt" zu. Ziehen wir nun die unentschlossenen Jugendlichen ab, so lehnen nur 15 Prozent diese These ab. Dieses Ergebnis zeigt, dass der exklusivistische Glauben für hochreligiöse Jugendliche eine deutliche Rolle spielt. Ähnlich, wenn auch nicht ganz so deutlich, fällt das Ergebnis zu der Aussage „Ich bin davon überzeugt, dass in religiösen Fragen vor allem meine eigene Religion recht hat" aus, der 63 Prozent der Befragten zustimmen.

Diese inhaltliche Position verdichtet sich, wenn man nach der Rolle anderer Religionen fragt. Etwa ein Drittel der hochreligiösen Jugendlichen (34 Prozent) findet, dass für sie „jede Religion einen wahren Kern" hat. Ähnlich ausgeprägt ist das Ergebnis zur Aussage, dass „es in Glaubensfragen keine Gewissheit gibt" (37 Prozent). Erinnern wir uns jetzt an die Daten der Shell Jugendstudie zu Beginn des Kapitels, wird die Diskrepanz deutlich. Dies wird auch sichtbar, wenn wir die Ergebnisse zwischen hochreligiösen und religiösen Jugendlichen unserer Studie vergleichen, wie es die folgende Grafik aufzeigt.

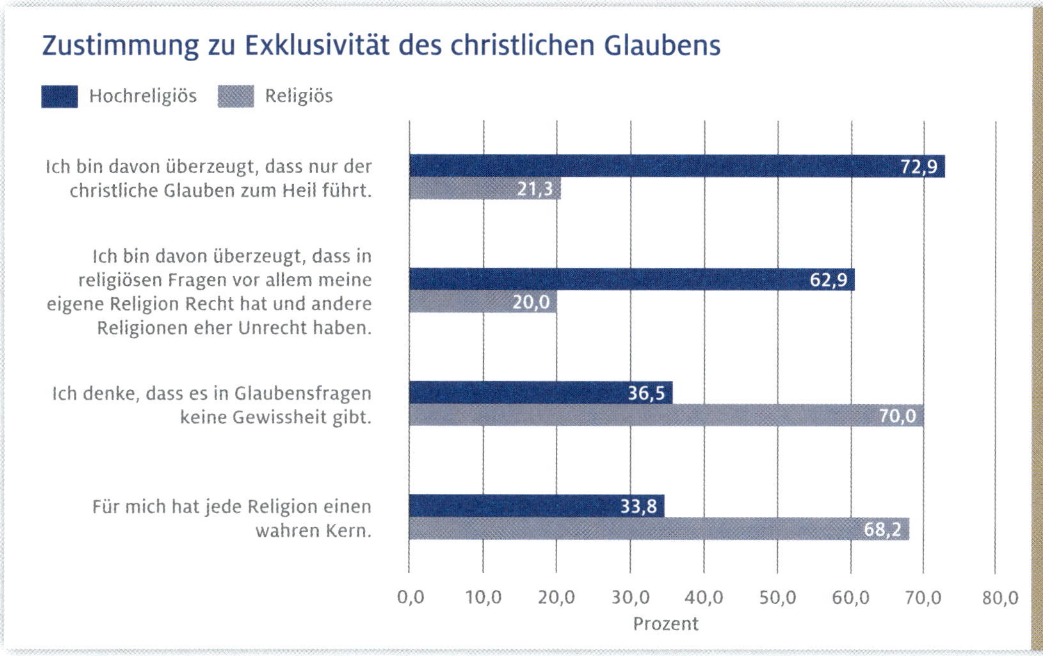

Grafik 18: Wie stark stimmst du folgenden Aussagen zu?

Schauen wir nun etwas genauer auf die Ergebnisse, lässt sich in einem Satz zusammenfassen: Je freikirchlicher, männlicher und älter die Jugendlichen sind, desto exklusivistischer ist ihr Glaube. Im Einzelnen kann man sagen, dass kirchliche Jugendliche eher glauben, dass jede Religion einen wahren Kern hat (45 Prozent), als freikirchliche Jugendliche (23 Prozent). Des Weiteren glauben kirchliche Jugendliche seltener, dass nur der christliche Glaube zum Heil führt (60 Prozent), bei den Freikirchlern sind es 85 Prozent. Auch bezüglich des Geschlechts sind interessante Unterschiede festzustellen, wenngleich sie nicht so deutlich ausfallen wie bei der Gemeindezugehörigkeit. Männliche Jugendliche glauben mit 69 Prozent öfter daran, dass ihre Religion recht und andere unrecht haben, weibliche Jugendliche stimmen dieser Aussage zu 59 Prozent zu. Ähnlich ist die Differenz bei der Frage, ob nur der christliche Glaube zum Heil führt. Blicken wir zuletzt noch auf die Unterschiede in der Altersstruktur. Hierbei ist auffällig, dass die älteren Jugendlichen (von 20 bis 29 Jahren) Aussagen, wie „jede Religion hat einen wahren Kern" eher ablehnen und Aussagen wie „nur der christliche Glaube führt zum Heil" deutlicher zustimmen als jüngere Jugendliche zwischen 14 und 19 Jahren. Wir nehmen bei der Frage nach der Exklusivität des eigenen Glaubens einen deutlichen Kontrast zu den deutschlandweit erhobenen Daten fest. Hochreligiöse Jugendliche, vor allem wenn sie aus einer Freikirche kommen, sind überzeugt von ihrem eigenen Glauben und dass dieser zum Heil führt. Dies ist kein überraschendes Ergebnis, denn auch andere Studien, wie beispielsweise die Studie „Glaube – Wertebildung – Interreligiosität" (2018), stellen fest, dass Personen mit vergleichsweise hohen Religiositätswerten niedrige Werte beim religiösen Pluralismus haben. Dabei werden zwei Merkmale herausgestellt, nämlich dass dies bei evangelischen Befragten insbesondere die freikirchliche Gruppe und Personen betrifft und dass diese bereits religiös sozialisiert wurden. Beides wurde durch unsere Studie bestätigt.[61]

„Der Begriff Mission ist halt eher schwierig" – die qualitativen Befunde

Schauen wir auf die qualitativen Interviews, stellen wir zunächst fest, dass viele Jugendliche den Exklusivismusgedanken mit Jesus als einzigem Weg zum Heil teilen, dies sich aber nicht automatisch auf das Thema Mission auswirkt, sondern sehr differenziert und oftmals eher kritisch gesehen wird. Über den Glauben zu reden, finden viele wichtig und richtig, doch muss dies für sie in guter Atmosphäre und auf freiwilliger Basis geschehen. Wir stellen bei den Interviews ein vielfältiges Bild von Mission fest, was sich auch gut in den unterschiedlichen Verständnissen von Mission der einzelnen Typen zeigt: von einem exklusivistischen Verständnis, dass nur die eigene Religion zum Heil führt, bis hin zu einem pluralistischen Verständnis, dass jede Religion zum Heil führt. So ergeben sich bei den Interviews vielfältige Meinungen, die sich in drei inhaltliche Kategorien festhalten lassen:

1. Jugendliche, die der Meinung sind, die christliche Religion sei die einzig wahre,
2. Jugendliche, denen der Dialog zwischen den Religionen wichtig ist, und
3. Jugendliche, die der Meinung sind, dass der Kern in allen Religionen derselbe ist.

Dazu kommt eine weitere Kategorie von Jugendlichen, die sich mit anderen Religionen bisher kaum auseinandergesetzt haben. Einigkeit herrscht bei den meisten

Jugendlichen darüber, dass die verschiedenen Religionen in friedlicher Koexistenz zusammenleben sollten. Interessant ist, dass die Aussage: „Habe erst vor Kurzem mit einem Nichtchristen über den Glauben gesprochen", am häufigsten in den Interviews vorkam und die Kategorie: „Ich halte wenig von Mission, denn Glaube sollte man nicht aufzwingen", fast genauso oft auftrat. Stefan bringt diese Ambivalenz gut auf den Punkt, wenn er sagt: *„Für mich wäre es mein Horrorgedanke zu wissen, dass ich jetzt irgendwie dahingehen und alle Menschen in meinem Dorf missionieren sollte. Das ist, glaube ich, nicht meine Art, aber ich meine, in der Stadt anzufangen und grundsätzlich zu sagen, dass ich auch nichtchristliche Freunde habe und man mit denen redet, das ist für mich die coolste Art von Mission überhaupt."* Laura ergänzt: *„Und ich finde es [Mission] schon einen wichtigen Bestandteil des Christentums, immerhin wird ja in Matthäus am Ende gesagt, geht hinaus in alle Welt und macht sie zu Christen so. Und das ist mir schon auch wichtig, und davon lebt der Glaube ja auch, dass er weitergegeben wird. Nur finde ich den Begriff Mission halt sehr schwierig und finde eine sehr offensive Vorgehensweise da irgendwie nicht angebracht. Aber ich meine, im Endeffekt ist ja auch Konfirmandenarbeit nichts anderes als Mission, wenn man es mal so betrachtet. Schließlich versuchen wir, junge Menschen irgendwie zu begeistern und ihnen was mitzugeben."* Viele Jugendliche sehen es so wie Marco, der Mission als *„niederschwellige christliche Angebote"* sieht. Oder Christian, der meint, dass *„Mission automatisch passieren sollte und nicht erzwungen. Also, wenn es passiert, dann passiert es. Man kann daran arbeiten, aber man sollte niemanden dazu verdonnern, missioniert zu werden."* Natürlich gibt es auch hier andere Meinungen, wie beispielsweise die von Janina: *„Eine wichtige Rolle. Ich glaube, der christliche Glaube ist ein missionarischer Glaube, würde ich sagen."*

Wie passen ein exklusivistischer Glaube und Pluralisierung zusammen?

Zusammenfassend können wir sagen, dass die befragten Jugendlichen überzeugt davon sind, dass ihr eigener Glaube zum Heil führt, Mission aber dennoch tendenziell kritisch sehen. Dieses Ergebnis überrascht auf den ersten Blick, denn landläufig wird eine exklusivistische Meinung gleichgesetzt mit Intoleranz und einem starken Missionsdrang, was wir allerdings in unseren Daten nicht so eindeutig wiederfinden konnten. Interessant ist, dass sich ein ähnliches Ergebnis in der Kirchenmitgliedschaftsuntersuchung der EKD (V. KMU) findet. Dort heißt es, *„dass feste Glaubensüberzeugungen intolerant machen, meinen dementsprechend auch nur etwa 45 Prozent der Evangelischen. Die Mehrheit hält eine feste Glaubensüberzeugung mit religiöser Toleranz für vereinbar. Das sehen die Konfessionslosen anders. Hier sind es etwa 70 Prozent,* *die sagen, feste Glaubensüberzeugungen machen intolerant.*“[62] Dies zeigt sich denn auch in konkreten Zahlen; so halten 53 Prozent das Christentum für die einzig akzeptable Religion und gleichzeitig sagen 65 Prozent, dass „alle religiösen Gruppen die gleichen Rechte haben sollten“.[63] Hier scheint sich ein neues Miteinander von exklusivistischen Glaubenseinstellungen und religiöser Pluralisierung zu entwickeln.

Ein Erklärungsansatz wäre, dass hochreligiöse Jugendliche aus ihrer eigenen biografischen Herkunft eine starke Glaubensprägung mitbringen und wertschätzen, was ihnen helfen kann, Jugendliche anderer Religionen mit einem ähnlich gelagerten Glauben besser zu verstehen. Dass dies gelingen kann, zeigen die Ergebnisse der Studie „Engagement für Geflüchtete – eine Sache des Glaubens? Die Rolle der Religion für die Flüchtlingshilfe“ von Alexander K. Nagel und Yasemin El-Menouar. Ihre empirischen Auswertungen (welche auf den Daten des Religionsmonitors beruhen) belegen, dass diejenigen Christen, die ein missionarisches Sendungsbewusstsein haben, gleichzeitig offen für andere Religionen sein können. Während 24 Prozent der religiösen Flüchtlingshelfer missionarisches Sendungsbewusstsein mit einer Offenheit für andere Religionen vereinbarten konnten, waren nur ein Prozent der religiösen Flüchtlingshelfer sendungsbewusst und nicht offen für andere Religionen, so Nagel und El-Menouar.[64] Wie sieht dieses Reden über den Glauben aber aus?

Auskunftsfähigkeit über den Glauben

Dem wollen wir uns in zwei Schritten nähern und fragen, wie oft sich die Jugendlichen mit Freunden über ihren Glauben unterhalten und wie auskunftsfähig sie über ihren Glauben sind. Hier bestätigt sich zunächst, was in den qualitativen Interviews schon oft thematisiert wurde: Hochreligiöse Jugendliche sprechen gerne mit Freund*innen über ihren Glauben. Etwa jede beziehungsweise jeder zweite Jugendliche unterhält sich oft mit Freunden über Fragen des Glaubens. Dabei wird auch noch einmal die Diskrepanz zu religiösen Jugendlichen deutlich, bei denen diese Bereitschaft wesentlich geringer ausfällt, wie die folgende Grafik zeigt.

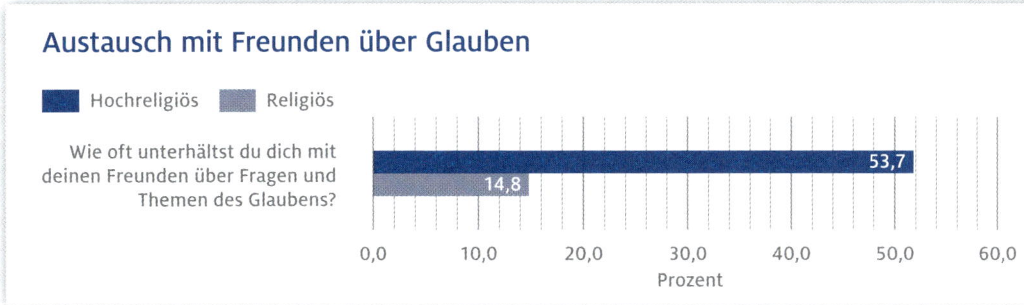

Grafik 19: Wie oft unterhältst du dich mit deinen Freunden oder Freundinnen über Fragen und Themen des Glaubens?

Interessant ist, dass es bei dieser Fragestellung kaum Unterschiede zwischen kirchlichen und freikirchlichen sowie männlichen und weiblichen Befragten gibt. Nur Ältere (zwischen 20 und 29 Jahren) reden öfter (63 Prozent) als jüngere (zwischen 14 und 19 Jahren) Jugendliche (43 Prozent) mit ihren Freund*innen über ihren Glauben. Versuchen wir, diese Ergebnisse in einem größeren Zusammenhang zu sehen, dann stellen wir fest, dass in der letzten Kirchenmitgliedschaftsuntersuchung (V. KMU) 21 Prozent die Aussage „Rede häufig oder gelegentlich über religiöse Themen" bejaht haben, was etwas über dem Wert der religiösen Jugendlichen liegt. Wenn man bei der V. KMU genauer hinschaut, stellt man fest, dass es die Verbundenen und nicht Austrittsbereiten sind, die eine hohe Bereitschaft haben „die christliche Botschaft zu verkündigen".[65] Interessant ist, dass Jugendliche, die versuchen, möglichst viele Menschen für ihren Glauben zu gewinnen, sich eher innerhalb des christlichen Kontextes engagieren. Umgekehrt engagieren sich religiöse Jugendliche, die möglichst selten versuchen, Menschen für ihren Glauben zu gewinnen, eher außerhalb des christlichen Kontexts. Anders verhält es sich bei Jugendlichen, die ihren Glauben frei äußern, auch wenn sie damit anecken. Sie engagieren sich eher außerhalb des christlichen Kontextes, genauso wie diejenigen, die anderen gegenüber eher zurückhaltend vom eigenen Glauben erzählen.

Selbstbewusst vom eigenen Glauben reden

Hochreligiöse Jugendliche reden also gerne über ihren Glauben und fühlen sich dabei auch gut über den eigenen christlichen Glauben informiert (92 Prozent). Sie wissen, was in der Bibel steht (78 Prozent), und gehen davon aus, dass sie andere ihren Glauben verständlich erklären können (74 Prozent). Diese hohen Werte geben die selbstbewusste Selbsteinschätzung der Jugendlichen wieder und erklären auch die hohe Auskunftsfähigkeit hochreligiöser Jugendlicher. Deutlich niedrigere Werte hat die letzte Aussage: „Ich kenne mich mit wenigstens einer anderen Religion gut aus"

(51 Prozent). Vergleichen wir nun die Werte der Hochreligiösen mit denen der religiösen Jugendlichen unserer Studie, stellen wir fest, dass der größte Unterschied im Bereich der „Bibel" festzustellen ist.

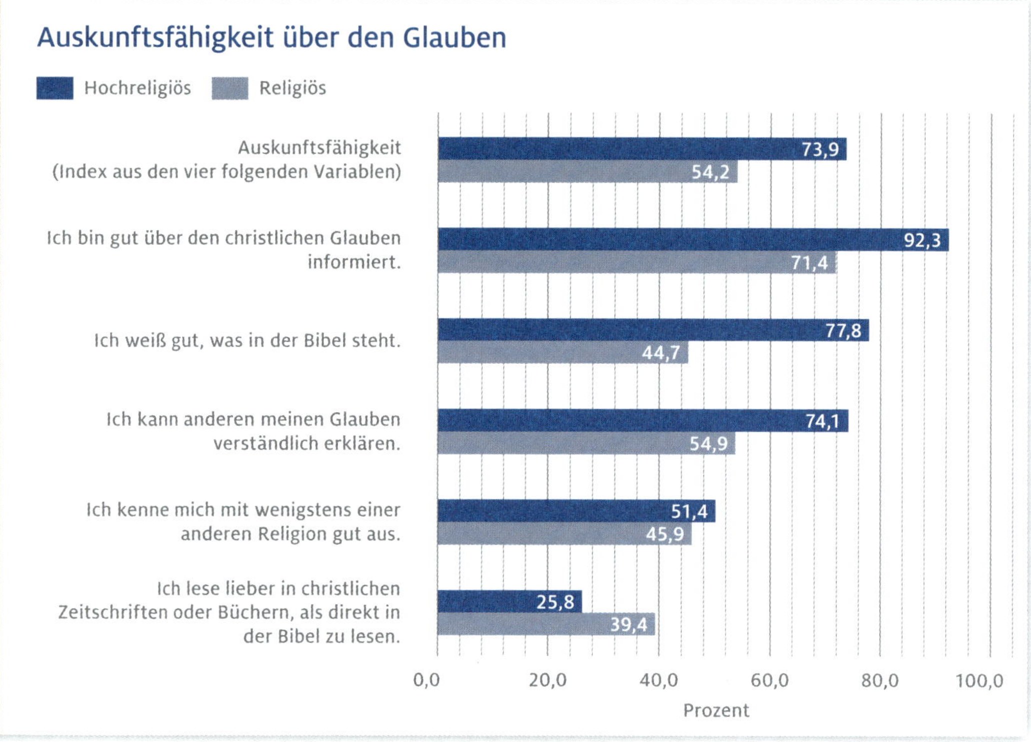

Grafik 20: Inwiefern treffen folgende Aussagen auf dich zu?

Gehen wir nun der Aussage „Ich weiß gut, was in der Bibel steht" nach und schauen auf die konfessionellen Ergebnisse, denn da gibt es nur einen geringen Unterschied zwischen kirchlichen (76 Prozent) und freikirchlichen Jugendlichen (79 Prozent). Die meisten Unterschiede liegen in der Altersstruktur. Auffallend ist, dass ältere Jugendliche (von 20 bis 29 Jahren) sich besser in der Bibel auskennen und auch ihren Glauben verständlicher ausdrücken können als jüngere Jugendliche zwischen 14 und 19 Jahren. Auffallend ist, dass Frauen im Gegensatz zu Männern eher christliche Zeitschriften lesen.

Um unsere Ergebnisse besser einordnen zu können, haben wie diesen Frageblock aus der schon erwähnten V. KMU genommen und können somit unsere Ergebnisse mit denen der V. KMU vergleichen.

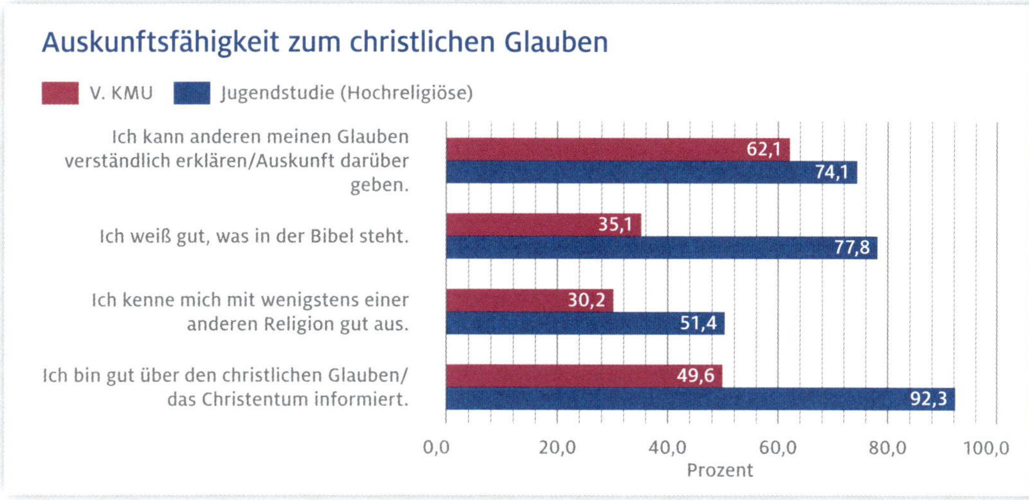

Grafik 21: Inwiefern treffen folgende Aussagen auf dich zu?

Auch wenn die Daten der V. KMU nicht auf Jugendliche und Hochreligiöse beschränkt sind, ist der Vergleich interessant, da er noch einmal aufzeigt, wodurch sich hochreligiöse Jugendliche auszeichnen, von religiösen unterscheiden und wie hoch ihre Identität gegenüber ihrem christlichen Glauben ist. Obwohl sie einen deutlich exklusivistischeren Glauben haben, kennen sie sich besser mit wenigstens einer anderen Religion aus als der „kirchliche" Durchschnitt der V. KMU.

„Ich rede gerne mit anderen über meinen Glauben" – die qualitativen Befunde

Über die Auskunftsfähigkeit des Glaubens bekommen wir in den geführten Interviews ein vielfältiges Bild. Während die Ergebnisse beim Thema Mission noch sehr ambivalent waren, erzählen viele Jugendliche, dass sie erst vor Kurzem mit Nicht-Christen über ihren Glauben gesprochen haben. Darüber hinaus haben die Jugendlichen über ihren eigenen Glauben, ihre eigenen Erfahrungen und ihr Engagement berichtet. Jedoch denken auch viele, dass man niemandem seinen Glauben aufzwingen sollte. Nur sehr wenige haben schon länger weder mit Nicht-Christen über ihren Glauben gesprochen, noch über das Bild oder den Eindruck von Fremden über Christen geredet oder jemanden zum Nachdenken angeregt. So ist es nicht verwunderlich, dass die Kategorie „Habe erst vor Kurzem mit Nicht-Christ über Glauben gesprochen" am häufigsten in den Interviews genannt wurde, gefolgt von „Über eigenen Glauben/Erfahrungen/Engagement erzählen". Leon sagt dazu: *„Mit Menschen,* *die nicht gläubig sind, rede ich auch gerne, weil ich dann versuche, sie hinzuholen, damit die einfach mal versuchen, das zu erleben, was ich erlebt habe. Auch Freizeiten."* Oder Christian stellt fest: *„Ja, das habe ich des Öfteren. Das kommt in der Schule auch immer mal wieder als Thema. Mit jemandem, der nicht an Gott glaubt oder der sich da nicht sicher ist."*

Überzeugend wird es dann oftmals, wenn die Gesprächspartner*innen merken, dass das Reden über den Glauben nicht nur leere Worte sind, sondern sie auch gelebt werden. In der Gemeinschaft, im Umgang miteinander, wird dies oft konkret. Max merkt dazu an: *„Weil er [Gesprächspartner] gemerkt hat, okay, das Mitarbeiterteam an sich geht anders miteinander um, die verbindet alle irgendwas, und das hat ihn neugierig gemacht."* Simon erklärt dies recht gut, wenn er über seine eigene Motivation spricht: *„Wir machen das nicht, weil wir es machen müssen, sondern, dass Mission aus einer Herzenshaltung heraus geschieht. Dass Menschen sagen: Ich habe für mich etwas erlebt, was meinem Leben Sinn und Ziel gegeben hat, und ich kann eigentlich gar nicht anders, als es anderen Menschen auch zu sagen, weil es eben so eine frohe Botschaft ist. Aber nicht als Instrument, sondern damit hängt für mich ganz viel Authentisches zusammen."*

Die Gretchenfrage: Nun sag, wie hast du's mit der Religion?

Nachdem wir einen allgemeinen Einblick in die Auskunftsfähigkeit von hochreligiösen Jugendlichen gegeben haben, wollen wir dies noch einmal beispielhaft am Umgang mit den verschiedenen Religionen veranschaulichen. Wir haben in den Interviews die Jugendlichen gefragt, was sie über die vielen anderen Religionen denken, die es neben dem Christentum gibt. Auf diese Frage hin bekamen wir eine Fülle verschiedener Antworten, die sich in die folgenden drei Kategorien einordnen lassen:

Das Christentum ist die einzig wahre Religion

Wie von hochreligiösen Jugendlichen auch erwartet, antworteten sie, dass sie sich ihres eigenen Glaubens gewiss seien und das Christentum als die einzige Religion verstehen würden, die zum Heil führt. Patrick formuliert dies so: *„Es gibt nur einen einzigen, einen einzigartigen Gott, also den einen Gott und somit ist das andere halt für mich nicht richtig."* Wenngleich sich die Jugendlichen über andere Religionen Gedanken machen, empfinden sie ihre eigene als am plausibelsten, wie Sven anmerkt: *„Je weiter dass man das durchdenkt, desto weniger Sinn macht ein Islam."* Andere Religionen werden meist jedoch nicht abgewertet, sondern eher als anstrengend empfunden, wie es Lukas ausdrückt: „*Also ich find' Religionen sind was voll Anstrengendes und nix Schönes. Aber – also die Menschen, die religiös sind, für die, ja, hoff' ich einfach nur, dass sie Jesus kennenlernen.*"

Alle Religionen haben ihre Daseinsberechtigung und ihren Sinn

Interessant waren viele Aussagen, die wir so nicht erwartet hätten, denn viele Jugendliche glauben zwar, dass ihre Religion die einzig richtige ist, wollen aber kein Urteil über andere Religionen fällen, wie Michael, der für sich feststellt: „*Jede Religion hat ihre Daseinsberechtigung wie das Christentum auch*", oder wie Lea, die sagt: „*Ich glaube, die Quintessenz aus allen Religionen ist dieselbe.*" Was das jetzt theologisch genau bedeutet, blieb oftmals unklar. Es war meist ein Nebeneinander, wie bei Leon: „*Wenn man dem Hinduismus folgt, dann macht man das, und dann sollte man das auch tun. Man sollte die Freiheit dazu haben. Ich finde das gar nicht schlimm*", oder bei Christian: „*Letztlich finde ich auch nicht, dass unser christlicher Glaube der Glaube schlechthin ist, beziehungsweise dass es nichts anderes nebenbei geben darf.*"

Interessant wäre gewesen, an diesem Punkt jeweils genauer nachzufragen, was diese Aussagen für das jeweilige Verständnis von Heil bedeutet. Doch dies blieb in den meisten Interviews offen, beziehungsweise die Jugendlichen wollten oder konnten dies nicht für sich beantworten. Das bringt uns zur nächsten Kategorie.

Unsicherheit bei der Kommunikation

So gerne die befragten Jugendlichen über ihren Glauben Auskunft geben, so unsicher sind sie oftmals, wenn es um verschiedene andere Religionen geht. Hier lässt sich zwar großes Interesse, aber auch Unsicherheit feststellen. Dies wurde auch bei der quantitativen Umfrage (Ich kenne mich in wenigstens einer anderen Religion gut aus, 51 Prozent) deutlich. Sophia sagt beispielsweise: „*Ich habe mich noch nicht mit einer anderen Religion so tiefgreifend beschäftigt.*" Lukas meint dazu: „*Für andere Religionen, da ist es auf jeden Fall wichtig, dass sie vielleicht auch wahre Christen kennenlernen, die ihnen die Liebe einfach weitergeben können – ohne jetzt ihr ganzes religiöses Gedöns und Traditionen und hier Weihrauch und dort Weihrauch und weißt du, wie ich meine?*" Auffallend ist, dass viele Jugendliche gespiegelt bekommen wollen, dass sie mit anderen Religionen so umgehen, wie sie sich wünschen, dass mit ihnen und ihrer Religion umgegangen wird (Goldene Regel).

Fassen wir diese drei Aspekte zusammen, bestätigen, erklären und differenzieren sie die quantitativen Ergebnisse. Die meisten Jugendlichen sind der Auffassung, die eigene religiöse Meinung führe für sie selbst exklusiv zum Heil. Viele haben jedoch keine Probleme mit dem Glauben anderer Religionen. Die Haltung vieler Jugendlicher kann man mit Patricks Aussage zusammenfassen, der feststellt: *„Ich verurteile niemanden dafür, dass er nicht das glaubt, was ich glaube"*, oder etwas lapidar, wie Lukas: *„Okay, du bist Jude. Okay, du bist Christ. Okay, du bist Moslem."*

Zwischenfazit:
Über Gott reden? Sehr gerne – missionieren aber eher nicht

Nehmen wir nun alle Ergebnisse zusammen, ergibt sich ein interessantes Bild im Hinblick auf Mission und Auskunftsfähigkeit über ihren Glauben bei den befragten Jugendlichen. Auf der einen Seite bestätigt sich das erwartete Ergebnis. Je hochreligiöser die Jugendlichen sind, desto exklusivistischer ist ihr Glaube, über den sie gerne und selbstbewusst besonders mit ihren Freunden reden, dabei aber andere Glaubensformen und Religionen wertschätzen. Während in den quantitativen Ergebnissen noch 63 Prozent der hochreligiösen Jugendlichen glauben, dass vor allem ihre Religion recht hat, wurde diese Aussage in den qualitativen Interviews zunehmend relativiert. Anderen Religionen wurde zumindest das Heil beziehungsweise der Glaube nicht abgesprochen. Diese Tatsache kann sicherlich unterschiedlich interpretiert werden, deutlich wird aber, dass die zunehmende Pluralisierung auch bei den hochreligiösen Jugendlichen sichtbar wird.

Vor dem Hintergrund der Emotionalisierung des Glaubens und im Kontext der anderen Ergebnisse unserer Studie kommen wir zu der Annahme, dass Jugendliche ihren Glauben als wahr ansehen, weil er sich für sie wahr anfühlt. Da dieses Gefühl allerdings nur subjektiv ist, kann man ihn anderen wiederum nicht absprechen. Der Subjektivismus der Jugendlichen vereint also exklusivistischen Glauben und eine Pluralisierungsfähigkeit und ermöglicht somit eine neue dialogische Haltung gegenüber anderen Religionen. Dies ist bemerkenswert, da in den bisherigen Verständnissen Exklusivismus oftmals mit *„Unfähigkeit zum Dialog"*[66] gleichgesetzt wurde. Der Yale-Professor Miroslav Volf wies in seinen Studien auf eine ähnliche Entwicklung hin. Gemäß seinen Beobachtungen lasse sich religiöser Exklusivismus gut mit einer politischen Pluralisierung vereinbaren. Es lässt sich daher folgern, dass exklusivistisch glaubende Christ*innen zunehmend lernen, ihren Glauben in einer pluralistischen Welt zu leben, für ihn in Diskussionen einzustehen, sprachfähig zu sein und gleichzeitig an ihrem Credo festzuhalten, dass nur ihre Religion zum Heil führt.[67]

Was dies im Einzelnen bedeutet und ob sich hier vielleicht verschiedene Formen von Exklusivismus entwickeln, muss weiter beobachtet und erforscht werden.

Interessant erscheinen uns in diesem Zusammenhang zwei Hinweise aus der Studie selbst. Zum einen haben wir im Bereich Ehrenamt ein geringes Engagement bezüglich Mission und Evangelisation bei Hochreligiösen festgestellt (mit 11 Prozent nur auf Platz 12). Zum anderen hat der Glaube von hochreligiösen Jugendlichen eine große Auswirkung auf die eigenen sozialen Beziehungen. So suchen sich hochreligiöse Jugendliche, im Gegensatz zu religiösen, ihre Freunde nach dem Glauben aus. Daher könnte man an dieser Stelle von einem reflexiven Exklusivismus sprechen, der an derzeitige gesellschaftliche Entwicklungen anschlussfähig ist. Der Religionswissenschaftler Volker Krech nennt diese Form einen „hoch reflexiven Exklusivismus".[68] Krech stellt weiter fest, dass Hochreligiosität zunehmend einhergeht mit einer hohen Reflexionsfähigkeit, zu welcher die eigene Überzeugung nicht zwangsläufig einen Widerspruch darstellt. Unsere Ergebnisse würden seine Aussagen, vor allem in Bezug auf die Ausdrucksfähigkeit des Glaubens, bestätigen. Hochreligiöse Jugendliche vertreten meist selbstbewusst und selbstsicher ihren Glauben, gleichzeitig ist es ihnen jedoch wichtig, dies in einer offenen und nicht aufdringlichen Art zu tun. Das wird auch am Begriff Mission deutlich, der von vielen Jugendlichen als nicht hilfreich, sondern negativ belastet erlebt wird.

Wie die Typen Mission sehen

Die „Höchstleister" (Typ 1) stehen auch im Hinblick auf Mission ganz vorn. Sie haben zum einen ein exklusivistisches Verständnis ihres Glaubens, zum anderen reden sie überdurchschnittlich oft mit ihren Freunden über Gott. Auch die „Ambivalenten" (Typ 2) reden überdurchschnittlich gerne über den eigenen Glauben. Bei den „Erweckten" (Typ 3) stechen, im Gegensatz zu den „Unauffälligen" (Typ 4), Mission und Evangelisation als zwei Bereiche im Rahmen ihres ehrenamtlichen Engagements mit überdurchschnittlichen Werten heraus. Alle vier Typen sind davon überzeugt, dass nur ihr Glaube zum Heil führt, sehen ihren Glauben somit exklusivistisch. Die „Ganzheitlichen" (Typ 5) zeichnen sich durch ein überdurchschnittliches Engagement im Bereich Mission und Evangelisation aus. Sie haben interessanterweise jedoch, ähnlich den „Erlebnisorientierten" (Typ 6), keinen ausgeprägt exklusivistischen Glauben, vielmehr ist die Liebe das entscheidende Element für sie. Die „Sozialpolitischen" (Typ 7) sind ebenso wie die „Reservierten" (Typ 8) der Meinung, dass alle Religionen einen wahren Kern haben.

Das Verständnis der Bibel (am Beispiel der Sexualethik): „Die Bibel sagt es teilweise ganz klar"

„Also klar, ich glaub, dass das das Richtige ist, aber es fällt mir sehr schwer, es anzunehmen." NICOLE

„Die Bibel sagt teilweise ganz klare Aussagen zu Homosexualität, allerdings ist es auch oft Auslegungssache." JESSICA

„Es kommt ein Groll, sagt die Bibel." DENNIS

In vielen religionssoziologischen Studien zu Glaube und Religion von Jugendlichen spielt das Thema Bibel, vor allem im Vergleich zu Themen wie Gebet und Gottesbild, nur eine untergeordnete Rolle. Man weiß vor allem, dass die Bibel für viele Jugendliche den Charakter eines heiligen Textes verliert. Insbesondere für kirchendistanzierte Jugendliche ist die Bibel in einer Glaubwürdigkeitskrise. Junge Menschen, die sich den Sinn ihres Leben sowie ihr Leben immer stärker selbst zusammenbasteln können und müssen, haben zunehmend Probleme mit der „Wahrheit" biblischer Texte.[69] Im Gegensatz dazu könnte man denken: Eine fromme Jugendliche oder ein frommer Jugendlicher ist jemand, der die Bibel wortwörtlich versteht, keinen Sex vor der Ehe hat und Homosexualität aufgrund ihres oder seines Bibelverständnisses ablehnt. So oder so ähnlich lautet wohl zumindest das gängige Klischee. Doch inwiefern entspricht dies den Tatsachen? Wie beschreiben die evangelisch-hochreligiösen Jugendlichen ihr Verständnis der Bibel? Wie gehen sie mit schwierigen Bibelstellen um? Wie deuten sie den biblischen Befund zu den Themen Sex vor der Ehe und Homosexualität? Und wie kann ihre sexualethische Einstellung zum Thema Homosexualität beschrieben werden?

Die Einstellung zur Bibel ist für Christ*innen aller Couleur ein zentrales Thema. Für die einen entscheidet sich hieran die Frage der Rechtgläubigkeit. Sie unterscheiden dann z. B. zwischen Christinnen bzw. Christen allgemein, die eher als Sonntagschristen gesehen werden, und bibeltreuen, sprich den „eigentlichen" Christ*innen.

Für andere Gläubige ist gerade umgekehrt der Begriff der sogenannten Bibeltreue eine Art „rotes Tuch", das sie mit einem tendenziell fundamentalistischen Bibelverständnis assoziieren. Wieder andere schlagen einen dritten Weg ein, in dessen Mittelpunkt auch meist ein bestimmtes Bibelverständnis steht. Wie aber verstehen die hochreligiösen Jugendlichen die Bibel und wo sind sie entsprechend zu verorten?

Schaut man in die jüngere Geschichte zurück, wird die oben genannte Frage der Bibeltreue oft an der Haltung zu bestimmten Themenstellungen festgemacht. Sehr häufig stammen diese Themen aus dem Bereich der Sexualethik. Zwar gibt es einen breiten Konsens darüber, dass Sexualität weder dämonisiert noch idealisiert werden sollte. Auch in christlichen Kreisen sind die Zeiten vorbei, in denen das sexuelle Begehren verteufelt wurde. Es ist ein breiter Konsens, dass Leibverachtung und Dämonisierung von Sexualität zwar leider eine lange christliche Tradition hat, sie jedoch aus Fehlentwicklungen resultierte und auf einem dualistischen Verständnis des Menschen basieren. Leib und Seele werden hier grundsätzlich getrennt, der Leib als vergänglich und besonders verdorben markiert.

Trotz dieses Konsenses gibt es weiterhin die Tendenz, Sexualität vor allem als Gefahr und Problem zu betrachten. Gerade in christlichen Kreisen sind sexualethische Fragen oft die heikelsten, werden als besonders bedeutsam betrachtet und oft zum Schibboleth[70] für Bibeltreue und Rechtgläubigkeit gemacht. Was früher die Haltung zum Thema Selbstbefriedigung war, wurde abgelöst von der Haltung zum Thema „Kein Sex vor der Ehe" und ist heute vornehmlich beim Thema Homosexualität vorzufinden. In unserer empirica Familienstudie zeigte sich, dass viele christliche Eltern auch ihre Erziehung sowie Glaubenserziehung modernisiert haben, mit einigen Ausnahmen – vor allem bezüglich der Sexualethik. So gab eine große Mehrheit der Befragten (71 Prozent) an, sie würden sich wünschen, dass ihr Kind bis zur Ehe wartet, bevor er oder sie mit der Partnerin oder dem Partner schläft. In diesem Punkt zeigt sich, dass manche Normen trotz des Wandels relativ beständig sind. Ebenso gaben deutliche 63 Prozent der Eltern klar zu, dass sie ein Problem damit hätten, wenn ihr Kind homosexuell wäre.[71] Was aber sagt die Jugendgeneration dazu? Schauen wir zunächst auf ihre Haltung zur Bibel allgemein.

„Was sagt die Bibel dazu?"

Bezüglich ihrer Einstellungen zur Bibel legten wir den Jugendlichen vier Aussagen vor und fragten nach ihrer Zustimmung. Die Zustimmung zur Aussage „*Die Bibel sollte wortwörtlich verstanden werden*" entnahmen wir direkt aus der fünften

Kirchenmitgliedschaftsuntersuchung. Dort sind es (über das ganze Altersspektrum) etwa 30 Prozent der kirchlichen Jugendlichen, die die Auffassung vertreten, man solle die Bibel wortwörtlich verstehen (8 Prozent meinen, dies treffe voll und ganz zu, weitere 23 Prozent sagen, dies treffe eher zu). Selbst bei den sogenannten „kirchlich Hochaktiven"[72] ist die Zustimmung mit 33 Prozent nur leicht stärker. Entsprechend wird resümiert: *„Damit lehnen jedoch immerhin zwei Drittel der Hochaktiven ein buchstäbliches Bibelverständnis ab [...] Intensive Mitgliedschaftspraxis korreliert nicht notwendig auch mit einem evangelikal-buchstäblichen Bibelverständnis."*[73]

Auch bei den hochreligiösen Jugendlichen erhält diese Aussage die geringste Zustimmung (siehe nächste Grafik). Von ihnen sind es sogar nur 19 Prozent, die dieser Aussage zustimmen (5 Prozent meinen, dies treffe voll und ganz zu, weitere 14, dies treffe eher zu). 43 Prozent stimmen dieser Aussage nicht zu, 38 Prozent stimmen dieser Aussage teils/teils zu. Betrachtet man nur die Jugendlichen, die sich einer evangelischen Kirche zugehörig fühlen, stimmen sogar nur 14 der Aussage zu, man solle die Bibel wörtlich verstehen. Bei den Freikirchlern sind es 24 Prozent.

„Alle biblischen Gebote des AT und NT sind auch heute noch gültig." Ein wirklich überraschender Befund ist, dass die Zustimmung zu dieser Aussage insgesamt größer ist als die zur Aussage, dass die Bibel wortwörtlich verstanden werden sollte. 39 Prozent der Jugendlichen stimmen hier zu, 35 Prozent sind eher unentschieden (teils/teils). Noch größer ist die Zustimmung zu der Aussage: „Ich richte meinen Alltag nach der Bibel aus" (40 Prozent der Jugendlichen stimmen zu, 39 Prozent teils/teils). Am stärksten ist die Zustimmung jedoch zur Aussage: „Die Bibel sollte aus der Perspektive heutiger Verhältnisse gedeutet und verstanden werden." 45 Prozent stimmen dieser zu (interessanterweise jedoch nur 6 Prozent voll und ganz), 39 Prozent teils/teils.

Foto © Václav Mach | Fotolia.com

Bedeutung und Interpretation der Bibel

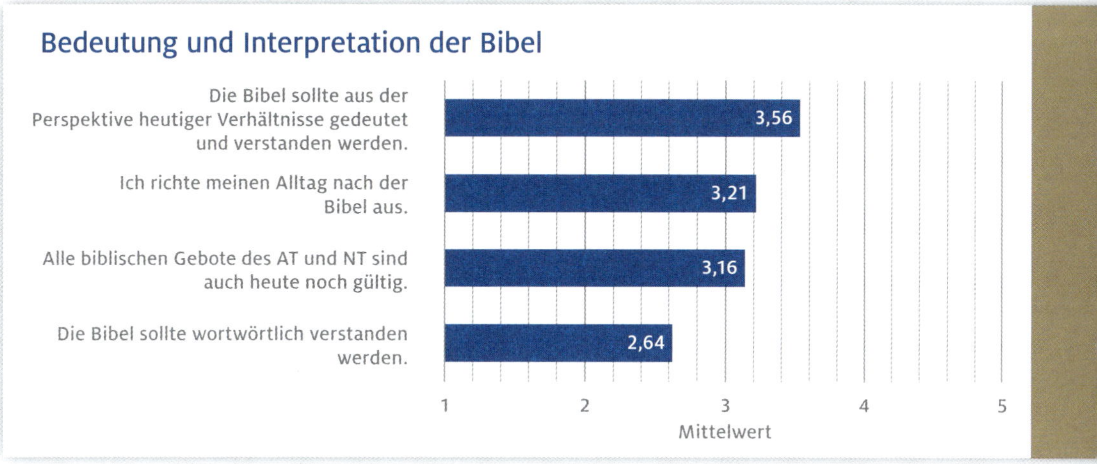

Grafik 22: Inwiefern treffen folgende Aussagen zu?

Somit ergibt sich ein sehr spannendes und nicht leicht zu deutendes Bild. Ein klassisch-evangelikales buchstäbliches Bibelverständnis ist unter den hochreligiösen Jugendlichen noch weniger verbreitet als unter den Mitgliedern der evangelischen Kirchen. Selbst die freikirchlichen hochreligiösen Jugendlichen stimmen dieser Aussage weniger zu als die Kirchenmitglieder.[74] Vielmehr meinen viele junge Menschen, dass die Bibel aus der Perspektive heutiger Verhältnisse gedeutet und verstanden werden müsse. Jedoch stimmen hier die allermeisten nur der Tendenz nach, nicht aber voll und ganz zu. Tendenziell richten sie auch ihren Alltag nach der Bibel aus. Dass es hier so viele Teils/teils-Antworten gibt, hängt möglicherweise damit zusammen, dass viele Jugendliche der Meinung sind, dem Anspruch, ihren Alltag nach der Bibel auszurichten, nicht wirklich gerecht werden zu können, oder es zeigt sich hierin eine Unsicherheit beziehungsweise Ambivalenz im Umgang mit der Bibel. Auf Letzteres deutet auch das Ergebnis hin, dass die Bibel bei der Stärkung des Glaubens (siehe Kapitel vier) nur eine durchschnittliche Rolle spielt. Ungefähr doppelt so viele Jugendliche meinen, dass alle biblischen Gebote noch heute gültig sind, als dass die Bibel wortwörtlich verstanden werden müsse. Dieser Befund ist, wie schon angedeutet, aus unserer Sicht überraschend. Nur die wenigsten hochreligiösen Jugendlichen dürften versuchen, ihren Alltag nach der Bibel zu gestalten und daher nach den für sie immer noch gültigen Geboten des AT auszurichten, also Ehebrecherinnen zu steinigen, Frauen, die ihre Tage haben, nicht zu berühren, und kein Schweinefleisch zu essen. Möglicherweise hatten viele Jugendliche Jesu Aussage zum Gesetz im Hinterkopf: *„Ihr sollt nicht meinen, dass ich gekommen bin, das Gesetz* *oder die Propheten aufzulösen; ich bin nicht gekommen aufzulösen, sondern zu erfüllen. Denn wahrlich, ich sage euch: Bis Himmel und Erde vergehen, wird nicht vergehen der kleinste Buchstabe noch ein Tüpfelchen vom Gesetz, bis es alles geschieht"* (Matthäus 5,17–18). Dies ist eine zwar plausible, jedoch auch recht gewagte Interpretation.

Wie kann man dieses Gesamtbild besser deuten? Bevor wir einen genaueren Blick in die Ergebnisse der qualitativen Interviews werfen, zunächst noch einige Differenzierungen:

- Noch deutlichere Unterschiede zwischen kirchlichen und freikirchlichen Jugendlichen als in Bezug auf eine wortwörtliche Interpretation der Bibel gab es bezüglich der Ausrichtung des Alltags nach der Bibel (50 vs. 30 Prozent) sowie einem Verständnis der Bibel aus einer Perspektive der Gegenwart (60 vs. 47 Prozent).
- Männliche Jugendliche stimmen eher der Aussage zu, ihren Alltag stärker nach der Bibel auszurichten als weibliche Jugendliche (44 Prozent Zustimmung vs. 38 Prozent) – Gleiches gilt für ein wörtliches Verständnis der Bibel (23 vs. 17 Prozent).
- Signifikante Unterschiede gibt es auch bezüglich des Alters. Ältere richten ihren Alltag stärker nach der Bibel aus (29 Prozent der 14- bis 19-Jährigen stimmen dieser Aussage eher oder voll und ganz zu, bei den 20- bis 29-Jährigen sind es 50 Prozent). Sie verstehen die Bibel weniger aus einer heutigen Perspektive (57 Prozent der 14- bis 19-Jährigen vs. 50 Prozent der 20- bis 29-Jährigen), halten aber Gebote aus AT und NT für weniger gültig (45 Prozent der 14- bis 19-Jährigen vs. 33 Prozent der 20- bis 29-Jährigen).

„Es gibt halt so Stellen, die kann man verschieden interpretieren ..." – die qualitativen Befunde

In den Interviews thematisierten die Jugendlichen vor allem schwierige Bibelstellen. Am häufigsten genannt wurde der Umgang mit dem Alten Testament beziehungsweise der wahrgenommene Kontrast von Altem und Neuem Testament. Kristin formuliert das wie folgt: *„Ganz schwierig finde ich das Alte Testament. So Mose, die ganzen Gesetze da und wie Gott dann halt sein Volk in das Land eingeführt hat und gesagt hat, [...] ihr müsst die alle töten und so weiter. Das find ich dann doch schon einen ziemlichen Kontrast zu dem Gott, den ich mir vorstelle, der ja barmherzig ist, der liebt."* Die

wahrgenommenen Kontraste beruhen nicht einfach auf einem schlechten Image des AT, sondern teils auf genauer Lektüre, wie sich am Beispiel von Maik zeigt: „*Also ich hab jetzt zuletzt Mose gelesen und ein paar von den alten Traditionen find ich sehr komisch und sehr brutal, was aber halt an der Zeit früher liegt und daran, dass wir heute eine komplett andere Einstellung haben. Aber irgendwie so ganz nachvollziehen kann ich das nicht. Die sind halt sehr streng miteinander und wenn dann mal wer vom Glauben abgekommen ist, dann wird der halt getötet oder so. Und das find ich schon krass so und kann es nicht ganz nachvollziehen.*" Jessica fällt es daher manchmal schwer, im AT zu lesen, denn dort entdeckt sie „*diesen Gott, der Kriege führt*". Daher ist sie „*froh, dass wir den Neuen Bund haben*". Auch Niklas findet das AT „*besonders herausfordernd, weil oft Gott auch einen Zorn hat, den wir vom Neuen Testament nur schwer verstehen können*". Die Folgerungen daraus sind recht unterschiedlich. Während Anton sich unsicher ist, ob „*man das Alte Testament jetzt ganz vernachlässigen sollte oder ob das jetzt immer noch eine Rolle spielt, ob Gott immer noch so ist*", ist für Till klar: „*Speziell das Alte Testament hat jetzt weniger Gewichtung, würde ich sagen.*"

Am zweithäufigsten thematisierten die Jugendlichen, dass sie eine generelle Spannung oder auch Widersprüche zwischen verschiedenen Aussagen in der Bibel wahrnehmen und mit diesen Probleme haben. Dies können, wie bei Lukas, einfach bestimmte Wörter sein oder auch „*spezielle, krasse Aussagen*". Manchmal betrifft es aber auch bestimmte Themen wie die Frage nach der Sünde und dem Erlöst-sein. So las Lukas vor Kurzem bei Paulus, „*Wer in Gott ist, sündigt nicht mehr. Das fand ich irgendwie schwierig. Wo ich denke: ‚Okay, ist das jetzt richtig oder kann man das jetzt so sagen'?*" Auch Monika findet das „*ein bisschen ambivalent: auf der einen Seite heißt es ja, jeder, der Christ ist, der ist quasi ohne Sünde. Und dann aber wieder ein paar Verse weiter: natürlich sind wir alle Sünder. Und diese Spannung löst sich nicht komplett auf.*" Dana beschäftigt ebenfalls das Thema Sünde, beziehungsweise „*dass alle Sünden einem vergeben werden können, außer wenn man gegen den Heiligen Geist lästert. Da arbeite ich gerade ein bisschen dran, weil das ... ja, das finde ich schwer.*"

Mehrfach genannt wurde auch das „Frauenbild in der Bibel“ und da speziell Paulus, *„weil er ja schon so ’ne krasse Meinung vertritt. Grade vielleicht gegenüber Frauen oder die Rolle von Frauen in Gemeinden“* (Anje). Nicht nur Paulus, sondern auch die Aussagen Jesu werden aber teils als herausfordernd erlebt: *„Manche Sachen zum Beispiel, die Jesus seinen Jüngern vor den Kopf knallt, sind schon ziemlich hart. Wo man auch erstmal nicht so genau weiß: Was will er jetzt damit sagen? Ist das wirklich so gemeint, wie es da steht?“*(Dennis).

Am dritthäufigsten haben die Jugendlichen in Bezug auf schwierige Bibelstellen benannt, dass sie es aus unterschiedlichen Gründen als schwierig empfinden, sich mit ihrem Leben an der Bibel zu orientieren. Till empfindet *„einfache Aufträge am herausforderndsten; die so einfach klingen wie ‚Liebe deinen Nächsten‘ oder die Sache mit dem Splitter und dem Balken im Auge und so weiter. Die klingen zwar einfach, aber sich daran zu halten und das halt auch mal komplett durchzuziehen, das ist schwieriger, als man sich vorstellt.“* Dabei geht es nicht nur um Dinge, die man eigentlich als richtig empfindet, sondern auch um Dinge, die man für nicht realistisch oder umsetzbar hält: *„Da steht ja auch drin, wenn dir jemand auf die Wange schlägt, halt ihm die andere hin. Ich glaub nicht, dass das im richtigen Leben irgendjemand sowas wirklich machen würde. Es steht da drin, man sollte das machen, aber das ist halt, glaube ich, schon schwer“* (Michelle). Überhaupt gibt es aus Sicht der Jugendlichen einige Stellen, *„die nicht so einfach auf unsere jetzige Zeit zu transferieren sind“* (Marcel). Trotzdem ist es für viele sehr wichtig, sich immer wieder wie Nicole zu fragen: *„Was sagt denn die Bibel dazu?“* Problematisch sind für sie dabei jedoch der große Interpretationsspielraum und die unterschiedliche Auslegungspraxis: *„Es gibt halt so Stellen, die kann man verschieden interpretieren“* (Nicole). Genauso häufig wie die Fragen der Umsetzung nannten die Jugendlichen den Umgang mit Aussagen der Bibel zum Thema Homosexualität. Diese schauen wir uns anschließend, gemeinsam mit den Ergebnissen der quantitativen Befragung, genauer an.

Zwischenfazit: Verständnis der Bibel

Das eingangs skizzierte Klischee des „frommen Jugendlichen“ hat sich bezüglich seines Bibelverständnisses bis hierhin nicht bestätigt. Nur eine Minderheit hat ein wortwörtliches Verständnis der Bibel. Sowohl die Aussagen in den Interviews als auch die überraschend große Zustimmung zur Gültigkeit der biblischen Gebote sowie die weit verbreitete Praxis des Bibellesens (siehe Kapitel vier) zeigen, dass die Bibel einen sehr hohen Stellenwert bei den evangelischen hochreligiösen Jugendlichen innehat. Sie versuchen, sie als Orientierung für ihren Alltag zu gebrauchen und in diesem umzusetzen. Erst auf dem Hintergrund dieser starken Orientierung wird ersichtlich, warum sich die Jugendlichen teils über einzelne Bibelstellen den Kopf zerbrechen. Es gibt eine starke Tendenz, die Bibel aus heutiger Perspektive zu deuten. In den Interviews wird deutlich, dass die Jugendlichen sich damit jedoch teils sehr schwertun. Der Mehrheit von ihnen ist relativ klar, dass die Bibel nicht wortwörtlich zu interpretieren ist, sondern mit Blick auf zeitliche, historisch-kulturelle Bedingungen. Wie dies jedoch so geschehen kann, dass man die Bibel damit nicht einfach nur dem Zeitgeist anpasst, sondern stattdessen ihren Offenbarungscharakter ernst nimmt, scheint – soweit aus unseren Daten nachvollziehbar – für viele nicht klar. Eine (zumindest implizit) deutliche Bibelhermeneutik der hochreligiösen Jugendlichen stellt sich bis hierhin somit nicht heraus. Vielleicht wird das Gesamtbild deutlicher, wenn wir zwei neuralgische Punkte betrachten, die bereits beim eingangs skizzierten Klischeebild vorkamen. Darum soll es im nächsten Abschnitt gehen.

„Gerade das mit dieser Homosexualität, das ist ja gerade ziemlich aktuell, sag ich mal" – neuralgische Fragen der Sexualethik

Einstellungen aus dem Bereich Sexualethik wurden auf zwei Ebenen erhoben, bei denen es inhaltliche Überschneidungen zu den Bereichen Bibel und Gemeinde gibt: Zum einen wurden die Jugendlichen gefragt, was ihrer Meinung nach über Homosexualität und Sex vor der Ehe in der Bibel steht. Zum anderen wurden die Jugendlichen mit folgender Situation konfrontiert: „Ein Mann/eine Frau aus deiner Gemeinde lebt in einer homosexuellen Beziehung. Was sollte deiner Meinung nach geschehen?" Die Antwortmöglichkeiten wurden dabei sehr differenziert erhoben und umfassten einen Ausschluss aus der Gemeinde, das Verbleiben in der Gemeinde unter Einschränkungen (z. B. keine Tätigkeit in der Kinder- und Jugendarbeit), das Verbleiben in der Gemeinde ohne Einschränkungen und verschiedene Ausweichoptionen. Zudem gab es zwei Formulierungen der Situation, bei denen es entweder um einen homosexuellen Mann oder um eine homosexuelle Frau ging. Den Jugendlichen wurde zufällig eine der beiden Formulierungen zugewiesen. Somit konnten wir zusätzlich untersuchen, ob männliche und weibliche Homosexualität anders bewertet werden.

Wie der unten stehenden Grafik zu entnehmen ist, sind die evangelisch-hochreligiösen Jugendlichen angesichts des Themas Sex vor der Ehe eindeutig gespalten.

Während 42 Prozent der Meinung sind, dass in der Bibel nichts Eindeutiges zum Thema Sex vor der Ehe steht, stimmen nur etwas weniger (38 Prozent) der Aussage zu, dass in der Bibel eindeutig stünde, dass Sex vor der Ehe eine Sünde sei. Nur 3 Prozent meinen, dass zu dem Thema überhaupt nichts in der Bibel stünde, eine nicht geringe Minderheit (11 Prozent) ist sich unsicher oder will keine Antwort geben (6 Prozent).

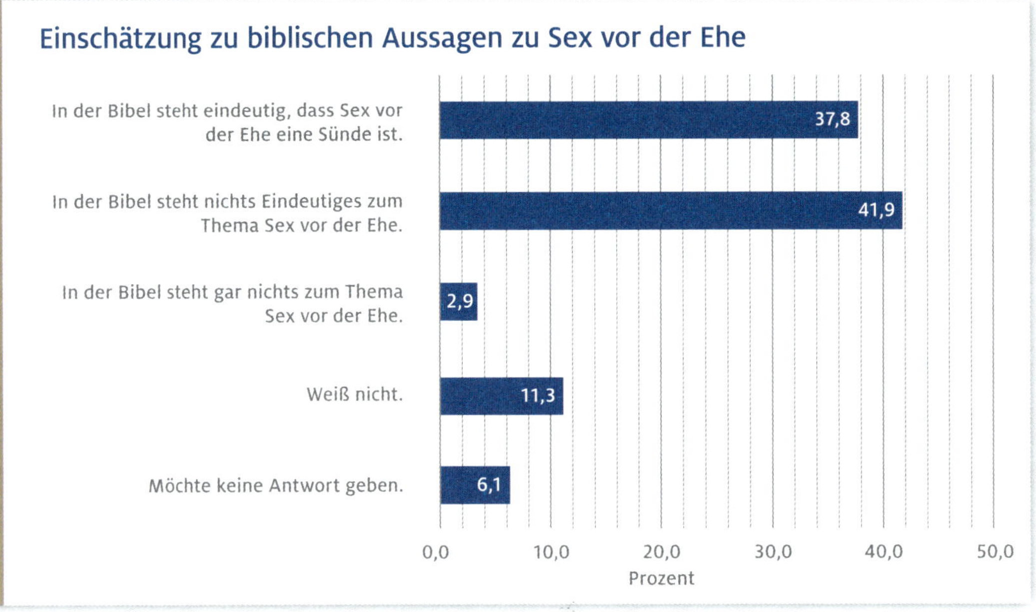

Grafik 23: Welche der folgenden Aussagen trifft deiner Meinung nach zu?

Deutliche Unterschiede gibt es hier wiederum zwischen kirchlichen und freikirchlichen Jugendlichen. So sind nur gut ein Viertel (28 Prozent) der kirchlichen Jugendlichen, jedoch fast die Hälfte (47 Prozent) der freikirchlichen Jugendlichen der Meinung, dass Sex vor der Ehe laut Bibel eine Sünde ist. Je älter die Jugendlichen sind, desto eher sind sie der Meinung, dass in der Bibel nichts Eindeutiges über Sex vor der Ehe steht (37 Prozent der 14- bis 19-Jährigen, 46 Prozent der 20- bis 29-Jährigen), während sich die Jüngeren hier eher enthalten (weiß nicht: 17 Prozent der 14- bis 19-Jährigen, 6 Prozent der 20- bis 29-Jährigen).

Wie sieht das bezüglich des Themas Homosexualität aus? Hier ergibt sich eine viel deutlichere Tendenz. So ist etwas mehr als die Hälfte (51 Prozent) der hochreligiösen Jugendlichen der Meinung, dass in der Bibel eindeutig steht, dass Homosexualität eine Sünde ist. Nur ein gutes Viertel (28 Prozent) ist der Ansicht, dass in der Bibel nichts Eindeutiges zum Thema Homosexualität steht, und nur 5 Prozent, dass in der Bibel nichts zum Thema Homosexualität steht. Der Anteil der Unentschiedenen oder Unsicheren (weiß nicht: 10 Prozent) ist hier aber größer als beim Thema Sex vor der Ehe.

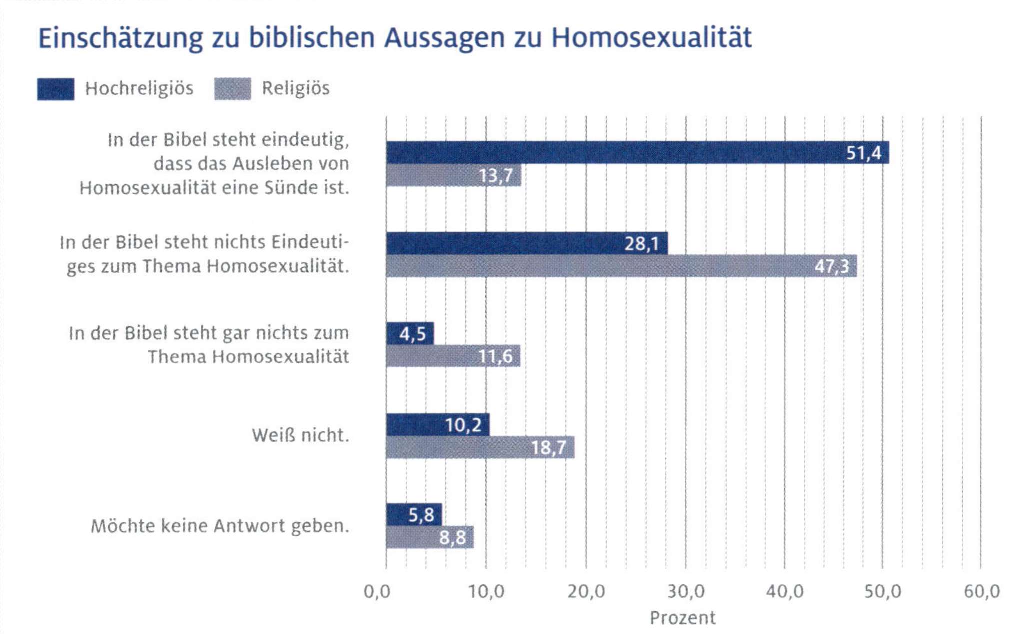

Grafik 24: Welche der folgenden Aussagen trifft deiner Meinung nach zu?

Zudem gibt es wieder einen deutlichen Unterschied zwischen kirchlichen und freikirchlichen Jugendlichen. Letztere sind zu 65 Prozent, Erstere zu 36 Prozent der Ansicht, dass laut Bibel Homosexualität eine Sünde ist. Ältere sind ebenfalls eher dieser Meinung (42 Prozent der 14- bis 19-Jährigen und 59 Prozent der 20- bis 29-Jährigen). Einen Unterschied gibt es hier auch in Bezug auf das Geschlecht: Männer denken eher, dass laut Bibel Homosexualität eindeutig eine Sünde ist (57 Prozent der Männer), als Frauen (48 Prozent).

Wie oben beschrieben, haben wir hier noch einmal genauer hingeschaut. Welche Konsequenzen ziehen die Jugendlichen aus ihrer sexualethischen Sichtweise zu Homosexualität in Bezug auf die Gemeinde? Nur eine Minderheit ist der Ansicht, dass homosexuelle Menschen ohne jede Einschränkung in der Gemeinde bleiben können. 37 Prozent der Jugendlichen sagen dies über homosexuelle Männer, leicht mehr über homosexuelle Frauen (39 Prozent). Nur eine sehr kleine Minderheit ist der Meinung, dass homosexuelle Menschen auf jeden Fall die Gemeinde verlassen müssen (2 Prozent bei männlicher bzw. 1 Prozent bei weiblicher Homosexualität). Bei den weniger absoluten Positionen gibt es die größte Zustimmung hinsichtlich der Aussage, dass eine homosexuelle Person in der Gemeinde bleiben kann, allerdings nicht in einer leitenden Position (33 Prozent bei männlichen Homosexuellen, 30 Prozent bei weiblichen Homosexuellen). Ein deutlicher Unterschied bezüglich der Bewertung von männlicher und weiblicher Homosexualität spiegelt sich in der Aussage: „Kann in der Gemeinde bleiben, wenn sie ihre Homosexualität nicht auslebt." 22 Prozent stimmen hier bei weiblichen Homosexuellen, jedoch 25 Prozent bei männlichen Homosexuellen zu. Keinen Unterschied gibt es hingegen bei der Position: „Kann in der Gemeinde bleiben, aber nicht in Kinder- und Jugendarbeit mitarbeiten." (24 Prozent vs. 24 Prozent). Die Position „Kann in der Gemeinde bleiben, wenn sie in einer verbindlichen Beziehung mit ihrem Partner bzw. ihrer Partnerin lebt" spielt kaum eine Rolle.

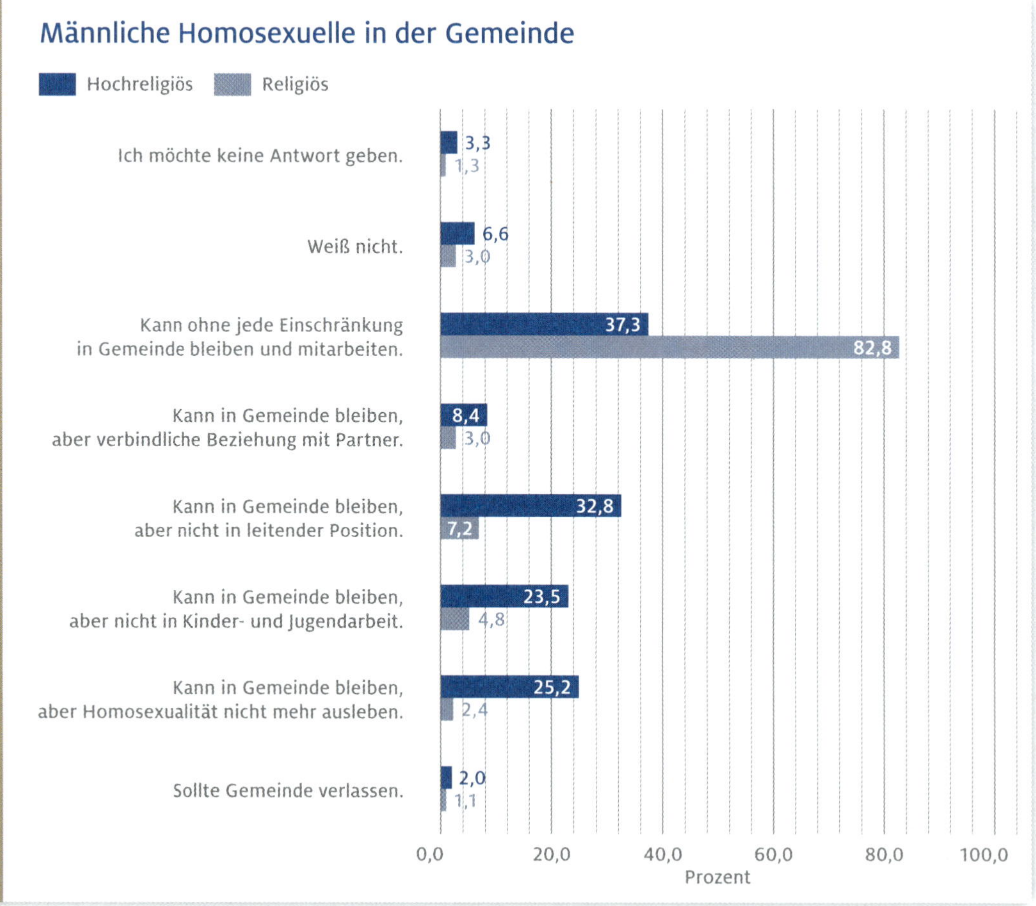

Grafik 25: Ein Mann aus deiner Gemeinde lebt in einer homosexuellen Beziehung. Was sollte deiner Meinung nach geschehen?

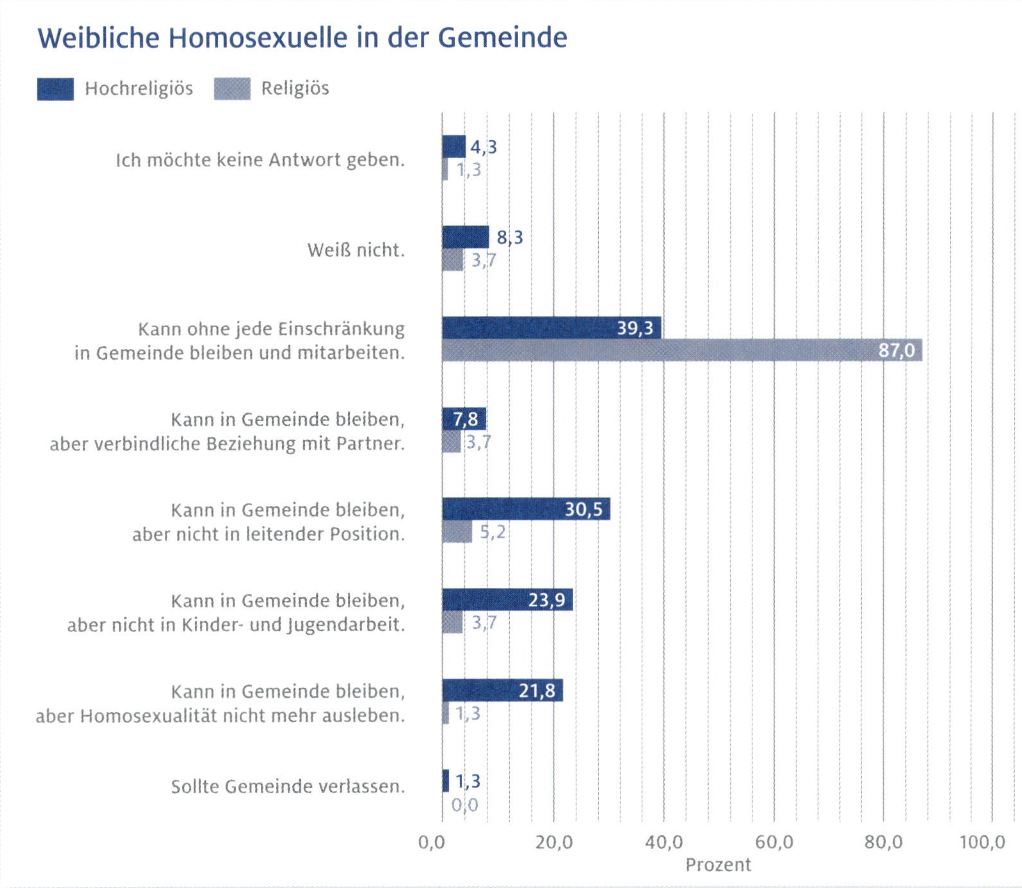

Grafik 26: Eine Frau aus deiner Gemeinde lebt in einer homosexuellen Beziehung. Was sollte deiner Meinung nach geschehen?

Auch hier gibt es einen deutlichen Unterschied zwischen kirchlichen und freikirchlichen Jugendlichen, die sich durch alle Aussagen zieht. So sind beispielsweise 55 Prozent der kirchlichen Jugendlichen, jedoch nur 20 Prozent der freikirchlichen Jugendlichen der Ansicht, ein homosexueller Mann könne ohne Einschränkung in der Gemeinde bleiben. Eine sehr große Differenz finden wir auch zwischen religiösen und hochreligiösen Jugendlichen. Erstere sind mit großer Mehrheit der Ansicht, dass homosexuelle Menschen ohne Einschränkungen Teil der Gemeinde sein können (83 Prozent gegenüber männlichen Homosexuellen beziehungsweise 87 Prozent gegenüber weiblichen Homosexuellen).

Es lässt sich feststellen, dass es bezüglich des Geschlechts in vielen Bereichen einen spannenden Unterschied gibt. Männliche Jugendliche sind beispielsweise öfter der

Meinung, dass ein schwuler Mann von der Kinder- und Jugendarbeit ausgeschlossen werden soll, im Gegensatz zu weiblichen Jugendlichen (28 Prozent vs. 21 Prozent). In Bezug auf homosexuelle Frauen gibt es keinen vergleichbaren/ähnlichen Unterschied im Antwortverhalten.

Für uns überraschend war außerdem, dass ältere Jugendliche eine tendenziell eher konservative Einstellung haben. So stimmte beispielsweise fast die Hälfte der 14- bis 19-Jährigen (47 Prozent) der Aussage zu, dass homosexuelle Männer ohne Einschränkung in der Gemeinde bleiben können, allerdings nur 29 Prozent der 20- bis 29-Jährigen.

„Das ist verboten. Das geht einfach gar nicht." – die qualitativen Befunde

Bevor wir versuchen, das Gesamtbild zu deuten, schauen wir uns auch hier zunächst den qualitativen Befund an. Für viele Jugendliche ist das Thema Homosexualität ein sehr aktuelles und virulentes Thema. Nur eine Jugendliche sagt: *„Ich habe mich ehrlich gesagt noch nicht so damit beschäftigt"* (Sally).

Homosexualität als Sünde

Eine deutliche Mehrheit der Jugendlichen äußerte auch hier, dass Homosexualität ihrer Meinung nach eine Sünde ist. Tanja hat *„bis jetzt mitgekriegt, dass die Bibel auf jeden Fall dagegen ist"*. Auch für Maik *„sagt die Bibel, dass der Mann für die Frau geschaffen und die Frau für den Mann geschaffen ist und dass es halt so ein gutes Paar werden kann und dass Homosexualität falsch ist. Ja, das sollte man vermeiden."* Die Begründung dafür, dass Homosexualität aus biblischer Sicht eine Sünde sei, wird am häufigsten mit der Komplementarität von Mann und Frau erklärt. Besonders häufig wird auf das Bild verwiesen, dass *„die Bibel ja auch wiederum sagt, Frau und Mann werden dann ein Fleisch sein"* (Patrick). Oder wie er es formuliert: *„Weil meine Frau ist halt auch ich, das heißt ja ein Fleisch"*. Vor diesem Hintergrund ist für viele der befragten Jugendlichen klar, dass Homosexualität eine Sünde ist. Niklas erläutert dies wie folgt: *„Für mich ist die Bibel da relativ klar. Ich denke, dass Gott es für eine Sünde hält. Eine Sünde ist ja immer etwas, was nicht Gottes Wille ist, und ich glaube, dass Gott einen ganz klaren Plan für den Menschen hatte. Gott hat auch nicht vorgesehen, dass ein Mann fünf Frauen hat, das ist auch nicht Gottes Plan."* Für Anje ist klar: *„Meiner Meinung nach sagt die Bibel dazu, dass es unnatürlich ist."* Patrick hat *„lustigerweise gerade vor Kurzem nochmal im Neuen Testament gelesen, dass Homosexualität falsch ist. Also dass, wenn*

Mann mit Mann oder Frau mit Frau verkehren, das unnatürlich ist." Auch Nadine argumentiert mit der Unnatürlichkeit, gibt ehrlicherweise aber zu: „*Und ich find's auch irgendwie eklig. Ich weiß nicht, ich find das voll verwirrend, wenn ich zwei Männer oder zwei Frauen seh' im Supermarkt, wenn sie sich küssen oder so. Da denke ich: ‚Iih, ich lauf weg.'*"

Die Differenzierung von Sünde und Sünder

Viele Jugendliche führen in Bezug auf Homosexualität die Differenzierung „*zwischen Sünde und Sünder*" an. Dennis äußert sich entsprechend: „*Generell, ob das jetzt Diebstahl ist oder Lüge oder Homosexualität, ist egal. Jesus hat ganz klargemacht, er liebt die Sünder, aber er hasst die Sünde.*" Ähnlich Monika: „*Da bin ich voll konservativ christlich. Gott liebt alle Sünder. Gott liebt auch die Homosexuellen. Aber er verabscheut die Sünde, also die Homosexualität.*" Und viele äußern an dieser Stelle, dass „*wir alle Sünder sind. Und Gottes Liebe ist auf jeden Fall so groß, dass er auch, ja, dass er Homosexuelle auch total liebt und sie annimmt*" (Lukas). Juliane bringt es entsprechend auf den Punkt: „*Also die Leute an sich sind okay, aber die Praxis ist nicht in Ordnung.*" Was für sie aber im Endeffekt bedeutet: „*Das ist verboten. Das geht einfach gar nicht.*" Daniel sieht es weniger deutlich: „*Ich glaube, dass Gott die Menschen, die halt Homosexualität ausleben, schon sehr liebt, aber er ist halt nicht so zufrieden mit dem, was sie halt tun.*"

Ambivalenzen

Bei einigen Jugendlichen, die angeben, die Bibel sei deutlich gegen Homosexualität, zeigt sich aber auch ein Hadern mit diesem Befund. Beispielhaft äußert Marcel, dass er schon denke, „*dass Gott will, dass Mann und Frau zusammen sind*", jedoch finde er es schwierig, Homosexualität „*als Sünde auszudrücken*". „*Ja, das ist schwierig, das so zu sagen.*" Nicole denkt sogar, „*dass es für die halt keine Rettung gibt. Wo war das denn nochmal, das hab ich doch letztens irgendwo gelesen.*" Jedoch sagt sie: „*Das find' ich ziemlich schwierig. Also klar, ich glaub, dass das das Richtige ist, aber es fällt mir sehr schwer, es anzunehmen. Mir fällt's einfach mega schwer damit umzugehen. Ich glaub ja da dran, das ist auf jeden Fall auch richtig so. Mir fällt's nur mega schwer, anderen zu vermitteln: ‚das steht ja so in der Bibel, das ist das Richtige und Gott liebt euch trotzdem'. Das ist so das, womit ich immer so ein bisschen ... [lacht] ... das will ich eigentlich nicht so gerne.*" Patrick beschreibt hier eine Wandlung: „*Früher habe ich gedacht: ‚Boah, Homosexuelle, schlimm. Die gehören weg.' Und so weiter und so fort. Aber dann habe ich auch gedacht, also dadurch, dass ich ein Gespräch hatte mit einer anderen Christin, habe ich gedacht, mh, okay. Du weißt nicht, was die durchgemacht haben, und du weißt nicht, wie sie in ihrem Kopf denken und die brauchen vielleicht Hilfe oder den richtigen Anreiz auch. Und die sind auch Menschen und ich glaube, die werden bestimmt nicht zu Gott kommen, wenn wir die verurteilen oder mit dem Finger auf sie zeigen und sagen: ‚Ihr seid böse' und so weiter. Es ist nicht richtig, ja, es ist auch sündhaft. Aber genauso haben wir auch in unserer Gesellschaft so viele Menschen, die sündigen halt und ich denke nicht, dass es der Weg ist, von Gott zu erzählen, indem wir sie verurteilen."*

Einige Jugendliche sind auch tendenziell unentschieden bei diesem Thema. Jessica wollte im Interview genau über dieses Thema *„eigentlich nicht drüber reden"*. *„Ja, es ist sehr, sehr schwierig und ich bin immer wieder am Diskutieren und komm' immer wieder ins Hadern, weil ich weiß es nicht, aber ich glaub' nicht, dass wir als Menschen das Recht haben zu urteilen darüber."* Auch Anton formuliert: *„Ja, das ist schwierig. Es sind halt Mann und Frau füreinander geschaffen. Aber es ist halt irgendwie wertend zu sagen, das ist nicht Gottes Wille. Und eigentlich können ja auch Schwule Christen sein und das ist ja alles nur persönlich. Irgendwie hab ich da auch so einen Zwiespalt in mir, dass es einerseits irgendwie, weiß ich nicht ... keine Ahnung. Also ich habe keine Entscheidung gefunden für mich."* Auch Tanja ist *„so ein bisschen hin- und hergerissen"*, weil sie denkt, *„wir müssen auch so eine gewisse Toleranz irgendwie haben"* und *„das auch irgendwie ein Stück weit respektieren"*. Diese Jugendlichen stecken somit im Zwiespalt zwischen dem, was sie vor dem Hintergrund der Werte der heutigen Gesellschaft für richtig halten, und dem, was sie für den biblischen Befund halten. Im Grunde steckt dieses Dilemma bereits in folgender kurzen Aussage: *„Manchmal ist es schwierig mit der heutigen Zeit, also mit Glauben, z. B. mit Schwulen oder sowas"* (Anton).

Affirmative Haltungen

Häufiger noch als eine Unentschiedenheit wurden zumindest tendenziell affirmative Haltungen ausgedrückt. Lewin benennt als Grund die Liebe: *„Das ist für mich 'n schwieriges Thema. Der eine sieht das so und der andere sieht das so. Meiner Meinung nach ist klar: Wir sind alles geliebte Kinder Gottes."* Auch Dana argumentiert mit der Bibel: *„Ich glaub, die Bibel sagt, dass wir unseren Nächsten lieben sollen und dass es egal ist, was er macht oder was er glaubt oder wen er liebt. Und deshalb ist es für mich in Ordnung, wenn Leute denken, es zieht sie eher zum gleichgeschlechtlichen Partner hin. Ich könnte für mich da jetzt nichts draus gewinnen, aber ich will sie einfach annehmen, weil sie meine Brüder und Schwestern sind."* Interessant ist, dass sich die Begründungen dieser Position ansonsten sehr voneinander unterscheiden. Bis auf die Liebe wird keine Begründung von mehr als einer Person genannt. Patrick argumentiert mit persönlicher Erfahrung beziehungsweise mit dem Fehlen solcher: *„Diejenigen, die sich da am meisten drüber aufregen, das sind diejenigen, in deren Leben fehlt denen so ein Präzedenzfall in der Familie, dass sie mal am eigenen Leib mitbekommen, das ist nichts Schlechtes oder nichts Verwerfliches, wie man das darstellt."* Er argumentiert auch damit, dass man die Bibel hier sehr unterschiedlich auslegen könnte: „*Da gibt's ja mehrere Standpunkte in der Bibel. Je nachdem, was es für eine Geschichte ist und wie die Geschichte auch ausgelegt wird. Manchmal wird gesagt, das ist eine Geschichte, die hat mit Homosexualität zu tun. Da streiten sich dann aber auch die Gelehrten. Meine Meinung zu dem Thema ist, dass es zum Teil übertrieben wird oder es wird irgendwie eine Erklärung in der Bibel gesucht, wie wir damit jetzt umgehen sollen. Aber meiner Meinung nach müssen wir konkret auf die Menschen zugehen, die Homosexualität in ihrem Leben verankert haben und nicht zurückschauen und schauen, was die Bibel dazu sagt, sondern einfach mal nach vorn schauen und sagen ‚Okay, das ist ein Thema, was uns alle betrifft oder betreffen kann'.*" Für Ella ist eher ein fehlender Befund beziehungsweise die persönliche Einstellung der Grund: „*Da hab ich nichts drüber gelesen und da fällt mir auch gerade keine Stelle ein, wo die Bibel überhaupt eine Aussage dazu macht. Also ich persönlich habe auch kein Problem damit. Also, ich glaube, die Aussage ist eher, Gott liebt jeden, egal wie du tickst. Und wie ich das gerade sehe, würde ich dem eher zustimmen. Ich wüsste nicht, dass die jemals was dagegen gesagt hat.*" Sebastian hingegen argumentiert noch einmal anders: „*Das ist ein schwieriges, ein langes Thema. Also ich glaube, dass zu dem Thema, zu der Art von Homosexualität, um die es heutzutage geht, um die Liebe zwischen zwei gleichgeschlechtlichen Menschen, sagt die Bibel meiner Meinung nach tatsächlich nichts, weil es das damals nicht gab. Das ist ein Problem. Es gab das Phänomen damals nicht. Daher konnten die nicht darüber reden. Die hätten ganz schön betrunken sein müssen, um auf die Idee zu kommen über eine Ehe zwischen zwei Männern zu reden.*"

Zwischenfazit: Deutungsversuche uneindeutiger Befunde

Wir hatten bereits festgestellt, dass nur eine Minderheit der Hochreligiösen ein wortwörtliches Verständnis der Bibel hat und es eine starke Tendenz dazu gibt, die Bibel aus heutiger Perspektive zu deuten. Wie dies vonstattengeht, wurde aber nicht richtig klar. Nimmt man die weiteren Befunde, insbesondere zum Thema Homosexualität, hinzu, ergibt sich Folgendes. Zumindest zum neuralgischen Thema Homosexualität scheint etwas mehr als die Hälfte der Jugendlichen ein doch eher wortwörtliches Verständnis der Bibel zu haben. Zwar werden Spannungen zu anderen Inhalten der biblischen Botschaft, wie der Botschaft der Gnade und der unbedingten Liebe Gottes zu allen Menschen, ebenso deutlich, wie zum heutigen kulturellen Deutungsrahmen. Allerdings werden die hier genannten Stellen ungefähr von der Hälfte der hochreligiösen Jugendlichen nicht historisch-kulturell gedeutet. Und für ca. 40 Prozent der Hochreligiösen hat das Thema Homosexualität keine Konsequenzen für das Leben in der Gemeinde. Es bleibt also eine Spannung zwischen dem Bibelverständnis und den Konsequenzen in der Gemeinde.

Wie passt das mit den allgemeinen Aussagen zusammen? Mindestens zwei unterschiedliche Deutungen sind denkbar. Eine erste Möglichkeit ist ein eher selektiver Umgang mit verschiedenen Bibelstellen. Schon die Ergebnisse zum Thema Gültigkeit der Gebote aus AT und NT weisen darauf hin, dass nicht alles in der Bibel aus Sicht der Jugendlichen gleichermaßen vor dem heutigen (oder damaligen) kulturellen Hintergrund gedeutet werden sollte. Vielleicht sieht die implizite Bibelhermeneutik also so aus, dass unterschiedliche Inhalte der Bibel unterschiedlich verstanden werden sollten. Wenige Stellen werden wortwörtlich, die Mehrheit aber eher zeitgenössisch gedeutet. Ein hermeneutischer Schlüssel, wie das lutherische Diktum, die Schrift von ihrer Mitte (Jesus Christus) her zu deuten, wird hierbei aber nicht ersichtlich. Eher ist anzunehmen, dass die Schrift vor dem Hintergrund des Schriftverständnisses in dem Milieu, in dem die Jugendlichen sich befinden, gedeutet wird. Dies zeigt z. B. die verhältnismäßig hohe Zustimmung zu der Aussage, dass in der Bibel eindeutig stehe, dass Sex vor der Ehe eine Sünde sei. Schließlich finden sich, im Gegensatz zum Thema Homosexualität, hier keine vermeintlich eindeutigen Bibelstellen, in denen dies verkündet wird. Eine oder keine Zustimmung zu dieser Aussage kann man nur durch anspruchsvollere Deutungen des biblischen Gesamtbefundes treffen. Es ist daher plausibel, dass den meisten Jugendlichen nicht bewusst ist, welche Stellen sie warum (vermeintlich) wortwörtlich verstehen. Dies zeigt sich besonders deutlich darin, dass, wie oben gesehen, die Bibel oft zu einem Subjekt wird, also die Eigenschaften einer lebendigen Person zugesprochen bekommt (die Bibel sagt, will, verbietet etc.). Somit werden die unterschiedlichen biblischen Bücher, Textformen und Aussagen vereinheitlicht und vereindeutigt. Viel spricht dafür, dass dies nicht nur eine grammatikalische Verlegenheit aufgrund der Interviews ist.

Eine andere Deutungsmöglichkeit ist etwas spekulativer, kann jedoch mit der ersten kombiniert werden. Aus dieser Sicht wären sich die meisten Jugendlichen im Grunde dessen bewusst, dass ein wortwörtliches Verständnis der Bibel unmöglich ist und sie vor dem heutigen und damaligen Hintergrund gedeutet werden muss. Genau dies verunsichert beziehungsweise verängstigt sie aber. Denn sie wollen auf keinen Fall die Bibel und damit Gott an den Zeitgeist oder Ähnliches verraten. Diese Spannung ist für die Jugendlichen nur auszuhalten, wenn einige Stellen eine besondere Markierung oder Funktion bekommen. Diese Stellen beziehungsweise eine bestimmte Haltung zu einem bestimmten Thema werden zum Schibboleth und sollen durch die „richtige“ Antwort auf diese Frage anzeigen, ob man noch bibeltreu ist oder nicht. Genau dieser Umgang ermöglicht aber gleichzeitig einen anderen Umgang mit dem Rest der Bibel und lockert die psychische Spannung deutlich.

Wie die Generation Lobpreis glaubt – aus der Sicht der Typen

Schauen wir aus der Sicht der Typen auf das Thema „Glaubenspraxis", dann fällt auf, dass die hochreligiösen Jugendlichen eine enge und emotionale Bindung zu Gott haben, was für die Höchstleister und Erweckten im Besonderen gilt. Bei ihnen stellen wir sowohl eine höhere Intensität als auch Häufigkeit von Glaubenspraktiken fest, zum Beispiel im Gebet und Bibellesen. Die Höchstleister (Typ 1), die Erweckten (Typ 3), die Ganzheitlichen (Typ 5) und die Sozialpolitischen (Typ 7) erleben den Glauben insgesamt als unterstützend in ihrem Alltag. Gott ist für sie Hilfe und Beistand in schwierigen Situationen, Ermutiger und jederzeit ihr Ansprechpartner. Sie fühlen sich von Gott geborgen, spüren seine Liebe und sind ihm gegenüber dankbar. Für sie ist Lobpreis zudem besonders wichtig. Das ist insofern interessant, da es sich hier jeweils um zwei Typen aus dem fast ausschließlich hochreligiösen Spektrum und zwei Typen mit einem großen Anteil religiöser Jugendlicher handelt. Ebenso umfassen sie sowohl kirchliche als auch freikirchliche Jugendliche. Die Ambivalenten (Typ 2), die Unauffälligen (Typ 4), die Erlebnisorientierten (Typ 6) und die Reservierten (Typ 8) erleben ihre Glaubenspraxis tendenziell nicht als Unterstützung in ihrem Alltag. Interessant ist hier ein genauerer Blick auf die Ambivalenten (Typ 2), da sie einerseits sehr fromm sind, sowohl in ihren Glaubensüberzeugungen als auch in ihrer intensiven Glaubenspraxis (hoch engagiert in der Gemeinde, besonders im Lobpreis). Andererseits erleben sie ihren Glauben weniger unterstützend im Alltag. Sie erleben ihn seltener als eine Hilfe im Alltag, fühlen sich seltener in Gott geborgen und geben seltener an, dass Gott ihre Gebete erhört. Dahingegen spielen Bibellesen und Beten bei den „Ambivalenten" eine überdurchschnittlich hohe Rolle (höchster Wert nach den Höchstleistern). Vielleicht gehört dazu immer ein gewisses Pflichtgefühl beziehungsweise der Wunsch, es Gott „recht machen zu wollen". Zum Schluss soll ein Blick auf die Glaubenspraxis der Erlebnisorientierten (Typ 6) geworfen werden. Sie erleben ihren Glauben tendenziell ebenfalls nicht unterstützend und ihre Glaubenspraxis zeichnet sich durch eine geringe Intensität aus. Sie beten unterdurchschnittlich wenig, gehen eher selten in den Gottesdienst und lesen ebenfalls weniger als andere Typen in der Bibel. Interessant ist, dass auch in ihrer Erziehung der christliche Glaube tendenziell eine weniger wichtige Rolle spielte. Sie wünschen sich eher moderne, lebensnahe Gottesdienste zum Mitmachen und spontane Events.

Notizen

KAPITEL 5

Kirche, Gottesdienst und Ehrenamt

Foto © aradaphotography | Fotolia.com

Jugend und Kirche – Status: „Es ist kompliziert“

„Ich glaube, eine Traumgemeinde oder perfekte Gemeinde gibt es gar nicht, weil Gemeinde durch die Unterschiede lebt. Aber wenn jeder seine Sachen einbringt, sich jeder so beteiligt, wie er es kann und seine von Gott bekommenen Fähigkeiten einbringt und die Gemeinde auf jeden Fall offen ist und neue Leute immer begrüßt und herzlich einlädt, dann lebt Gemeinde.“ MELISSA

„Also ich habe jetzt grad nicht so die eine Gemeinde, sondern gehe in mehrere Gemeinden.“ MONIKA

„Im Gottesdienst finde ich immer die Anbetung ganz wichtig, also durch die Band ist das für mich immer 'ne sehr stimmungsvolle Atmosphäre. Wovon ich fest überzeugt bin, dass sich da auch irgendwie das Herz total öffnet und dass Gott da auch irgendwie reingucken kann.“ FRED

Jugend und Kirche ist ein schwieriges Thema, das seit Jahrzenten immer wieder neu diskutiert wird. 2010 warnte der katholische Publizist und Theologe Johannes Rössler unter der Überschrift „Jugend ohne Gott – Ende der Kirche?“ vor den erschreckenden religiösen Abbrüchen in der Jugend gegenüber Glaube und Kirche.[75] Jetzt, ein paar Jahre später, ist die Beziehung immer noch kompliziert, aber bei Weitem nicht mehr so pessimistisch. Thomas Schlag drückte die doppelte Problematik in der Beziehung von Jugendlichen und Kirche gut aus, indem er darauf hinwies, dass zum einen die Alltagspraxis der Jugendlichen mit den kirchlichen Gestaltungsformen und zum anderen die Lebensformen der Jugendlichen mit der Praxis der Kirche in einer grundlegenden Spannung stehen.[76] Und sie sieht noch einmal ganz anders aus, wenn wir uns die Hochreligiösen anschauen. In diesem Kapitel wollen wir zunächst einen allgemeinen Blick auf christliche Jugendliche und ihr Verhältnis zur Kirche werfen, um anschließend die Ergebnisse unserer Studie darin einzuordnen.

Viele Jugendliche haben kaum Anbindung

Das Verhältnis von Jugend und Kirche hat sich in den letzten Jahrzehnten durch die gesellschaftlichen Veränderungen und die damit einhergehende Komplexität, den christlichen Traditionsabbruch, die Pluralisierung der Lebenslagen und das neue Zusammenspiel der Generationen gewandelt. Die bisherigen Grenzen von Glauben, Konfessionen, gesellschaftlichen Normen und Traditionen werden zunehmend aufgelöst oder verschwimmen, und neue Wege werden gegangen, sodass neue Identitäten des Glaubens entstehen. Der Bielefelder Theologe Heinz Streib greift in seiner Untersuchung „Religiöse Orientierungen, spirituelle Konstruktionen und Formen religiöser Vergemeinschaftung bei Jugendlichen" diese De-Institutionalisierung und Privatisierung der jugendlichen Religiosität auf und stellt fest, dass viele Jugendliche zwar formal noch Mitglied einer Kirche sind, doch genau diese nichts mehr über die Kirchenbindung der Jugendlichen zur Kirche aussage.[77] Diese Behauptung lässt sich an drei wesentlichen Punkten festmachen:

Kaum Anbindung

1. an die traditionelle, konfessionelle Glaubenssprache der Kirchen,
2. an die institutionellen Organisationen/Kirchen, die traditionell für diese Glaubenssprache verantwortlich sind, und
3. an semantische Verständnisse theologischer Grundbegriffe des Glaubens (dogmatische Grundaussagen).[78]

Auch in den Gesprächen, die wir im Rahmen unserer Studie mit den interviewten Jugendlichen führten, wurde dies oftmals thematisiert. Mike zum Beispiel merkt an: *„Ich fühle mich vom Glauben her eher den Baptisten zugehörig, bin aber Landeskirchler."* Viele Jugendliche bringen also nicht mehr die klassische Identifikation und Bindung ihrer Herkunftskirche mit. Sie tun sich eher schwer mit traditionellen Gottesdiensten. Doch die gesellschaftlichen Umbrüche setzen auch kleinere kirchliche Aufbrüche in Gang. Dies gilt sowohl für den kirchlichen (Fresh X, Erprobungsräume, Jugendgottesdienste etc.) als auch für den freikirchlichen Bereich (ICF, Hillsong, CityChurches etc.). Wenngleich diese neuen Angebote nicht flächendeckend präsent sind, so wird doch wieder mehr über das Verhältnis von Jugend und Kirche nachgedacht sowie eine veränderte Angebotsstruktur für Jugendliche diskutiert.[79] Neben solchen strukturellen Überlegungen spielt bei dem Themenbereich „Jugend und Kirche" auch die Entwicklungspsychologie eine Rolle. Auf der einen Seite gehört eine kritische Auseinandersetzung in der Adoleszenzphase zur normalen Entwicklung eines eigenen mündigen Glaubens. Auf der anderen Seite stellt sich die Frage, was Gemeinden und Kirchen gerade in dieser herausfordernden Entwicklungsphase für

Jugendliche zu bieten haben. Zwar finden zwei Drittel aller Jugendlichen es grundsätzlich gut, dass es die Kirche gibt. Zugleich stellen sie jedoch fest, dass diese Institution sich verändern muss, wenn sie eine Zukunft haben möchte.[80] Dies wurde auch bei der fünften Kirchenmitgliedschaftsuntersuchung (V. KMU) bei den 14- bis 21-jährigen Mitgliedern der evangelischen Kirche deutlich. Im Westen vertrauen 67 Prozent der evangelischen Kirche, aber nur 22 Prozent von ihnen fühlen sich mit der Kirche „sehr verbunden". In diesem Alter ist die „Austrittsneigung" mit knapp über 20 Prozent am höchsten im Vergleich zu allen anderen Alterssegmenten. Viele Jugendliche erleben eine reduzierte „Anschlussfähigkeit" der Kirche an ihre Lebenswelten, Themen und Formaten. Kritisch werden vor allem Gottesdienste und Pfarrerinnen und Pastoren gesehen.[81] Eine eher distanzierte Haltung zur Kirche schlägt sich jedoch nicht gleichermaßen in einer Abkehr von religiösen Fragestellungen nieder. Zwar lassen sich im traditionellen Gottesglauben leicht rückläufige Tendenzen feststellen, der Glaube in einer nicht initialisierten Form hat jedoch seinen festen Platz im Alltag vieler junger Menschen.[82] Daraus ergibt sich die Frage nach der Verbundenheit Jugendlicher mit der Kirche.

Wie verbunden sind Jugendliche noch mit Kirche?

Eines der zurzeit am häufigsten diskutierten Themen in fast allen (Frei-)Kirchen ist das Thema der Verbundenheit. In einer Zeit, in welcher klassische Mitgliedschaften kaum noch attraktiv scheinen, haben Kirchen und Verbände, aber auch Vereine und andere Institutionen große Probleme, junge Menschen für sich zu gewinnen. Diese gruppieren sich zunehmend in Initiativen oder auch neuen Formen von Gemeinschaften, Bewegungen oder neuen Kirchen, die keine Mitgliedschaft mehr kennen. (Auf diese Art sind in den letzten zehn Jahren viele Gemeinden entstanden.) Was bedeutet das aber für Kirche? Wie kann eine neue Form von Identifikation aussehen?

Im Folgenden geht es um einige zentrale Ergebnisse zu dem Themenbereich Verbundenheit und Zugehörigkeit von Jugendlichen zur Kirche. Schauen wir Kirche als kirchlich-institutionelle Sozialform an, so wird Gemeindebindung traditionell hauptsächlich über Taufe und Mitgliedschaft definiert. Der Unterschied zwischen evangelischen Kirchen und Freikirchen liegt nicht nur im Alter der Taufe und des Eintrittsdatums, sondern auch darin, wie der Tübinger Theologe Kretzschmar erklärt, dass Gemeindebindung und Zugehörigkeit sich in den letzten Jahren stark verändert und pluralisiert haben. So schwindet in vielen evangelischen Kirchen trotz hoher Mitgliedszahlen das Zugehörigkeitsgefühl, weil eine hohe Anonymität und Distanz für eine geringe wechselseitige Rückkopplung sorgt.[83] In den Freikirchen gibt es zwar mehr Nähe und eine höhere Zugehörigkeit, zum Beispiel durch den regelmäßigen Gottesdienstbesuch, doch gerade dieser wird von Jugendlichen oftmals kritisch gesehen. Dass die Verbundenheit bei gläubigen Jugendlichen zur Kirche abnimmt, stellt die Studie „Wie ticken Jugendliche 2016" des Sinus-Instituts fest. Durch Individualisierung und Pluralisierung, so die Sinusstudie, unterscheiden immer mehr christliche Jugendliche zwischen ihrem persönlichen Glauben und ihrer Religionszugehörigkeit. „Die individuelle Auffassung von Glaube und Religion ist nicht nur durch die Lebenswelt, sondern auch durch die Glaubensrichtung bestimmt."[84]

Ob eine Gemeindebindung besteht, so die Ergebnisse der Studie, liege hauptsächlich an zwei Faktoren: zum einen an der eigenen familiären Tradition und zum anderen am Freundeskreis. (Die religiöse Sozialisation spielt vor allem bei religiösen Jugendlichen eine zentrale Rolle, hier sind es 47 Prozent im Gegensatz zu Hochreligiösen mit 15 Prozent.) Fallen diese beiden Faktoren weg, nimmt die Verbundenheit stark ab. In der evangelischen Kirche hat die fünfte Kirchenmitgliedschaftsuntersuchung (V. KMU) mit ihrer Veröffentlichung intensive Diskussionen ausgelöst. Insbesondere die These, kirchliche Verbundenheit evangelisch Getaufter sei umso geringer, je jünger die betreffenden Personen seien, hat eine breite Diskussion in Kirche und Jugendarbeit angestoßen.[85] Infolgedessen wurden die Ergebnisse von Experten aus unterschiedlichen Gründen relativiert und auf andere Erhebungen der Jugend- und Religionsforschung verwiesen. Gleichzeitig bleibt zumindest die Erkenntnis, dass sich das Verhältnis von Jugend und Kirche in den letzten Jahrzehnten gewandelt hat. Ob dabei ein genereller Relevanzverlust von Kirche für junge Menschen diagnostiziert werden kann, bleibt jedoch offen. Vielmehr benötigt es in der aktuellen Situation einen differenzierten Blick und die Bereitschaft, an der „Anschlussfähigkeit" von Kirche für Kinder und Jugendliche zu arbeiten.

An diesem Punkt können die von uns erhobenen Daten etwas „Licht ins Dunkel" bringen, vor allem wenn es um religiöse und hochreligiöse Jugendliche geht. Die Ergebnisse der V. KMU zeigen, dass es deutliche Unterschiede im Bezug Jugendlicher zur Kirche gibt. Hilke Rebenstorf hat hier unterschiedliche Typen kirchlicher Bindung herausgearbeitet, von denen besonders die Typen A4 („Überdurchschnittliche Verbundenheit und häufiges Beten", 9 Prozent) und A6 („Stark Verbundene mit intensiver religiöser Praxis", 15 Prozent) eine starke Bindung aufweisen.[86] Die größte nachgewiesene Gruppe der V. KMU ist interessanterweise nicht der kirchlich gebundene, sondern der kirchlich ungebundene Typ (A1 „Nicht Verbundene ohne religiöse Praxis") mit 47 Prozent der Befragten (unter 30 Jahre). Die Gründe sind vielfältig, haben aber mit der abnehmenden religiösen Prägung der Jugendlichen zu tun

(Elternhaus und Kirche) sowie mit der subjektiven Selbsteinschätzung, dass Religion für sie keine große Rolle spielt. Stefanie Lorenzen nennt diese Gruppe die indifferenten Jugendlichen, da sie nichts gegen Kirche oder Glauben haben, jedoch auch keinen Nutzen für ihr eigenes Leben darin sehen.[87] In unserer Umfrage spielt die Gruppe der Indifferenten eine untergeordnete Rolle.

Die Verbundenheit von hochreligiösen Jugendlichen

Die hochreligiösen Jugendlichen unserer Umfrage haben, ähnlich wie die stark verbundenen A4- und A6-Typen, eine hohe Gemeindebindung. Viele davon betrachten ihre Kirche bzw. Gemeinde als eine Art Zuhause, wobei sie gleichzeitig der Meinung sind, dass Gemeinden sich stark voneinander unterscheiden und Menschen dementsprechend unterschiedlich beeinflussen können.

In den qualitativen Interviews wurde deutlich, dass Jugendliche ihre Gemeinden genau beobachten. Sie nehmen wahr, was gerade geschieht sowie welche Beteiligungsmöglichkeit sie für sich selbst sehen. Manche Gemeinde befindet sich gerade im Umbruch, wohingegen bei anderen Kirchen, zum Beispiel der ev. Kirche, der hohe Altersdurchschnitt die Jugend abschreckt. Insgesamt sind viele Jugendliche der Meinung, dass man in einer Gemeinde sehr viel umsetzen und sich einbringen kann, dieses Engagement aber auch stark von den Leitenden abhängt. Fast alle befragten Jugendlichen sind jedoch der Meinung, dass Gemeinde für jeden Christen ein wichtiger Ort ist. Gerade Jugendliche mit einer hohen Gemeindebindung beteiligen sich regelmäßig an Veranstaltungen, was unter anderem auch daran liegen kann, dass schon ihre Eltern sie dorthin mitgenommen haben. Auch der Anteil der christlichen Freunde hat einen hohen Einfluss auf ihr Zugehörigkeitsgefühl, wie anschließend noch erläutert wird. Gleichzeitig gibt es Jugendliche, die sich keiner spezifischen Gemeinde zuordnen lassen (Immerhin 17 Prozent der befragten hochreligiösen Jugendlichen können sich vorstellen, ohne Gemeinde zu leben.) bzw. ihre Gemeinde gewechselt haben, da sie sich ihr nicht zugehörig fühlten. Auch hier ist es den Jugendlichen unserer Umfrage vor allem wichtig, willkommen zu sein. Einige von ihnen haben aus der Gemeinde sehr viel für ihren Glauben mitgenommen bzw. glauben, dass die Gemeinde sogar die größte Rolle bei ihrer Glaubensentwicklung spielt oder ihnen ohne ebendiese der Antrieb fehlen würde. Außerdem ist sie wichtig, um den eigenen Glauben weitergeben zu können. Einige der Jugendlichen gehen sogar so weit zu sagen, dass sie ohne Gemeinde nicht zum Glauben gekommen wären. Bei anderen spielt die Gemeinde jedoch keine so große Rolle. Wenn wir auf die Typen schauen, sind es vor allem die Typen 3, 4, 7 und 8, deren Gemeindebindung eher schwach ausgeprägt ist. Dies bestätigt sich dann folgerichtig in schwachen Zustimmungswerten zur Wichtigkeit von Predigten oder der eigenen ehrenamtlichen Mitarbeit. Als Gründe werden unter anderen die Überalterung der Gemeinde, andere Interessen oder langweilige Gottesdienste genannt. Was muss aber geschehen, dass Jugendliche Gemeinde attraktiv und für sich hilfreich empfinden?

Subjektive Zugehörigkeit und formale Mitgliedschaft

Wenn wir über Zugehörigkeit und Mitgliedschaft nachdenken, dann ist zunächst festzuhalten, dass sie nicht automatisch Partizipation oder Nähe mit sich bringen. Dies zeigt auch ein genauerer Blick auf unsere Befragung. Auch die Pretests dieser Studie unterstrichen diesen Eindruck, als wir die „Testjugendlichen" nach dem Ausfüllen des Fragebogens zu den einzelnen Fragen interviewt haben. Hier war festzustellen, dass einige Jugendliche die Standardfragen nach der eigenen konfessionellen Mitgliedschaft nicht beantworten konnten oder wollten, da sie sich zwar ihrer Mitgliedschaft bewusst waren, aber zu einer anderen Gemeinde zugehörig fühlten oder schlicht nicht wussten, in welcher Kirche sie formal Mitglied waren. Deshalb haben wir eine zweite Ebene, die subjektive Ebene der Verbundenheit abgefragt: Wo fühlen die Jugendlichen sich zugehörig? Gut die Hälfte der Befragten fühlt sich zur evangelischen Kirche zugehörig, 43 Prozent zu diversen Freikirchen. Fragt man nach, wo diese Jugendlichen Mitglied sind, so verschiebt sich das Bild, denn 66 Prozent sind nach eigenen Angaben Mitglied einer evangelischen Landeskirche und nur 25 Prozent gehören einer Freikirche an. Torsten erklärt dies im Interview ganz pragmatisch: *„Ja, je nachdem, wo ich gerade bin. Weil ich halt teilweise zu Hause in der Landeskirche mit drin bin oder auch da, wo ich jetzt wohne. Aber auch gleichzeitig in einer freikirchlichen Gemeinde mit bin, weil meine Freundin da drin ist. Ja also – ja, so ziemlich alles, was christlich ist."*

Die Unterschiede zwischen formaler Zugehörigkeit (wie Mitgliedschaft) spielen eine immer geringere Rolle, während die subjektiven Zugehörigkeiten (wie Teilhabe, Mitarbeit, Identifikation über Inhalt etc.) eine immer wichtigere Rolle spielen. Die signifikanten Abweichungen zwischen Mitgliedschaft einerseits und Zugehörigkeit anderseits belegen den schon länger andauernden Trend, dass Zugehörigkeit und Mitgliedschaft für Jugendliche nicht unbedingt zusammengehören und dass dazu für Jugendliche mehr als Taufe und eine kirchliche Sozialisation gehören.[88] Für das Verständnis von Kirchenbindung in der Moderne ist zu berücksichtigen, dass der

Aufbau von Nähe nicht gleichbedeutend ist mit Partizipation in Form persönlicher Präsenz bei kirchlichen Veranstaltungen oder aktiver ehrenamtlicher Mitarbeit. Der Tübinger Theologe Gerald Kretzschmar stellt dazu fest, dass Kirchenbindung auch eine Art Kommunikation ist, die geprägt wird durch das Wechselspiel von Nähe und Distanz.[89] Die Überwindung von Distanz, so Kretzschmar, geschieht vor allem über die Identifikation mit Themen und Menschen, dazu kommen die aktuellen lebensweltlichen und biografischen Erfahrungen. Wenn wir nun davon ausgehen, dass die meisten Kirchen und Gemeinden eine gottesdienstzentrierte Kirchenidentifikation haben, viele Jugendliche sich aber mit dem Gottesdienst weder thematisch noch von den verantwortlichen Menschen identifizieren, wird das Dilemma vor allem für die evangelischen Kirchen deutlich sichtbar. Mascha beschreibt eindrücklich die zunehmende Diskrepanz zwischen „Tradition" auf der einen Seite und dem „Herzen folgen" auf der anderen Seite: *„Dass Gemeinde ziemlich cool sein kann und einen unheimlich prägt und prägen kann. Aber dass grade in der Landeskirche oftmals [lacht] eher so alte Menschen sind und ja deswegen junge Leute oft abgeschreckt werden von Gott und vom Glauben, weil da auch oft falsche Dinge vermittelt werden und oftmals nur, ja, Traditionen vorherrschen und man sich fragt: Ja, stehen die Menschen eigentlich mit ihrem Herz dahinter? Aber eben gleichzeitig auch das Gegenteil: super coole, junge Gemeinde, wo man merkt, die, ja, lieben Gott und preisen ihn."* Maschas Eindruck bestätigen auch die Ergebnisse der V. KMU, Jugendlichen geht es mehr um eine Beteiligung als um eine reine Mitgliedschaft (Hermelink, 2017: 28). Diese Erfahrungen ziehen sich durch unterschiedliche Studien und zeigen auf, dass die Jugendzeit in Bezug auf die Zugehörigkeit zur Kirche meist negativ belastet ist.[90]

Die Rolle der kirchlichen Sozialisation

Ein dazugehöriges Thema ist die Frage der christlichen Erziehung, über deren Wichtigkeit und Prägung schon viel geschrieben wurde. Es steht außer Frage, dass eine gelungene christliche Sozialisation eine wichtige Grundlage für die eigene Kirchenbindung bildet.[91] Der Göttinger Theologe Jan Hermelink hat dies in Bezug auf die kirchlichen Jugendlichen anhand der letzten Mitgliedschaftsuntersuchungen näher unter die Lupe genommen. Er stellt dabei fest, dass zwar die Prägekraft der Familie in den letzten Jahrzehnten abgenommen hat, sie aber immer noch zu den stärksten Faktoren religiöser Sozialisation gehört. Neben Familie und Freunden, so Hermelink, prägen vor allem die kirchlichen Mitarbeitenden und der Religionsunterricht.[92] Sie spielen auch in unserer Studie eine große Rolle. Hier wird ein signifikanter Zusammenhang deutlich: Glaube spielt in der Sozialisation bei hochreligiösen Jugendlichen eine zentralere Rolle als bei religiösen Jugendlichen.

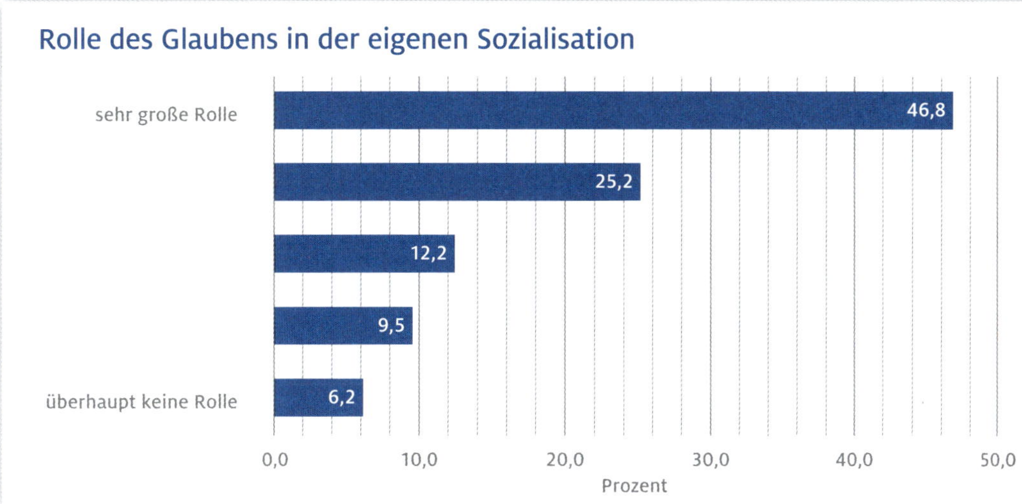

Grafik 27: Was würdest du spontan sagen: Welche Rolle spielte der christliche Glaube insgesamt in deiner eigenen Erziehung?

Dies zeigt sich auch bei den Denominationen, wobei Kirchliche weniger christlich erzogen wurden (36 Prozent) als Freikirchler (57 Prozent). Wenn es um die eigene Heimatgemeinde geht, gibt es nicht viele Unterschiede zwischen religiösen und hochreligiösen Jugendlichen. Kirchliche fühlen sich mehr der Gemeinde zugehörig, in der sie aufgewachsen sind. Wer aus einer evangelischen Kirche kommt, fühlt sich dieser eher zugehörig (74 Prozent) als die freikirchlichen Jugendlichen (62 Prozent). Dazu kommt die natürliche Entwicklung: Je älter die Jugendlichen werden, desto weniger spielt die Heimatgemeinde eine Rolle. Trotzdem hat die Heimatgemeinde eine wichtige Aufgabe bei der eigenen Glaubensentwicklung und der Vorstellung von Gemeinde. Rosie stellt dazu fest: *„Wenn man da hinkommt, da fühlt man sich schon gleich zu Hause, weil man da einen großen Teil auch seiner Kindheit verbracht hat. Und das nicht irgendwie so ein fremder Ort ist oder so. Jetzt allein vom Ort her und auch die Menschen, die kennt man da schon so lange. Und ja, das ist dann wie eine große Familie."*

Interessant ist, dass sich hochreligiöse Jugendliche der evangelischen Kirche signifikant häufiger der Heimatgemeinde zugehörig fühlen als Jugendliche aus unterschiedlichen Freikirchen, wie die folgende Grafik gut aufzeigt:

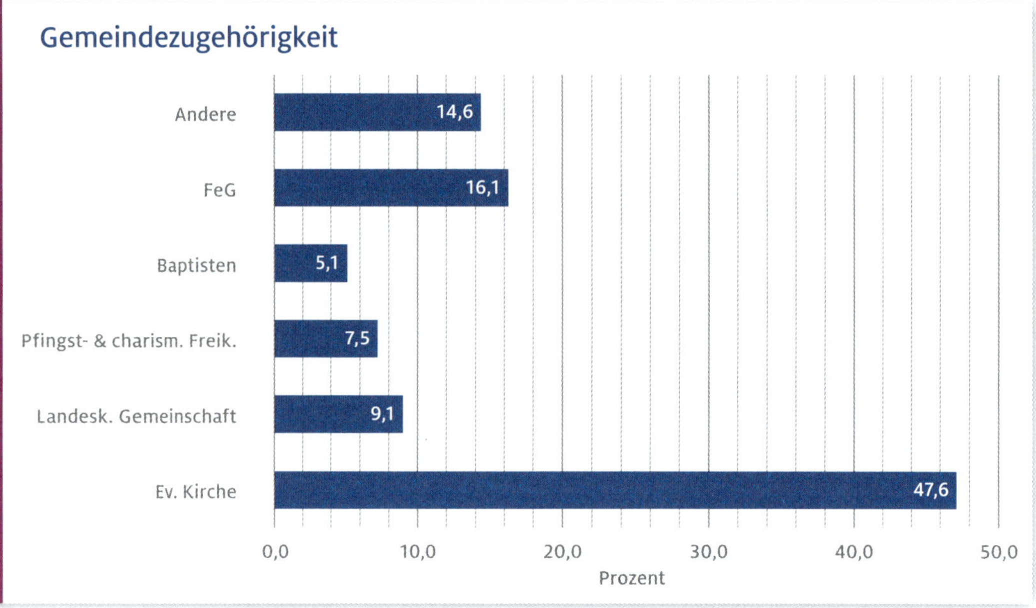

Grafik 28: Welcher christlichen Kirche oder Gemeinde fühlst du dich zugehörig?

Viele Jugendliche wünschen sich, dass *„Gemeinde ein bisschen mein zweites Zuhause"* wird, weil sie Gemeinde für sich und die eigene Glaubensentwicklung für wichtig halten. Aber Gemeinde reibt sich auch mit dem eigenen Alltag. Während in jüngeren Jahren eher die Gottesdienste als *„langweilig"* empfunden werden, gibt es bei den älteren Jugendlichen andere Konflikte, wie Anna bemerkt: *„Weil sich Gemeinde ein ganz kleines bisschen beißt mit dem Leben einer Studentin. So zum Beispiel beim Sonntagmorgengottesdienst, weil man sich vielleicht Samstagsabend mit Freunden treffen möchte oder sowas, wie feiern gehen oder so."*

Wenn Jugendliche Kirche als Heimat verlieren

Wir haben bisher festgestellt, dass gerade hochreligiöse Jugendliche eine höhere Verbundenheit mit Kirche haben. Aber schauen wir auf die Gesamtstichprobe, so gilt diese Feststellung nicht für alle Jugendlichen. Jugendliche, die sich einer evangelischen Kirche zugehörig fühlen, können beispielsweise eher ohne Gemeinde ihren Glauben leben. So stimmen 20 Prozent der kirchlichen Jugendlichen dieser Aussage oft oder sehr oft zu. Bei den Freikirchlern sind es 13 Prozent. Immerhin 36 Prozent der befragten religiösen Jugendlichen (30 Prozent: teils/teils) und 35 Prozent der hochreligiösen Jugendlichen können sich vorstellen (24 Prozent: teils/teils), ohne Gemeinde zu leben. Diese Werte sind niedriger als in anderen Studien, was mit der

Zielgruppe zu erklären ist. International gibt es einige Untersuchungen zum Thema, warum Jugendliche Gemeinde verlassen, meist unter dem Stichwort „Church Leavers". Damit sind vor allem diejenigen gemeint, die in ihrer Jugendzeit Teil einer christlichen Gemeinde waren und diese mit dem Prozess des Erwachsenwerdens verließen. Wie viele dies sind, ist schwer zu sagen, da verschiedene Studien ganz unterschiedliche Zahlen angeben, der Schnitt liegt zwischen 60 und 80 Prozent.[93] Amerikanische Forscher*innen haben dazu einen Zusammenhang zwischen dem Verlassen der Kirche und dem Glaubensverlust von Jugendlichen festgestellt. Der Schritt aus der Gemeinde sei für manche Jugendliche auch der erste Schritt aus dem eigenen Glauben heraus. Interessant dabei ist, dass 92 Prozent der Gemeinden den Jugendlichen, die die Gemeinde verlassen, nicht nachgehen.[94] Warum aber verlassen bzw. warum wechseln Jugendliche ihre Gemeinde? Der Hauptgrund, warum Jugendliche die Gemeinde wechseln, ist unterschiedlich. Während es bei den Hochreligiösen am Häufigsten ein Umzug ist, ist es bei den Religiösen die Tatsache, dass die „neue Gemeinde ein besseres Angebot" hat. Dies deckt sich mit früheren Studien, zum Beispiel der Dran-Jugendstudie[95], in der der häufigste Grund ein Wohnortwechsel ist (77 Prozent). Erst danach folgt der subjektiv empfundene Mangel an einer „guten" Gemeinde im Umfeld (ca. 38 Prozent). Ca. ein Drittel der Befragten hat momentan keine Lust, in eine Gemeinde zu gehen. Nur etwa die Hälfte all derer, die momentan keine Gemeinde haben (52 Prozent), ist auf der Suche nach einer neuen geistlichen Heimat.

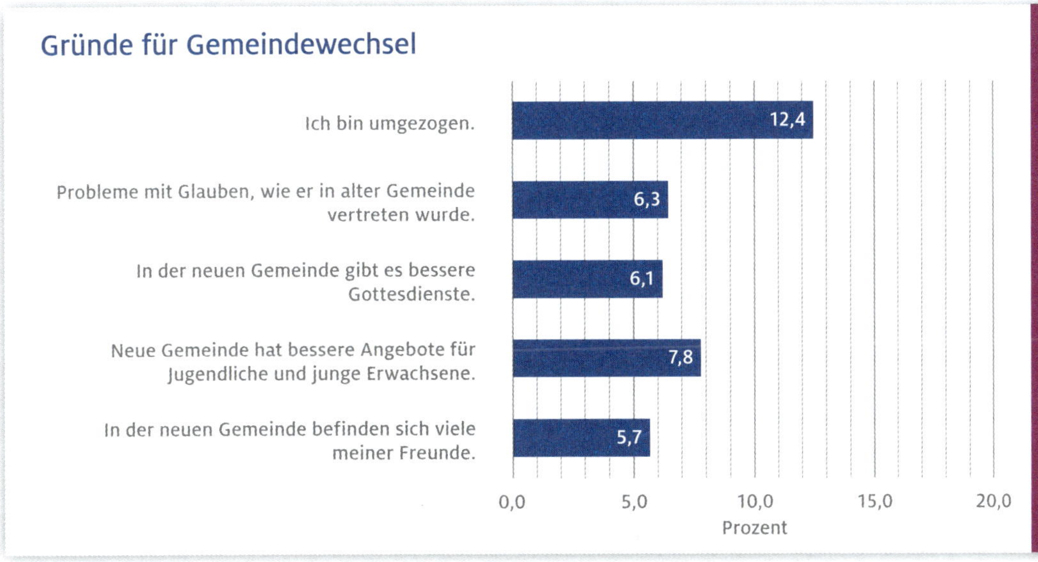

Grafik 29: Warum fühlst du dich nicht mehr der Gemeinde zugehörig, in der du (hauptsächlich) aufgewachsen bist? Welche Gründe waren dafür ausschlaggebend?

Schauen wir uns die Gründe für einen Gemeindewechsel bei hochreligiösen Jugendlichen genauer an, so lässt sich feststellen, dass neben dem besagten Umzug vor allem inhaltliche Gründe (Probleme mit dem Glauben, bessere Angebote und Gottesdienste) und das Thema Freunde eine Rolle spielen. Doch wie sehen diese inhaltlichen Gründe aus? Und welche Aufgaben sollte die Kirche für hochreligiöse Jugendliche haben?

Welche Aufgaben hat Kirche für Jugendliche?

Wir haben in diesem Zusammenhang danach gefragt, was nach der Meinung der angesprochenen Jugendlichen die Aufgabe der Kirche sei. An der Spitze mit 99 Prozent steht: *„Die christliche Botschaft verkündigen"* gefolgt von *„Sich um Probleme von Menschen in sozialen Notlagen kümmern"* (98 Prozent) und *„Für christliche Werte und Normen eintreten"* (96 Prozent). Mit etwas Abstand folgten *„Das Gespräch mit Vertretern anderer Religionen suchen"* (77 Prozent) und *„Zu wichtigen politischen Gegenwartsfragen Stellung nehmen"* (76 Prozent). Die folgende Grafik verdeutlicht diese Ergebnisse noch einmal:

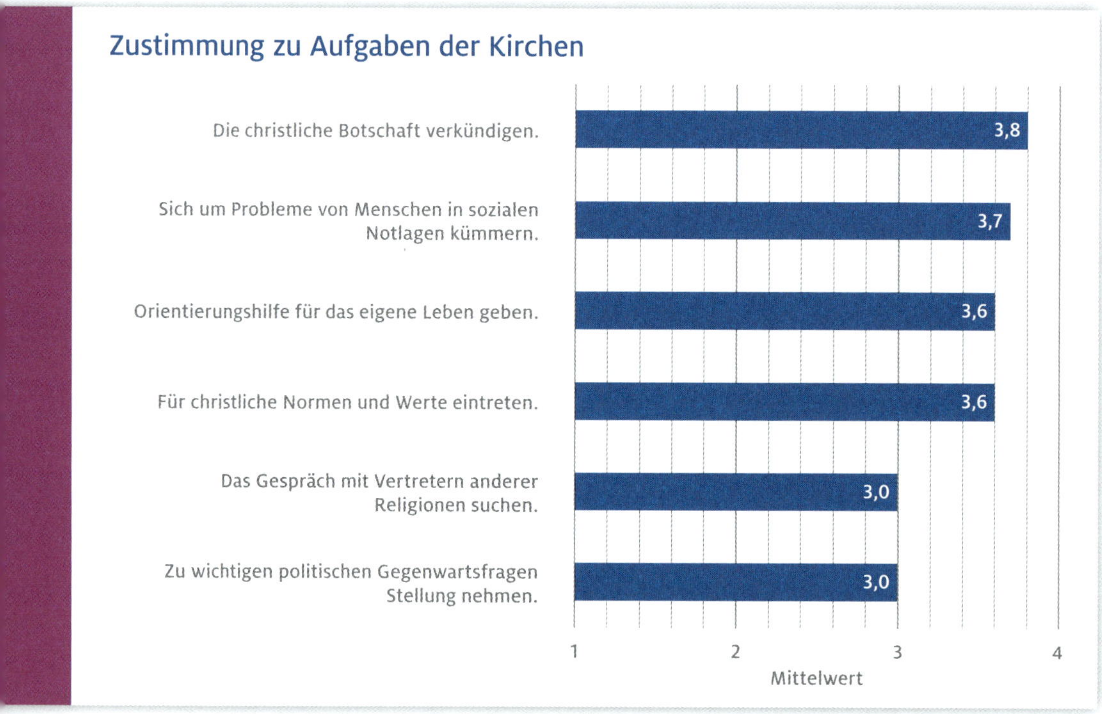

Grafik 30: Inwieweit sollten die folgenden Dinge Aufgabe der christlichen Kirchen und Gemeinden in Deutschland sein?

Der größte Unterschied zwischen Kirchen und Freikirchen wird deutlich bei der Frage, ob es Aufgabe der Kirche ist *„die christliche Botschaft zu verkünden"*, Während 79 Prozent der kirchlichen Jugendlichen dies bejahen, sind es bei den Freikirchlern mit 90 Prozent wesentlich mehr. Wobei bei kirchlichen Jugendlichen der Unterschied zwischen den Älteren (20- bis 29-Jährigen, 91 Prozent) und den Jüngeren (14- bis 19-Jährigen, 79 Prozent) auffällt. Die höchstbewertete Frage *„Christliche Botschaft verkündigen"* hat auch in den geführten Interviews eine wichtige Rolle gespielt. Stefanie (22 Jahre) geht in eine Freikirche in Würzburg und sieht es als *„ein Privileg"*, vom Glauben zu erzählen. Sie nutzt dazu einfach die alltäglichen Gelegenheiten, spricht die Menschen in ihrem Umfeld darauf an *„und warte[t] dann einfach ab, was als Reaktion zurückkommt. Und wenn es die Person interessiert, dann wird sie Nachfragen stellen, und dann kann ich ihm Rede und Antwort stehen, und das mache ich gerne."* Anna (19 Jahre) gehört zu einer evangelischen Kirche und sieht es theoretisch ähnlich: *„Aber klar ist es wichtig, Leuten von Gott zu erzählen, weil nur, wenn sie Wissen darüber haben, können sie entscheiden und da auch mitgehen."* Praktisch allerdings hält sie sich eher zurück und auch mit dem Thema Mission hat sie sich *„noch nicht so sehr beschäftigt"*.

Wenn wir auf die vier höchsten Zustimmungswerte von Kirche schauen, dann sehen wir ganz unterschiedliche kirchliche Aufgabenbereiche:[96]

- Kommunikation des Evangeliums: die christliche Botschaft verkündigen,
- Eintreten für christliche Normen und Werte,
- Nächstenliebe: sich um Probleme von Menschen in sozialen Notlagen kümmern,
- Orientierungshilfe für das eigene Leben.

Interessant ist, dass für hochreligiöse Jugendliche gerade diese Grundwerte der Kirche wichtig sind und sie auch in den qualitativen Interviews sehr positiv besetzt sind. Die anderen beiden Punkte haben noch eine hohe Zustimmung, auch wenn man diese (und die anderen Themenbereiche) mit der Allbus Studie 2012 vergleicht. Am auffälligsten ist, dass das einzige Thema, bei dem der bundesdeutsche Schnitt höher liegt als die Werte unserer Studie (sowohl bei hochreligiösen als auch bei religiösen Jugendlichen), *„Das Gespräch mit anderen Religionen"* ist. Sehen wir dies im Kontext der Gesamtergebnisse, dann ist dieses Ergebnis nicht verwunderlich, da gerade hochreligiöse Jugendliche eine ausgeprägte exklusivistische Glaubenshaltung an den Tag legen und mehrheitlich davon ausgehen, dass ihr Glaube der wahre Glaube (im Vergleich mit anderen Religionen) ist. Was diese Haltung/Aussage bedeutet, wird nachfolgend noch ausführlicher beschrieben.

Vergleich mit den ALLBUS-Daten 2012:

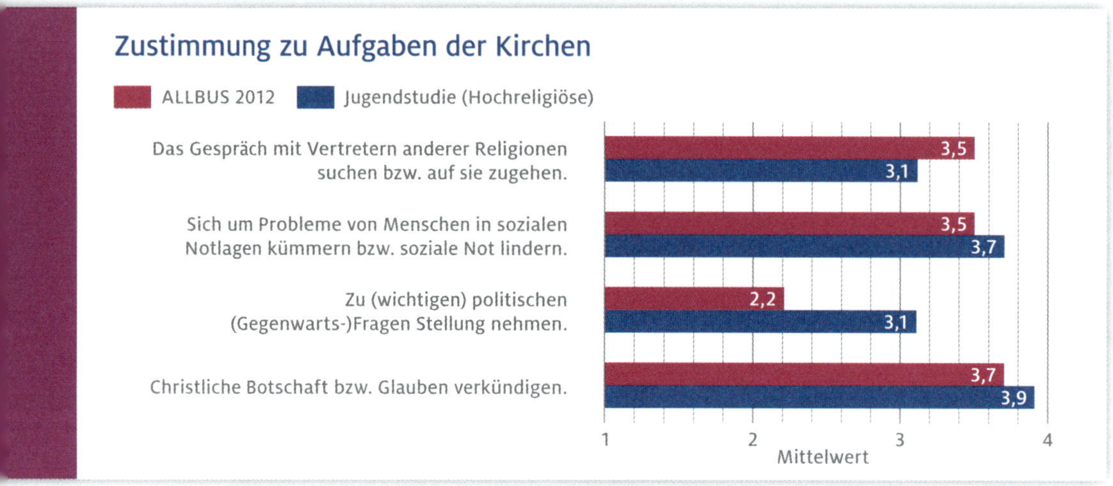

Grafik 31: Inwieweit sollten die folgenden Dinge Aufgabe der christlichen Kirchen und Gemeinden in Deutschland sein?

Neben der Zustimmung zu den zentralen Werten und Aufgaben einer Gemeinde gehört das Leben innerhalb einer Gemeinde zu den zentralen Identifikationsmerkmalen. Auch hier fallen die Werte, wie bei der Zielgruppe zu erwarten, recht hoch aus:

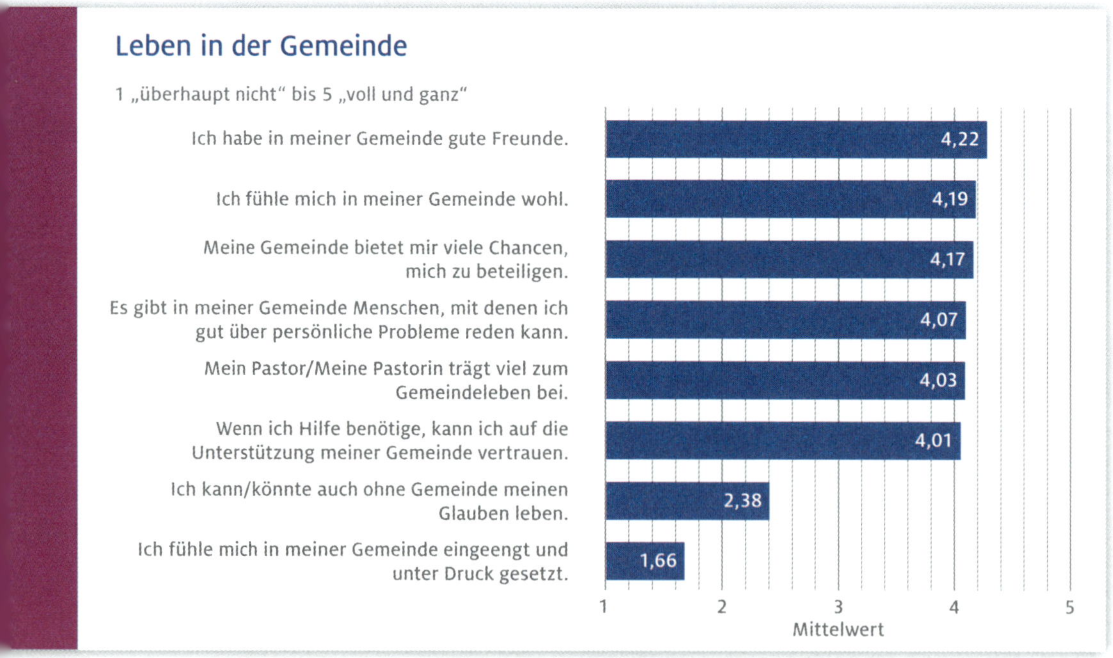

Grafik 32: Die folgenden Aussagen beziehen sich auf die Gemeinde, der du dich zugehörig fühlst. Inwiefern treffen folgende Aussagen zu?

An dieser Stelle werden die Gründe der starken Verbundenheit hochreligiöser Jugendlicher zu ihren Kirchen und Gemeinden deutlich. Sie schließen an einige der bisherigen Ergebnisse nahtlos an, denn zusammenfassend kann festgestellt werden, dass hier vor allem drei Gründe genannt werden:

1. Beziehungen (Freunde in der Gemeinde, ich kann über meine Probleme reden),
2. emotionales Wohlbefinden (ich fühle mich wohl, ich bekomme Hilfe und Unterstützung) und
3. Partizipation (Chancen, dass ich mich beteiligen kann). Dazu kommt die positive Rolle des Pastors/Pastorin, wie wir sie in vielen anderen Studien nicht finden.

Haben wir zu Beginn des Kapitels vom ambivalenten Verhältnis von Jugend und Kirche gesprochen, so müssen wir spätestens hier feststellen, dass dies für hochreligiöse Jugendliche nicht zutrifft. Denn viele haben eine hohe emotionale Bindung zu ihrer Kirche, die durch die drei beschriebenen Gründe gekennzeichnet ist. Mit 79 Prozent sind dabei Freunde der wichtigste Punkt für die Jugendlichen, deshalb schauen wir diesen Bereich noch einmal genauer an.

Warum Freunde für die Gemeindebindung wichtig sind

Wie auch schon in anderen Studien festgestellt,[97] ist der wichtigste Wert für fast alle Jugendlichen durch die unterschiedlichen Typen hinweg das Thema Gemeinschaft. Dies wird auch hier an dem höchsten Wert *„Ich habe in meiner Gemeinde gute Freunde"* deutlich. Zum einen hat das mit dem Alter und der Entwicklungsphase (Adoleszenz- und Postadoleszenzphase) zu tun und zum anderen mit der Identifikation mit der Peergroup und einer Möglichkeit, sich hier ehrlich über Glauben und Leben auszutauschen: *„deswegen finde ich die Gemeinschaft, glaube ich, wichtig"* (Marie). Stefanie konkretisiert das, wenn sie feststellt: *„Also, wo ich dann richtig merke, die Leute wollen auch Anteil an meinem Leben haben. Und das ist auch irgendwie ziemlich cool und das ist irgendwie auch immer entspannt, weil wir dann so mit den Studenten eigentlich immer ziemlich spontan irgendwo zusammen hingehen zum Mittagessen."* Dabei geht es auch um ganz praktische Hilfestellungen, wie Simon ergänzt: *„Dazu kommen persönliche Kontakte oder wo man Hilfsbereitschaft erlebt, beispielsweise, dass man erfährt, dass Leute auch für einen beten oder für einen da sind."* Gerade der geistliche Aspekt spielt für viele Jugendliche eine wichtige Rolle. In der Gemeinschaft und durch die Gemeinschaft erlebt man Gott. So wie Lea, die sagt: *„Durch die Gemeinschaft, durch dieses Leben in der Gemeinschaft lebt für mich auch Gott und wird auch Gott lebendig oder ist auch Gott lebendig."* Gemeinschaft wird dabei zum einen in spontanen und nicht organisierten Treffen (Essen, Austausch, Feiern etc.) gelebt und zum anderen in organisierten Gemeindestrukturen. Dort vor allem in Kleingruppenformaten, über die Stefanie sagt: *„Mit meinem Hauskreis, mit den Leuten aus meiner Gemeinde, also das ist auch irgendwie eben bei mir in der Gemeinde cool, weil es eben wirklich ist – wir sind ein Mix aus Jung und Alt und man kommt irgendwie mit allen mal ins Gespräch."* Oder wie Marie betont, *„weil für mich ist das wichtig, auch mit anderen Christen Kontakt zu haben und Meinungen auszutauschen und ich glaube, dass dafür eine Gemeinde auch da ist"*.

So lässt sich feststellen, dass da, wo Jugendliche in unterschiedliche Gemeinschaftsformen eingebunden sind, eine natürliche Verbundenheit und Zugehörigkeit zu Kirche und Gemeinde entsteht. Oder wie Anna es ausdrückt: *„Ich würde sagen, Kirche ist meine zweite größere Großfamilie."* Grundsätzlich sind Jugendliche aus Freikirchen dabei fester in gemeindlich organisierten Strukturen eingebunden als kirchliche Jugendliche. Dies gilt auch für jüngere Jugendliche gegenüber älteren. Ältere haben in ihrer Gemeinde tendenziell weniger Freunde. 85 Prozent der 14- bis 19-Jährigen stimmen dieser Aussage oft oder sehr oft zu. Bei den 20- bis 29-Jährigen sind es 74 Prozent.

Was erwarten Jugendliche eigentlich von Kirche?

In den qualitativen Interviews haben wir die Jugendlichen gefragt, was sie von Kirche erwarten, und sind auf sehr klare Vorstellungen gestoßen, wie zum Beispiel bei Melissa, die dazu sagt: *„Ich glaube, eine Traumgemeinde oder perfekte Gemeinde gibt es gar nicht, weil Gemeinde durch die Unterschiede lebt. Aber wenn jeder seine Sachen einbringt, sich jeder so beteiligt, wie er es kann und seine von Gott bekommenen Fähigkeiten einbringt und die Gemeinde auf jeden Fall offen ist und neue Leute immer begrüßt und herzlich einlädt, dann lebt Gemeinde."*

Am liebsten hätten die Jugendlichen eine Gemeinde, in der es eine lockere Gemeinschaft gibt sowie Angebote auch für Mitte 20- bis 30-Jährige. Einigen ist besonders der generationsübergreifende Zusammenhalt wichtig. Außerdem möchten sie sich am Programm und den Gottesdiensten beteiligen. Die Gemeinde sollte anderen Kulturen gegenüber offen sein und Begabungen fördern. Zusätzlich sollte ein unverbindliches Austesten möglich sein und dass man die Möglichkeit hat, dem Alltagsstress zu entfliehen. Viele wollen sich in ihrer Gemeinde zu Hause fühlen und auch Aktionen außerhalb der Glaubensarbeit haben. Das Wichtigste für viele Jugendliche ist die Verortung in ihrer Jugendarbeit. Dort fühlen sie sich wohl und über die Jugendarbeit identifizieren sie sich mit Gemeinde. Die Jugendlichen bevorzugen dabei *„eine wöchentliche Jugendgruppe, die allerdings nicht nur bis 18 geht"*, ansonsten musikalische Angebote genauso wie Sport oder andere Freizeitmöglichkeiten. Erik sieht die Konfirmandenarbeit als zentral, denn da entscheide sich, ob die Jugendlichen Anschluss an die Gemeinde bekommen oder nicht. Dabei spielt das Angebot der Jugendarbeit eine wichtige Rolle, aber auch Jugendgottesdienste und die Möglichkeit zur Mitarbeit. Anke hat sich sehr viele Gedanken über Gemeinde gemacht und auch zum Verhältnis von Jugendarbeit zur Gemeinde. Sie stellt für sich fest: *„Ich glaube, jeder Christ braucht einen Ort, wo er eine Aufgabe hat, wo er auch die Gemeinschaft hat, in der er angenommen ist und in der er er selbst sein kann, und in der er einen geistlichen Input bekommt, denn ich finde es wichtig, dass man eine Gemeinde hat, nicht nur irgendwie eine Jugendgruppe. Weil da sind dann auch ältere Leute da, von denen kann man halt viel lernen."* Auch hier ist es den Jugendlichen vor allem wichtig, willkommen zu sein. Fassen wir die geführten Interviews zusammen, dann lassen sich drei große Themenbereiche herausstellen, die die bisherigen Ergebnisse unterstreichen.

1. Gemeinde hilft mir bei der Glaubensentwicklung

Viele Jugendliche haben in der Gemeinde sehr viel für ihren Glauben mitgenommen bzw. äußern, dass sie sogar die größte Rolle in ihrer Glaubensentwicklung spielt oder ihnen ohne die Gemeinde der Antrieb fehlen würde. Außerdem sei Gemeinde wichtig, um seinen Glauben weitergeben zu können. Manche gehen sogar so weit zu sagen, dass sie ohne die Gemeinde nicht zum Glauben gekommen wären. Bei anderen spielt Gemeinde jedoch keine so große Rolle. Für die Intensität des Glaubens scheint auch die Stärke des Zusammenhalts in der Gemeinde entscheidend zu sein.

2. Im Gottesdienst will ich Gott begegnen

Für viele hochreligiöse Jugendliche hat der Gottesdienst eine große Bedeutung, weshalb sie versuchen, regelmäßig hinzugehen. Er dient dazu, Gott zu begegnen und sich mit anderen Gemeindemitgliedern auszutauschen. Dabei sprechen unterschiedliche Gottesdienstformen die Jugendlichen unterschiedlich an. So werden einige, aber nicht alle, vom Sonntagmorgengottesdienst angesprochen oder vom Jugend- bzw. Worship-Gottesdienst. Anderen sind bestimmte Teile des Gottesdienstes besonders wichtig, wie z. B. das Gebet oder die Musik. Für wieder andere spielt der Gottesdienst hingegen gar keine Rolle. Einigen ist es wichtig, dass sie den Gottesdienst selbst mitgestalten können oder sie mussten mit dem Thema Gottesdienst erst warm werden. Ein paar Befragten ist es auch wichtig, dass die Predigt ihnen etwas mitgibt oder sie berührt. Allerdings lässt sich auch beobachten, dass die Art des Gottesdienstes, welcher die Jugendlichen anspricht, sich mit zunehmendem Alter verändert.

3. Ich bin in mehreren Gemeinden zu Hause

Ein Thema, das schon in der quantitativen Umfrage deutlich wurde, begegnete uns in den Interviews immer wieder: Viele Jugendliche gehen gerne in mehrere Gemeinden gleichzeitig. Sie besuchen verschiedene Gottesdienste und andere Veranstaltungen von unterschiedlichen Gemeinden, wie zum Beispiel Niklas, der sagt: *„Ich fühle mich vom Glauben her eher den Baptisten zugehörig, bin aber Landeskirchler. Ich will dort was verändern, dort brauchen die Menschen Gott.“* Oder Anje, die anmerkt: *„Weil ich im Ausland geboren wurde und dementsprechend orthodox bin, und meine Familie eben auch, und deswegen beeinflusst mich das, weil ein Teil eben zu einer Landeskirche sich zugehörig fühlt, der andere Teil eben zu einem ganz anderen Bereich und Freunde von mir in, ja, freien Gemeinden sind. Ja, also ich schnupper da überall mal rein.“*

Zwischenfazit: Jugend und Kirche zwischen Teilhabe und Teilnahme

Wenn wir zu Beginn des Kapitels über die Ambivalenz der Jugend zur Gemeinde geschrieben haben, lässt sich am Ende sagen, dass hochreligiöse Jugendliche gerne in die Gemeinde gehen und ein positives Grundverhältnis zur Kirche allgemein haben. Sie sehen sich selbst als Teil von Gemeinde und beteiligen sich weitgehend aktiv am Gemeindeleben. Wenn wir diese positive Grundstimmung aufnehmen, dann stellen wir fest, dass es drei konkrete Bereiche gibt, die Jugendlichen besonders wichtig sind:[98]

1. **Jugendliche wollen die Kirche beleben**
   Fritz verdeutlicht, an welchen Stellen es für ihn einen individuellen Mehrwert von Kirche und Gemeinde gibt: *„Gemeinschaft. In 'ner Gemeinde kann man ziemlich viel machen. Du kannst ziemlich viel aufbauen und gemeinsam total schnell total coole Sachen machen. Aber sobald ein Glied sagt, das weiter oben ist: nein, so ist es nicht, dann kann's auch ziemlich schnell bergab gehen mit der Gemeinde und das finde ich extrem schade eigentlich.“* Verantwortliche sollten somit Freiräume anbieten, die von den jungen Menschen selbst gestaltet werden und Gemeinschaftserlebnisse ermöglichen. Im Zuge dessen gilt es, die Spannung zwischen eigenen Vorstellungen und den subjektiven bzw. kulturellen Präferenzen junger Menschen auszuhalten.

2. **Jugendliche wollen Kirche gestalten**
   „Ja und wenn ich selber Andachten oder sowas mache, dann motiviert mich das halt auch, dass ich dadurch sehr viel mitnehmen kann und selber im Glauben wachsen kann und viel dazulernen kann, weil ich mich mit einem Thema weiter beschäftige." Matti unterstreicht mit seiner Aussage, welches Potenzial die von Jugendlichen genutzten Freiräume insbesondere für die Entwicklung und Entfaltung individueller Kompetenzen bieten. Kirche wird im Zuge dessen Teil der jugendlichen Lebenswelten und befindet sich in einem interaktiven Austausch mit ihnen. Die Folge könnte sein, dass aufgrund jugendlichen Engagements Transformationsprozesse initiiert werden, die wiederum eine Auswirkung für die Kirche als Ganzes haben.

3. **Jugendliche wollen Hauptamtliche als Begleitende**
   Auf die Frage, welche Rolle hauptamtliche Mitarbeitende in der kirchlichen Jugendarbeit spielen, differenzieren die Befragten auf der einen Seite sehr deutlich die Aufgaben der Expert*innen. Auf der anderen Seite steht es für sie außer Frage, dass Kirche Fachkräfte benötigt, die Ehrenamtliche begleiten und in ihrem Dienst unterstützen. Peter bringt dies auf den Punkt, wenn er sagt: *„Ich denke, dass ohne hauptamtliche Mitarbeiter in der Jugendarbeit die Jugendarbeit nicht funktionieren kann, weil es sehr wichtig ist, dass man eben, ja, Fachkräfte zur Verfügung hat, die die Ehrenamtlichen anleiten, die sie qualifizieren für das, was sie machen. Die vielleicht auch mal neue Impulse geben und das Ganze einfach auch begleiten und bei Bedarf unterstützen, koordinieren. Das sollte schon in der Hand von Hauptamtlichen liegen."*

Gerade hinsichtlich der Korrelation von kirchlicher Verbundenheit und religiöser Sozialisation erscheint es ratsam, früh anzufangen und noch einmal neu die Zugänge innerhalb des ersten Lebensjahrzehnts zu reflektieren. Kirche ist demnach herausgefordert, sich kreativ zu engagieren und Kindern, Jugendlichen und ihren Familien attraktive Angebote zu machen, die etwas mit ihrer Lebenssituation zu tun haben, um eine natürliche Bindung an die Institution Kirche zu schaffen. Darauf aufbauend halten wir konkrete Mitsprache und Beteiligungsstrukturen für Jugendliche für unerlässlich. Thomas Schlag weist zu Recht auf die Verantwortung der Kirche gegenüber ihren Jugendlichen hin, wenn er davon spricht, dass Jugendliche ein „unverzichtbarer Bestandteil" der Kirche sind und das Gelingen der zukünftigen Kirche von den Jugendlichen und ihrer Einbindung in der Gegenwart abhängt.[99] Wie dies eingeübt werden kann, hat die evangelisch-reformierte Kirche in ihrer Herbstsynode im November 2017 gezeigt. Beim Thema „Zukunft der Kirche" nahmen neben den gewählten 62 Synodenmitgliedern 62 Jugendvertreter*innen der Jugendkonferenz und des theologischen Nachwuchses an der Synode teil. Das Ergebnis des Experiments war erstaunlich, denn, so die einhellige Meinung der Synodalen, allein die Anwesenheit der Jugendlichen hätte die gesamte Atmosphäre verändert.[100]

Kirche aus der Sicht der Typen

Schauen wir etwas differenzierter auf das Thema „Jugend und Kirche", dann fällt zum einen auf, dass die hochreligiösen Jugendlichen eine wesentlich engere und emotionalere Bindung zu ihrer Kirche haben – Stichwort „Kirche als Heimat" – und zum anderen eine Differenzierung der Typen, was die Kirchenbindung angeht. Denn besonders die Ganzheitlichen (Typ 5) und die Erlebnisorientierten (Typ 6) (mit einer hohen Kirchenbindung) sind mehrheitlich kirchliche Jugendliche, und die Erweckten (Typ 3) und die Unauffälligen (Typ 4) (mit einer eher schwachen Kirchenbindung) sind mehrheitlich freikirchliche Jugendliche. So lässt sich zwar auf der einen Seite feststellen, dass es eine sehr emotionale und hohe Kirchenbindung bei freikirchlichen Jugendlichen gibt – was aber vor allem für die Höchstleister (Typ 1) und die Ambivalenten (Typ 2) gilt. Zum anderen haben wir, wenn wir die Typen betrachten, je vier mit einer starken Kirchenbindung und je vier, die eine schwache Kirchenbindung haben – jeweils zwei eher kirchliche und zwei eher freikirchliche. Die Frage nach der Verbundenheit zur Kirche ist also nicht in erster Linie eine Frage der konfessionellen Zugehörigkeit.

So sehr religiöse Jugendliche sich Gemeinde als einen Ort der Heimat wünschen, so sehr haben sie insgesamt ein ambivalentes Verhältnis zu ihrer Kirche oder Gemeinde. Auf der einen Seite betrachten viele hochreligiöse Jugendliche die Zugehörigkeit zu einer bestimmten gemeindlichen Gruppe als wichtig und selbstverständlich und schätzen auch die Gottesdienste. Auf der anderen Seite aber spielen die Beziehungen innerhalb einer Gemeinde eine große Rolle. Kommt beides zusammen stehen die Chancen am besten, dass Jugendliche eine gemeindliche Bindung entwickeln. Wurden die Angebote in der Jugendzeit in der Regel durch Teenagerkreise abgedeckt, gibt es für den Lebensabschnitt danach in den meisten Gemeinden keine speziellen Gruppen, auch weil viele junge Erwachsene in Universitätsstädte umziehen (besonders strukturschwache Orte leiden darunter). In den evangelischen Kirchen ist der erste große Abbruch nach der Konfirmation zu verzeichnen, bei den Freikirchen oft im jungen Erwachsenenalter. Überhaupt scheint die Bindung an Gemeinde im Alter von 20 bis 29 Jahren in den Kirchen und Gemeinden eher schwächer ausgeprägt zu sein. Dabei haben gerade Jugendliche und junge Erwachsene in diesem Alter den Wunsch nach einer geistlichen Heimat. Allerdings gibt es in vielen Gemeinden gerade für diese Zielgruppe wenig Angebote, obwohl Gemeinschaft für diese Altersphase in Bezug auf Kirchenbindung eine besonders wichtige Rolle spielt.[101]

Wenn wir uns die Kirchenaustritte der beiden großen Kirchen anschauen, dann stellen wir fest, dass die höchste Austrittsquote im Alter von 20 bis 29 Jahren liegt.[102] In einer Umfrage[103] bei der Zielgruppe wurde gefragt, wann sich junge Erwachsene in einer Gemeinde „zu Hause" fühlen. Zwei Bedingungen wurden dabei vor allem genannt: Zunächst muss für sie der „geistliche Input" stimmen. Dazu gehören die als richtig empfundene theologische Ausrichtung sowie Impulse dafür, das eigene Christsein authentisch zu leben. Noch wichtiger für Jugendliche ist es jedoch, sich ernst genommen zu fühlen und die Gemeinde als einen Ort zu erleben, an dem sie Hilfe und Unterstützung erfahren. Viele Jugendliche sehen Kirche dabei als wichtige gesellschaftliche Institution, bei der eigenen Verbundenheit gehen die Meinungen allerdings auseinander (siehe Typen). Während für die einen Kirche eine geistliche Heimat und ein wichtiger persönlicher Ort ist, an dem sie Gemeinschaft und Spaß erleben, spielt sie für die anderen Jugendlichen keine große Rolle für ihre religiöse Praxis.

Fragen: Identifikation und formale Mitgliedschaft

Da, wo institutionelle Bindekraft nahezu ausschließlich über den Besuch des Sonntagsgottesdienstes definiert wird, ist die Identifikation und Verbundenheit zur Kirche brüchig geworden. Eine verdichtete Nähe zur Kirche wird vor allem über gemeinsame Partizipation mit Themen, Erfahrungen und Menschen aufgebaut. All das trifft auf die Höchstleister (Typ 1), die Ambivalenten (Typ 2), die Ganzheitlichen (Typ 5) und die Erlebnisorientierten (Typ 6) zu. So lässt sich feststellen, dass es einen Zusammenhang zwischen Teilhabe und Teilnahme gibt und die traditionelle Sicht von „drinnen" und „draußen" für die meisten Jugendlichen keine Rolle mehr spielt. Zugehörigkeit zeigt sich für Jugendliche deshalb anders als durch die klassische Mitgliedschaft. Daher ist die Frage *„Ist Mitgliedschaft noch die richtige Form der Gemeindebindung?"* eine der zentralen Fragen für Kirchen und Freikirchen, wenn es um die Bindung und Zugehörigkeit von Jugendlichen geht. Wo werden jungen Menschen Identifikationspunkte angeboten? Wo Teilhabe? Bei den Jugendlichen mit einer hohen Verbundenheit ist dies über Mitarbeit, Gemeinschaft und feste Gruppenzugehörigkeit gegeben, aber die vier Typen, bei denen dies nicht gegeben ist, leben mit der großen Gefahr des völligen Verlustes. Aktivitäten, schon in der Arbeit mit Kindern, sind die beste Prophylaxe gegenüber einer zunehmenden Entfremdung der jungen Generation. Gerade in der Adoleszenzphase sind dann verschiedene Angebote der Jugendarbeit wichtige Faktoren, also Freizeiten, schulischer Religionsunterricht oder auch Konfirmandenarbeit. Wie wichtig Letzteres ist, zeigten Friedrich Schweitzer und Wolfgang Ilg in ihrer Studie „Jugendliche nach der Konfirmation“ auf.[104]

Kirche und Jugend – es ist kompliziert. Das zieht sich durch viele Jugendstudien und zeigt sich auch in vier von acht Glaubenstypen. Doch insbesondere bei vielen hochreligiösen Jugendlichen lässt sich eine hohe Bindung zu ihrer Kirche und Gemeinde feststellen. Sie fühlen sich wohl, sind ehrenamtlich engagiert und sehen ihre Gemeinde als ihre geistliche Heimat an. Dies ist durchaus ein beachtliches Ergebnis, das wir so nicht erwartet haben.

Foto © Thomas Reimer | Fotolia.com

Der Gottesdienst – der Ort, um Gott zu erleben

„Eine wichtige Rolle. Ich bemühe mich und meist gelingt es auch, jeden Sonntag in den Gottesdienst zu gehen, mit Ausnahme natürlich beispielsweise bei Krankheit oder Urlaub, ansonsten ist er aber schon ein wichtiges Element der persönlichen Stärkung, aber auch des Austauschs." SIMON

„Wo ich das Gefühl habe, Mensch, da bin ich berührt, da kann ich was mitnehmen für die Woche, so. Und von den Arten von Gottesdiensten ist es sehr unterschiedlich, also, wie gesagt, normaler Sonntagsgottesdienst. Ich mag aber auch gut gestaltete Jugendgottesdienste sehr gerne, gestalte auch selbst wirklich gerne Jugendgottesdienste." LAURA

„Ich habe Worship-Gottesdienst sehr, sehr gerne – mit viel Singen und so." ANNA

In den meisten Landes- und Freikirchen steht der Gottesdienst im Zentrum der Gemeinde. Hier findet Verkündigung statt, aber auch Begegnung, Gemeinschaft, Gesang und Gebet. Diese Gottesdienstzentriertheit hat eine lange Tradition und wurde in vielen Studien immer wieder dargestellt.[105] Ebenso lang ist die Tradition, dass gerade Jugendliche mit den Gottesdiensten „fremdeln" und sich dort oftmals nicht zu Hause fühlen. Zu „altbacken", zu viel „Liturgie" und zu viel „alte Leute" kommen als Reaktion auf die Frage, was Jugendliche von den Sonntagsgottesdiensten halten. Besonders schwer haben es hier die evangelischen Kirchen, die mit ihrer traditionellen Liturgie bei etlichen Jugendlichen einen schweren Stand haben. In diesen gibt es dazu noch ein besonderes Phänomen, denn die Konfirmandinnen und Konfirmanden müssen eine bestimmte Anzahl von Gottesdiensten besuchen, sodass sie diese kennenlernen und eine Bindung zur Kirche aufbauen.

Das Ergebnis ist leider genau gegenteilig, denn die Zahl der Konfirmand*innen, die Gottesdienste am Ende ihrer Konfirmandenzeit „langweilig" finden, hat sich laut der „Tübinger Konfirmanden Studie" signifikant erhöht.[106] Die entwicklungspsychologischen Voraussetzungen, die fehlenden lebensweltlichen Bezüge und die unterschiedlichen Ausdrucksformen des Glaubens bilden eine hohe, fast unüberwindbare

Hürde für viele Konfirmand*innen. Die Gründe dafür fassen Stefanie Hügin und Hansjörg Kopp in der Studie „Brücken und Barrieren" treffend zusammen, wenn sie sagen: *„Neben persönlichen Ausgrenzungen, die Jugendlichen widerfuhren, sind die Erfahrungen mit dem Gottesdienst die größte Barriere wider ein Engagement in evangelischer Kirche. Die Gründe sind vielfältig: Die Uhrzeit wirkt ebenso abschreckend wie die Musik, die Atmosphäre und die Sprache im Gottesdienst. Besonders negativ bewertet wird die Predigt."*[107] Diese Erfahrungen ziehen sich durch unterschiedliche Studien und zeigen auf, dass die Jugendzeit im Bezug auf die Gottesdienste meist negativ belastet ist.[108]

Gottesdienste – ein Überblick

Bevor wir nun einen besonderen Blick auf die hochreligiösen Jugendlichen werfen, möchten wir kurz einen kleinen Überblick zum Thema Gottesdienst geben, um anschließend unsere Ergebnisse in dieses Gesamtbild einzuordnen. Laut „Bertelsmann Religionsmonitor" gehen im Westen Deutschlands 22 Prozent der Menschen einem religiösen Ritual wie Gottesdienst, Freitagsgebet etc. nach, im Osten sind es 12 Prozent. Von den gut 22 Millionen evangelischen Christen besuchen nach Selbstaussage der EKD etwa 808.000 jeden Sonntag einen evangelischen Gottesdienst.[109] Dazu kommen wöchentlich 194.219 Teilnehmende in Kindergottesdiensten und 12.302 Teilnehmende in Jugendgottesdiensten. 120.994 Jugendliche gruppieren sich ergänzend in 12.017 Jugendgruppen. Zum Vergleich: Der größte freikirchliche Verbund in Deutschland, der Bund Evangelisch-Freikirchlicher Gemeinden in Deutschland (Baptisten und Brüder), hat 91.558 Mitglieder und 82.848 wöchentliche Gottesdienstbesucher.[110] Schauen wir auf den Gottesdienstbesuch von kirchlichen Jugendlichen, dann stellen wir fest, dass 62 Prozent in keinen Gottesdienst gehen, 18 Prozent einmal im Monat und 20 Prozent zweimal oder öfter im Monat.[111] Wenn wir dies mit den hochreligiösen Jugendlichen unserer Studie vergleichen, dann stellen wir fest, dass die Bewertung des Gottesdienstes bei diesen insgesamt eher positiv ausfällt. Das war zu erwarten, denn schon die Sinusstudie hat einen Typ (die „Religiös-Motivierten")[112] herausgefunden, in dem der Gottesdienst eine überdurchschnittliche hohe Rolle für den eigenen Glauben spielte.[113] Blicken wir nochmal genauer auf die Freikirchen und auf den Bund Evangelisch-freikirchlicher Gemeinden, da dort die Bedeutung des Gottesdienstes genau untersucht wurde.[114] So spielt der Gottesdienst im Bezug auf Wachstum eine zentrale Rolle. Je moderner der Gottesdienst gestaltet wird je wahrscheinlicher ist Gemeindewachstum. Und wenn weiter gefragt wird, was Faktoren für einen modernen Gottesdienst sind, dann ist der höchste Wert, dass es eine eigene Lobpreiszeit im Gottesdienst gibt.

Die hochreligiösen Jugendlichen unserer Studie gehen gerne und regelmäßig (72 Prozent besuchen jede Woche den Gottesdienst) in eher moderne Gottesdienste (58 Prozent) und bevorzugen offene Formen (48 Prozent Zustimmung) deutlich vor liturgischen (19 Prozent Zustimmung). Sehr wichtig ist ihnen, dass der Gottesdienst lebendig (80 Prozent Zustimmung) ist. 66 Prozent gehen dabei in einen Sonntagmorgen-Gottesdienst und 30 Prozent besuchen eher Abendgottesdienste. Dabei ist es nicht so wichtig, dass der Gottesdienst explizit auf Jüngere ausgerichtet (33 Prozent Zustimmung) oder zum Mitmachen (35 Prozent Zustimmung) ist. Interessant ist, dass fast jeder zweite Jugendliche (48 Prozent) dabei in Gottesdienste von unterschiedlichen Gemeinden geht, was die Feststellung zur Verbundenheit der Jugendlichen mit Gemeinde weiter stützt, dass es hochreligiösen Jugendlichen nicht in erster Linie um eine konfessionelle, sondern um eine geistliche Heimat geht. Sie gehen dahin, wo sie sich wohlfühlen und wo ihre geistlichen Erwartungen, Formen und Inhalte vorkommen.

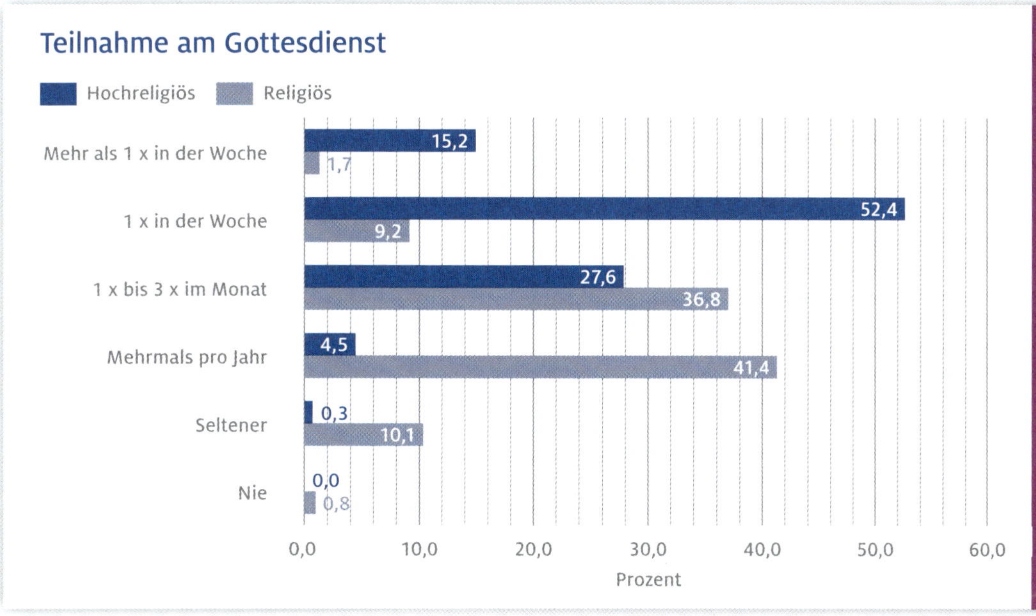

Grafik 33: Wie häufig nimmst du an Gottesdiensten teil?

Hier wird auch der Unterschied zu religiösen Jugendlichen deutlich, die wesentlich seltener einen Sonntagsgottesdienst besuchen und dafür häufiger einen alternativen Abendgottesdienst (44 Prozent im Vergleich zu 30 Prozent der Hochreligiösen). Dies zeigt sich auch bei der Gemeindezugehörigkeit. Kirchliche nehmen seltener an Gottesdiensten teil: 52 Prozent der kirchlichen Jugendlichen gehen mindestens einmal pro Woche in den Gottesdienst, bei den freikirchlichen sind es 82 Prozent. Dabei gibt es einen leichten Unterschied zwischen den religiösen und hochreligiösen Jugendlichen und auch einen altersbedingten. Je älter die Jugendlichen werden, desto öfter nehmen sie an verschiedenen Gottesdiensten teil. Interessant ist auch, dass hochreligiöse Jugendliche eher einen klassischen Sonntagmorgen-Gottesdienst besuchen als einen zeitlich alternativen Gottesdienst (Lobpreis-, Jugendgottesdienst etc.) unter der Woche. Bei religiösen Jugendlichen hingegen halten sich beide Gottesdienstformen in etwa die Waage.

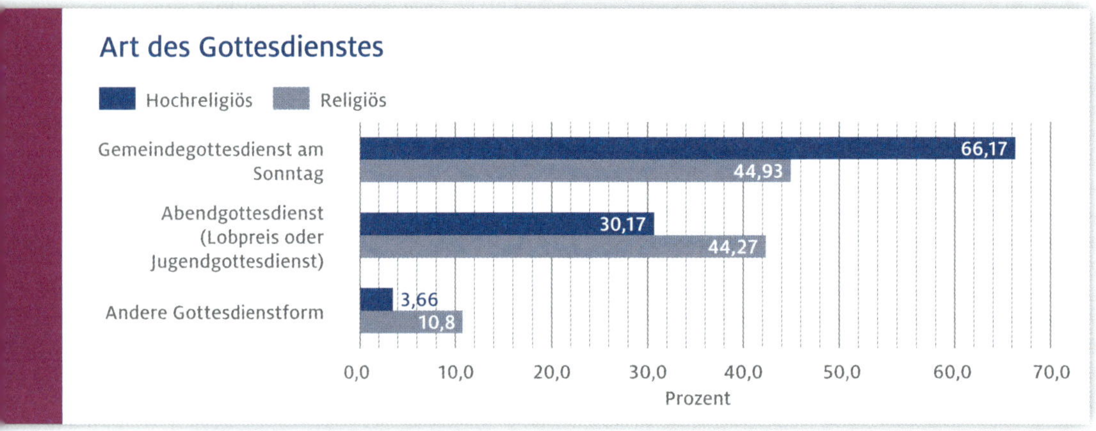

Grafik 34: In welchen Gottesdienst gehst du am häufigsten?

43 Prozent der kirchlichen Jugendlichen gehen zu Abendgottesdiensten. Bei den Freikirchlern sind es 18 Prozent. 52 Prozent der kirchlichen Jugendlichen gehen in den Sonntagsgottesdienst ihrer Gemeinde. Bei den Freikirchlern sind es 79 Prozent. 58 Prozent der 14- bis 19-Jährigen gehen in den Sonntagsgottesdienst, bei den 20- bis 29-Jährigen sind es 73 Prozent. Nicht überraschend ist das Ergebnis, wenn es um die Gottesdienstform geht. Die befragten hochreligiösen Jugendlichen haben sich mehrheitlich für offen-spontane und moderne im Gegensatz zu traditionell-liturgischen Gottesdiensten ausgesprochen. Auffällig ist, dass sie offen sind für generationsübergreifende Gottesdienste (49 Prozent sind für Ältere und Jüngere im Gottesdienst). Insgesamt steht der Gottesdienst für die Hochreligiösen (stellvertretend) für die ganze Gemeinde. Während es sich bei den hochreligiösen Jugendlichen 60 Prozent der Befragten nicht vorstellen können, ohne Gemeinde ihr Christsein zu leben, ist es bei den religiösen Jugendlichen nur jeder Dritte.

Welche Rolle spielt die Gottesdienstform?

In welche Form von Gottesdienst gehen Jugendliche? Dies ist eine spannende Frage, die sehr unterschiedlich beantwortet wird, wobei für hochreligiöse Jugendliche der Sonntagmorgen-Gottesdienst, wie gesehen, eine wesentlich zentralere Stellung hat als für religiöse. 61 Prozent der hochreligiösen und 59 Prozent der religiösen Jugendlichen besuchen einen modernen im Gegensatz zu einem liturgisch-traditionellen Gottesdienst. Dies ist, wie eben schon angedeutet, kein überraschendes Ergebnis. Bei der Umfrage der Evangelischen Kirche von Kurhessen-Waldeck (2018) zum Thema „Jugend & Kirche" haben fast 75 Prozent der befragten Jugendlichen sich vor allem moderne Gottesdienstformen gewünscht. 65 Prozent sprachen sich für lebensnahe Elemente aus. Was allerdings überrascht, ist, dass sich lediglich 46 Prozent der Jugendlichen für das Mitmachen während des Gottesdienstes aussprachen, während 43 Prozent lieber zuhören. Anna, 19 Jahre, beschreibt das Gefühl vieler Jugendlicher ganz gut, wenn es um die Form des Gottesdienstes geht: *„Ja, es gibt Gottesdienste, die mehr interaktiver sind oder, wenn gute Lieder gespielt werden, die auch meinem Alter entsprechen und eine coole Musikbegleitung haben. Viel über Musik. Wenn die stimmt, dann kann man schon mal den Gottesdienst besser aushalten. Genau, das ist wichtig. Oder, ja, interaktive Sachen wie Theaterstücke, Anspiele werden gespielt, man hat selber Karten, die auf dem Platz ausliegen, die man im Laufe des Gottesdienstes irgendwie ausfüllen kann mit eigenen Gedanken, sowas."* Interessant ist, dass es bei allen Fragen zur Gottesdienstform (siehe nächste Grafik) kaum signifikante Unterschiede zwischen hochreligiösen und religiösen Jugendlichen gibt.

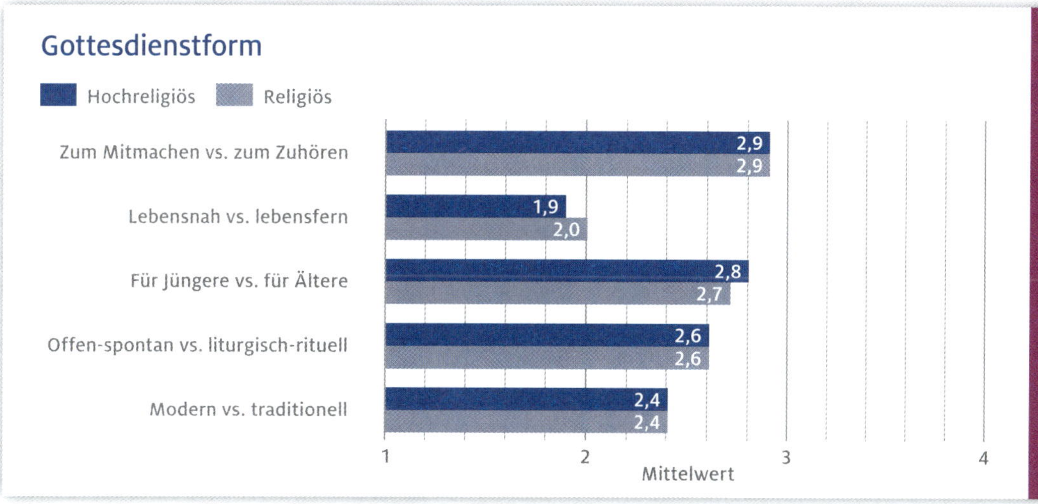

Grafik 35: Im Folgenden sind jeweils zwei Eigenschaften, z. B. Mitmachen oder Zuhören auf einer Skala einander gegenübergestellt. Wo würdest du den Gottesdienst verorten, den du am häufigsten besuchst?

Ein paar konfessionelle Feinheiten werden dennoch deutlich. 18 Prozent der kirchlichen Jugendlichen schätzen den Gottesdienst, den sie besuchen, eher traditionell ein. Bei den Freikirchlern sind es 11 Prozent. Die Gottesdienste, die Kirchliche besuchen, sind eher liturgisch-rituell (25 Prozent), bei den Freikirchlern sind es dagegen nur 13 Prozent. Grundsätzlich ist festzustellen, dass mit zunehmendem Alter der Jugendlichen die Gottesdienste, die sie besuchen, weniger partizipativ, öfter liturgisch-traditioneller und lebensferner sind.

Zusammenfassend kann festgestellt werden, dass die allermeisten Jugendlichen einen lebensnahen, offen-spontanen und modernen Gottesdienst besuchen. Wie dieser konkret aussieht und was ihnen dabei wichtig ist, soll nun beschrieben werden.

Was erwarten Jugendliche eigentlich von Gottesdiensten?

Wir erleben, dass gerade für hochreligiöse Jugendliche der Gottesdienst eine wichtige Rolle spielt. Dies bringt auch Simon (26 Jahre) zum Ausdruck, wenn er sagt: *„Der Gottesdienst spielt für mich schon eine wichtige Rolle, um für den Alltag Kraft zu tanken und auch um sich zu vergewissern, dass man mit dem Glauben nicht alleine lebt und nicht alleine ist und die Gemeinde eben dabei ist. Für mich dient der Gottesdienst dazu, Gott zu begegnen. Aber zugleich ist es beides wichtig, die Gemeinschaft mit Gott und die Gemeinschaft mit den Christen."* Lea (19 Jahre) bringt auf den Punkt, was für viele hochreligiöse Jugendliche wichtig ist: die persönliche Begegnung mit Gott. *„Wie ich auch schon gesagt habe, ich muss mir das auch immer wieder verinnerlichen, dass Gott um mich herum ist, ja, und ein Gottesdienst oder solche Augenblicke, die mir Gott dann schenkt, das ist eine schöne Erinnerung immer wieder daran."* Dies wird auch bei einem Blick auf die Frage nach den Erwartungen an den Gottesdienst deutlich. Die Jugendlichen hatten in der Umfrage die Möglichkeit, aus 13 vorgegebenen Antworten auszuwählen (Mehrfachnennung war möglich).

Foto © ilfotokunst | Fotolia.com

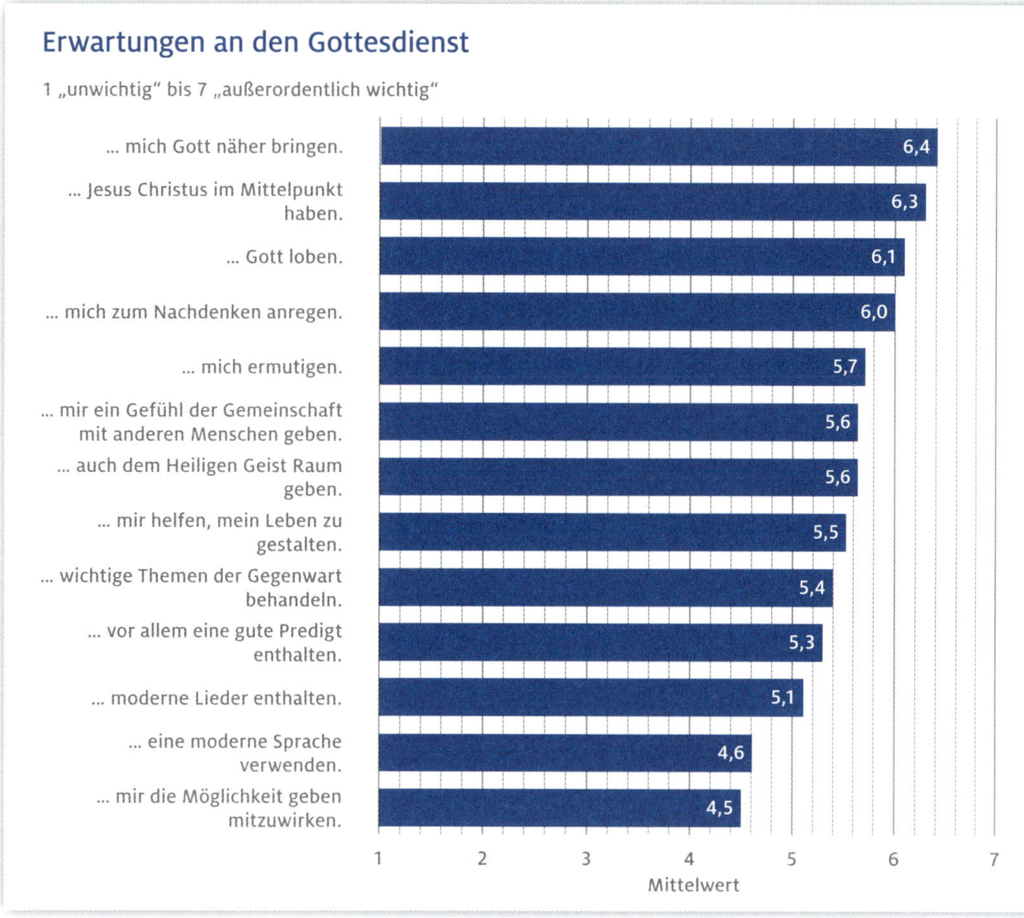

Grafik 36: Nun geht es darum, was du bei einem Gottesdienst gerne erleben willst. Bitte gib an, wie wichtig die folgenden Aspekte für dich sind.

Schauen wir zunächst auf die generellen Zustimmungswerte. Am wichtigsten ist hochreligiösen Jugendlichen, dass Gottesdienste sie Gott näherbringen (96 Prozent), „zum Nachdenken anregen“ (95 Prozent), und „Gott loben“ (91 Prozent). Darüber hinaus spielt das Thema Gemeinschaft eine zentrale Rolle. So geben 84 Prozent der Befragten an, dass „der Gottesdienst mir ein Gefühl der Gemeinschaft mit anderen Menschen geben soll“ (für „lebensnah“ stimmen 82 Prozent). Für religiöse Jugendliche ist „zum Nachdenken anregen“ (89 Prozent), „mir ein Gefühl der Gemeinschaft mit anderen Menschen geben [...]“ (84 Prozent), „wichtige Themen der Gegenwart“ (83 Prozent) und „mich Gott näherbringen“ (79 Prozent) am wichtigsten. Schauen wir nun nur einmal auf die Werte, die „außerordentlich wichtig“ sind, die also eine Zuspitzung darstellen. Da gibt es doch einige Unterschiede. Die höchste Zustimmung bei den hochreligiösen Jugendlichen sind mit Abstand zwei Werte: dass der

Gottesdienst „mich Gott näherbringt" (60 Prozent im Gegensatz zu 28 Prozent bei Religiösen) und dass „Christus im Mittelpunkt steht" (mit 60 Prozent, im Gegensatz zu 14 Prozent Zustimmung bei religiösen Jugendlichen). Im Gegensatz dazu stehen die beiden höchsten Zuspitzungen, dass ein Gottesdienst „zum Nachdenken anregt" (35 Prozent) und ein „Gefühl der Gemeinschaft vermittelt" (31 Prozent), bei den Freikirchlern sind es 70 Prozent. Kirchlichen Jugendlichen ist Gotteslob im Gottesdienst nicht so wichtig, 43 Prozent der kirchlichen Jugendlichen finden dies außerordentlich wichtig und bei den Freikirchlern sind es 55 Prozent. Kirchlichen Jugendlichen ist Raum für den Heiligen Geist im Gottesdienst weniger wichtig, 25 Prozent der kirchlichen Jugendlichen finden dies jedoch außerordentlich wichtig, bei den Freikirchlern sind es 36 Prozent. Frauen ist Gemeinschaftsgefühl im Gottesdienst wichtiger: 29 Prozent der Frauen finden dies außerordentlich wichtig. Bei den Männern sind es nur 24 Prozent. Frauen ist es wichtiger, dass der Gottesdienst sie näher zu Gott bringt. 64 Prozent der Frauen finden dies außerordentlich wichtig. Bei den Männern sind es nur 55 Prozent. Interessant ist zunächst, dass für alle Jugendlichen die Inhalte und Ziele des Gottesdienstes wichtiger sind als die Form. Gott näherkommen und ihn erleben, Gemeinschaft haben und ins Nachdenken über den eigenen Glauben kommen, sind zentrale Erwartungen. Auch beim Gottesdienst lässt sich eine Emotionalisierung feststellen. Einzig der Wert „zum Nachdenken anregen" bildet hier eine Ausnahme.

Konkurrenz von Internet, TV oder Radio

Eine weit diskutierte Frage ist, ob Kirche vom digitalen Wandel profitiert oder eher neue Konkurrenz bekommt durch Podcasts, Onlinepredigten oder andere Möglichkeiten der Social Media. Für Digital Natives[115] sind Internet und Social Media selbstverständlicher Teil ihres Alltags und intensiv mit ihrem Identitäts-, ihren Beziehungs- und ihrem Informationsmanagement verwoben. Dies zeigt auch die DIVSI Studie zum Medienverhalten 9- bis 25-Jähriger auf (qualitative Vorstudie mittels Fokusgroup Interviews und darauf aufbauend eine repräsentative quantitative Erhebung mittels Fragebogen), die aussagt, dass 98 Prozent der Jugendlichen und jungen Erwachsenen heute online sind. Auch bei den Kindern sind es bereits 86 Prozent.[116] Die 17. Shell Studie spricht sogar von 99 Prozent der Jugendlichen, die online sind: 81 Prozent aller Jugendlichen nutzen ein Smartphone und 47 Prozent haben drei oder mehr mobile Geräte (Smartphone, Computer, Tablet etc.). Online sein zu können, stellt für junge Menschen ein zentrales Element gesellschaftlicher Teilhabe dar. Kai-Uwe Hugger erklärt dies folgendermaßen: „Jugendliche suchen zunehmend Orte im Internet auf – Online-Communities –, wo sie eine Aushandlung ihrer hybriden Identität unter Globalisierungsvorzeichen vornehmen können."

Diese Entwicklung der eigenen Identität lässt sich nicht mehr mit den klassischen Identitätsmerkmalen beschreiben, sondern stellt sich als ein „kreativer Prozess der Selbstorganisation" dar. So entsteht aus einer Entweder-oder-Zuordnung eine Sowohl-als-auch-Zuordnung, die eine Mischung von Ambivalenzen, Brüchen und Komplexitäten vereint. Dies führt dazu, dass durch die neuen Möglichkeiten und Vielfalt neue, oftmals ambivalente Identitätsformen bei den Jugendlichen entstehen. So werden die Grenzen zwischen der virtuellen und der realen Welt fließend und nicht mehr trennbar. Neben den großen Fragen, was diese Entwicklung für die Identitätsbildung oder für das soziale Miteinander bedeutet, stellt sich auch die kirchliche Frage, wie das Internet die Gestaltung des Glaubenslebens beeinflusst. Auch das wollten wir von den befragten Jugendlichen wissen und das Ergebnis ist überraschend:

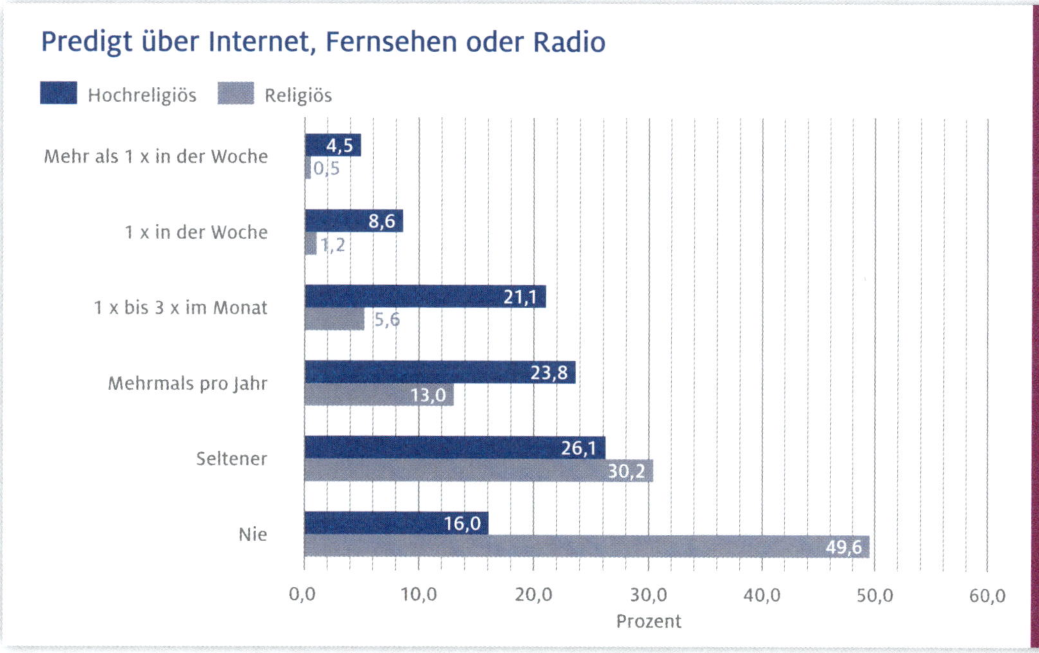

Grafik 37: Wie häufig schaust bzw. hörst du eine Predigt im Internet, Fernsehen oder Radio?

Nun muss festgestellt werden, dass die Frage nach Social Media nicht im Zentrum unserer Studie steht und mit nur einer Frage auch nicht sehr umfangreich und aussagekräftig ist. Trotzdem gibt es zumindest einen Hinweis, der mit anderen aktuellen Daten durchaus korreliert: So sind vor allem die freikirchlichen Männer zwischen 20 und 29 Jahren medienaffin. Detailliert sieht dies folgendermaßen aus: Kirchliche Jugendliche sehen und hören seltener Predigten im Internet, TV oder

Radio. 10 Prozent der kirchlichen Jugendlichen hören mindestens einmal pro Woche eine Predigt über diese Medien an, bei den Freikirchlern sind es 16 Prozent. Männer hören oder schauen öfter Predigten im Internet, TV oder Radio. 11 Prozent der Frauen hören mindestens einmal pro Woche eine Predigt über diese Medien an, bei den Männern sind es 16 Prozent. Ältere schauen öfter Predigten im Internet, TV oder Radio als die 14- bis 19-Jährigen, die mindestens einmal pro Woche eine Predigt über diese Medien anhören. Bei den 20- bis 29-Jährigen sind es 16 Prozent. Interessant im Blick auf die Typen ist, dass einzig der Typ 4 überdurchschnittlich angibt, dass das Internet mit Onlinepredigten, Facebook und Blogs zur Stärkung ihres Glaubens beiträgt. Wir können also festhalten, dass Social Media an Aktualität gewinnt und gerade für hochreligiöse Jugendliche ein wichtiger und ergänzender Faktor für ihren Glauben ist.

Warum Jugendlichen der Gottesdienst wichtig ist – die qualitativen Befunde

Während in der quantitativen Studie der Gottesdienst erstaunlich positiv bewertet wurde, erzählten die Jugendlichen in den Interviews ausführlicher von ihren Vorstellungen und Wünschen von Gottesdiensten in verschiedenen Formen und zu unterschiedlichen Zeiten. Dabei war auch hier der Grundtenor positiv, wie Simon sagt: *„Eine wichtige Rolle. Ich bemühe mich und meist gelingt es auch, jeden Sonntag in den Gottesdienst zu gehen, mit Ausnahme natürlich beispielsweise bei Krankheit oder Urlaub. Ansonsten ist er aber schon ein wichtiges Element der persönlichen Stärkung, aber auch des Austauschs."* Aber gerade der Sonntagmorgengottesdienst ist im Jugendalter oftmals eine echte Herausforderung, wie Torsten berichtet: *„Also, so der Sonntagmorgengottesdienst ist gar keine Option für mich. Ist mir einfach zu früh und man hat halt auch keine Zeit, als Schüler dahin zu gehen, und es ist eben auch nicht attraktiv für Schüler wie mich."* Deshalb sind unterschiedliche Gottesdienstformen und Zeiten für Jugendliche besonders wichtig, wie Leonie berichtet: *„Also wir haben verschiedene Gottesdienste und die einen sprechen mich eher an, andere weniger. Der Sonntagmorgengottesdienst ist eher weniger in meinem Alltag oder bei mir so drin. Ich versuche oder hab mir vorgenommen auch für dieses Jahr öfter dahinzugehen. Auch wenn ich es nicht so oft schaffen werde."* Neben dem Sonntagvormittaggottesdienst sind aber Jugendgottesdienste für viele Jugendliche ein zentraler Identifikationspunkt, auch, weil sie dort aktiv mitgestalten können, wie Max erzählt: *„Gottesdienst, also wir haben klar, natürlich sonntagmorgens Zehn-Uhr-Gottesdienst, da bin ich natürlich auch sehr häufig und nehme da glaube ich auch viel draus mit. Aber mehr, ja, so Jugendgottesdienste, wo ich dann auch mit bei bin oder mitmache, stehen dann schon ein bisschen höher für mich."*

Das gilt natürlich besonders für Worship-Gottesdienste, wie Janina kurz und prägnant auf den Punkt bringt: *„Ich habe Worship-Gottesdienste sehr, sehr gerne, mit viel Singen."*

Das Wichtigste an Gottesdiensten

Aber warum sind Gottesdienste hochreligiösen Jugendlichen so wichtig? Wir haben die Antworten der Jugendlichen geclustert. Am häufigsten wurden diese drei Gründe genannt, die wir mit jeweils einem exemplarischen Zitat unterlegen:

- Gebet

  „Gott oder Gebet anders zu erleben als im traditionellen Sinne. Also nicht im Sinne von eben Gebet; man setzt sich hin, man findet Ruhe, man betet, sondern im Sinne von Handlungen. Also, dass man Musik macht zusammen, dass man sich unterhält, dass man draußen ist, einfach die Schöpfung im weiteren Sinne zu erleben und eine, eine, ja eine, vielleicht eine weiter gefasste Form des Gebetes zu erleben." (Marco).

- Predigt

  „Dass die Predigt mir irgendetwas mitgeben muss, wo ich das Gefühl hab: Mensch, da bin ich berührt, da kann ich was mitnehmen für die Woche, so. Und von den Arten von Gottesdiensten ist es sehr unterschiedlich. Also, wie gesagt, normaler Sonntagsgottesdienst, ich mag aber auch gut gestaltete Jugendgottesdienste sehr gerne, gestalte auch selbst wirklich gerne Jugendgottesdienste." (Laura)

- Gemeinschaft

  „Das ist einfach, einfach schön, also Gemeinschaft und Musik und eine Botschaft noch vermittelt zu kriegen." (Felix)

Allerdings lässt sich auch beobachten, dass die Art, welcher Gottesdienst die Jugendlichen anspricht, sich mit zunehmendem Alter verändert.

Zwischenfazit: Jugend und Gottesdienst

Jugendliche wünschen sich mit großer Mehrheit moderne, offen-spontane und lebensnahe Gottesdienste, in denen sie auch die Möglichkeit haben, mitzumachen. Sie wünschen sich mehr Möglichkeiten, ihre Gedanken und Ideen einzubringen. Es muss sich nicht alles ändern, weil sie ja nicht die Einzigen sind, die am Gottesdienst teilnehmen, aber vor allem in Bezug auf Musik und Sprache wünschen sie sich Veränderungen und ein Mitspracherecht.

Diese Ergebnisse wollen wir nun noch etwas genauer anschauen und uns zunächst dem Fokus nach den Erwartungen von hochreligiösen Jugendlichen an den Gottesdienst widmen. Hier lässt sich feststellen, dass es bei Themen wie Gottesdienst in Bezug auf Teilnahme, Modernität und Gemeinschaft keine unterschiedlichen Erwartungen zwischen religiösen und hochreligiösen Jugendlichen gibt. Auch bei den Erwartungen, was angesprochen werden soll (alltägliche Themen und solche in Bezug auf die Lebensführung) sind die Unterschiede minimal. Einzig bei der Frage nach der Fokussierung des Gottesdienstes auf Gott und den Heiligen Geist gibt es Unterschiede, da dies für hochreligiöse Jugendliche der höchste und für religiöse Jugendliche der niedrigste Wert ist.

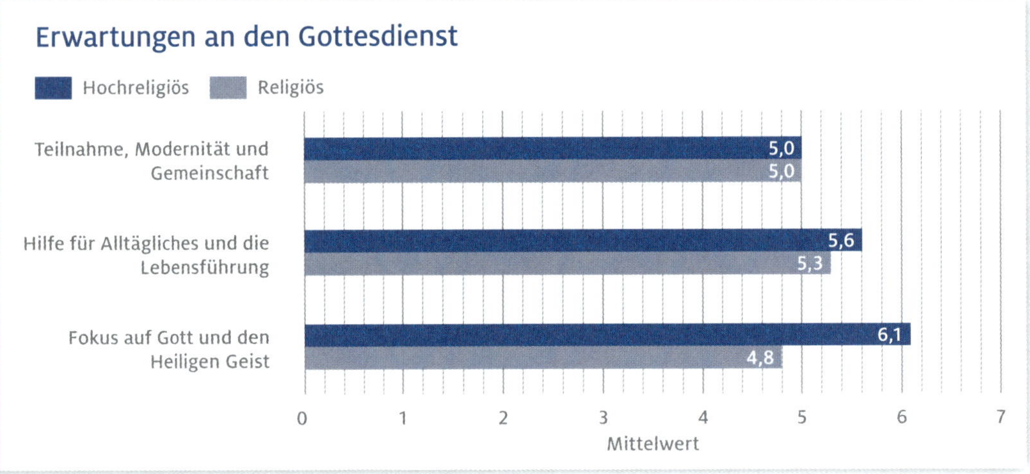

Grafik 38: Gebildet auf Basis einer Faktorenanalyse

Dies hat unserer Meinung nach mehrere Gründe: Zum einen kommen (fast) alle Jugendlichen aus einem ähnlichen Milieu, was sich in der Erwartung an die Form eines Gottesdienstes zeigt. Zum anderen hat dies auch damit zu tun, dass sich fast alle Jugendlichen lebendige Gottesdienste in alltagsnaher Sprache wünschen, in der sie zunächst Gott und dann auch anderen Christen begegnen können. Jugendliche wünschen sich eine Verbindung zwischen Sonntag und Alltag, Inhalt und Form hängen dabei zusammen, wie beispielsweise Philipp, 25, sagt: *„Im Privaten nutze ich auch Lobpreislieder und höre mir die an."* Überhaupt spielt Musik und insbesondere Lobpreis eine große Rolle. Stefanie (22 Jahre) sagt dazu: *„Dass du dann halt einfach deine paar modernen Lieder hast, aber dann kommt doch nochmal, von der Gottesdienstleitung aus: Spiel doch nochmal das Lied aus dem roten Liederbuch oder so. Und da fehlt mir einfach so der Bezug. Und das finde ich unheimlich schwer, mich darauf einzulassen,* *ich versuche es schon immer mal wieder, aber ich merke einfach, das ist nicht meine Art, Gott zu loben."*

Für Jugendliche aus freikirchlichen Gemeinden ist die Diskrepanz nicht so hoch. Deshalb ist es nicht verwunderlich, dass vor allem Jugendliche aus einer evangelischen Kirche besonders nach alternativen Gottesdienstformen suchen. Auch wenn gerade die Sonntagsgottesdienste sehr unterschiedlich wahrgenommen werden, spielt die Begegnung mit Gott (und dem Heiligen Geist) eine zentrale Rolle, wie Philipp zum Ausdruck bringt: *„Vielleicht so ein Gedanke, den ich da in meinem Gottesdienst sehr bewundere. Man sagt, dass Gott die Zeit durchschreitet, und wenn ich dann halt feiere und meine Gemeinde mit mir feiert, dann feiert gleichzeitig, jetzt nicht in der Vergangenheit, sondern gleichzeitig, weil Gott die Zeit überschreitet, gleichzeitig der Christ vor 100 Jahren und der vor 500 Jahren und die Verstorbenen im Himmel, die feiern und alle sind eine große Gemeinschaft."*

Insgesamt lässt sich auch hier eine Emotionalisierung des Gottesdienstes feststellen. Gott erleben, ihn spüren ist auf der einen Seite so wichtig wie sich emotional geborgen zu fühlen, weil die eigenen Freunde auf der anderen Seite auch Teil der Gottesdienstgemeinschaft sind. Lea (19 Jahre) beschreibt die Sehnsucht nach Gottesbegegnung im Gottesdienst wie folgt: *„Wie ich auch schon gesagt habe, ich muss mir das auch immer wieder verinnerlichen, dass Gott um mich herum ist, ja und ein Gottesdienst oder solche Augenblicke, die mir Gott dann schenkt, das ist eine schöne Erinnerung immer wieder daran."* Oder Philipp, der beschreibt dieses Gefühl, das er erlebt hat: *„Ich denke häufig so, dass bei Lobpreis oder sowas, wo ich mich so überwältigt gefühlt habe, ich etwas Transzendentes vernommen habe oder so eine Form von vagem Gefühl sage ich mal."*

Zwischenfazit: Weil der Gottesdienst wichtig für meinen Glauben ist

Fassen wir nun die bisherigen Ergebnisse zusammen, dann lassen sich für hochreligiöse Jugendliche folgende zentrale Ergebnisse festhalten:

- Für hochreligiöse Jugendliche spielt der Gottesdienst eine wichtige Rolle für ihren Glauben.
- Im Gottesdienst wollen sie vor allem Gott und den Heiligen Geist erleben und etwas für sich und ihren Glauben im Alltag mitnehmen.

- Ein Gottesdienst sollte deshalb lebendig, offen und modern sein, was sich vor allem in der Musik zeigt.
- Der Sonntagmorgengottesdienst hat für hochreligiöse Jugendliche weiter eine hohe Bedeutung, wenn er den eben genannten Kriterien entspricht. Ansonsten werden alternative Gottesdienste wie Abendgottesdienste, Jugendgottdienste etc. gerne angenommen.
- Für hochreligiöse Jugendliche bedeutet ein Gottesdienstbesuch, der nicht am Sonntagmorgen stattfindet, nicht zwangsläufig eine Identifizierung mit der konfessionellen Zugehörigkeit der besuchten Gemeinde.

Wie die Typen Gemeinde und Gottesdienste sehen

Zum Schluss geht es noch einmal um die verschiedenen Typen, ihr Verhältnis zum Gottesdienst und die Bindung zur Gemeinde. Die Höchstleister (Typ 1) und die Ambivalenten (Typ 2) sind die Jugendlichen, die am regelmäßigsten in den Sonntagmorgengottesdienst gehen. Dieser Besuch ist für sie auch Ausdruck ihrer Gemeindebindung. Die Erweckten (Typ 3) dagegen gehen zwar auch überdurchschnittlich oft in einen Gottesdienst, nutzen aber zu 2/3 Alternativen zum Sonntagmorgen und dieser Besuch von Abend- und Lobpreisgottesdiensten hat wenig mit der Gemeindebindung zu tun. Die Unauffälligen (Typ 4) wünschen sich zwar einen modernen und offenen Gottesdienst, gehen aber eher in einen klassischen oder liturgischen Sonntagmorgengottesdienst. Dabei ist der Gottesdienstbesuch zwar überdurchschnittlich, was sich aber nicht auf die Gemeindebindung auswirkt, die eher schwach ausgeprägt ist. Die Ganzheitlichen (Typ 5) besuchen Gottesdienste, die überdurchschnittlich oft als modern, offen-spontan, lebensnah und zum Mitmachen charakterisiert werden und diese tragen auch zur Gemeindebindung bei. Ganz ähnlich sieht es bei der größten Gruppe unserer Erhebung aus, den Erlebnisorientierten (Typ 6). Hier ist zusätzlich noch auffällig, dass sie am wenigsten von allen Gruppen fremde Gottesdienste besuchen. Die Sozialpolitischen (Typ 7) haben eine unterdurchschnittliche Gemeindebindung und gehen eher in traditionelle Gottesdienste am Sonntagmorgen. Hier ähneln sie den Reservierten (Typ 8), wobei diese von allen Typen die höchste Zustimmung zu eher traditionellen, liturgisch-rituellen, für Ältere, lebensferne und zum Zuhören gestaltete Gottesdienste hat. Die Gemeindebindung ist bei den Ganzheitlichen (Typ 8) unterdurchschnittlich ausgeprägt.

Das Ehrenamt – weil es Spaß macht

*„Bei der Kinderarbeit dabei zu sein,
macht auf jeden Fall Spaß und Freude.
Was weiterzugeben, die Kinder zu integrieren,
das motiviert mich sehr."* DENNIS

*„Die Chance, an etwas mitzuarbeiten,
an etwas Größerem, am Reich Gottes,
davon ein Teil zu sein,
ist spannend und cool und macht Spaß."* SEBASTIAN

*„Ehrliches Feedback –
eigentlich immer ganz wichtig."* SOPHIA

Ehrenamtliche bilden das Rückgrat jeder Kirchengemeinde, ohne sie würden viele Kreise und Aktivitäten kaum gelingen. Auch deshalb hat der „Kampf um Ehrenamtliche" längst begonnen, nicht nur in vielen Kirchen und Gemeinden, sondern auch in Sport- oder Musikvereinen. Ehrenamtliche sind ein hohes Gut, denn in der öffentlichen Wahrnehmung leben wir in Zeiten, in denen es Organisationen und Institutionen bei jungen Menschen eher schwer haben.[117] Schaut man auf die Zahlen, ist man eher überrascht, denn laut Statistik steigen die Zahlen des ehrenamtlichen Engagements in Deutschland seit 2009 sogar an (von 36 auf 44 Prozent). Das Bundesministerium für Familie, Senioren, Frauen und Jugend (BMFSFJ) führt regelmäßig einen Freiwilligensurvey in Deutschland durch.[118] Laut dem aktuellsten Survey von 2014 engagiert sich fast jeder zweite Deutsche ehrenamtlich (44 Prozent) und insgesamt etwas mehr Männer als Frauen. Dabei, so der Bertelsmann Religionsmonitor, wirken religiöse Bindungen in den christlichen Konfessionen als Motor für soziales Engagement.[119] Mitglieder der katholischen (49 Prozent) und der evangelischen Kirchen (49 Prozent) sind dabei überdurchschnittlich häufig engagiert. Im Kontext der evangelischen Kirche ist die Zahl ebenfalls gestiegen, von 895.643 (1997) auf 1.112.414 (2014).[120]

Wie bereits in den vorherigen Kapiteln festgestellt wurde, spielt für die Kirchenbindung die Identifikation über Gemeinschaft eine wesentliche Rolle. Ein weiterer wichtiger Faktor ist dabei die ehrenamtliche Mitarbeit, wie es uns Herbert im Interview beschreibt: *„Gemeinde ist so ein Treffpunkt und ich glaube, Mitarbeit ist ein Schlüssel für die Beziehung zu Jugendlichen. Und wenn die merken, dass du ihnen etwas zutraust, und dass du daran glaubst, dass die was können, dann sind die auch bereit, sich einzubringen.“* Was Herbert sagt, passt zu den empirischen Befunden, denn Mitglieder der evangelischen und katholischen Kirche engagieren sich überdurchschnittlich oft ehrenamtlich.[121] Für zwei Drittel der Befragten spielt dabei der persönliche Glaube eine wichtige Rolle.[122] Auch wenn wir unsere Zielgruppe der Jugendlichen anschauen, stellen wir fest, dass diese sich gerne ehrenamtlich engagieren. Nach dem Freiwilligensurvey 2014 sind es 46,9 Prozent der Jugendlichen, die sich ehrenamtlich mindestens einmal die Woche engagieren. In unserer Studie ist der Wert mit 73 Prozent der hochreligiösen Jugendlichen, die sich mindestens einmal die Woche ehrenamtlich engagieren, noch höher. Von den religiösen Jugendlichen engagieren sich mindestens einmal die Woche 59 Prozent ehrenamtlich in ihren Gemeinden. Hochreligiös bedeutet also auch hochengagiert. Wie dieses Engagement genau aussieht, wie es mit dem Glauben zusammenhängt und welche Motive dafür vorhanden sind, betrachten wir im Folgenden genauer.

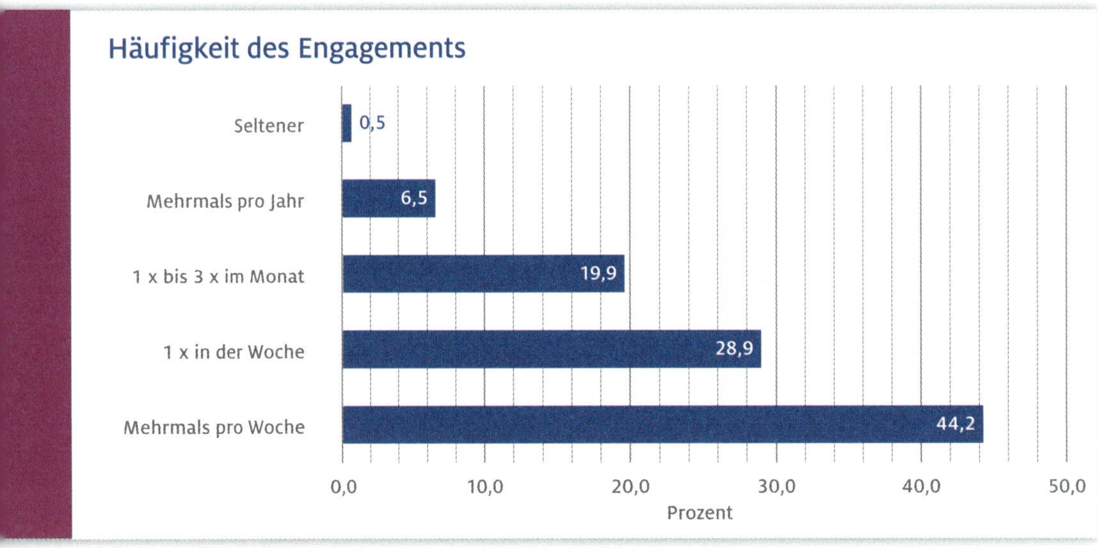

Grafik 39: Wie oft engagierst du dich aktuell ehrenamtlich im christlichen Kontext?

Unsere Studie bestätigt, je häufiger die Jugendlichen mitarbeiten, desto höher ist die Zustimmung und die Identifikation mit der Gemeinde.

Wie sieht diese ehrenamtliche Mitarbeit aber konkret aus? Dieser Frage sind wir durch das Erfragen der Bereiche ehrenamtlichen Engagements im christlichen Kontext nachgegangen. Es tauchten die zu erwartenden Felder der gemeindlichen Mitarbeit auf wie Freizeiten (54 Prozent), die Übernahme von Leitungsaufgaben (47 Prozent), Arbeit mit Kindern (45 Prozent), Mitwirkung im Gottesdienst (44 Prozent) oder der Arbeit mit Teenagern (36 Prozent).

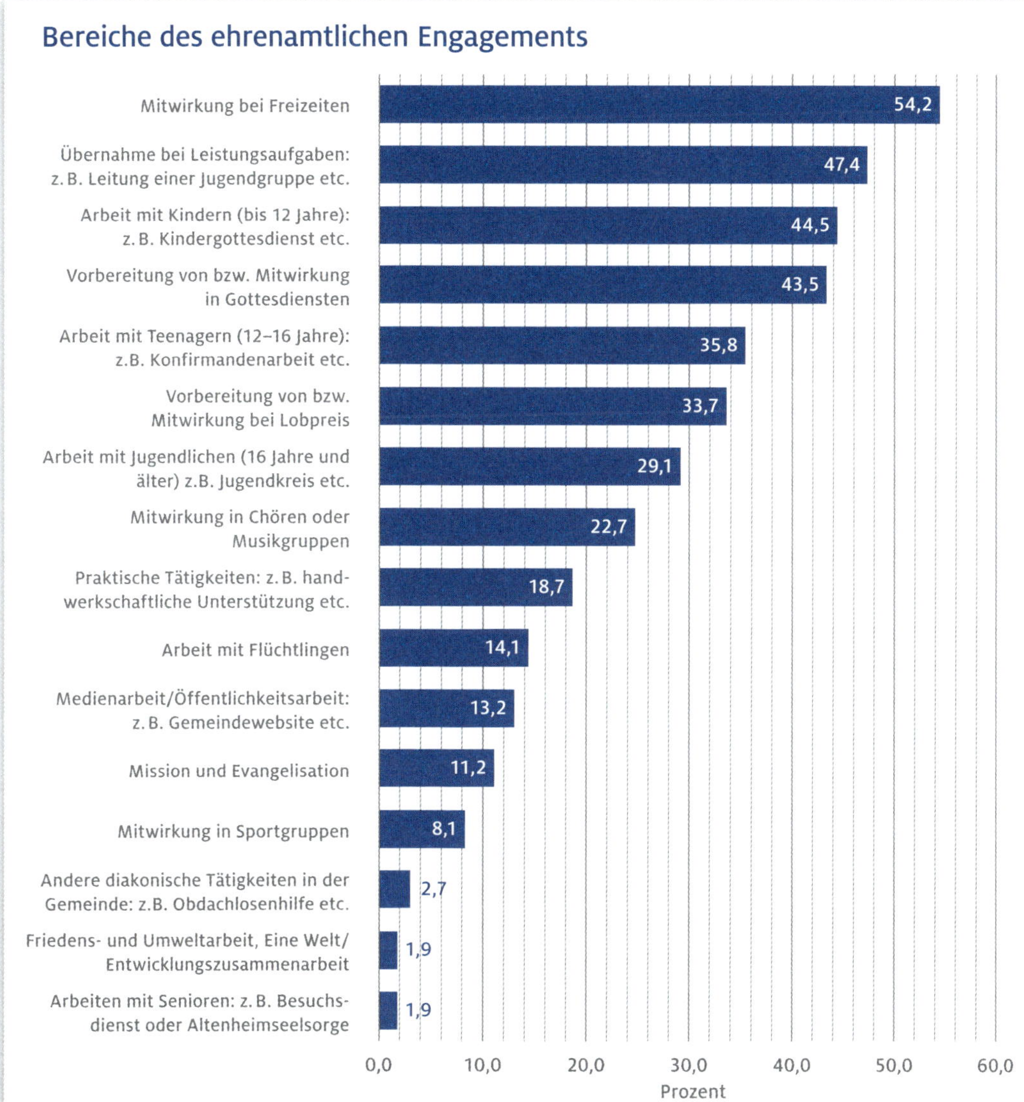

Grafik 40: In welchen Bereichen engagierst du dich aktuell ehrenamtlich im christlichen Kontext?

Schauen wir uns die Ergebnisse im Detail an, so können wir feststellen, dass kirchliche Jugendliche sich etwas häufiger pro Monat (75 Prozent) als freikirchliche Jugendliche (71 Prozent) engagieren sowie männliche Jugendliche (75 Prozent) etwas häufiger als weibliche (72 Prozent). Zu erwarten war, dass kirchliche Jugendliche sich beim Thema Mission eher zurückhalten (8 Prozent) als Freikirchler (15 Prozent). Zudem wirken Männer eher im Gottesdienst mit (50 Prozent) als Frauen (40 Prozent), während weibliche Jugendliche im Vergleich zu männlichen vermehrt in die Arbeit mit Kindern und Jugendlichen wollen (49 im Vergleich 38 Prozent).

Dieses lebhafte ehrenamtliche Engagement zeigt sich auch in der qualitativen Befragung. Dort erzählen viele Jugendliche von ihren ganz unterschiedlichen Aufgaben im Ehrenamt, wie beispielsweise Torsten, der gerne Verantwortung im Jugendgottesdienst übernimmt und sich dort auf unterschiedliche Art einbringt: *„Im Jugendgottesdienst also kann ich eine Predigt gestalten oder ein Lied oder Gebet schreiben oder sowas."* Nadine, die sich in der Arbeit mit Kindern engagiert, sagt: *„Ich bin bei den ganz Kleinen, also bei den ganz Kleinen von null bis zwei und dann manchmal auch bei den Pünktchen, das ist von zwei bis vier. Und da mach' ich dann manchmal Kinderstunde. Besser gesagt, man passt auf sie auf, Kinderstunde geht ja noch nicht so gut."*

Auch Jessica erzählt, wie sie sich ganz praktisch einbringt: *„Ich leite den ‚Open Sunday', das heißt, dass wir ein Mittagessen einmal im Monat organisieren, dass Gemeinde auch mehr zu Gemeinschaft wird."*

Obwohl sich hochreligiöse Jugendliche außerordentlich und überdurchschnittlich engagieren, endet ihr Ehrenamt nicht in der Gemeinde, sondern geht über dieses hinaus. Denn etwa jede beziehungsweise jeder Dritte engagiert sich zusätzlich auch außerhalb des christlichen Kontextes. Interessant ist, dass das Engagement außerhalb des christlichen Bereichs bei den religiösen höher ist als bei den hochreligiösen Jugendlichen, wie die folgende Grafik aufzeigt:

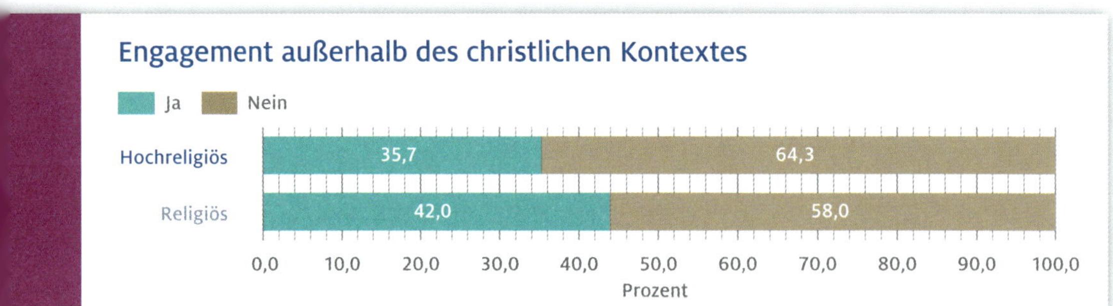

Grafik 41: Engagierst du dich über dein Engagement im christlichen Kontext hinaus aktuell auch in einem anderen Bereich?

Dabei engagieren sich die hochreligiösen Jugendlichen vor allem im Sportverein (39 Prozent), in Bildungs- (31 Prozent) und sozialen Einrichtungen (24 Prozent). Engagement in politischen oder kulturellen Einrichtungen kommt hingegen eher selten vor (9 Prozent beziehungsweise 6 Prozent). Auf ähnliche Ergebnisse kommt auch die repräsentative Studie „jung – evangelisch – engagiert" der EKD, die feststellt, dass 56 Prozent der 18- bis 26-jährigen evangelischen Jugendlichen sich aktiv im Bereich der Sozialarbeit engagieren, im Gegensatz zu 36 Prozent der Religionslosen.[123]

Was motiviert hochreligiöse Jugendliche?

Dieser Frage sind wir auch nachgegangen und haben herausgefunden, dass ihre höchste Motivation mit 92 Prozent „Spaß und Freude beim Engagement" ist, danach folgt „Anderen Menschen zu helfen" (85 Prozent) und „Etwas mit anderen zusammen tun" (84 Prozent). Erst an vierter Stelle steht dann „In meiner Verantwortung als Christ/in handeln" (77 Prozent) als ein explizit christliches Motiv. Lukas beschreibt das in seiner Motivation des Ehrenamts so: *„Also, wir machen auch viel mit Asylbewerbern, das ist dann cool. Kann man auch viel seinen Glauben so zeigen und leben."*

Es zeigt sich also ein sehr vitales Bild von hochreligiösen Jugendlichen in der ehrenamtlichen Arbeit. Und dies betrifft den Kontext von Kirche und Gemeinde und darüber hinaus.

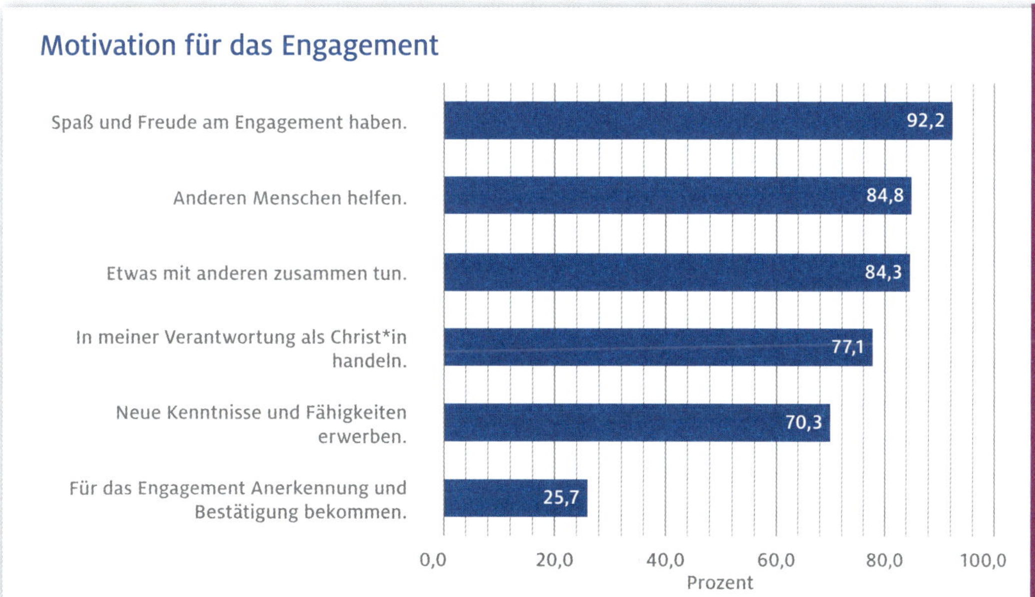

Grafik 42: Was motiviert dich bei deinem ehrenamtlichen Engagement im christlichen Kontext? Inwiefern treffen folgende Motive auf dich zu?

Fassen wir die Ergebnisse betreffend der Motivation zusammen, so lassen sich drei Dimensionen bei den befragten Jugendlichen feststellen:

1. Spaß und Freude am Engagement haben,
2. anderen Menschen helfen,
3. etwas mit anderen zusammen tun.

Diese Ergebnisse überraschen nicht. Denn schaut man die Ergebnisse des Freiwilligensurveys der evangelischen Kirche an, ist dort beim Thema Motivation „Spaß an der Tätigkeit" ebenfalls der höchste Wert.[124] Wenn man das Gesamtergebnis des Freiwilligensurveys mit unseren Ergebnissen vergleicht, stellt man kaum Unterschiede fest. Mit 94 Prozent stimmen die meisten Personen im Alter ab 14 Jahren der Aussage voll oder eher zu, dass ihr Engagement ihnen Spaß macht.[125] An zweiter Stelle folgt dann der Wunsch, mit anderen Menschen zusammenzukommen (82 Prozent), gefolgt von dem Anliegen, Gesellschaft mitzugestalten (81 Prozent).

Interessant ist, dass sowohl hochreligiöse als auch religiöse Jugendliche, bei denen der Glaube starke Auswirkungen darauf hat, mit wem sie befreundet sind, sich eher innerhalb als außerhalb des christlichen Kontextes engagieren.

Schauen wir uns nun die Unterschiede zwischen Landes- und Freikirchen genauer an, so stellen wir fest, dass sich kirchliche Jugendliche etwas stärker aus Spaß und Freude engagieren sowie aus der Motivation des Engagements mit anderen zusammen als Freikirchler. Kirchliche Jugendliche engagieren sich stärker aus Interesse an neuen Fähigkeiten und aus Interesse an Anerkennung. Im Vergleich zu Männern engagieren sich Frauen stärker aus Spaß und Freude, aus Interesse, etwas mit anderen zusammen zu tun sowie stärker, um anderen zu helfen. Ältere Jugendliche engagieren sich vermehrt aus christlicher Verantwortung und weniger aus Spaß und Freude. Weniger interessant scheinen für sie hingegen neue Fähigkeiten zu sein. Anzumerken ist zudem, dass es keine signifikanten Unterschiede gibt zwischen Dörfern, Städten und Großstädten sowie zwischen West- und Ostdeutschland.

Im Folgenden wollen wir nun auf die Ergebnisse der Interviews mit den Jugendlichen schauen, da in den Gesprächen das Thema Ehrenamt eine große Rolle eingenommen hat.

„Und das hat mir dann echt Spaß gemacht" – die qualitativen Befunde

Schauen wir auf die qualitativen Interviews und die dort genannten Gründe, warum Jugendliche sich ehrenamtlich engagieren, stellen wir fest, dass die Motivation, sich aus Spaß heraus zu engagieren, erneut eine zentrale Rolle spielt. Daneben gibt es für die interviewten Jugendlichen allerdings noch wichtigere Gründe und andere bedeutsame Aspekte zum ehrenamtlichen Engagement. So haben wir verschiedene Kategorien aus den Interviews gebildet und die folgenden kamen am häufigsten vor (die Häufigkeit steht jeweils in der Klammer) und spielten in den Interviews auch eine zentrale Rolle. Wir haben jeweils exemplarische Kommentare von Jugendlichen dazu ausgesucht, die dies verdeutlichen sollen.

Bei Aussagen der Jugendlichen zum Thema Ehrenamt zeigt sich, dass sie sehr viele verschiedene Aufgaben zeitgleich bewältigen. Viele Jugendliche (etwa die Hälfte unserer Befragten) haben sogar zwei ehrenamtliche Aufgaben. Darüber hinaus wurden sie nach dem Grund gefragt, aus dem heraus sie sich engagieren. Das Thema Spaß kam auch hier am häufigsten vor (55 Prozent). Der zweitwichtigste Grund für das Engagement der Jugendlichen ist ihr Handeln aus dem Glauben heraus. An dritter Stelle steht die Inspiration von anderen Mitarbeitenden. Interessant ist auch der Einfluss des Ehrenamts auf den späteren beruflichen Werdegang der Jugendlichen. Nach den unterschiedlichen Aufgaben im Ehrenamt weist dieser Punkt die größte Häufigkeit an Aussagen auf. Die Jugendlichen entdecken im Engagement ihre Gaben und Fähigkeiten und probieren sich aus. So erzählte Jan beispielsweise: *„Ja, das Konfi-Camp habe ich dann später auch als ehrenamtlicher Teamer miterleben dürfen und da sozusagen meine ersten Schritte im Bereich Sozialpädagogik/Sozialer Arbeit machen können, was dann tatsächlich auch dazu geführt hat, dass ich das studiert habe und jetzt hauptberuflich mache."* Dabei spielen Hauptamtliche in der Jugendarbeit insgesamt eine große Rolle. Sie sind es, die Feedback geben und Vorbild sind, wie David erwähnt: *„Bei der Mitarbeit erlebe ich die Jugendreferenten und die sind schon relativ wichtig. Das möchte ich später auch gerne studieren, Gemeindepädagogik und Diakonie, wenn ich jetzt mit meinem Fachabitur fertig bin."*

Vielen Jugendlichen ist es außerdem wichtig, dass sie Lob, Rückmeldung und Unterstützung für ihre Arbeit bekommen. Noch bedeutungsvoller scheint darüber hinaus ein gutes Miteinander zu sein. Sie wünschen sich Feedback und natürlich Anerkennung, wie Simon sagt: *„Bestätigung, also halt ab und zu ein ‚Hey das hast du gut gemacht' oder ‚Ich freue mich darüber, dass du dich so rege beteiligst', das ist mir schon* *wichtig.“* Bei allem Sich-ausprobieren-Können und Spaß haben, spielte *„ehrliches Feedback“*, wie es Sophia nannte, immer wieder eine große Rolle. Wie kann ich mich verbessern und bekomme für das, was ich mache eine *„Rückendeckung“* (Felix)? Etwas weniger häufig, jedoch immer noch deutlich ausgeprägt, sind Aussagen, aus denen deutlich wird, dass Jugendliche sich ohne Zwang ausprobieren möchten. Michael sagt beispielsweise: *„Also, ich persönlich wünsche mir, dass es wirklich so ungezwungen ist, sodass ich wirklich frei entscheiden kann, dass mir das nicht aufgezwungen wird. Und das ist eigentlich auch so der wichtigste Punkt.“* Diese Ergebnisse scheinen gerade für die konkrete Arbeit mit Jugendlichen essenziell zu sein. Dahingegen thematisierte nur eine Person, dass es ihr wichtig sei, einen Ort zum Auftanken zu haben. Viele der Jugendlichen erwähnen, ihnen sei es wichtig, Gottes Liebe zu vermitteln. Dennis stellt fest, dass *„Jugendarbeit mich motiviert, die Jugendlichen für Jesus zu begeistern“*. Und Nicole formuliert: *„Einfach Gottes Liebe weiterzugeben, das ist echt richtig wichtig für mich.“*

Mit Blick auf die Hindernisse für ein Ehrenamt fällt auf, dass die meisten ihr Ehrenamt niederlegen würden, wenn sie das Gefühl hätten, sie selbst oder ihre Arbeit würden abgelehnt werden. Jugendliche würden außerdem ihr Engagement beenden, wenn es keine Hauptamtlichen mehr gäbe oder sie das Vertrauen zu ihnen verloren hätten. Dies unterstreicht die Bedeutung von Hauptamtlichen für Jugendliche, auf die im Unterkapitel „Hauptamtliche“ erneut eingegangen wird. Ähnlich viele Jugendliche würden ihr Ehrenamt aufgeben, wenn sie keine Zeit mehr dafür hätten oder es keine Bereitschaft vonseiten der Gemeinde mehr gäbe, in die Gemeinde- bzw. Jugendarbeit zu investieren. Um Teilnehmer*innen einzubeziehen und sie beispielsweise als Mitarbeiter*innen zu gewinnen, ist es den Jugendlichen am wichtigsten, dass sie von dem Angebot in der Gemeinde überzeugt sind. Am wertvollsten ist es, die Teilnehmenden zu fragen, für welche Angebote sie sich interessieren und sie anschließend in die Planung mit einzubeziehen Zudem wollen sie feste Ansprechpartnerinnen oder -partner haben, die ihnen zeigen, was Kirche kann und bedeutet. Die Mund-zu-Mund-Propaganda scheint bei der Gewinnung neuer Mitarbeitenden den geringsten Einfluss auf Teilnehmende zu haben. Diese Ergebnisse sind im Hinblick auf die Nachwuchsförderung besonders relevant für die Praxis.

Zwischenfazit und Einordnung der qualitativen Befunde

Die Interviews zeigen, einhergehend mit den Ergebnissen aus der quantitativen Studie, eine hohe Stellung des ehrenamtlichen Engagements bei hochreligiösen Jugendlichen. Versucht man, die Ergebnisse nun zusammenzufassen, so kristallisieren sich drei Ebenen der Motivation für das Ehrenamt heraus:

1. **Für mich selbst**
   Durch das Ehrenamt kann ich meine Gaben und Talente entdecken, ausprobieren und verbessern und somit das tun, was mir wirklich Spaß macht und mich (auch beruflich) weiterbringt.

2. **Für Gott**
   Durch das Ehrenamt kann ich meine Verantwortung als Christin beziehungsweise als Christ wahrnehmen und durch mein Engagement Gott ehren.

3. **Für Menschen**
   Durch das Ehrenamt kann ich Menschen konkret helfen, die in Not sind oder auch verschiedenen Gruppen in der Gemeinde (vor allem Kindern und Jugendlichen).

Interessant dabei ist, dass Jugendliche das Ehrenamt nicht verklärt wahrnehmen. Gerade in den Gesprächen wurde immer wieder deutlich, dass ihnen auch bewusst ist, dass ehrenamtliches Engagement einer Menge an Zeit und Kraft bedarf, wie Juliane anmerkt: *„Ich bin bei uns Jugendleitung, und bin quasi locker jeden zweiten Tag bei uns in der Gemeinde."* Anschließend an Julianes Aussage soll noch einmal die Verantwortungsbereitschaft vieler Jugendlichen erwähnt werden, wie zum Beispiel bei Maik, der sagt: *„Ja, also wir haben bei uns in der Jugend momentan das Problem, dass wir keinen Jugendpastor haben, weil uns're Gemeinde kein Geld dafür mehr hatte. Und wir kriegen jetzt bald einen neuen und hatten halt jetzt die Zeit, wo wir keinen Jugendpastor hatten – und da musste man halt in der Jugendstunde einiges selbst organisieren, was sonst übernommen wurde. Und da muss man halt mal selber 'ne Andacht halten oder sowas. Oder wenn wir keinen haben, der den Sport veranstaltet, dann mach' ich das halt und übernehme die Verantwortung. Ja, oder ich mach' halt Sachen wie Fahrservice oder sowas, was ganz Einfaches. Oder wenn halt große Veranstaltungen sind, dann müssen wir den Saal umstellen und stellen da die Stühle anders."*

Jugendliche wollen etwas bewegen und übernehmen Verantwortung

Vielen Jugendlichen ist es wichtig, etwas zu bewegen. Wie schon bei den quantitativen Ergebnissen festgestellt, suchen hochreligiöse Jugendliche verantwortliche Aufgaben. Dies zeigt sich in den Interviews an vielen Stellen ganz praktisch, wie Juliane erzählt: *„In letzter Zeit, also so die letzten zwei, drei Monate, war es halt so: ‚Okay, es macht kein anderer'. Aber jetzt war letztens so ein Lobpreis-Gottesdienst und da hab ich gemerkt: ‚Ey, was machst du hier eigentlich?' Und da war so ein Lied von wegen, ich laufe, so weit ich kann. Und ich wusste, wenn ich diese Motivation hab, dann kann ich nicht mehr weiterlaufen. Ich hab so gebetet, so: ‚Gott, wenn ich nicht laufen kann, dann trag mich'. Und seitdem ist so dieses furchtbare Stress-Gefühl einfach weg."* Anhand dieser Aussage wird nochmals die hohe Verbindung zwischen Ehrenamt und eigenem Glauben deutlich, den viele hochreligiöse Jugendliche erleben und aus dem dann ein verantwortliches Handeln erwächst. Juliane sagt dazu: *„Auch das Gefühl, weil sonst einfach die Gemeinde ausstirbt. Und von daher – wir müssen jetzt gucken, dass wir – ja, als mündige Christen weiterwachsen. Und das ist, was ich haben möchte. Und dann im KiGo, das ist halt die Zeit quasi, wo man so den Grundstein legen kann."*

Erstaunlich fanden wir die hohe Bereitschaft vieler Jugendlicher, für das Ganze zu denken, das heißt, nicht nur das eigene Engagement und den eigenen Gewinn zu sehen, sondern für die Jugend oder sogar die ganze Gemeinde mitzudenken. So merkt auch Felix an: *„Man muss die neue Generation direkt in die Planung mit einbeziehen, also wir haben jetzt schon wieder angefangen, in der Sommerfreizeit zu planen, und da sind auch Leute, die im letzten Jahr als Teilnehmer dabei waren, sind jetzt Teamer. Das heißt, die nachwachsende Generation ist da quasi schon auch direkt in der Planung mit drin und das ist gut, finde ich."* Dabei sehen viele Jugendliche ihre Mitarbeit realistisch, wissen um den Einsatz, den sie bringen sowie um die eigene Begrenzung und die Notwendigkeit von Unterstützung. Marco formuliert das pragmatisch auf die Frage, was er sich als Unterstützung

Foto © Trueffelpix | Fotolia.com

für seine ehrenamtliche Arbeit wünscht: „*Erstmal Sachen, also Räumlichkeiten. Klingt jetzt doof, aber ich muss was zur Verfügung gestellt bekommen, dass ich auch solche Sachen planen kann. Das sind Räumlichkeiten, das ist Technik, das ist Geld, vielleicht auch manchmal.*" Neben dem vorangehend beleuchteten hohen Verantwortungsbewusstsein der Jugendlichen, war ihnen ein gutes Miteinander im Team und während ihres Engagements wichtig.

„Das Wichtigste sind doch die persönlichen Beziehungen"

Immer wieder wiesen die befragten Jugendlichen in verschiedenen Zusammenhängen darauf hin, dass gelingende Beziehungen einen wichtigen Faktor im ehrenamtlichen Engagement darstellen. Wie schon der Gemeinschaftsaspekt bei der Frage der Gemeindezugehörigkeit eine große Rolle spielt, so sind es im Ehrenamt die persönlichen Beziehungen. Dies gilt sowohl für die Jugendlichen untereinander als auch insbesondere zu den Hauptamtlichen. Laura beschreibt den Zusammenhang von Hauptamtlichen und den eigenen Ansprüchen treffend: „*Ein Problem wäre, wenn wir keine Hauptamtliche mehr in der Gemeinde hätten, keine Jugendreferentin. Weil dann, ja, das Niveau deutlich sinken würde und ich schon gerne mit hohem Anspruch arbeite.*" Auf die Bedeutung von Hauptamtlichen werden wir am Ende des Kapitels noch ausführlich eingehen.

Auffällig bei Laura und anderen Jugendlichen war der Wunsch nach generationsübergreifender Arbeit. Viele Jugendliche betonen diesen Aspekt und sehen darin einen wesentlichen Teil ihres Bildes von Gemeinde sowie ehrenamtlicher Arbeit. So beschreibt auch Leonie: „*Ein gutes Miteinander ist wichtig und dass alle irgendwie miteinander verknüpft sind, sich kennen und voneinander wissen. Und ja, einfach, dass auch die Generationen sich kennen und dass da auch irgendwie Schnittpunkte untereinander sind.*" Eine Tatsache, die im Zusammenhang mit dem Wunsch nach Gemeinschaft erwähnt wurde, ist, dass die Gemeinschaft gerade im ehrenamtlichen Engagement die Grundlage des voneinander und miteinander Lernens darstellt. Patrick beschreibt dies folgendermaßen: „*Ich mache Sachen, die ich mir sonst nie angeschaut hätte. Das heißt, ich mache sozusagen nicht nur neue Sachen, sondern ich lerne unterbewusst Sachen dazu und erweitere so meine Fähigkeiten und Fertigkeiten. Und man sieht natürlich, dass man was geschafft hat.*" Maik konkretisiert noch einmal, dass dieses Lernen auch den eigenen Glauben betrifft: „*Ja, und wenn ich selber Andachten oder sowas mache, dann motiviert mich das halt auch, dass ich dadurch sehr viel mitnehmen kann und selber im Glauben wachsen kann und viel dazulernen kann, weil ich mich mit einem Thema weiter beschäftige.*"

Wo Jugendliche gerne mitarbeiten würden

Eine für Gemeinden wichtige Frage ist, wo sich Jugendliche gerne in Zukunft einsetzen wollen. Wir haben außerdem danach gefragt, welche Aufgabengebiete sie sich für ihr ehrenamtliches Engagement wünschen würden.

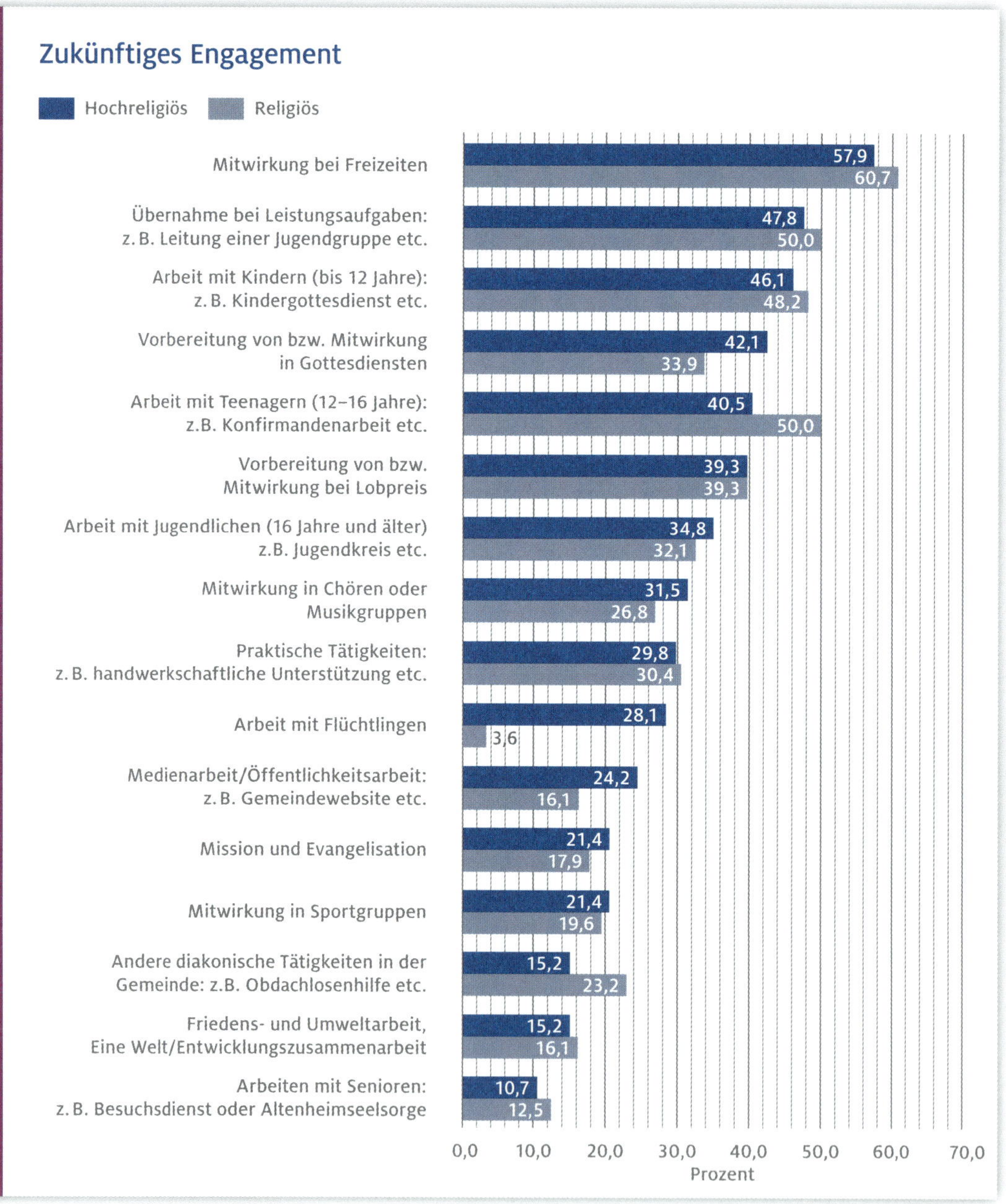

Grafik 43: In welchen Bereichen könntest du dir in Zukunft ein ehrenamtliches Engagement im christlichen Kontext vorstellen?

Vor allem die Arbeit mit Geflüchteten ist wichtiger und interessanter geworden, was mit der aktuellen politischen Lage einhergeht und aufzeigt, wie schnell Jugendliche auf die momentane Situation reagieren und sich in ihrem Ehrenamt darauf einstellen können, insofern es für sie eine Priorität darstellt. Wenn wir nun etwas genauer hinschauen, dann fällt auf, dass kirchliche Jugendliche sich in Zukunft weniger vorstellen können, in der Mission mitzuarbeiten: 16 Prozent der kirchlichen Jugendlichen gaben an, sich in diesem Bereich eventuell engagieren zu wollen, bei den Freikirchlern sind es hingegen 36 Prozent. Männer können sich in Zukunft eher vorstellen, am Sport mitzuwirken (53 Prozent), während 16 Prozent der Frauen angaben, sich in diesem Bereich eventuell engagieren zu wollen. Ältere junge Erwachsene (20–28 Jahre) können sich in Zukunft eher vorstellen Leitungsaufgaben zu übernehmen (53 Prozent), während 23 Prozent der 14- bis 19-Jährigen angaben, sich in diesem Bereich eventuell engagieren zu wollen. Nur 29 Prozent von ihnen können sich in Zukunft vorstellen, am Gottesdienst mitzuwirken, im Gegensatz zu den Älteren, welche vermehrt angeben, in diesem Bereich tätig zu sein (53 Prozent). Eine Frage, die sich nun geradezu aufdrängt, ist: Wie können Jugendliche für diese Aufgaben gewonnen werden? Um dieser Frage nachzugehen, wollen wir sie noch einmal selbst zu Wort kommen lassen.

Was erwarten Jugendliche von der Gemeinde und wie können sie für das Ehrenamt in der Gemeinde gewonnen werden?

Wir wollen zunächst Simon zu Wort kommen lassen, der etwas ausführlicher erläutert, in welcher Atmosphäre Jugendliche mitarbeiten und was ihnen dabei wichtig ist: *„Bestätigung, also halt ab und zu ‚Hey das hast du gut gemacht' oder ‚Ich freue mich darüber, dass du dich so rege beteiligst.' Eine persönliche Sache halt von mir, dass ich jemand bin, der sich auch über Lob recht freut. Natürlich darf man davon nicht alles abhängig machen, sonst wird man ja manipuliert, womöglich. Aber das ist schon, was mir wichtig ist. Und die letzten Jahre fühlte ich mich halt überfordert und das war gut, dass ich dann ein bisschen kürzer treten konnte."*

Ebenso wie bei anderen Interviews wird bei Simon die hohe Identität über das Ehrenamt mit der Gemeinde deutlich. Gerade im Anschluss an die Diskussion um (oft fehlende) Verbundenheit zeigt sich hier, dass das Ehrenamt die „neue Mitgliedschaft" für viele hochreligiöse Jugendliche ist. Diese Identität zeigt sich in einem hohen Maße an Verantwortungsbereitschaft gegenüber der Gemeinde, auch wenn „Not am Mann" ist wie beispielsweise bei Simon. Wichtig ist ihm sowie anderen Jugendlichen dabei, dass sie ernst genommen werden in ihrer Haltung und ihren Erwartungen an das ehrenamtliche Engagement. Das wird auch bei Leonie und anhand ihrer Erfahrung in der Gemeinde deutlich: „*Wir machen das oft nach der Konfirmation. Da gibt es eine Mitarbeiterbörse, so nennen wir das, wo die Konfirmierten kommen und sich für eine Gruppe eintragen können, auf die sie Lust haben, weil sie es vielleicht selbst schon einmal erlebt haben oder aus ihrer Zeit vom Konfirmationsunterricht her kennen.*" Leonie spricht hier die sensible Übergangsphase als Zeit nach der Konfirmation an, während welcher viele Gemeinden ihre Jugendlichen verlieren. Leonie zeigt an ihrem Beispiel auf, wie dies vermieden werden kann und wie ihre Mitarbeit an einer „Mitarbeiterbörse" dazu beiträgt, die Jugendlichen für ihr weiterführendes Engagement zu gewinnen. Wie wichtig dabei die persönliche Beziehung zu Ansprechpartnerinnen oder -partnern ist, erzählt Max: „*Also ich bin deren Ansprechpartner, wenn es irgendwie darum geht, was passiert im Kirchenkreis? Bei welchen Veranstaltungen können wir mitmachen? Bin ich Ansprechpartner für die, weil ich die das Jahr vom Konfirmationsunterricht über schon begleitet habe.*"

Wie bei Leonie und Max, ist es vielen Jugendlichen wichtig, angesprochen zu werden, Möglichkeiten zu bekommen sich auszuprobieren und sich nicht gleich verbindlich festlegen zu müssen. Dies scheint auf den ersten Blick ein Widerspruch zu sein, doch bei genauerem Hinsehen wird deutlich, dass durch das ehrenamtliche Engagement die Verbundenheit und Identität stetig wächst. Jugendliche probieren sich aus und bekommen so Stück für Stück mehr Sicherheit in dem, was und wie sie ihre Gaben und Fähigkeiten einbringen können. Sophia erzählt von diesem Prozess: „*Sich erstmal anzunähern, also grad zu gucken: ‚Was macht die Jugendkirche eigentlich? Wo kann ich teilnehmen?' und dann später – also ich würde generell erstmal als Teilnehmer gucken, ob einem das eigentlich als Teilnehmer zusagt. Und daraus entsteht dann ja eigentlich das Interesse, dann auch mitzuarbeiten*", genauso wie das „*darüber sprechen in Schulen oder so. Einfach dafür anwerben, wenn du erzählst, dass du jeden Tag Essen vorbereitest und das ist was Schönes oder so. Ich glaube, mit Essen kriegt man viele Jugendliche, die nicht ganz so begeistert sind, dran. Aber auch durch Erzählungen aus eigenen Erfahrungen. Das hat mich irgendwie geprägt, habe ich gemerkt; dass ich offener geworden bin. Ich kann auf der Bühne freier sprechen. Ich habe davor keine Angst mehr und man merkt einfach, dass die anderen Menschen dir Halt geben. Und ich glaube, das begeistert die dann auch, wenn sie merken: Ja, okay, das bin ich momentan eigentlich nicht und vielleicht mach' ich das mal und bin dann auch so offen.*"

Viele Jugendliche erkennen deutlich, dass sie selbst sehr von ihrem ehrenamtlichen Engagement profitieren. Zum einen, indem sie wie Sophia ihre Ängste abbauen und lernen, frei zu reden. Und zum anderen, indem sie dadurch ein Kapitel für die Zukunft aufbauen, sich in den verschiedenen Gaben und Aufgaben ausprobieren können und dabei begleitet und gefördert werden. Torsten erlebte das so: *„Trainee-Programme. Sehr erfolgreich! Gerade, wenn man das mehrere Jahre in Folge macht. Dann hat man auch auf einmal 40, 50 Mitarbeiter. Da kann man auch große Projekte starten."*

Wir sehen auch in den Interviews, dass viele Ergebnisse der quantitativen Erhebung darin wieder auftauchen und die Ergebnisse bestätigen. Die befragten Jugendlichen wünschen sich für ihr Ehrenamt eine persönliche Einführung und einen eigenen Gestaltungsraum, in dem sie sich ausleben können. Das ehrenamtliche Engagement soll Spaß und Sinn machen, was uns zum Fazit dieses Themenbereiches bringt.

Zwischenfazit Ehrenamt: Mehr als nur Spaß

„Ehrenamtliche bilden das Rückgrat jeder Kirchengemeinde", so haben wir dieses Kapitel begonnen. Wenn wir uns die Ergebnisse der hochreligiösen Jugendlichen in Bezug auf ihre Motivation, Identität und Mitarbeit anschauen, können wir konstatieren, dass sie ein festes Rückgrat bilden.

Denn mit der Religiosität der Jugendlichen steigt ebenfalls ihr Engagement. Die Motivation der hochreligiösen Jugendlichen ist eine dreifache: Gott und ihrem Nächsten dienen sowie sich selbst verwirklichen. Dabei wollen die Jugendlichen Verantwortung in der Jugendarbeit und Gemeinde übernehmen und suchen dabei Wertschätzung sowie eigene Gestaltungsräume.

Diese Ergebnisse werden auch von anderen Studien bestätigt, wie zum Beispiel der europaweiten Konfirmandenstudie von Friedrich Schweitzer.[126] Ähnlich stellt es eine finnische Langzeitstudie fest und merkt an, dass das zentrale Kriterium für die Kirchenbindung (nach der Konfirmation) das ehrenamtliche Engagement und Eingebundensein in kirchliche Arbeit ist. Geschieht die Einbindung schon während der Konfirmandenzeit, bleiben die Jugendlichen gerne darüber hinaus in der Gemeinde, wodurch sowohl die Identität und Verbundenheit zur Kirche, als auch der persönliche Glaube wachsen (14- bis 19-Jährige: 73 Prozent der Konfirmanden bleiben der Kirche verbunden, wenn sie sich während der Konfirmandenzeit ehrenamtlich – für mindestens sechs Monate – engagieren).[127] Dies scheint besonders wichtig, da im deutschen Kontext noch immer davon gesprochen wird, Jugendliche würden aus der Kirche „herauskonfirmiert". Dass dies nicht immer der Fall ist, zeigt zum einen die finnische Studie deutlich auf und zum anderen die Daten unserer Studie, die die überdurchschnittlich hohe Bereitschaft zum ehrenamtlichen Engagement im Kontext Kirche belegen.

Die Bochumer Theologen Björn Szymanowski, Benedikt Jürgens und Matthias Sellmann weisen in ihrer Studie darauf hin, dass beim Ehrenamt vor allem die Wertschätzung seitens Hauptamtlicher einen wesentlichen Motivationsfaktor darstellt. *„Von zentraler Bedeutung ist die Wertschätzung des Engagements durch Hauptamtliche. Ein nicht unbedeutender Anteil erfährt nur wenig Honorierung für besondere Einsatzbereitschaft."* Diese Feststellung können wir nur teilweise bestätigen, denn wir konnten nicht feststellen, dass die Anerkennung des Ehrenamts durch Hauptamtliche zu kurz kommt. Auch andere Studien haben herausgefunden, dass die Zufriedenheit im Ehrenamt eine zentrale Rolle für das Gewinnen und Halten von Ehrenamtlichen spielt. [128] Diese Zufriedenheit zeigt sich bei hochreligiösen Jugendlichen neben guter Begleitung darin, dass ihnen die Arbeit Spaß macht und sie ihre persönlichen Beziehungen leben sowie anderen helfen können. Eine ebenfalls große Rolle spielt es für sie, die Liebe Gottes an andere weiterzugeben, also eine explizit christliche Motivation. So lässt sich feststellen, dass hochreligiöse Jugendliche innerhalb der Gemeinde überdurchschnittlich engagiert sind. Bemerkenswerterweise ist ein Viertel zudem außerhalb der eigenen Gemeinde engagiert.

Wie die Typen ehrenamtliches Engagement sehen

Der Blick auf die Typen bestätigt das hohe Engagement der befragten Jugendlichen bezüglich ihres hohen ehrenamtlichen Engagements. Sieht man sich die Ergebnisse genauer an, fällt auf, dass für fast alle Typen (bis auf die Höchstleister (Typ 1) und die Unauffälligen (Typ 4)) Spaß und Gemeinschaft zentrale Motive in ihrem Engagement darstellen. Interessant ist, dass die Höchstleister (Typ 1) mit 95 Prozent den höchsten Wert an ehrenamtlichem Engagement vorweisen. Sie engagieren sich zudem nicht nur besonders häufig (ca. die Hälfte von ihnen engagiert sich mehr als einmal in der Woche), sondern auch in sehr vielen unterschiedlichen Bereichen. Darunter fallen vor allem die Vorbereitung und Mitwirkung im Lobpreis, die Arbeit mit Jugendlichen, praktische Tätigkeiten, Medien- und Öffentlichkeitsarbeit sowie Mission und Evangelisation.

Auch die Ambivalenten (Typ 2) sind im christlichen Kontext überdurchschnittlich engagiert (zu 92 Prozent). Dies bezieht sich besonders auf die Vorbereitung beziehungsweise das Mitwirken im Lobpreis. Bei den Erweckten (Typ 3) stechen Lobpreis sowie Mission und Evangelisation als zwei Bereiche mit überdurchschnittlichen Werten heraus, während die Unauffälligen (Typ 4) ein vergleichsweise durchschnittliches Engagement haben und davon motiviert werden, anderen Menschen helfen zu wollen sowie neue Kenntnisse und Fähigkeiten zu erwerben. Die Ganzheitlichen (Typ 5) zeichnen sich durch ein überdurchschnittlich hohes Engagement aus, das sich besonders in der Arbeit mit Teenagern (höchster Wert), als auch in der Friedens- und Umweltarbeit zeigt. Unterdurchschnittlich ausgeprägt ist nur der Bereich Mission und Evangelisation. Die Erlebnisorientierten (Typ 6) erfahren durch die ehrenamtliche Arbeit eine Stärkung im Glauben vor allem durch Mitarbeit in Gemeinde und Diakonie sowie durch christliche Freizeiten. Die Sozialpolitischen (Typ 7) haben eine geringe Gemeindebindung und auch ein geringes ehrenamtliches Engagement in der Gemeinde – dies ist der einzige Typ, der in seinem Engagement eher auf Dinge außerhalb der Gemeinde gerichtet ist. Die Reservierten (Typ 8) sind der einzige Typus, der unterdurchschnittlich im christlichen Kontext engagiert ist, 30 Prozent von ihnen haben sich noch nie engagiert. Insgesamt engagieren sie sich am wenigsten und können sich am wenigsten vorstellen, später als Pfarrer*innen oder in der Diakonie zu arbeiten.

Die Hauptamtlichen – (berufliches) Vorbild gesucht?

„Ich habe geschaut, was kann ich machen oder wo sind meine Fähigkeiten, und hatte dann die Wahl zwischen Metzger und Jugendreferent. [lacht] Hab mich dann für den Jugendreferenten entschieden, weil ich halt meinen Glauben weiterbringen kann und auch Leute vom Glauben begeistern kann.“ TILL

„Ich studiere Lehramt und werde dann wahrscheinlich als Lehrer arbeiten. Das ist im Moment mein Ziel, aber wo Gott mich dann hinbringt, ist eine andere Frage.“ MARCEL

„Ich weiß nicht, Pfarrerin auf keinen Fall [lacht], auf gar keinen Fall, weil ich kenne es ja von meinem Papa selbst, und es ist echt schon ziemlich viel Arbeit. Es wär' aber glaube ich auch nichts für mich. Also, ich engagiere mich gerne und mache gerne mit, aber so selbst, nein. Und auch Gemeindepädagogin glaube eher nicht.“ ANNIKA

Akteurinnen und Akteure der Kirche: die Hauptamtlichen

Beim Blick auf die Ergebnisse unserer Umfrage wird deutlich, dass Hauptamtliche besonders in der Jugendarbeit eine bedeutende Rolle spielen. Das haben wir bereits im Kapitel „Ehrenamt“ festgestellt. Jugendliche suchen als Vorbilder nach greifbaren Menschen in ihrem Umfeld. In der Jugendarbeit sind dies oftmals die Hauptamtlichen. Michael bringt das für viele auf den Punkt: *„Hätte es den Hauptamtlichen nicht gegeben, wäre ich niemals hier. Und ich wäre niemals so lange hiergeblieben und hätte mich nicht so engagiert.“* Leonie sieht es ähnlich: *„Hauptamtliche sind voll wichtig. Ich glaube auch gerade, dass die Jugendlichen eine Bezugsperson oder Vertrauensperson brauchen, wenn sie in eine Gruppenstunde kommen, weil sie auch merken, dass die für sie* *da sind, sie annehmen, sie aufnehmen und, ja, einfach Zeit für sie haben und zuhören.*" Leon macht den Unterschied zwischen haupt- und ehrenamtlichen Mitarbeitenden aus seiner Sicht noch einmal deutlich: „*Ich finde Hauptamtliche wichtig in der Gemeinde oder Kirche, weil sie den Jüngeren nochmal was auf den Weg mitgeben können, was Ehrenamtliche noch nicht so gut können. Und die sind da etwas erfahrener, sag' ich jetzt mal.*" Oftmals geht es auch um ganz praktische und organisatorische Dinge, die bei Hauptamtlichen zusammenlaufen, wie David anmerkt: „*Weil sie der Dreh- und Angelpunkt für Jugendfreizeiten sind, für die Kosten und alles. Also, wir könnten das sonst überhaupt nicht machen. Die sind schon relativ wichtig, so Jugendreferenten.*" Und manchmal merkt man erst, wie wichtig sie sind, wenn Hauptamtliche in der Jugendarbeit fehlen. Dies formuliert Katharina: „*Da hat schon was gefehlt, weil in der Regel haben jugendliche Ehrenamtliche weniger Motivation für Impulse und theologisch was zu machen, wie Andachten oder so.*" Diese Vorbildfunktion und Bedeutung der Hauptamtlichen haben also einen hohen Einfluss auf die Jugendarbeit. Für uns stellte sich die Frage, ob Hauptamtliche darüber hinaus auch eine Auswirkung auf die Berufswahl der Jugendlichen haben. Lassen sich Jugendliche durch positive Erfahrungen für ein hauptamtliches kirchliches Engagement begeistern?

Wie sich die hauptamtlichen Berufe in der Kirche wandeln

Bevor wir diese Fragen beantworten, wollen wir zumindest einen kurzen Blick auf den Wandel der hauptamtlichen kirchlichen Berufe werfen. Es ist keine Frage, dass den Hauptamtlichen in der deutschen Gemeindelandschaft, unabhängig von Kirche oder Freikirche, eine bedeutende Rolle zufällt. Durch die großen Veränderungsprozesse der letzten Jahrzehnte gibt es bezüglich der Hauptamtlichen zwei große Herausforderungen: zum einen die Veränderungen im Berufsbild der Hauptamtlichen, zum anderen den akuten Mangel an Nachwuchs im Pfarrberuf.

Exemplarisch kann Ersteres anhand des Pfarrbildprozesses „Das Pfarramt in der Dienstgemeinschaft unserer Kirche" der Evangelischen Kirche von Westfalen in den Jahren 2016–2018 nachvollzogen werden.[129] Kernpunkt der Diskussion waren zum Beispiel die Fragen, was zu den Kernaufgaben des Pfarramts gehört, unter welchen Bedingungen Pfarrerinnen und Pfarrer heute arbeiten können und sollen, wie geistliche Leitung heute aussieht, wie Kirche außerhalb von klassischen Parochien gedacht und gelebt werden kann, oder auch die Frage: Wie können kooperative Teams von Haupt- und Ehrenamtlichen in Zukunft besser zusammenarbeiten? Diese und ähnliche Überlegungen gab es in fast allen Gliedkirchen der EKD, aber auch in vielen

Freikirchen, da die gesellschaftlichen und demografischen Veränderungsprozesse alle Denominationen gleichermaßen betreffen.[130]

Interessant ist, dass trotz eines kontinuierlichen Abbaus an Pfarrstellen, beispielsweise durch Fusionen, in den nächsten Jahren ein massiver Pfarrer*innenmangel erwartet wird. Denn zum einen wird es um das Jahr 2022–25 eine große Pensionierungswelle geben,[131] zum anderen gibt es ein Nachwuchsproblem, da immer weniger junge Menschen Theologie studieren wollen. Und das, obwohl sich die Zahl der Studienanfänger in Deutschland in den letzten 25 Jahren verdoppelt hat. Gab es Mitte der 1980er-Jahre noch etwa 12.000 Studierende auf landeskirchlichen Kandidatenlisten für das Pfarramt, so sind es heute nur noch etwa 2.400.[132] Diese Entwicklung ist alarmierend und unterstreicht, dass es ein Problem bei der Nachwuchsgewinnung hauptamtlicher Mitarbeiterinnen, sowohl in den beiden großen Kirchen als auch in den meisten Freikirchen, gibt.

Es gibt zwei wesentliche Punkte, die für unsere Studie auch eine Rolle spielen: Die Kirche hat erstens ein schlechtes Image. Fragt man, warum junge Menschen aus der Kirche austreten, hat dies meist mehrere Gründe. Ein Grund davon ist, dass die Kirche nach außen ein schlechtes Bild abgibt.[133] Sie gilt als konservativ und kaum veränderbar. Eine solche Kirche stellt für viele junge Menschen keine Arbeitsatmosphäre dar, die diese sich für ihr (späteres) Berufsleben wünschen. Zweitens: Besonders das Pfarrbild hat keinen guten Ruf unter jungen Menschen. In der Umfrage „Jugend & Kirche" der Evangelischen Kirche von Kurhessen-Waldeck (2018) stellen die befragten 14- bis 18-Jährigen dem Pfarrberuf kein gutes Zeugnis aus. So äußern 88 Prozent der befragten Jugendlichen, dass sie sich bei Problemen nicht an die Pfarrerin oder den Pfarrer wenden würden, und fast jede und jeder Zweite meint, dass die Kirche sich verändern muss, wenn sie eine Zukunft haben will. In diesem Bereich scheint also viel Arbeit zu liegen, angefangen vom Studium der Theologie über die Außendarstellung der Kirche bis hin zum Berufsbild.

Etwas besser sieht es bei den in der Diakonie Tätigen sowie den Jugendreferent*innen (manchmal auch Gemeindepädagog*innen genannt) aus. Auch hier gibt es eine reichhaltige Diskussion um das Berufsbild.[134] Hauptamtliche Mitarbeitende in der Jugendarbeit brauchen neben theologischem und pädagogischem Wissen und Fertigkeiten heute vor allem Team- und Führungskompetenzen, Kommunikationsfähigkeit und ein hohes Maß an Selbstständigkeit.[135] Dieser Wandel stellt auch die Hochschulen und Ausbildungsstätten der Diakonenberufe vor die ständige Herausforderung, ihr Curriculum so umzustellen, dass diese neuen Kompetenzen berücksichtigt und gefördert werden. Da es aber nun nicht um mehr oder anderes Wissen geht, sondern auch um Spiritualität und Persönlichkeitsförderung, werden ganz neue Elemente für das Studium gebraucht, wie beispielsweise Mentoring für die Studierenden.

Fassen wir die kurz skizzierte Diskussion um die Frage der Berufsbilder zusammen, so lässt sich auf der einen Seite nüchtern feststellen, dass es gerade viele Umbrüche und Herausforderungen gibt, und zum anderen, dass die Lösung oftmals im „eigenen Haus" zu finden ist. Der Personaldezernent Prof. Dr. Beese von der Evangelischen Kirche von Westfalen hat in einem Interview zu besagtem Pfarrbildprozess auf folgenden Sachverhalt hingewiesen: *„Wir müssen uns klarmachen: Die meisten zukünftigen Pfarrerinnen und Pfarrer, auch in ausreichender Zahl, sind alle schon da. Sie werden gerade von ihren Eltern zur Taufe gebracht. Sie spielen in den Kindergruppen, sie sind in der Konfirmandenarbeit dabei, sie besuchen den Religionsunterricht, machen bei Projekten und Praktika mit. Wir haben sie nur noch nicht identifiziert, und sie selbst wissen es noch nicht, dass sie mal Pfarrerinnen und Pfarrer werden."* Genau hier wollen wir anknüpfen und fragen, was denn die Vorstellungen der Jugendlichen und jungen Erwachsenen im Kontext der jeweiligen Kirchen und Gemeinden sind und was sie für die Praxis bedeuten.

Berufliche Perspektive im christlichen Kontext

In unserem Fragebogen haben wir die berufliche Perspektive für drei Kontexte abgefragt:

- als Pfarrer*in oder Pastor*in zu arbeiten,
- im Bereich der kirchlichen Kinder- und Jugendarbeit zu arbeiten und
- im Bereich der Diakonie zu arbeiten.

Zu diesen Fragen gibt es eine Fülle an interessanten Ergebnissen, die teilweise in der folgenden Grafik einzusehen sind. Zu erwarten war, dass die höchste Zustimmung im Bereich der Jugendarbeit zu verzeichnen ist, was zum einen am Alter der Zielgruppe und zum anderen an der hohen Verbundenheit innerhalb der Jugendarbeit liegt. Mit 49 Prozent, die angeben, dass sie sich vorstellen könnten, später in der Jugendarbeit hauptamtlich zu arbeiten, liegt der Wert bei den hochreligiösen Jugendlichen im Vergleich zur Diakonie (18 Prozent) und dem Pfarramt (13 Prozent) sehr hoch. Interessant ist auch, dass hochreligiöse Jugendliche sich die Arbeit in allen Bereichen eher als religiöse Jugendliche vorstellen können.

Für beide Gruppen gilt, dass sich Jugendliche, die sich ehrenamtlich engagieren und bereits Aufgaben im kirchlichen Bereich übernehmen, später eher vorstellen können, als Pfarrer*in, Pastor*in oder in der kirchlichen Kinder- und Jugendarbeit zu arbeiten. Religiöse Jugendliche, die sich ehrenamtlich im christlichen Kontext engagieren, können sich deutlich eher vorstellen, Pfarrer*in zu werden (14 Prozent), als dies bei hochreligiösen Jugendlichen ohne ehrenamtliches Engagement der Fall ist (9 Prozent). Ähnlich gilt: Religiöse Jugendliche, die sich ehrenamtlich im christlichen Kontext engagieren, können sich mit 58 Prozent deutlich eher vorstellen, in der kirchlichen Kinder- und Jugendarbeit tätig zu werden, als dies bei hochreligiösen Jugendlichen ohne ehrenamtliches Engagement der Fall ist (43 Prozent).

Dieser Zusammenhang ist nicht überraschend, bestätigt er doch die lang wahrgenommene These, dass das kirchliche Ehrenamt einen direkten Einfluss auf die Wahl kirchlicher Berufe hat. Dies stärkt die ohnehin schon große Bedeutung des ehrenamtlichen Engagements innerhalb der Kirche. Führt man diese These weiter, wird ersichtlich, dass hochreligiöse Jugendliche mit einem kirchlichen Ehrenamt sich eine berufliche Perspektive im kirchlichen Kontext am ehesten vorstellen können.

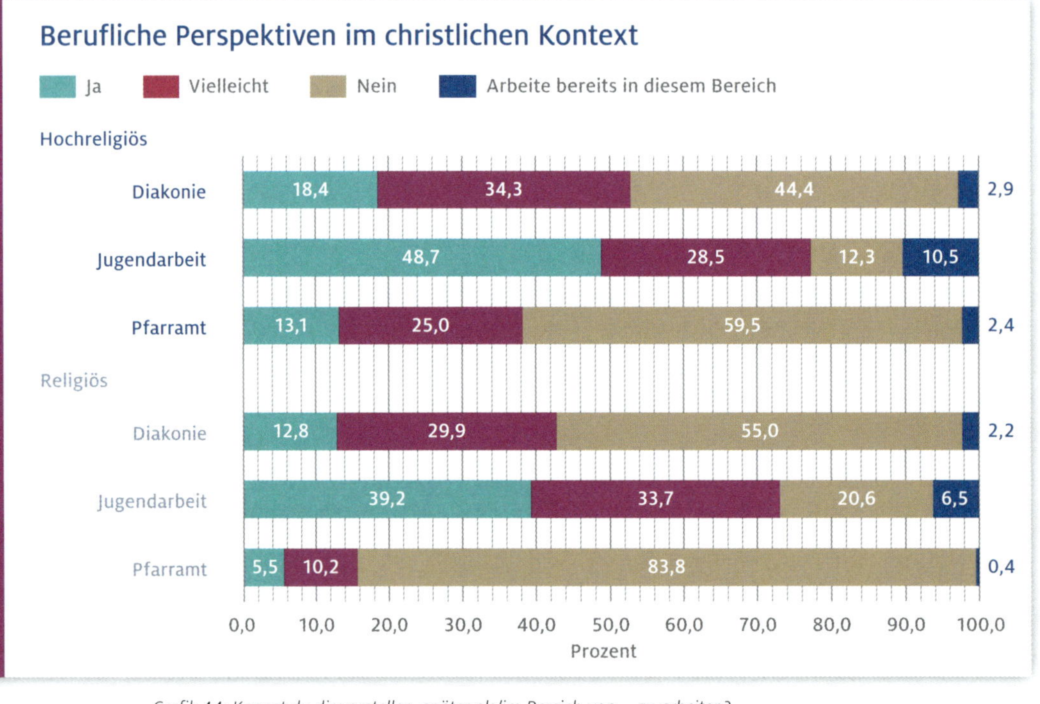

Grafik 44: Kannst du dir vorstellen, später als/im Bereich von ... zu arbeiten?

Interessant ist zudem, dass Jugendliche, die angaben, ihre Pfarrer*in beziehungsweise ihre Pastor*in trage viel zum Gemeindeleben bei, sich signifikant häufiger vorstellen können, später ebenfalls als solche in diesem Bereich zu arbeiten. Hier gibt es also einen Zusammenhang zwischen dem konkreten positiven Erleben eines engagierten Pfarrers oder Pfarrerin und der eigenen Vorstellung, diesen Beruf später selbst auszuüben.

Einen Unterschied zwischen Landeskirchlern und Freikirchlern hinsichtlich der Berufswahl konnten wir nicht feststellen. Männliche Jugendliche können sich aber mit 19 Prozent eher vorstellen, den Beruf des Pfarrers auszuüben, als weibliche Jugendliche (10 Prozent). Diese können sich jedoch eher vorstellen, in der Jugendarbeit zu arbeiten (53 Prozent) als männliche Jugendlichen (43 Prozent). Ähnlich sieht es bei der Frage der Diakonie aus. Hier können sich ebenfalls eher die weiblichen Jugendlichen vorstellen zu arbeiten (23 Prozent) als die männlichen (11 Prozent). Schauen wir auf das Alter, so lässt sich feststellen, dass 17 Prozent der 20- bis 29-Jährigen sich vorstellen können, Pfarrer*in zu werden, bei den 14- bis 19-Jährigen sind es 9 Prozent. Im Bereich der Diakonie ist es umgekehrt (24 Prozent der 14- bis 19-Jährigen zu 12 Prozent der 20- bis 29-Jährigen).

Zwischenfazit: Ehrenamt und Hochreligiosität als wichtige Faktoren

Ziehen wir ein erstes vorsichtiges Zwischenfazit, so lässt sich sagen, dass zwei wesentliche Punkte herausgestellt werden können: Sowohl das Ehrenamt stellt sich als wichtiger Faktor für eine mögliche Wahl kirchlicher Berufe heraus als auch die Hochreligiosität. Kommt beides zusammen, ist die Wahrscheinlichkeit am höchsten, dass die Jugendlichen einen der drei kirchlichen Berufe wählen. Interessant ist, je höher die Jugendlichen den Beitrag der Pfarrerin oder des Pfarrers zum Gemeindeleben einschätzen, desto größer ist die Wahrscheinlichkeit, dass sie selbst diesen Beruf wählen werden. Hier lassen sich zumindest Rückschlüsse auf die inhaltliche Arbeit und das Auftreten von Pfarrer*innen ziehen, gerade gegenüber der Gemeinde und besonders gegenüber den Jugendlichen selbst. Es wäre sicher interessant, hier noch weiter zu forschen. Nicht verwunderlich ist, dass eher männliche Jugendliche Pfarrer werden wollen. Dies bildet die Realität der Kirche ab; denn etwa 70 Prozent der angestellten Theologen in der EKD sind männlich (Stand 2017). Schauen wir nun, wie die qualitativen Interviews zu werten sind.

Berufsperspektiven in den qualitativen Interviews: „Also so die Richtung Arbeit unter Kindern wäre mein Ding" – die qualitativen Befunde

Viele der interviewten Jugendlichen können sich vorstellen, in unterschiedlichen Berufsfeldern hauptamtlich im Kontext von Kirche und Gemeinde tätig zu werden. Hier muss man jedoch berücksichtigen, dass auch ein großer Anteil dies nicht explizit ausformuliert, sondern eher kurz und knapp auf eine entsprechende Frage geantwortet hat. Darüber hinaus möchten viele Jugendliche einen anderen Beruf mit Menschen ausüben, allerdings außerhalb der Institution Kirche, wie zum Beispiel im Lehramt, allerdings mit einer explizit christlichen Motivation oder Berufung.

Eine neue Kategorie, die wir nicht in dem quantitativen Fragebogen abgefragt hatten, tauchte bei den Interviews auf: die der interkulturellen Arbeit. Theologie zu studieren beziehungsweise Pfarrer*in zu werden, können sich nur wenige vorstellen. Es gab allerdings auch einige Jugendliche, die diese Frage nicht beantworteten, weil sie momentan nicht wussten, was sie in Zukunft beruflich machen wollen, wie zum Beispiel Dennis, der sagt: „*Ich habe zu Gott gesagt: Wenn du mich in der Mission, in der Kirche haben willst, dann musst du's mir eindeutig sagen. Bis jetzt kam noch nichts – bin ich gespannt.*" Insgesamt haben sich aus den Interviews drei große Berufsfelder ergeben, die wir jetzt vorstellen wollen.

Jugendliche, die sich vorstellen können, in Kirche und Gemeinde zu arbeiten

Die meisten Jugendlichen haben eine ungefähre Vorstellung von einem Studienfach und Berufsbild, ohne sich aber bisher festgelegt zu haben. Wie Antje, die sagt: „*Ich würde gerne in den Bereich Theologie oder Religionspädagogik gehen.*" Oder Niklas: „*Also, ich denke, Jugendreferent, die Richtung Arbeit unter Kindern in der Gemeinde, das ist so mein Ziel.*" Aber es gibt auch einige Jugendliche, die eine genauere Vorstellung haben, wie beispielsweise David: „*Das möchte ich auch gerne studieren, Gemeindepädagogik und Diakonie, wenn ich jetzt mit meinem Fachabitur fertig bin. Also ich finde die schon ganz wichtig.*" Wie in der Grafik gesehen, gab es auch einige Jugendliche, die schon in dem Bereich arbeiten, wie zum Beispiel Philipp, der erzählt: „*Ich habe mich entschieden, eine Ausbildung zum Gemeindepädagogen zu machen. Davor habe ich eine Ausbildung zum Zimmermann gemacht und war auch ein Jahr in Frankreich auf einer Bibelschule.*" Bei Laura werden auch die Gründe für ihr Theologiestudium deutlich:

„Vieles von dem würde ich nicht tun, heute, wenn ich nicht irgendwo ein Vorbild gehabt hätte. Beispielsweise unsere ehemalige Gemeindepfarrerin ist mit ein Grund, warum ich Theologie studiere und Pfarrerin werden will.“ Auch hier spielt die Bedeutung des Vorbilds, wie anfangs schon angemerkt, eine große Rolle.

Jugendliche, die sich vorstellen können, in interkultureller Arbeit im Bereich der Mission oder der christlichen Entwicklungsarbeit zu arbeiten

Diese Kategorie ist aus den Interviews entstanden. Exemplarisch für sie steht Monika, die das weite Feld der interkulturellen Arbeit beschreibt: *„Mich interessiert die interkulturelle Arbeit, das heißt entweder in Deutschland mit irgendwelchen Menschen aus dem Ausland. Ich kann mir aber auch sehr gut vorstellen, im Ausland zu arbeiten, dort ein soziales Projekt zu machen, mit Kindern oder mit Erwachsenen.“* Oder wie Fred, der sich ganz unterschiedliche Berufsfelder vorstellen kann: *„Also, ich studiere ja Soziale Arbeit und da möchte ich natürlich schon was mit Menschen machen. Ich kann mir Mission auch vorstellen, aber auch verschiedene Sachen. Ich kann mir auch gut vorstellen, in einen Brennpunkt zu gehen. In irgendein Ghetto im Osten und dort Gemeinde zu gründen oder mit sozial benachteiligten Kindern und Jugendlichen zu arbeiten.“* Manche, wie Monika, wissen es dagegen schon genauer: *„Mein Traumdenken ist: einmal mit einem christlichen Team in die nichtchristliche Welt. Also ich würde nicht, glaube ich, nur unter Christen arbeiten, sondern schon Nichtchristen erreichen.“* Aber auch das Thema Mission im Ausland wurde genannt, für das Nicole stellvertretend steht: *„Was ich mir vorstellen könnte, ist Missionar zu werden und für eine längere Zeit ins Ausland zu gehen. Ich interessiere mich total für andere Kulturen und so.“*

Jugendliche, die sich vorstellen können, außerhalb der Kirche für Gott zu arbeiten

Die am häufigsten genannten Bereiche, die nicht direkt mit dem kirchlichen Kontext als Hauptamtliche zu tun haben, waren Berufsfelder wie Lehrer*in als auch Erzieher*in. Bei diesen haben die Jugendlichen in den Interviews jedoch explizit die Verbindung zu ihrem Glauben gezogen, wie beispielsweise bei Denis: *„Ich weiß noch nicht so ganz genau, was ich machen will. Also, ich würde schon mal gerne in einer christlichen Schule Praktikum machen. Aber auf der anderen Seite denke ich mir halt, dass es vor allem in den nicht christlichen Schulen so viele Kinder gibt, die aus schwierigen Familienverhältnissen kommen, für die es so wichtig ist, dass jemand für sie da ist, ihnen vielleicht auch zuhört, je nachdem, wie weit das möglich ist als Lehrerin. Der sie halt* *einfach annimmt, wie sie sind und ihnen mit dieser Liebe begegnet. Und deshalb denke ich schon, dass es vielleicht auch eher wichtig ist, an so 'ne, an eine normale Schule zu gehen, um da halt einfach ein Licht zu sein, sozusagen.*"

Diese Motivation, in seinem Beruf Gott zu dienen, haben wir öfter gehört, auch wenn manche Jugendliche noch nicht genau wussten, wohin sie das später führen wird. Dazu äußert sich Marcel: „*Ich studiere Lehramt und werde dann wahrscheinlich als Lehrer arbeiten. Das ist im Moment mein Ziel, aber wo Gott mich dann hinbringt, ist eine andere Frage.*" Bei manchen Jugendlichen spielt auch das Ehrenamt eine große Rolle. Sie wollen weiter in ihrem kirchlichen Ehrenamt unterstützen, wie exemplarisch Philipp: „*Ja, aber nicht als Pastor. Wenn, dann eben als Jugendleitung, als Jugendbeauftragter, vielleicht so. Aber da ich ja auch irgendwann älter werde und die Teens dann auch nicht mehr erreiche, ist das nur ein Wunschdenken so von mir. Ein Wunsch, den ich auf dem Herzen habe, aber den ich in der ehrenamtlichen Mitarbeit genauso ausführen kann wie im hauptamtlichen Dienst.*"

Die qualitativen Interviews waren sehr aufschlussreich und vor allem mit der interkulturellen Berufsperspektive gab es eine interessante Ergänzung zu den quantitativen Daten.

Zwischenfazit: Konsequenzen für eine bessere Rekrutierung

Um das Zitat Dieter Beeses vom Eingang dieses Kapitels aufzunehmen: Die Lösung liegt manchmal näher, als man denkt. Wenn wir die Daten der Erhebung ernst nehmen, dann stellen wir fest, dass gerade die Gruppe der hochreligiösen Jugendlichen sich sehr viele Gedanken um kirchliche Berufsfelder macht und hier ein großes Potenzial für die Zukunft der Kirche liegt. Der Schwerpunkt liegt aber klar auf Jugendarbeit – das Pfarramt und das klassische Theologiestudium haben es im Vergleich dazu eher schwer. Was allerdings sowohl in der quantitativen Umfrage als auch in den Interviews deutlich wurde, ist, dass die Jugendlichen sich die Pfarrer*innen vor Ort ganz genau anschauen. Hier entscheidet sich für viele, ob dieser Beruf für sie infrage kommt, im Positiven wie im Negativen. Deshalb wäre es hilfreich, Jugendlichen einen besseren Einblick in die Arbeit und das Leben der Personen zu geben, z. B. durch Angebote wie „Job Shadowing", wo interessierte Jugendliche Hauptamtliche einen Tag lang bei ihrer Arbeit begleiten können.

Jugendliche wünschen sich häufig einen Job, in den sie ihre eigenen Ideen einbringen und etwas gestalten können.[136] Dies ist gerade bei den oftmals vielfältigen und anspruchsvollen Aufgaben im Pfarramt schwer zu realisieren. Hier gibt es jedoch gute Versuche, vermehrt in Teams zu arbeiten: zum einen Pfarrteams, aber auch (multiprofessionelle) Regioteams, die aus Jugendreferent*innen sowie Ehrenamtlichen bestehen. Hier sehen wir viel zukünftiges Potenzial, gerade beim Thema Ehrenamt, da dies eine zentrale Rolle für die spätere Berufswahl einnimmt, wie wir gesehen haben. Allerdings glauben wir auch, dass es in einer sich wandelnden Welt neben den Veränderungen in den bisherigen Berufsfeldern neue Berufsfelder geben muss, wie zum Beispiel Gemeindemanager*innen (die es schon in der EKHN gibt, als Assistenz von Pfarrer*innen etc.). Ein weiteres Beispiel könnten die sogenannten „Com-Pastoren" (als Co-Pastoren) sein, die in der schwedischen Pfarrreform entstanden sind.

Die Zukunft wird unserer Meinung nach eine neue Betonung des Gemeinwesens für die Kirche mit sich bringen, in der sich immer mehr Menschen miteinander organisieren und vernetzen (community organizing). Auch hier braucht es neue kirchliche Berufe, die ihren Schwerpunkt eher auf Netzwerken, Mission und/oder interdisziplinärem Arbeiten verstehen. Kirche braucht neue, mutige Experimente und sollte Ideengeber im Gemeinwesen sein und nicht nur Verwalter des eigenen Besitzstandes. Dafür braucht es junge Leute, eine attraktive Ausbildung und ein Studium, das sie darauf gut vorbereitet. Unterschiedliche Gaben und Persönlichkeiten brauchen unterschiedliche Aufgabenfelder und somit auch unterschiedliche Ausbildungsschwerpunkte. Dazu bedarf es einer Öffnung für Quereinsteiger. Wie die hessischen Kirchen es vorgemacht haben, ist dies ein Weg, der verstärkt und gefördert werden sollte. Ein weiterer wäre die Überlegung, ob nach einem Masterstudium nicht der Weg ins Vikariat grundsätzlich geöffnet werden könnte.

Notizen

KAPITEL 6

Generation Lobpreis – eine kritische Reflexion

Bis zu diesem Punkt haben wir in die wichtigsten Ergebnisse der Studie eingeführt, sie vorgestellt, eingeordnet und erste vorsichtige Reflexionen angestellt. Wie zu Beginn formuliert, wollten wir zunächst verstehen und auch die Leser*innen einladen, die Ergebnisse in ihrer Vielfalt und vielleicht auch Widersprüchlichkeit möglichst neutral wahrzunehmen und nicht gleich in das Korsett eigener Sichtweisen oder Vorurteile zu pressen. Erst jetzt, gegen Ende des Buches, werden wir in eine tiefere Reflexion und Analyse einsteigen und diese in zwei Schritten durchführen. Zum einen werden wir selbst einen Versuch machen, die dargelegte Analyse zu reflektieren; hier wagen wir sehr unterschiedliche Deutungen. Zum anderen haben wir vier Personen aus unterschiedlichen Gruppen eingeladen, unsere Analyse zu lesen und explizit aus ihrem subjektiven Blickwinkel einen Kommentar zu schreiben. In vielen Gesprächen über erste Ergebnisse bemerkten wir, wie sehr sich die Interpretation der Ergebnisse, abhängig vom Standpunkt der Person, verändert. Daher wollten wir die stärkeren Deutungen nicht in den Grenzen unserer Perspektive halten, sondern direkt erweitern. Und so haben wir zunächst drei Vertreter*innen der Generation Lobpreis gefragt, ob sie sich in den Beschreibungen wiederfinden, was sie dazu sagen und was sie gerne aus ihrer Sicht ergänzen würden. Sodann haben wir einen erfahrenen Lobpreisleiter „der ersten Stunde“ gefragt, was er zu den Ergebnissen denkt und ob er sich je hätte vorstellen können, dass es einmal eine „Generation Lobpreis“ geben würde. Wir wollten allerdings auch explizit kritische Stimmen einbeziehen und so haben wir einen Kirchenmusiker gebeten, seine Perspektive auf die Generation Lobpreis zu beschreiben, und dann noch einen Theologen, der die Ergebnisse stärker theologisch deutet. Herausgekommen sind vier wunderbare Kommentare, die eine vielstimmige Perspektive auf die Generation Lobpreis werfen und dazu einladen sollen, als Leser oder Leserin selbst in die Debatte einzusteigen.

Beginnen wollen wir die Reflexion aber mit unseren Deutungen und einigen kritischen Anfragen an die Generation Lobpreis, die uns im Laufe des Schreibens gekommen sind. Mithilfe des Resonanzverständnisses des Soziologen Hartmut Rosa sowie eines Vergleichs von Liturgie und Lobpreis versuchen wir zunächst, die Charakteristika der Generation Lobpreis positiv zu deuten, um nicht in die Falle des Kulturpessimismus zu geraten – das heißt, das Eigene zur Norm zu erklären und alles, was davon abweicht und anders ist, abzuwerten. Mithilfe der Theorie des „Moralistic Therapeutic Deism“ sowie einigen soziologisch-gesellschaftsdiagnostischen Perspektiven wie der „Tyrannei der Intimität“ von Richard Sennett werfen wir dann jedoch einen eher kritischen Blick auf die Ergebnisse. Wir haben im Laufe des Buches immer wieder betont, dass unterschiedliche Deutungen der Daten möglich und legitim sind, und wollen das hiermit selbst praktizieren. Abgeschlossen wird das Buch dann mit Chancen und Herausforderungen der Ergebnisse für die kirchliche Arbeit. Sie sollen an das Ende des Buches einen Doppelpunkt setzen und können als Diskussionsgrundlage über die Ergebnisse dienen.

Lobpreis als Resonanzraum. Oder: Lobpreis als postmoderne Liturgie

Jede Generation muss für sich wieder neu lernen, den eigenen Glauben auszudrücken, dies ist zumindest die allgemeine religionspädagogische Meinung, der wohl die wenigsten Menschen widersprechen würden. Liturgie hingegen verändert sich nicht, bleibt beständig, auch durch den Wandel der Zeiten. Allein von dieser Ausgangslage her ist es nicht verwunderlich, dass kirchliche Liturgien bei Jugendlichen, die sich gerade in der Phase der Aneignung des eigenen Glaubens befinden, auf wenig Resonanz stoßen. Den Wert von Liturgien erkennen viele erst in der zweiten Lebenshälfte, in der diese als feste Rituale Sicherheit und Halt geben. Bei unserer Studie haben wir bemerkt, dass für viele Jugendliche Lobpreis eine große Bedeutung hat, dabei geht es auch um Musik, um Emotionalität, um Körperlichkeit, um einfache Texte – *vor allem aber* geht es um eine Art Lebensstil, der in der Lobpreismusik seinen Ausdruck findet. Um dies besser darzustellen, möchten wir zunächst versuchen, die Generation Lobpreis durch die Brille des Soziologen Hartmut Rosa zu sehen, der uns einige Erklärungshilfen geben kann, warum ausgerechnet Lobpreis hochreligiöse Jugendliche anspricht.

Die Generation Lobpreis und die Suche nach Authentizität

Der Soziologe Hartmut Rosa hat mit „Resonanz. Eine Soziologie der Weltbeziehung“[137] ein spannendes und vielbeachtetes Buch geschrieben, in dem es darum geht, wie wir Menschen in aller Unterschiedlichkeit auf die Veränderungen unserer Welt reagieren und wie unsere Weltbeziehung dabei aussieht. Dies ist ein großes Thema, aus dem wir nur einen Aspekt herausnehmen wollen, der uns für das Verstehen der Generation Lobpreis von Bedeutung erscheint. Rosa geht davon aus, dass der Mensch seit der Aufklärung danach strebt, selbstständig und glücklich zu leben. Der Schlüsselsatz der Moderne zur eigenen Lebensführung, so Rosa, lautet: *„Die Frage nach dem Glück und nach dem guten Leben.“*[138] Um das gute Leben zu erreichen, muss jede*r für sich selbst entscheiden und auch verantwortlich sein. Dies klingt in unseren Ohren zunächst vielleicht nicht spektakulär, allerdings beinhaltet es letztlich ein radikales Autonomieversprechen und starke Selbstbestimmung im Hinblick auf Beruf, Partnerschaft, Familie, Wohnort, Glaube, politische Orientierung, Sexualität, Bildung, Kleidung etc. Rosas Beobachtungen durch die letzten Jahrhunderte sind, dass sich diese Entwicklung zur Selbstverantwortung immer stärker beschleunigt und es uns westlich geprägten Menschen immer schwererfällt „gute" Entscheidungen für unser Leben zu fällen. Dabei unterliegen wir einer Steigerungslogik, in der (so Rosa) alles immer schneller entschieden werden muss. Nach welchen Kriterien entscheiden wir überhaupt? Sind es ethische Leitlinien? Ist es die Vernunft? Die Erfordernisse des Gemeinwohls? Die Religion? Laut Rosa ist es die Authentizität (die eigene, innere Stimme bzw. das „wahre Selbst" zu finden, auszudrücken und sich darin treu zu bleiben und nicht verbiegen zu lassen). Sie wird zum Maßstab der Selbstverwirklichung. Rosa folgt in dieser Beurteilung dem großen Sozial- und Religionsphilosophen Charles Taylor, der die „Authentizitätsthese" in seinem Opus eindrucksvoll begründet hat (zuletzt in seinem Buch „Ein säkulares Zeitalter"). Darüber hinaus gibt es eine wechselseitige Kausalität zwischen der Selbstbestimmung des Subjekts und dessen sozioökonomischer Positionierung. In diesem Kontext kommen nun Beschleunigung und Sehnsucht nach Authentizität zusammen und bestimmen die Beziehung zur Welt, in der wir als Menschen jeweils stehen. Diese Weltbeziehung bezeichnet Rosa als „Resonanzraum". Was damit gemeint ist, formuliert Rosa fast lapidar: *„Wenn Beschleunigung das Problem ist, dann ist Resonanz vielleicht die Lösung."*[139] Er meint damit, dass wir als Menschen Resonanzerfahrungen machen, und zwar in all den Erfahrungen und sozialen Zusammenhängen, die vorhin genannt wurden (Beruf, Partnerschaft, Familie, Wohnort, Glaube, politische Orientierung, Sexualität, Bildung, Kleidung etc.). Rosa fasst seinen Resonanzbegriff in einem Interview gut zusammen: *„Resonanz ist ein Zustand, eine Art und Weise des Verbundenseins mit der Welt, bei der tatsächlich in uns sowas zu schwingen beginnt. Man kann das, glaube ich, wirklich in diese Metapher fassen, weil das eine Art des In-der-Welt-Seins beschreibt, bei dem uns Dinge noch berühren oder bewegen oder ergreifen – das sagt ja schon unsere Sprache, also etwas in Schwingung kommt –, wo wir aber auch das Gefühl haben, wir können da draußen sozusagen Klänge erzeugen, also Dinge in Schwingung bringen."*[140]

Schauen wir auf die Ergebnisse unserer Studie, dann steht die Generation Lobpreis für vieles, was wir aus der Analyse Rosas kennen. Die Generation Lobpreis lebt in einer beschleunigten Welt unter dem „Diktat der Authentizität" und versucht nun, mit den ihr zur Verfügung stehenden Mitteln den eigenen Resonanzraum zu gestalten. Viele Jugendliche leben in einer Spannung zwischen Autonomie und dem Streben nach einem guten Leben. So kommt es, dass hochreligiöse Jugendliche an einen liebevollen Gott glauben, der in ihr Leben eingreifen kann, für das sie jedoch selbst verantwortlich sind. Sie sind sich ihres Glaubens sicher, sehen Mission aber eher kritisch, finden die Bibel wichtig, entscheiden in der Gemeinde aber eher pragmatisch. Wichtigstes Kriterium in diesen Spannungen ist für die Jugendlichen, dass sich ihre Entscheidungen authentisch anfühlen, für sie stimmig sind oder, um es mit Rosas Worten zu sagen: Für die Jugendlichen muss in ihrem Resonanzraum etwas zum Schwingen kommen.

Lobpreis als Resonanzraum zwischen Selbst und Welt

Eine zentrale Funktion in diesem Resonanzraum spielt der eigene Körper. Denn die primäre Resonanzerfahrung vollzieht sich durch unseren Körper (beim Atmen, Essen, Lieben, Lachen etc.). Der Körper stellt dabei eine Art „Mittlerfunktion" zwischen Selbst und Welt da, daher gibt es keine Welterfahrung ohne körperliche Vermittlung. Wir stehen mit den Füßen auf der Erde. Durch das Schuhwerk wird die Resonanz zwischen mir und der Welt auf Distanz gebracht. Die Haut ist wie eine Membran zwischen der Welt und dem Selbst. Körperliche Erkrankungen können auch ein Zeichen für eine gestörte Weltbeziehung sein. Der Körper drückt unser Selbst aus. Wir sagen dazu: „Ich fühle mich wohl in meiner Haut." Hartmut Rosa nennt dies die „Welt-Körper-Beziehung". Ohne Körper gibt es keine Weltwahrnehmung. Jugendliche heute wachsen in einer Welt auf, in der die Wahrnehmung des eigenen Körpers oftmals nicht gefördert wird, manchmal sogar gestört ist. Was aber passiert, wenn der Körper die Mittlerrolle zwischen Selbst und Welt nicht mehr oder nur eingeschränkt einnehmen kann? Wir können heute vielfältige Störungen in der eignen Wahrnehmung des Körpers und seiner Mittlerfunktion erkennen. Burnout oder Zwangs- und Essstörungen können Ausdrucksweisen solcher Störungen sein. Aber auch ein übersteigertes Körperbewusstsein durch Sport (beispielsweise Marathon als neuer Volkssport) oder überzogene Körperästhetik (beispielsweise in den sozialen Medien mit dem dortigen Fitnesstrend) sind solche Zeichen, die eine Weltbeziehungsangst und eine Entfremdung vom eigenen Körper aufzeigen. Wenn Rosa recht hat und es keine Weltwahrnehmung ohne Körper gibt, dann gilt dies auch für den Glauben, denn für Rosa ist Gott die Vorstellung einer antwortenden Welt.[141] Welche Rolle spielt der Körper für den Glauben hochreligiöser Jugendlicher? Welche spirituelle Vermittlung kann er für die Jugendlichen und ihren Glauben einnehmen? Das sind wichtige Fragen, wenn es um die heutige jugendliche Spiritualität geht. Nun ist der evangelische Glaube nicht gerade für eine hohe Körperlichkeit bekannt, sondern wird eher kognitiv vermittelt – im Vordergrund steht das Wort und dessen Verkündigung. Natürlich gibt es das Gesangbuch, die Liturgie oder das Abendmahl und somit auch explizit körperliche spirituelle Elemente und Erfahrungen. Jedoch sind diese Elemente für Jugendliche meist fremd. Sie suchen Elemente, die ihre (kulturelle) „Sprache sprechen", in der sie sich ausdrücken können, kurz: die bei ihnen Resonanz erzeugen. Lobpreis scheint ein solcher Resonanzraum zu sein.

Emotional und körperlich lässt Lobpreis die Jugendlichen ihren Glauben spüren, er überwindet den Dualismus aus Körper und Geist und verbindet beides miteinander. Lobpreis ist auf Begegnung und somit auf Resonanz angelegt, der Mensch mit Körper und Geist reagiert darauf. So wird Lobpreis für die Jugendlichen zu einer Resonanzerfahrung zwischen Gott und sich selbst.[142] Rosa selbst bezieht religiöse Erlebnisse explizit in seine Theorie mit ein. Er argumentiert mit Martin Buber, dass es gerade die Ansprechbarkeit Gottes ist und das Gegenversprechen, dass dieser antwortet, welches eine Art Tiefenresonanz in uns Menschen hervorruft. Diese Sehnsucht, die Rosa hier ausdrückt, spiegelt wunderbar die Sehnsucht vieler hochreligiöser Jugendliche wider: *„Da ist einer, der Dich hört, der Dich versteht, und der Mittel und Wege finden kann, Dich zu erreichen und Dir zu antworten."*[143] Hier geht es um eine Gottesbegegnung, die sich im Lobpreis zeigt, aber auch über Lobpreis als Musik hinausgeht. Es geht um eine Art Hermeneutik des Alltags, in der die Beziehung in der Glaubenspraxis beschrieben wird, die die Kraft hat, die eigene Welt zu verwandeln. Der österreichische Theologieprofessor Michael Nausner fasst dies gut zusammen, wenn er schreibt: *„Es geht [bei der aktuellen Generation] um eine grundlegende Lebenshaltung, eine Weltbeziehung, die nach meinem Dafürhalten viel gemeinsam hat mit einer christlichen Lebensführung. Denn geht es im christlichen Leben nicht um ein aufmerksames ‚Widerhallen' auf den Anruf Gottes, ja auf die ganze Vielfalt der Schöpfung, die von Gott ständig neu erschaffen wird?"*[144]

In klassisch evangelischer Tradition würde die Liturgie als ein solcher Resonanzraum gelten, aber wie wir festgestellt haben, gilt dies nur für einen sehr kleinen Ausschnitt der Generation Lobpreis. Deshalb wollen wir nun der These nachgehen, Lobpreis sei für hochreligiöse Jugendliche ihre Liturgie, eine Liturgie mit den Mitteln ihrer Kultur.

Lobpreis als kultureller Ausdruck von Identität

Im Verlauf der Arbeit an diesem Buch gab es am Rande einer EKD-Sitzung ein interessantes Gespräch zum Für und Wider von Lobpreis in der Kirche. Die Diskussion darüber wurde sehr emotional geführt und endete mit der Aussage: *„Da können die Jugendlichen ja gleich in ein Popkonzert gehen und nicht in die Kirche!"* Ja, das ist gar nicht so verkehrt. Vielen Jugendlichen geht es genau darum. Sie wollen ihren

Glauben mit den Mitteln ihrer kulturellen Präferenzen ausdrücken. Die meisten Jugendlichen haben sicher nichts gegen Liturgien, sie sind ihnen lediglich fremd und haben nichts mit ihrer Lebenswelt zu tun. Sie verstehen die Sprache nicht, finden die Gesänge befremdlich und, wenn wir ehrlich sind, gibt es auch wenig Hilfe, diese Dinge kennenzulernen. Ich (Tobias Faix) war vor einiger Zeit zur Konfirmation meiner Nichte in der Evangelischen Kirche in Bayern und habe im Gottesdienst eine echte Fremdheitserfahrung gemacht. Denn aus der badischen oder kurhessischen Landeskirche sind mir bestimmte Liturgien bekannt, allerdings fühlte ich mich den ganzen Gottesdienst unsicher, weil ich nie wusste, wann ich aufstehen muss, was jetzt von wem gesungen wird und was als Nächstes dran ist. Während des Gottesdienstes musste ich daran denken, dass es vielen Jugendlichen wahrscheinlich genauso geht: Das ist ihnen fremd. Was für die einen ein wertvolles Ritual ist, um Gott zu begegnen, ist für andere fremd, ja sogar abstoßend. Auch beim Thema Lobpreis sind die Erfahrungen ähnlich polarisierend. Für die einen ist Lobpreis ein legitimer Weg zur Gottesbegegnung in einer hoch informalisierten, erlebnisorientierten und individualisierten Kultur, für die anderen ist er emotional manipulierend und geistlich vereinseitigend. Liturgie und Lobpreis – vielleicht haben sie mehr gemeinsam, als auf den ersten Blick vermuten lässt.

Was nun, wenn die aktuelle Generation sich ihre eigene Liturgie erfindet, die alte ablöst, ja sie ersetzt? Sie ersetzt durch Sprache und Musik, die Jugendliche aus ihrem Alltag kennen, in der sie sich sicher fühlen und die ihnen echt vorkommt. Im Folgenden wollen wir einige aus der Liturgie bekannte Merkmale aufnehmen und sie auf die Generation Lobpreis übertragen:

- **Die Gegenwart Gottes:** Liturgie ist nicht zweckfrei, sondern soll in die Gegenwart Gottes führen. Der Grazer Liturgiewissenschaftler Bert Groen sagt, dass Liturgie die Brücke zwischen Gott und Mensch ist, um dem Geheimnis Gottes näherzukommen.[145] Liturgie ist daher niemals Selbstzweck, sondern hat zum Ziel, dass eine Gottesbegegnung stattfindet. Ähnlich würden das viele Jugendlichen aus der Generation Lobpreis bei Anbetung oder Lobpreis beschreiben. Es geht nicht in erster Linie um Musik oder Texte, sondern diese sind Mittel zum Zweck. Lobpreis führt in die Gegenwart Gottes.

- **Klar und fest:** Eine Liturgie lebt von Wiederholung, Einfachheit (nicht mit Banalität zu verwechseln!) und der Einprägsamkeit der Texte. Auch hier gibt es Parallelen zum Lobpreis. Auch Lobpreis lebt von Wiederholungen. Die Texte sind oftmals eher einfach gehalten, und viele Jugendliche können spätestens bei der dritten

Wiederholung des Refrains mitsingen. Diese oft kritisierte Einfachheit sehen wir bei vielen Lobpreisliedern, die wiederum viele unterschiedliche Lobpreistypen vereint. So wie die Liturgie einen festen Aufbau und Ablauf hat, gibt es auch im Lobpreis einen festen Ablauf und bestimmte Abfolgen, die man schnell erkennen und erlernen kann. Diese Wiederholungen von Liedern oder Liedzeilen, Gebeten oder Einladungen zeigen, wie man sich Gott öffnen und sich auf ihn einlassen kann.

- **Affirmativ und emotional:** In einer rationalisierten und digitalen Welt wächst die Sehnsucht, berührt zu werden. Gerade in einer eher kognitiven Tradition, wie der des Protestantismus, fehlt es an Emotionen und Körperlichkeit. Liturgie und Abendmahl sind Elemente, die nicht nur über den Verstand, sondern ganzheitlich wahrgenommen werden. Lobpreis wird ebenso von vielen Jugendlichen als Berührung Gottes verstanden. Ganz hingegeben spüren die Jugendlichen die Gegenwart Gottes und erleben diese als eine Art subjektiven Gottesbeweis.

- **Gemeinsam erleben:** Liturgie lebt über die gemeinsame Sprache, den Rhythmus des Sprechens, das Gemeinschaftliche. Sich mitnehmen lassen, auch unabhängig von den eigenen Gefühlen und Erfahrungen. In der Liturgie trägt die Gemeinschaft den Einzelnen. Auch Lobpreis, das gemeinsame Singen, hat eine große Kraft, die gerade in einer individualisierten Welt zur Rarität geworden ist. Das Gefühl, zu einer Gemeinschaft zu gehören, sich tragen zu lassen vom Rhythmus und der Schwingung, ist für viele junge Menschen ein wichtiges Erlebnis. Gerade hochreligiöse Jugendliche erleben auf ihren Glauben im Alltag von Schule, Studium und Beruf nicht nur positive Resonanz, sie fühlen sich nicht immer verstanden und suchen gerade durch gemeinsamen Lobpreis Gemeinschaftserfahrungen, die sie in ihrem Glauben tragen und bestätigen.

Natürlich ist uns klar, dass es deutliche Unterschiede zwischen Lobpreis und Liturgie gibt. Gerade was die Kraft der Liturgie durch die Jahrhunderte ausgemacht hat. Trotzdem glauben wir, dass es sich lohnt, über die genannten Vergleiche zumindest nachzudenken. Was beide Zugänge gemeinsam haben, ist, dass sie von der aufrichtigen Haltung der Teilnehmenden leben. Ebenso verlieren beide ihre Kraft, wenn sie rein egoistisch für das eigene Wohlempfinden genutzt oder ihre Texte nur lapidar dahingesprochen werden. Doch schon in diesem Gedanken, den wohl die meisten Christ*innen heute unterschreiben würden, liegt ein starker Subjektivismus beziehungsweise schwingt die Kultur der Authentizität mit. In diesem Sinne ist klassische Liturgie tatsächlich anders gedacht: Indem ich eine Liturgie mitspreche, werde ich zum Teil einer Gemeinschaft, die schon seit vielen Jahrhunderten besteht. Ich klinke mich ein in einen Rhythmus, der schon lange vor meiner Existenz entstand. Entscheidend dabei ist, dass ich mich einklinke, Teil davon werde. Es ist egal oder zumindest nicht primär wichtig, was ich dabei empfinde. Liturgie in diesem Sinn befreit mich vom Diktat der Aufrichtigkeit und vom Zwang der Ungezwungenheit.

Kommen wir noch einmal auf Rosa zurück. Er spricht von „Entfremdung", wenn es nicht zu einer „Gleichschwingung" kommt, was bei vielen Jugendlichen in Bezug auf klassische Liturgien geschieht. Es entstehen keine Resonanz, kein Resonanzraum, keine Schwingungen. Beim Wort Resonanz schwingt jedoch bereits etwas Musikalisches mit. Rosa erklärt: *„Wenn zwei Instrumente, etwa Klavier und Geige, miteinander in Resonanz treten, dann bedeutet das, dass jedes in seiner Eigenfrequenz spricht und auf das andere reagiert. Ich meine mit Resonanz eine Beziehung zur Welt, in der man einerseits offen ist, um sich berühren zu lassen, vielleicht ergreifen zu lassen, aber andererseits auch selber seine eigene Stimme entfalten kann und damit etwas oder jemanden erreichen kann in der Welt."*[146] In diesem Verständnis beschreibt Lobpreis genau solch einen Resonanzraum und stellt eine neue Form jugendlicher Liturgie dar.

Die Therapeutisierung des Glaubens. Oder: Lobpreis als „Tyrannei der Intimität"

Wir haben in diesem Buch versucht, die Generation Lobpreis zunächst möglichst urteilsfrei zu verstehen und sie dann in den vorangehenden Teilkapiteln ihre Charakteristika zunächst sehr positiv zu deuten. In diesem Teilkapitel werfen wir jedoch eher einen kritischen Blick auf die Generation Lobpreis, da es uns, wie bereits erwähnt, wichtig ist, unterschiedliche Deutungen der Daten in unsere Reflexion mit einzubeziehen.

Moralisch-therapeutischer Deismus

Vor einigen Jahren erregte ein Buch des US-amerikanischen Soziologen Christian Smith und seiner Kollegin Melinda Lundquist Denton einiges Aufsehen: „Soul Searching: The Religious and Spiritual Eyes of American Teenagers".[147] Smith und sein Team hatten über 3.000 US-amerikanische Jugendliche zu ihren spirituellen und religiösen Überzeugungen befragt. Es zeigte sich, dass in den USA, in der nach wie vor eine große Mehrheit der Gesellschaft offen religiös ist, die meisten Jugendlichen einen Glauben haben, den Forscher als „Moralistic Therapeutic Deism" bezeichnen. Dieser moralistisch-therapeutische Deismus besteht aus fünf zentralen „Glaubensüberzeugungen“:

1. Es existiert ein Gott, der die Welt geschaffen und geordnet hat sowie über sie wacht.
2. Von der Bibel und nahezu allen Weltreligionen wird gelehrt: Gott möchte, dass die Menschen gut, nett und fair miteinander umgehen.
3. Das zentrale Ziel des Lebens ist es, glücklich und (mit sich selbst) zufrieden zu sein.
4. Es ist nicht nötig, dass Gott in das eigene Leben eingreift, es sei denn, es gibt ein Problem, das Gott lösen muss.
5. Gute Menschen kommen in den Himmel, wenn sie sterben.

Victoria Kurth hat in ihrer Studie „Gott als Therapeut?“ untersucht, inwiefern sich die Ergebnisse von Smith und seinem Team auch auf Deutschland übertragen lassen. Auf Basis aktueller religionssoziologischer Studien und eigener Forschung ist sie zu dem Ergebnis gekommen, dass sich ein Trend zu einem moralistisch-therapeutischen Deismus durchaus auch bei deutschen Jugendlichen nachweisen lässt. Allerdings kommen die fünf Kennzeichen bei ihnen in sehr unterschiedlicher Form vor. Für deutsche Jugendliche gilt, dass die Jugendlichen, die an einen Gott glauben, oft eine recht diffuse und unklare Vorstellung von Gott (als einer höheren Macht) haben. Besonders intensiv ist in Deutschland aber der therapeutische Aspekt anzusehen.[148]

Gott als Kombination aus göttlichem Butler und kosmischem Therapeuten

Bevor wir im Folgenden unsere Gesamtergebnisse noch einmal mit dem Blick des Trends zum moralistisch-therapeutischen Deismus anschauen wollen, betrachten wir insbesondere den therapeutischen Aspekt etwas genauer. Smith beschreibt ihn wie folgt:[149] Wenn subjektives Wohlbefinden das größte Lebensziel ist, dann ist für gläubige Jugendliche das zentrale Anliegen des Glaubens folgerichtig, dass er ihnen dabei hilft, dieses Lebensziel zu erreichen. Gott greift nur dann in das Leben der Einzelnen ein, wenn diese ihn darum bitten. Dies ist meist dann der Fall, wenn sie Probleme haben oder es ihnen schlecht geht. Gott ist demnach eine Art Kombination aus göttlichem Butler und kosmischem Therapeuten: Er ist situativ verfügbar, um unsere Bedürfnisse zu erfüllen, und er verlangt nichts von uns. Vielmehr ist es sein Job, unsere Probleme zu lösen und dafür zu sorgen, dass es uns gut geht. Der Theologe Miroslav Volf nannte dieses Gottesbild einst den „Nikolausgott“, der vor allem dafür da ist, dass er unsere Wünsche erfüllt und uns reich beschenkt.[150]

Mindestens einige Aspekte dieses Gottesbildes kamen auch in unseren Ergebnissen deutlich zum Vorschein (siehe auch Kapitel 4). Gott ist auch aus Sicht der hochreligiösen Jugendlichen hauptsächlich ein liebevoll-empathisches Wesen, das sich vor allem durch bedingungslose Liebe und sein Geschenk der Gnade auszeichnet. Er ist zwar äußerst mächtig beziehungsweise allmächtig und kann die Sünden des Einzelnen sehen, allerdings nutzt er diese Macht nicht, um zu strafen, sondern um zu vergeben, Trost zu spenden und Gebete zu erhören. Er hat einen Plan für die Einzelnen und greift in ihr Leben ein. Da er ihnen aber zugleich ihren freien Willen lässt, kann vermutet werden, dass er vor allem dann eingreift, wenn die Jugendlichen ihn darum bitten.

Es ist folgerichtig, dass man über ein Wesen, das eine Mischung aus göttlichem Butler und kosmischem Therapeuten ist, eher einmal enttäuscht ist, als dass man Angst vor ihm hat. Ein solcher Gott ist „immer da", er ist „Zuhörer, Tröster, Schuldvergeber, Heimatgeber" sowie „Glücklichmacher", wie es in dem bekannten Lobpreislied formuliert und von einer Jugendlichen wiedergegeben wird.

Therapeutisierung und Individualisierung

Vielleicht deuten wir die Ergebnisse hier zu sehr in eine Richtung, jedoch passen sie zu einer großen gesellschaftlichen Verschiebung, in der das Ich und dessen Innenleben von immer größerer Bedeutung werden. Soziolog*innen beschreiben diese Verschiebung mit unterschiedlichen Begriffen und Theorien als Individualisierung, Personalisierung, Subjektivierung und Emotionalisierung. Diese sind auch im Bereich des Glaubens vielfach zu beobachten. Glaube wird vor allem auf den privaten Bereich reduziert und dort noch einmal auf das subjektive Innenleben der Person fokussiert. Der ganze Glaube gerät so zur Seelsorge im wörtlichen Sinn. Im Glauben geht es vor allem um das Sorgen für die eigene seelische Befindlichkeit. Gott wird vor allem im Raum der eigenen Innerlichkeit gesucht. Nicht zuletzt aufgrund dieser Therapeutisierung Gottes kamen wir dazu, die Generation heutiger hochreligiöser Jugendlicher als Generation Lobpreis zu bezeichnen, zeigt sich diese Therapeutisierung doch sehr stark am Phänomen des Worships beziehungsweise des Lobpreises. Ein starker Fokus auf das Erleben und die Emotionen gehen hier einher mit einer starken Personalisierung, geht es doch im Lobpreis nur selten um kollektive Größen (der Leib Christi, das Reich Gottes, seine Kirche oder auch nur um ein zumindest grammatikalisch adressiertes „Wir"), sondern meist um „Jesus und mich" beziehungsweise eher um „mich und Jesus". *„Mein Jesus, mein Retter [...] Mein Tröster, mein Helfer, du bist mir Zuflucht und Kraft [...] Du bist hoch erhoben, Herr!"*[151] Oft geht es in

Lobpreisliedern darum, wie Jesus mir vergibt, mich umarmt, mir hilft seine Gegenwart zu spüren, mich stärkt, mich hält, mich berührt etc. Immer wieder dreht es sich um innigste Intimität: *„Herr, ich komme zu dir, und ich schütte mein Herz bei dir aus. Was mich hindert, ganz bei dir zu sein, räume aus! Meine Sorgen sind dir nicht verborgen, du wirst sorgen für mich. Voll Vertrauen will ich auf dich schauen. Herr, ich baue auf dich!"*[152]

Der Theologe Brian McLaren schrieb dazu in einem offenen Brief an Worship-Leiter: *„Wenn ein Außerirdischer vom Mars käme und unseren Lobpreis betrachten würde, dann denke ich, dass er denken würde, a) dass diese Menschen alle leicht dysfunktional erscheinen und eine Menge Liebestherapie benötigen (was ironisch ist, da sie zu den wohlhabendsten Menschen der Welt gehören und materiell auf eine Weise gesegnet sind, wie kaum eine andere Gruppe vor ihnen auf der Welt) oder b) dass sie sich einen Dreck um den Rest der Welt kümmern, dass ihre Religion, ihr Glaube sie so selbstsüchtig macht wie jeden anderen, nur dass diese Selbstsüchtigkeit hier auf spirituelle und nicht materielle Dinge bezogen ist."*[153]

Der Fokus auf Erleben und Erfahrung führt zu Formen der persönlichen Intimität, bei der die Pflege der persönlichen Gottesbeziehung nicht mehr klar von einem theologisch übertünchten Narzissmus unterschieden werden kann. Denn unklar ist, wo das lobpreisende Ich aufhört und wo Gott anfängt. Dieser Wechsel kommt im Prinzip bereits im Begriff der Spiritualität zum Ausdruck, der den Begriff der Religiosität immer mehr auflöst. So bringt der Soziologie Hubert Knoblauch sehr treffend auf den Punkt: *„Entscheidend für die Spiritualität ist nicht das Selbst als Objekt der Transzendenz. Zentral für die Spiritualität ist vielmehr das Selbst als Subjekt der Transzendenz."*[154]

Gott ist in einer solchen Spiritualität nur noch selten oder kaum der ganz andere, der Heilige und Fordernde. Gerade im Lobpreis wird er zwar als etwas erfahren, das einem widerfährt, etwas Heiliges, das einen berührt. Jedoch ist zumindest zu hinterfragen, inwiefern diese Erfahrung zur Wandlung, das heißt zur Verwandlung und Veränderung des Lebens führt oder ob der Lebensstil unverändert bleibt, es bei Proklamieren und Lippenbekenntnis bleibt und der Lobpreis doppelt belohnt wird (mit guten, heiligen Gefühlen und dem Gefühl, bereits gewandelt zu sein und dieser Wandlung im nicht profanen Bereich des Alltäglichen und Gewöhnlichen nachkommen zu müssen). Ganz im Gegenteil zum Fußball („Entscheidend ist aufm Platz") gilt laut eines Lobpreisevergreens: „Entscheidend ist im Geist": *„Ich hör jetzt auf mit allem, was ich tue, und tu das eine, das im Leben zählt. Ich geh im Geist jetzt vor dir auf die Knie und höre auf die Stimme meines Herrn!"*[155]

Die Tyrannei der Intimität

Eine der vielleicht besten Deutungen dieses Megatrends zur Therapeutisierung, die sich insgesamt in unserer Kultur der Authentizität zeigt, stammt vom Soziologen und Sozialphilosophen Richard Sennett in seinem Buch *„Verfall und Ende des öffentlichen Lebens. Die Tyrannei der Intimität"*. Nach seiner Analyse verwandelt sich durch die Tyrannei der Intimität die ganze Gesellschaft in ein *„riesiges psychisches System"*,[156] da die Menschen heute Wärme, Vertrauen und persönliche Bedeutsamkeit in allen Erfahrungsbereichen erwarten. Deutlich zeigt sich dies beispielsweise im Bereich der Politik. Parteien und sachliche Positionen werden weniger wichtig, bedeutsamer werden hingegen immer mehr einzelne Politikerinnen und Politiker mit ihren Persönlichkeiten, am besten mitsamt ihrem Privatleben.

Die ganze Gesellschaft wird damit narzisstisch gestört. Narzissmus meint eine Selbstbezogenheit, die nicht mehr zu erkennen vermag, was zur Sphäre des Selbst und der Selbst-Gratifikation gehört und was nicht. Zum Narzissmus gehört die bohrende Frage, was diese Person oder dieses Ereignis für mich bedeutet. Es dominiert eine Anschauung. Nähe sei ein moralischer Wert. Dies verwandelt alle politischen Kategorien in psychologische. Möglicherweise gilt das auch für theologische Kategorien. Menschliche Wärme und Intimität werden hier zu einem Gott, so Sennett, und umgekehrt gilt wohl: Gott wird vor allem zum Lieferanten und Garanten von Wärme und Intimität.

Die Welt intimer Empfindungen wird so grenzenlos, sie wird nicht mehr von einer öffentlichen Welt begrenzt, die eine Art Gegengewicht darstellen würde. So kommt es zugleich zu einem Zerfall des öffentlichen Lebens, der aber auch die intimen Beziehungen deformiert. *„Am häufigsten erfährt der Betroffene den Narzissmus als einen Verkehrungsprozess: Wenn ich bloß mehr empfinden könnte, oder wenn ich bloß wirklich empfinden könnte, dann könnte ich eine Beziehung zum anderen aufnehmen oder eine ‚wirkliche' Beziehung zu ihm unterhalten. Aber im Augenblick der Begegnung habe ich jedes Mal das Gefühl, nicht genug zu empfinden."*[157] Insofern stellt sich die Frage, ob die Therapeutisierung des Gottesbildes und des Glaubens selbst nicht auch eine Tyrannei der Intimität darstellt. Wie alle religionssoziologischen Daten zeigen, gibt es ein reales Erfahrungsdefizit bei Jugendlichen. Die Lobpreis-Fixierung ist sicher ein zunächst verständlicher Versuch, dieses Erfahrungsdefizit zu kompensieren. Die Frage jedoch ist, ob dies wirklich dazu führt, dass Jugendliche Gott als den ganz anderen erfahren oder ob sie letztlich nur sich selbst begegnen und am Ende das schale Gefühl bleibt, nicht genug zu empfinden.

Notizen

KAPITEL 7

Vier Kommentare zur Generation Lobpreis aus vier unterschiedlichen Perspektiven

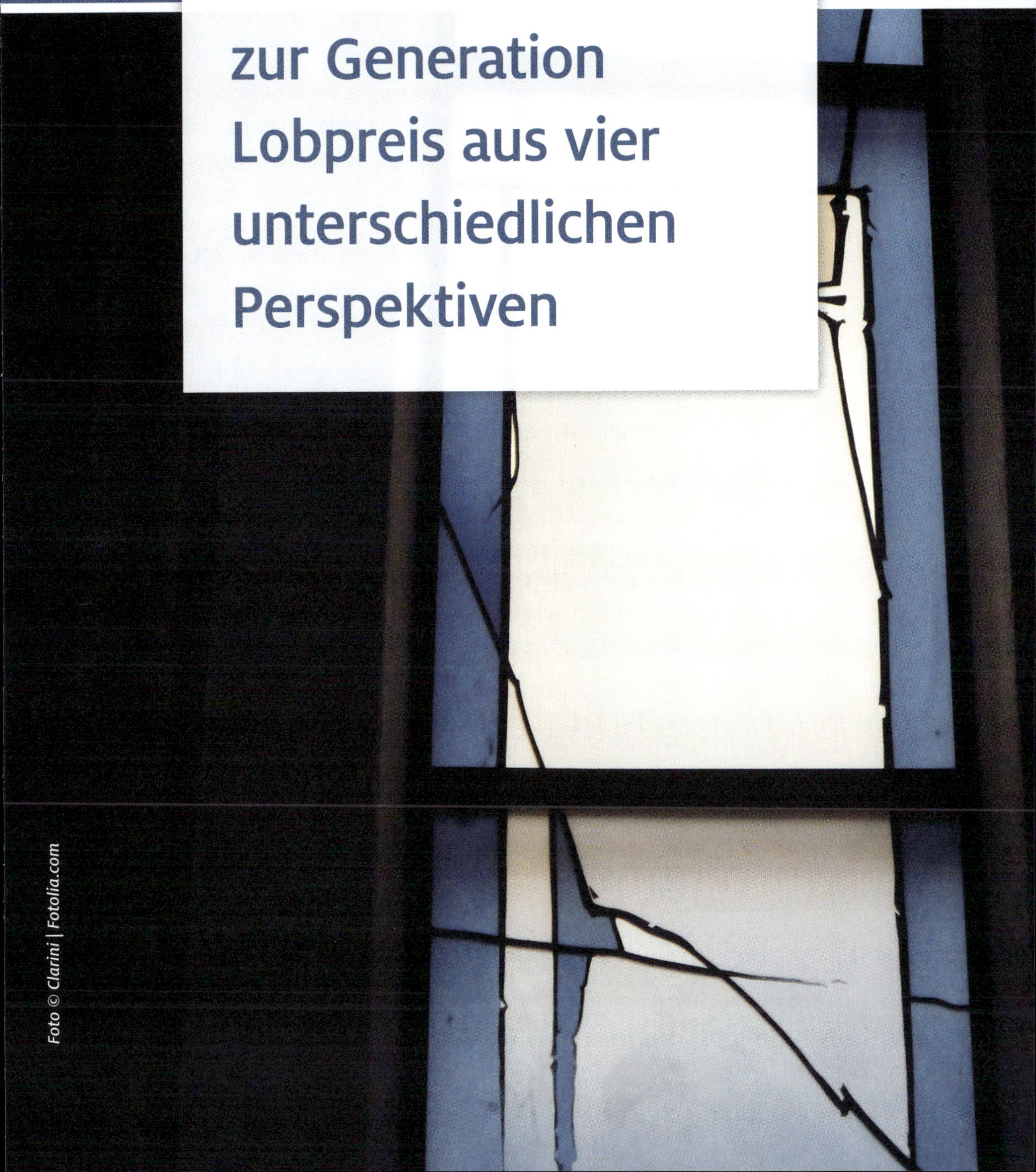

Generation Lobpreis – Warum Lobpreis unser Glaubensleben bestimmt

Aus der Perspektive junger Erwachsener

*JOHANNA VON BÜREN, MICHELLE KLÖTZER UND TIM GUTTENBERGER**

„Generation Lobpreis" – kann eine ganze Altersgruppe tatsächlich derartig in eine Schublade gepresst werden? Passt sie überhaupt in eine einzige Schublade? Und warum scheint eine ganze Generation ihren Glauben so andersartig zu praktizieren, dass diesem sogar eine empirische Forschung gewidmet wird? Als Angehörige eben dieser „Generation Lobpreis" möchten wir unser Verständnis von Lobpreis offenlegen und transparent machen, weshalb das Lob Gottes in unserem Glaubensleben eine so elementare und prägende Rolle spielt. Dabei werden wir in mehreren Abschnitten die vielen verschiedenen Facetten umreißen, die unsere Antwort auf die Frage: „Was ist Lobpreis?" ausmachen.

Lobpreis als ein Bewusstmachen der Gegenwart Gottes

Jesaja und auch Johannes beschreiben in der Bibel, dass sie eine Vision davon hatten, wie der Thronsaal Gottes aussieht.[158] In beiden Fällen wird deutlich: Menschliche Worte reichen nicht aus, um zu beschreiben, was sie sehen. Aber eins ist in beiden Beschreibungen gleich: Der Saal ist erfüllt von Wesen, die unaufhörlich Gott preisen. Im Thronsaal Gottes zu stehen, scheint also automatisch in den Lobpreis zu führen. Und genau dort setzt unser Zugang zu diesem teils umstrittenen „Phänomen Lobpreis" an.

Für uns bedeutet „Lobpreis" vor allem, sich Gottes Gegenwart auf dieser Erde und um uns herum vor Augen zu führen und sich bewusst in diese zu stellen. Und einfach zu „sein". Im Alten Testament war es den Juden nicht erlaubt, das Allerheiligste zu betreten, den „Wohnort" Gottes zu besuchen. Doch mit dem Zerreißen des Tempelvorhangs hat sich das schlagartig geändert und heute steht uns der Weg frei in die Gegenwart Gottes. Anbetend werden wir selbst zum Tempel, wie schon Paulus davon spricht, dass unser Körper ein Tempel des Heiligen Geistes sei.[159]

Dort, in Gottes Herrlichkeit, müssen keine reflektierten und historisch-kritisch analysierten, zutiefst theologischen Worte gefunden werden. Man muss sich keiner

** Johanna von Büren, Michelle Klötzer und Tim Guttenberger sind Studierende an der CVJM-Hochschule und Lobpreisleiter*innen in unterschiedlichen Kontexten.*

Diskussion stellen und seine Meinung und Entscheidungen verteidigen – man darf einfach mit allem, was man mit sich herumträgt, so wie man ist, vor Gott treten. Und in seiner Gegenwart verweilen. Es ist wie nach Hause kommen; ein Gefühl von Geborgenheit und ein Spüren der Größe und Macht Gottes. Und indem wir uns damit in den Habitus des himmlischen Thronsaals einreihen, bringen wir ein Stück weit die Kultur des Himmels auf die Erde, wenn wir in die tiefe Anbetung Gottes eintauchen. An dieser Stelle schließt sich der Kreis: sich Gottes Gegenwart bewusst zu machen, kommt einem Betreten seines Thronsaals – dem Allerheiligsten – gleich. Und dort in Gottes Gegenwart zu sein und zu erleben, wie Gott ist, führt automatisch wieder in den Lobpreis – einen Lobpreis aus Ehrfurcht.

Lobpreis als Ausdruck der Ehrfurcht

Der Lebensstil unserer Generation ist geprägt von der Sehnsucht nach Genuss. Wir machen uns das Leben schön und versuchen gleichzeitig, unserem Anspruch, Leistung zu bringen und Ziele zu erreichen, gerecht zu werden. Dabei wird unsere Lebenssicht immer individualistischer.

Auch wenn sich der gesamte Lebensstil an der Ehre Gottes orientieren soll, ist Lobpreis der Moment, an dem das alltägliche Leben und die eigene Person in den Hintergrund treten und der Fokus komplett auf Gott gelenkt wird. Im Lobpreis schauen wir auf den Gott, der Schöpfer der Welt und des Universums ist, in dem alle Macht liegt. Ein Gott, der jeden Sieg erringen kann, auch gegen den Tod. Ein Gott, der König aller Mächte ist. Ein Gott, der auf wundersame Weise das eigene Leben verändert hat und es immer noch tut. Ein Gott, der über allem steht und in dem die Fülle des Lebens liegt. Davon sprechen unsere Lieder.

Wenn wir über Gott singen, wird Lobpreis zum Ort des überwältigten Staunens. Ein Ort des Erfüllt-Seins von Ehrfurcht vor Gott und ihres Ausdrucks. Im Lobpreis verleihen wir dieser Ehrfurcht eine Form, die Gott ehren soll als mächtigen König und zugleich liebenden Vater, als ungreifbare Macht, für dessen Beschreibung oft keine Worte ausreichen.

In den Sprüchen Salomos steht, dass in der Ehrfurcht des Herrn der Anfang jeder Erkenntnis liegt.[160] So liegt für uns in den Momenten der Ehrfurcht der Schlüssel für das gesamte Leben mit Gott. Im Lobpreis finden wir den Raum zu spüren und zu bekennen, dass die Ehrfurcht vor Gott über allem steht und unser Leben bestimmen soll. Eine Haltung der Ehrfurcht führt zu neuen Erkenntnissen darüber, wer und wie

Gott ist und wer wir in seinen Augen sind. Ehrfurcht bringt die Verhältnisse des Lebens wieder in die richtige Ordnung. Wenn wir von Gott singen, seiner Größe, seiner Macht, seiner Liebe, verändert das automatisch die Haltung, mit der wir Gott gegenüberstehen.

Ein Moment, erfüllt von Ehrfurcht, bringt uns auf die Knie, weil deutlich wird, wer der König ist. Ein Verneigen vor dem Thron, ein Beugen vor Gott, ein Niederwerfen vor dem Willen Gottes, weil er uns überwältigt mit seinem liebevoll mächtigen Wesen. Momente der Ehrfurcht und des Staunens führen zu einer neuen Hingabe des Lebens an Gott als geliebte Kinder und aufrichtig Dienende.

Lobpreis als Hingabe und Anbetung

Hingabe ist eine Reaktion auf Gottes Handeln, auf eine Begegnung mit ihm. Hingabe ist eine Reaktion auf Momente, die Ehrfurcht hervorrufen. Hingabe ist eine Reaktion auf die Erkenntnis der Heiligkeit und Herrlichkeit Gottes, auf sein perfektes Wesen in Macht und Liebe. Hingabe impliziert eine bewusste Einordnung unsererseits unter Gott. So fordert auch Paulus in Römer 12 dazu auf, als Reaktion auf die Barmherzigkeit Gottes, das ganze Leben als Opfer darzubringen (Römer 12,1). Ein Aspekt des Lobpreises ist das Verdeutlichen dieser Hingabe und dieses Opfers Gott gegenüber. Hingabe – uns mit unseren Schwächen, unserem Versagen und unseren Ängsten, mit unseren Stärken und dem, was wir sind, Gott zur Verfügung stellen und uns ihm hingeben. Es ist das Verdeutlichen der dienenden und ehrfürchtigen Haltung, die wir ihm gegenüber mit unserem ganzen Leben einnehmen wollen. Deshalb lieben wir Anbetung. Wir preisen den, dem wir nicht ohne Grund unser Leben gegeben haben. Wir schauen zurück auf das, was er in unserem Leben und über Jahrhunderte hinweg getan hat. Wir schauen auf das, was er heute wirkt. Wir schauen auf das, was er tun wird, auf seine Verheißungen. Wir schauen auf das, was er ist, wer er ist, wie er sich in der Bibel offenbart hat und es ständig neu in unserem Leben tut. Und dafür gebührt ihm jede Verehrung! Wir loben ihn, wir preisen ihn, wir erheben ihn, wir verehren ihn, wir beten ihn an, weil er würdig ist. Er hat unser Leben verändert, und das bekennen wir in der Anbetung. Wir ordnen uns ein im himmlischen und weltlichen Geschehen als Kinder und Diener*innen Gottes, was in Anbetung und Hingabe zum Ausdruck kommt.

Das ist es, was unsere Generation im Lobpreis eint: die Hingabe an denselben liebenden Gott und König, ein Leben in Leidenschaft für ein und dasselbe Ziel: Jesus.

Lobpreis als Beziehungsgeschehen ... zwischen Gott und Mensch

Wie jede andere Beziehung auch, wird die zu Gott auf unterschiedlichen Ebenen und in unterschiedlicher Art und Weise ausgelebt. Nach Smalltalk, Dank, Bitten des Alltags um Hilfeleistung und Unterstützung, gibt es die Möglichkeit zu tiefen Gesprächen und verletzlicher Intensität der Beziehung zwischen Gott und uns. Hier steht die persönliche Beziehung im Fokus, die Beziehung zwischen Gott und Mensch, zwischen Gott und seinem Volk. Wenn die Möglichkeit besteht, in tiefe Gespräche und bewusstes Beziehungsleben mit Gott einzutauchen, werden Oberflächlichkeiten beiseite gelassen. Meist führt Lobpreis hin zu genau diesem Moment. Lobpreis führt weg von den Alltagshürden hinein in einen Moment, in dem Raum ist für bewusstes und tiefes Beziehungsleben. In einer viel zu schnellen Welt können wir zur Ruhe kommen, in Gottes Armen ankommen, Mauern fallen lassen und uns verletzlich machen.

In der Bibel wird die Beziehung zwischen Gott und seinem Volk häufig verglichen mit der eines Bräutigams zu seiner Braut. Warum wurde gerade dieses Bild zur Verdeutlichung gewählt? Die Verbindung zwischen Braut und Bräutigam ist vermutlich die tiefste Beziehung, die wir in dieser Welt erleben können. Und es ist ebenfalls die Form von Beziehung, die am ehesten an die Verbindung zwischen Gott und Mensch herankommt, so wie sie ursprünglich gedacht war. Braut und Bräutigam symbolisieren tiefste Liebe, Intimität, Verlangen, Sehnsüchte, Erfüllung von Träumen, Staunen über die Schönheit des Gegenübers.

Denkt man an die Szene, wo die Braut durch die Tore der Kirche eintritt und den Gang entlangschreitet, wird einem die Tiefe des Moments bewusst. Die Braut, bereitet und geschmückt, geht auf ihren Bräutigam zu. Seit Langem wartet er auf diesen Moment. Er sieht seine Braut, bestaunt ihre Schönheit. Er hat sie erwählt als Partnerin seines Lebens. Tief berührt nimmt er sie an sich und geht mit ihr den Bund des Lebens ein. Das Versprechen wird gegeben, sich zu achten, zu ehren und zu lieben. Die Intimität des ersten Momentes zu zweit, wenn alle Masken des Tages abfallen. Ankommen in einem Leben zu zweit. Die Sehnsucht, die Liebe immer tiefer werden zu lassen und neue Seiten zu entdecken. Sich fallen lassen. Eine tiefe Beziehung.

Was ist anders daran, wenn Gott auf seine Braut wartet? Es ist ungreifbarer, aber gleichzeitig vollkommener. Es ist die tiefste Form der Liebe und Sehnsucht. Denn es ist Gott, der Erfinder von Liebe, Beziehung, Sehnsucht, Verlangen, der Erfinder des Lebens in Vollkommenheit, mit dem wir in Beziehung stehen. Wenn wir auf ihn zugehen, können wir nur staunen. Wenn wir auf ihn zugehen, dann wollen wir mit klopfendem Herzen näherkommen, dann werden wir gespannt erwartet, dann wollen wir in seinen Armen bleiben. Lobpreis führt die Braut den Gang entlang, immer näher an den Bräutigam heran, bis in seine Arme.

Jeder Start in den Lobpreis ist die Entscheidung, wieder durch die Tore hindurchzugehen. Den Gang der Kirche entlangzugehen. Als Braut dem Bräutigam entgegen. Dasselbe gilt für den bekannten Vergleich der Beziehung zwischen einem Kind und seinem Vater, der mit geöffneten Armen wartet: auf den Vater zugehen, der uns seine Arme entgegenstreckt und auf uns wartet.

... zwischen den Anbetenden

Doch gerade wenn Lobpreis von einer Gruppe von Menschen praktiziert wird, kann dabei noch ein weiteres Phänomen beobachtet werden: die Intimität, die sich zwischen dem Einzelnen und Gott aufbaut, strahlt auch auf die Menschen aus, die sich vor Gott zusammengefunden haben. Gemeinsam steht man vor dem Thron Gottes und betet ihn an, beim gemeinsamen Singen sogar mit denselben Worten und Melodien. Das erschafft eine Atmosphäre der Verbundenheit und eine Tiefe, wie wir sie sonst nirgendwo erleben können. Lobpreis ist eine Brücke zu Gott und zwischen den Menschen. Er öffnet Herzen und macht sensibel für das Reden und Wirken Gottes unter uns. Er erweicht Mauern – Mauern, die wir um unsere Herzen selbst erbaut haben und solche, die wir zwischen uns und anderen aufgezogen haben. Vor Gott spielen Alter, Geschlecht, Ethnie und Hautfarbe keine Rolle, nicht einmal Intellekt, gesellschaftliches Ansehen oder Gesundheit, denn vor ihm sind alle gleich. Anbetende. Geliebte Gottes. Die, für die der Vorhang im Tempel zerrissen wurde.

Wir erleben oft, wie die gemeinsame Anbetung Gottes dazu führt, dass Menschen anfangen, miteinander und füreinander zu beten und sich zu segnen, Eindrücke weiterzugeben und auch andere Gaben des Heiligen Geistes auszuüben – wie die Gabe der Heilung. Indem wir uns also in eine zutiefst intime Beziehung zu Gott begeben, erschließen wir auch Räume, in denen er durch uns handeln kann. Vielleicht ist es dieses Gefühl von Geborgen- und Umsorgt-Sein in Gottes Gegenwart oder auch der Blick von uns weg auf einen heiligen und herrlichen Gott, dessen Wesen die Liebe ist. Es lässt uns unsere Mitmenschen mit anderen Augen sehen und eine tiefe Verbundenheit entstehen.

Lobpreis verändert Beziehungen – unsere persönliche Beziehung zu Gott, aber auch die Beziehungen, die wir zu den Menschen um uns herum führen. Lobpreis verändert die Grundlage, auf der wir leben, einander und Gott begegnen. Er verändert das Fundament, auf das wir bauen.

Lobpreis als Kunst

In jedem Menschen, jeder Kultur und jedem Volk ist der Sinn für Kunst zu entdecken. Unsere Generation ist geprägt von multimedialen Angeboten und Einflüssen. Es vergeht kaum ein Tag, an dem wir keine Musik hören, keinen Film oder Serien schauen und kein Bild auf sozialen Netzwerken liken. Noch nie war Kunst so leicht zugänglich und noch nie waren wir so umgeben von Kunst wie heutzutage. Diese Vielfalt kann und darf sich auch im Lobpreis ausdrücken! Oft machen wir als Christen den Fehler, dieses riesige Spektrum an Kunstformen nur auf Musik und Gesang zu beschränken. Unter einer „Lobpreiszeit“ verstehen die meisten einen mit christlichen Liedern und gesungenen Gebeten gefüllten, bestimmten Zeitraum. Jedoch ist die Musik nur ein kleiner Teil der Kreativität, die Gott in uns Menschen hineingelegt hat. Gott ist der Geber und Schöpfer all unserer Gaben, Talente und Kreativität. Wir können diese einsetzen, um ihm zu danken und ihn zu loben. Dies kann sich genauso durch Tanz, Malerei, Wortkunst, Schauspielkunst oder andere Formen ausdrücken. Durch Kunst haben wir eine Möglichkeit, Dinge ganz neu und anders zu vermitteln.

Kunst eröffnet auf eine ganz besondere Weise Räume, um Gott zu begegnen. Durch Kunst – seien es Gemälde, Musikstücke oder Texte – werden Menschen angesprochen und berührt. In der Kunst geht es nicht um das, was sowieso offensichtlich ist. Die Schönheit der Kunst liegt nicht in den einzelnen Tönen, Pinselstrichen oder Zeichen selbst, sondern in dem großen Ganzen, in einer übergeordneten Bedeutung, die die Zuhörenden oder Betrachtenden bewegt. Wenn wir Gott mit unserer Kunst anbeten, dann spiegeln wir etwas von seiner Schönheit und seiner Schöpferkraft wider, die er in uns hineingelegt hat. Gleichzeitig können wir uns durch die Kunst von Gott ansprechen und berühren lassen. Dabei muss Kunst nicht einen bestimmten Zweck erfüllen, sie muss nicht praktisch sein. Kunst ist einfach da, um den Menschen anzusprechen, ihn zum Nachdenken zu bringen und ihn zu erfreuen. Wenn wir Lobpreis als Kunst verstehen, dann ist das hier genauso: Lobpreis muss keinen anderen Zweck erfüllen, als Gott zu erfreuen.

Das können wir auch bei König David sehen, dem wohl bekanntesten Lobpreiser und Künstler der Bibel. Ihm war der Lobpreis Gottes so wichtig, dass er ihn zu einem festen Bestandteil des Tempels in Jerusalem machte. Der zukünftige Tempel sollte ein Ort sein, an dem Gott Tag und Nacht angebetet wird. Dafür stellte er sogar Lobpreiser ein, deren Aufgabe es war, den ganzen Tag für Gott zu musizieren. Laut der Bibel wurden insgesamt 4.000 Leviten[161] eingestellt, um mit Instrumenten zu musizieren, und 288 Leviten,[162] die ausgebildet wurden, prophetisch zu singen. Die Leviten lebten damals von dem Zehnten des Volkes, um ihren Dienst ungehindert auszuführen. Aus unserer Sicht ist es völlig selbstverständlich, dass Lobpreis auch professionalisiert wird. Weil Lobpreis ein Gottesdienst ist, sollte man sein Bestes geben, um diese Kunst auch bestmöglich auszuüben.

Lobpreis als Lebensstil

Doch gerade, wenn man so viel Wert auf eine verantwortungsvolle und qualitative Ausgestaltung von Lobpreis und Lobpreiszeiten legt, ist die Gefahr groß, das eigentliche Ziel, den eigentlichen Kern, nämlich die Anbetung Gottes, aus dem Blick zu verlieren – ein Vorwurf, den viele Lobpreisleiter*innen nicht selten zu hören bekommen. Und gerade um diese Gefahr zu umgehen, ist es wichtig, dass Lobpreis als mehr angesehen wird als nur Singen oder Ausgestalten von Lobpreisabenden und -zeiten – und zwar als einen Lebensstil.

Es ist uns wichtig, dass wir nicht nur Gott anbeten, wenn uns ein abgesteckter Rahmen dafür gegeben wird und wir von einer Band oder einzelnen Musiker*innen darin angeleitet werden – oder wir selbst andere anleiten. Wir wollen, dass die Art, auf die wir unser Leben leben, eine Anbetung Gottes an sich ist – indem wir ein Leben führen, das an Jesus orientiert ist, indem wir Gottes Liebe auf dieser Erde vermitteln, indem wir Gottes Sprachrohre und Hände sind, indem wir nach Gottes Willen für unser Leben fragen und die Gaben, die uns von ihm gegeben wurden, auch für ihn und zu seiner Ehre einsetzen. Unser Leben und unsere Fähigkeiten Gott zur Verfügung zu stellen, das ist in unseren Augen ebenso Lobpreis und Anbetung wie das Singen von Anbetungsliedern. Die Worte, die wir sprechen, die Lieder die wir singen und wie wir unseren Lobpreis ausleben, sollte mit unserem Leben außerhalb dieser „christlichen Blase" übereinstimmen.

In Amos 5 wird uns mit harten Worten deutlich gemacht: Gott will unseren Lobpreis nicht, wenn dieser ein einfaches „Liedersingen" ist und unser Leben ein ganz anderes Lied singt. Aus diesem Grund ist uns wichtig, dass Lobpreis immer mehr ist als ein Konzert. Dabei geht es uns nicht darum, ob mit professionellen und kreativen Mitteln für Ästhetik und eine schöne Atmosphäre gesorgt wird – es geht um die

Herzenshaltung der Beteiligten, also der Anleitenden und aller Anbetenden. In Johannes 4,24 heißt es, dass wir Gott „in Geist und Wahrheit" anbeten sollen, wodurch noch einmal deutlich wird: Lobpreis und Anbetung sind nicht nur eine Glaubenspraktik für emotionale Menschen – im Gegenteil! Es handelt sich vielmehr um eine intensive und intime Gottesbegegnung, die wir nicht leichtfertig abtun, sondern sorgfältig vorbereiten sollten. Und diese Vorbereitung beginnt schon im Kleinen, bei jedem und jeder Einzelnen, wie Amos 5 uns zeigt. Dabei verstehen wir unter „in Geist und Wahrheit anbeten" weniger, dass man erst einen bestimmten Grad an Geistlichkeit oder Erkenntnis erreicht haben muss, bevor man Gott anbeten darf. Gott im Geist anbeten heißt, dass der Geist Gottes in uns das Lob bewirkt und wir uns aktiv seine Gegenwart bewusst machen und mit seinem Wirken rechnen. Die Aufforderung, Gott „in Wahrheit" anzubeten, macht uns wieder deutlich: Gott will kein Theaterstück, das wir einstudieren. Er will keine (schein-)heiligen Menschen, die ihrem „Publikum" ein außerordentlich gottgefälliges Leben vorgaukeln. Wir dürfen und sollen so, wie wir sind, vor Gott kommen und ihn anbeten, mit unseren Sorgen und Zweifeln, mit unserer Freude und Dankbarkeit, mit unseren Ängsten, unseren Verletzungen und unserer Wut. Gott will unsere Ehrlichkeit und unseren ehrlichen Lobpreis. Und er will, dass unser Leben eine Weiterführung unserer Anbetung ist, kein Gegensatz dazu.

Lobpreis als „Waffe"

Wir alle haben Situationen im Leben, in denen es nicht immer glatt und rund läuft. Doch wir glauben, dass eine besondere Kraft darin liegt, Gott auch in diesen Momenten anzubeten. In der Apostelgeschichte lesen wir, wie Paulus und Silas im Inneren eines Gefängnis eingesperrt werden, nachdem sie mit Ruten mehrfach geschlagen wurden.[163] Die meisten von uns wären wahrscheinlich nicht in der Stimmung, erst einmal „Großer Gott, wir loben dich" zu singen, sondern wären eher enttäuscht und niedergeschlagen, besonders nach dem, was sie bereits alles für ihn taten. Doch Paulus und Silas entscheiden sich, Gott zu loben und ihm zu singen, woraufhin plötzlich die Erde bebt, die Grundmauern zum Erschüttern gebracht und die Türen und Fesseln aller Gefangenen gelöst werden. Als der Gefängniswärter das hört, will er sich das Leben nehmen, doch nachdem er Gott begegnet, weist er den Insassen sogar den Weg nach draußen und lässt sich augenblicklich taufen.

Unser Lobpreis kann eine „Waffe" sein, durch die Mauern einstürzen, Ketten gesprengt werden und ein Weg in die Freiheit möglich wird.

Wir alle haben Fronten und Bereiche, an denen wir zu kämpfen haben, sei es in Gedanken oder Herausforderungen, die wir bewältigen müssen. Meistens tendieren wir dazu, diese Probleme aus eigener Kraft zu beheben. Doch wir glauben an einen Gott, der unsere Kämpfe kämpft, wie er es dem Volk Israel zugesprochen hat. So heißt es im Alten Testament, als ein großes Heer das Volk Israel bedroht und Gott durch die Propheten spricht: „Fürchtet euch nicht und seid nicht niedergeschlagen vor dieser großen Menge! Denn der Kampf ist nicht euer, sondern Gottes!“[164] Am nächsten Tag ziehen die Israeliten mit Sängern an der Front in die Schlacht, die singen „preist den Herrn, denn seine Gnade währet ewiglich“.[165] In der Zeit, wo sie mit Jubel und Lobgesängen anfangen, legt Gott ihren Feinden einen Hinterhalt und bringt seinem Volk somit den Sieg.

Da Gott ihnen den Sieg schon zugesprochen hat, vertrauen sie auf ihn und ziehen proklamierend in die Schlacht. Als Christen glauben wir daran, dass Jesus den Tod und das Böse in der Welt bereits besiegt hat und wir diesen Sieg auch über unser Leben und unsere Probleme ausrufen können. Es ist ebenso ein Teil unseres Lobpreises, uns von Gott helfen zu lassen und Wahrheiten über unser Leben auszusprechen. Wenn wir dies tun, dann setzen wir damit ein Zeichen in der sichtbaren und unsichtbaren Welt. Denn wir bekennen mit unserem Lobpreis, dass Jesus der Herr über unser Leben, über all die Probleme und Herausforderungen ist, und dass er alles unter Kontrolle hat.

Schluss

Wie in den Ausführungen deutlich wurde, geht es uns im Lobpreis um eine Tiefe und Weite hinter der Musik, die uns näher hinführt zu Gott und tiefer hinein in seine Gegenwart bringt. Wir sind uns bewusst, dass die Musik oder eine Show auch ein Hindernis dabei sein kann, Gott zu begegnen, wenn wir zu sehr auf die äußeren Formen achten und weniger auf die Hintergründe. Schlussendlich geht es uns aber um die Haltung, mit der wir Lobpreis machen und in die Anbetung hineingehen. Es geht um das Ziel, Gott zu begegnen, unsere Beziehung mit ihm in Tiefe zu leben und dies durch Musik zum Ausdruck zu bringen. Wenn wir Gott loben, nutzt er diese Einladung, uns nahe zu sein und durch seinen Geist in uns zu wirken. Er thront in unserem Lobpreis.

Lobpreis: Geist und Wahrheit

Aus der Perspektive eines Lobpreisleiters und Songwriters

*ALBERT FREY**

Lobpreis – was für ein Wort

Umkämpft, kritisiert, belächelt, missbraucht. Und doch ist es zum Kennzeichen einer Generation frommer, junger Menschen geworden.

Ich selbst hätte mir dieses Wort niemals ausgesucht, auch wenn ich seit drei Jahrzehnten dafür und dazu stehe, seit fast zwei Jahrzehnten auch zusammen mit meiner Frau Andrea. Wenn mich Menschen außerhalb der christlichen Subkultur fragen, was für eine Musik ich denn mache, suche ich nach Worten und erzähle irgendetwas von Popmusik mit christlichen Texten oder moderner Kirchenmusik – bis mir eine Glaubensschwester oder ein Glaubensbruder zu Hilfe eilt und freudestrahlend verkündet: „Er macht Lobpreis!" Das milde Lächeln meines fragenden Gegenübers sagt dann alles: Den muss ich nicht so ernst nehmen, ein religiöser Spinner!

In meinen heroischen Momenten deute ich das dann als Verfolgung um des Himmelreiches willen, aber meistens ärgere ich mich über dieses Unwort: als ob wir Christen nur lobpreisend auf Wolke sieben schweben und alles andere verdrängen würden, als ob es zu Gott nichts anderes als zu sagen gäbe als Lobhudelei.

Und doch habe ich mich halbwegs versöhnt mit diesem Wort „Lobpreis". Spitznamen sucht man sich nicht aus, die werden einem von außen gegeben: mit dem ungnädigen Blick für das Ungewöhnliche, Herausragende, das dann ironisch zugespitzt wird, und sei es nur die lange Nase oder die abstehenden Ohren. Vielleicht ist Lobpreis ja unser Spitzname: die fröhlich Lobenden, die Emotionalen, die von dem frommen Wunsch Beseelten, alles mit einem guten Gott in Verbindung zu bringen. Das lasse ich mir gefallen, irgendwie gefällt es mir sogar immer besser.

Denn unsere Welt und die Kunst unserer Welt ist gottvergessen und in einem negativen Strudel in sich selbst verkrümmt. „Lobpreis" ist nicht nur eine naive Wohlfühlecke, sondern prophetisches Gegenprogramm, eine andere Weltsicht, ein neuer Lebensstil.

* *Albert Frey, Singer-Songwriter, Musikproduzent und Lobpreisleiter*

Das englische „Worship" gefällt mir dennoch besser, weil es ganz allgemein auch für „Gottesdienst" steht und einen größeren Bedeutungsraum öffnet. Auch „Anbetung" scheint mir als Begriff weiter, auch wenn manche ihn eher für eine innigere oder stillere Form der Gottesverehrung verwenden.

Jesus selbst sagt sehr wenig über Anbetung, ihm scheint es eher um Themen wie den Umgang mit Geld oder Vergebung zu gehen. Aber es gibt ein paar Stellen in den Evangelien, die sehr klar und tief durch die Zeiten bis in unsere Lobpreiskultur sprechen. Da ist zum einen das Gleichnis vom verlorenen Sohn (Lukas 15,11–32), das in einzigartiger Weise deutlich macht, wie Gott ist: ein liebender Vater – und das Gottesbild ist immer der Anfang und die Zielrichtung aller Anbetung. Da ist des Weiteren die Frage nach dem höchsten Gebot, das Jesus mit dem „Sch'ma Israel" beantwortet (Matthäus 22,37): Du sollst den Herrn, deinen Gott, lieben, mit allem – „ganzheitlich" würden wir heute sagen! Und Anbetung ist die innige Pflege dieser Liebe, auch wenn sie sich natürlich dann in der Außenwelt auswirken muss.

Und da ist dieses geheimnisvolle Gespräch mit der Frau am Jakobsbrunnen, das plötzlich eine Wendung hin zu der Frage nach Anbetung nimmt (Johannes 4,20–24). Ich beschränke mich hier auf einige Aspekte dieser wegweisenden Verse, die mir für die Generation Lobpreis besonders bedeutungsvoll scheinen.

Bestätigung

Jesus spricht von der Zeit die „kommt und schon da ist" (Vers 23a) – eine Formulierung, die das Reich Gottes kennzeichnet: schon da, jetzt, real – und zugleich im Kommen, wachsend, noch zu verwirklichen. Das ist Lobpreis und Anbetung: ein Fenster aus der Zeit in die Ewigkeit, oder besser ein Einfallstor der Ewigkeit in die Zeit. Jetzt ist Gott da in seiner Herrlichkeit, egal was die Umstände sagen.

In dieser neuen Zeit werden wir „weder auf diesem Berg noch in Jerusalem" (Vers 21) anbeten – also losgelöst von bestimmten Orten und Zeiten und kultischen Handlungen. Das hat die Kirche selten gewagt, meist hat sie neue „Berge und Tempel" gebaut. Die Lobpreisbewegung entdeckt die ungeheure Freiheit, die Jesus hier eröffnet: Du kannst immer und überall anbeten, in einer großen Halle mit Band, im Freundeskreis mit einer Gitarre oder einfach in deinem Inneren.

Jesus verwendet hier für Gott den Begriff „Vater", den er durchaus nicht immer benutzt. Ist das nicht ein Widerspruch in sich: die vertraute familiäre Nähe und die

Distanz der Anbetung des ganz anderen? Oder ist genau hier eine Quelle der Anbetung, wo mir der ewige unfassbare Gott so nahe kommt! Die Lobpreisbewegung hat den „nahen" Gott, die persönliche Beziehung zu ihm wiederentdeckt und ist damit ganz bei Jesus.

Mahnung

Und gerade jetzt, wo wir uns im Glanz dieser neuen Freiheit sonnen wollen, rammt Jesus zwei Pfeiler in die Erde, die durch alle Zeiten als vielleicht einziger Maßstab und Korrektiv für „wahre" Anbetung gelten müssen: „Gott ist Geist, und die ihn anbeten, müssen ihn im *Geist* und in der *Wahrheit* anbeten" (Vers 24).

„Im Geist" ist ein großes und vieldeutiges Wort – und das muss es auch sein. Es bedeutet sicher auch, dass Anbetung nicht „gemacht" werden kann, im Letzten nicht verfügbar, planbar, erlernbar ist. Die Formulierung „wir machen Lobpreis" überführt uns. Wir denken, wir könnten Lobpreis herstellen, indem wir einen bestimmten Musikstil prägen oder nachspielen, Vorbilder imitieren oder mit Schlüsselbegriffen um uns werfen. Wir fügen Lobpreis-Blöcke in unsere Minutenpläne, wir sind fasziniert von Mega-Events und Youtube-Klicks, wir surfen auf der neusten Lobpreis-Welle.

Wenn wir nicht aufpassen, wird Lobpreis ein Stil, der bald veraltet sein wird; eine Masche, die sich abnützt; eine Phase, aus der man herauswächst. Die Kraft des Äußeren reißt uns immer wieder weg von dem Ort, wo „im Geist" alles beginnt: in der Stille, in der persönlichen Gottesbegegnung, in der Inspiration durch Gott und sein Wort selbst – und nicht zuerst durch Menschen, Medien und Veranstaltungen.

Dass wir Gott überhaupt loben und preisen können, ist immer ein Geschenk des Heiligen Geistes, es ist für den „natürlichen Menschen Unsinn" (1. Korinther 2,14). Und dieses Geschenk bedarf einer Vorsicht, einer Wahrung des Geheimnisses, einer immer wieder neu erkämpften Offenheit, eines heiligen Raumes – und sei es auch nur in unserem Inneren.

Der Begriff „Wahrheit" ist ebenso mehrdimensional und im biblischen Denken breiter und ganzheitlicher als der naturwissenschaftliche Wahrheitsbegriff unserer heutigen westlichen Kultur. Es geht dabei keineswegs um ein bloßes „Rechthaben" – den richtigen Gott, die richtige Theologie, den angemessenen Ritus. Die „Wahrheit" über Gott führt uns von der Verheißung an Abraham über den „Ich bin (für dich) da", der aus dem Dornbusch zu Mose spricht, bis zu den Gleichnissen Jesu, ja seinem

Wesen, in dem wir Gott selbst erkennen. Der barmherzige, vergebende, gerechte, gute Schöpfer und Erlöser, Hirte und König.

Anbetung in der Wahrheit heißt: auf biblischer Grundlage, aber auch in biblischer Fülle! Wir dürfen nicht nur von Blumen und Bergen singen, aber auch nicht nur vom Sühnetod Jesu. Die Lobpreisbewegung mag innovativ sein, theologisch und künstlerisch ist sie aber noch arm und einseitig. Es gibt mehr zu Gott zu sagen! Es kann noch anders gesagt werden!

Mir ist heutiger „Lobpreis" oft zu naiv in seiner Verengung auf einen personalen, männlichen Gott. Vielleicht leuchtet der „Vater" oder „König" umso mehr, wenn wir auch vom Urgrund, Schöpfer, Wasser und Wind, der „Macht der Liebe" (so das bekannte Lieder von Gerhard Tersteegen, 1697–1769) singen. Und der „Vater" in unseren Liedern ist ja oft auch ein sehr weibliches Gottesbild. Schon Rembrandt malte in seinem berühmten Gemälde „Der verlorene Sohn" den Vater mit einer männlichen und einer weiblichen Hand. Warum dann heute nicht auch von Gott als Vater *und* Mutter sprechen, der natürlich – wenn überhaupt menschlich gedacht – als unser Urbild männlich und weiblich sein muss (1. Mose 1,27)? Letztlich sind das alles nur Bilder und Metaphern. Sie helfen uns bestenfalls, uns einem unfassbaren, unbeschreibbaren Gott zu nähern, von dem wir uns eigentlich kein Bild machen sollen (2. Mose 20,4). Vielleicht heißt das für die Generation Lobpreis vor allem: Mache dir nicht nur *ein* Bild von Gott, bleibe offen!

„In der Wahrheit" beinhaltet aber auch die Frage nach der Wahrheit über uns als Menschen. Sie berührt unser Selbst- und unser Menschenbild. Menschen erleben sich heute nicht mehr als Teil einer großen Gemeinschaft, die selbstverständlich Rituale der Anbetung pflegt, sondern alles muss mit dem eigenen Glauben und Erleben abgestimmt werden. Dass wir laut Martin Luther „simul iustus et peccator" – Gerechtfertigte und Sünder zugleich – sind, ist eine Spannung, die wir heute oft einseitig auflösen in charismatischen Triumphalismus oder scheinfromme Selbsterniedrigung. „Wahre" Anbetung hilft uns, demütig vor Gott zu treten und das Kyrie, das „Herr erbarme dich" zu singen, und dann mit dem Strahlen der angenommenen Königstöchter und -söhne das Gloria zu jubeln!

„Wahrheit" bedeutet schließlich: Wahrheit über mich selbst. Das war und ist immer wieder ein großes Thema auch für mich persönlich, denn ich bin im Herzen ein pflichtschuldiger, kleiner, katholischer Bub, der es Gott und den Menschen gerne recht machen will! Andrea hat ein untrügliches Gespür für die Wahrheit, und sie ist immer wieder meine Prophetin, wenn ich mich von der Wahrheit entferne und sei es aus besten Motiven. Es ist niemandem damit gedient, wenn wir Gott (und den Menschen) das sagen, was wir als gute Christen und Anbeter sagen sollten. Wenn wir davon reden und singen, was wir gerne wären, was wir eigentlich wollten, oder ab sofort sein und tun werden. Gott ist vielmehr an dem interessiert, was ist. Das ist in gewisser Weise das einzig Wirkliche.

Das schöne deutsche Wort „Wahrhaftigkeit" bringt es auf den Punkt. Jesus lobt in der Geschichte vom Pharisäer und Zöllner (Lukas 18,9–14) das ehrliche Gebet des Zöllners: „Gott, sei mir Sünder gnädig!" – und nicht das selbstherrliche des Pharisäers. Den unteren Platz einnehmen um dann erhoben zu werden, das empfiehlt uns Jesus (Lukas 14,10)!

Ehrlichkeit ist ein großes Thema vieler Lobpreislieder – vielleicht, weil wir es in unserer verlogenen Zeit, aber manchmal auch in unserem verlogenen Lobpreis so nötig haben. Die Generation Lobpreis kritisiert die pflichtschuldigen eingefrorenen Rituale der Alten. Aber sie muss sich auch selbst die Frage gefallen lassen: Ist das echt? Meine ich, was ich singe?

Oft genug sind die Worte zu steil und unsere gesungenen Versprechen an Gott nicht haltbar. Wir werfen mit Superlativen um uns, singen von „Alles" und „Nichts", weil es Gott gegenüber angemessen erscheint. Wir selbst sind aber begrenzte und unperfekte Wesen und dürfen es auch in der Anbetung bleiben. Wer gibt uns Worte, die uns locken, ohne uns zu überfordern, Hymnen, die uns erheben, ohne uns von unserem Leben loszulösen?

Was bewegt mich bezüglich der „Generation Lobpreis"?

Zunächst bin ich dankbar. Ich hätte es mir vor 20 oder 30 Jahren nicht vorstellen können, dass Lobpreis heute für so viele selbstverständlich zu ihrer Glaubenspraxis gehört. Ich bin auch dankbar für eine „Emotionalisierung des Glaubens", weil ich davon überzeugt bin, dass echte Emotionen wichtig für uns sind und Präge- und Bindungskraft haben. Aus reinem Pflichtgefühl oder intellektueller Überzeugung heraus könnten wir den Herausforderungen unserer Zeit nicht begegnen. Und natürlich habe ich auch Bedenken: vieles ist mir heute zu laut, zu krass, zu einseitig. Mir fehlt oft eine gesunde Mitte. Ich mache mir Sorgen, ob die Art, wie viele Junge heute glauben, sich in einen reifen Glauben transformieren lässt, oder ob er bei vielen zu Brüchen führen wird. Aber sind das nicht die Bedenken, die jede ältere Generation der jüngeren gegenüber hat? Gott bleibt immer derselbe, und er findet seine Leute in jeder Generation.

Ich wünsche mir, dass die Generation Lobpreis erst der Anfang ist, dass wir wachsen in eine Reife und Fülle, dass wir immer wieder neue Ausdrucksformen für die ewigen Wahrheiten finden, dass wir allen „Schein" immer mehr hinter uns lassen, von Gott selbst gezogen „im Geist und in der Wahrheit".

Und ich wünsche mir neben vielen Worten und Tönen aus unserem Mund, aus „Lautsprechern" aller Art, auch große Ohren, die auf die leise Stimme hören. Vielleicht sind das ja dann die abstehenden „Lobpreis-Ohren", mit denen wir mehr hören als andere, selbst wenn die sich über uns lustig machen.

Generation Lobpreis – Verbeugung eines klassischen Kirchenmusikers

Aus der Perspektive eines Kirchenmusikers

*IGOR ZELLER**

Ihr lieben Angehörigen der Generation Lobpreis – schön, dass man euch jetzt schon so nennen kann. Das zeigt auf jeden Fall die Bedeutung eurer Musik. Das freut mich als Musiker, und es hat viele Gedanken in mir ausgelöst.

Es soll ja Kirchenmusiker-Kollegen geben, die über eure Musik lächeln. Zu kommerziell. Zu banal. Zu inhaltsleer. So höre ich es hin und wieder. Ich ahne: Wenn da nicht mal der Hochmut vor dem Fall kommt. Da stehen junge Menschen und strecken ihre Arme in den Himmel wie sonst nur bei Robbie Williams. Und gleichzeitig wird evangelischer Gemeindegesang immer dünner, sterben ganze Kantoreien aus. Sollten wir uns als etablierte Kirchenmusiker nicht auf die Spur dieses Lobpreises begeben? Ergründen, was ihn so attraktiv macht? Unvoreingenommen schauen, was davon auch uns guttun könnte?

Es wird Zeit für eine Annäherung. Auf Augenhöhe, nicht vom hohen Ross eines einstweilen institutionell noch geschützten Hochkultur-Milieus. Und ohne Scheuklappen.

Es stimmt, die klassische Kirchenmusik hat mit Palestrina, Monteverdi, Schütz, Bach, Mozart, Mendelssohn, Brahms eine grandiose Blüte hervorgebracht. Und doch scheint es im demokratischen Zeitalter musikalische Verheißungen zu geben, die sie nicht erfüllen kann.

Ich stehe staunend vor großen Gruppen junger Menschen, die mit einfachen musikalischen Strukturen und Texten offenkundig glücklich sind. Die Hingabe in einer dichten Gottesbeziehung leben können. Die ihr Inneres nach außen wenden können. Meine Orgelnachspiele lösen nichts Vergleichbares aus.

Ich glaube: Lobpreis ist eine Reise zu den elementaren Quellen religiöser Musik. Darum sollten wir Kirchenmusiker ruhig einmal gegen den Strom unserer großen Tradition schwimmen. Zurück zu den Anfängen und dadurch vielleicht gestärkt auch für unsere Zukunft.

** Igor Zeller, Kantor und Organist, Mitglied der EKD-Synode und im Liturgischen Ausschuss der VELKD.*

Von den Anfängen

Irgendwann erkannte der Urmensch, dass es da zwei Muskeln im Kehlkopf gab. Wenn man an diesen beiden Muskeln Luft vorbeipresste, dann konnte man Geräusche erzeugen. Um sich vor Gefahren zu warnen. Um seinen Gefühlszustand mitzuteilen – Wut, Trauer, Lust. Erst später wurden dann bestimmte Formen der Lautbildung mit Begriffen verbunden und es entstand die Sprache. Und noch heute beginnt für jeden Menschen das Leben jenseits der Nabelschnur mit dem ersten großen Luftholen. Und einem danach folgenden Schrei. Jeder hilflose Säugling lernt, dass er durch das Betätigen seiner Stimme das erlösende Gesicht der Mutter über sich herbeizaubern kann.

Im Verlauf der Entwicklung lernte also die Menschheit und lernt jeder Mensch, dass sich Ur-Laute gestalten und zu Tönen machen lassen. Diese Töne wiederum lassen sich in eine Ordnung bringen. Melodien und Harmonien, Kontrapunkte und Einklänge, Lieder, Kantaten und Motetten sind das Ergebnis solcher höherer Ordnung von Urlauten.

So schreibt der berühmte Theologe und Liturgiewissenschaftler Manfred Josuttis: „Singen ist archaische Praxis des Lebens. Auf vor-verbale Weise gestalten Körper, Seele und Geist in der Ordnung der Töne die Einsicht, dass die Welt letztlich in Ordnung ist." Kein Wunder also, dass schon vorher geschrieben stand: „Alles, was Odem hat, lobe den HERRN!" Die Generation Lobpreis scheint irgendetwas intuitiv verstanden zu haben. Etwas, das herkömmlicher gemeindlicher Singpraxis allzu oft noch abgeht. „Alles" – Musik geht aufs Ganze. „Was Odem hat" – Musik zielt in die Körpermitte aufs Atemzentrum. „Lobe den Herrn" – Musik will ja sagen zu Himmel und Erde.

Sie ist Urlaut und Ur-Emotion, Verheißung und Erfüllung. Welcher Sonntagsgesang einer Kirchengemeinde bringt das zum Klingen?

Von den Emotionen

Die Emotion ist in der Gesangs-Geschichte der Menschheit also vor aller Sprache und Form. Wieso wirken viele Gottesdienste dann emotional so heruntergedimmt? So dominiert von Text und überkommener Form? So abgelöst vom Innersten, so fahl in der äußeren Erscheinung?

Ein Grund könnte darin liegen, dass eine wichtige Epoche in der Geschichte des protestantischen Kirchenliedes erst fast nicht stattgefunden hat und dann auch noch bekämpft wurde – die Romantik. In anderen Ländern war das völlig anders. Zwei heute spirituell sehr attraktive Kirchen haben die Basis ihrer Kirchenmusik im 19. Jahrhundert neu gelegt. Die Gesänge der russisch-orthodoxen Kirche berühren viele Menschen auch in Deutschland unmittelbar. Sie sind Neuschöpfungen von Rachmaninow und Tschaikowski. In der *Church of England* begann eine neue Lieder-Epoche mit dem Wirken von Samuel Wesley. Zwei anglikanische Hymnen verbreiten ihren Zauber sogar im Evangelischen Gesangbuch: „The church is one foundation" und „The day thou gavest". Dagegen fristen deutsche Lieder aus dem 19. Jahrhundert ein Schattendasein in unseren Gottesdiensten: „Harre, meine Seele", „Stern, auf den ich schaue" oder „So nimm denn meine Hände".

Damit geht im deutschen Kirchenlied eine Unterversorgung mit emotionaler Sprachfähigkeit einher. Denn die Romantik war eben jene Epoche, die das Gefühl gesellschaftsfähig gemacht hat. Und die nicht nur für unser heutiges Bedürfnis nach Unmittelbarkeit und Authentizität wegweisend war. Sondern die auch unser emotionales Ausdrucksrepertoire bis in die Gegenwart prägt. Deutsche Protestanten müssen im Sonntagsgottesdienst vorwiegend aus emotionalen Sprachbaukästen schöpfen, die einige Epochen-Biegungen weiter zurückliegen: aus den Liedern des Pietismus, von Paul Gerhardt oder gleich von Martin Luther.

Das ist schade, denn die dadurch entstehende emotionale Distanz ist kaum zu überbrücken. Denn so großartig die Lieder von Paul Gerhardt auch sind – man muss selbst bei diesem zugänglichsten aller alten Liederdichter als heutiger Mensch emotional immer einmal mehr um die Ecke denken. Das will die Seele nicht, und das schafft sie nur sehr begrenzt.

Dabei ist das Gefühl in der Musik doch nicht nur von Hause aus eingewoben, sondern auch so gut aufgehoben. Und das gerade im dreifachen Hegel'schen Sinne:

1. Sie taucht ins wahre, richtige Leben hinein und hebt die Gefühle von der Straße auf eine höhere Stufe. Gerade in den großen Tabuthemen um Liebe, Tod und Streit. Wenn Freddy Mercury „We will rock you" singt, dann kann ein ganzes Stadion diese Wildheit in ein geordnetes Leben aufnehmen und auf diesem tiefen Boden menschlich groß wachsen und reicher werden. Nicht anders ist es bei „Tod, wo ist dein Stachel?!" im Brahms-Requiem.

2. Musik verwandelt Emotionen und hebt sie damit auf – zugunsten von etwas Neuem, Größerem. Wenn Eric Clapton in „Tears in heaven" den Tod seines Sohns beklagt, dann gelingt dem sanften Rhythmus und den zarten Harmonien eine Art klangliche Fotosynthese. Die Musik bettet die Trauer in Schönheit und lässt Trost entstehen: „Beyond the door, there's peace, I'm sure". Nicht anders ist es bei „Wir setzen uns mit Tränen nieder" in der Matthäuspassion von Bach.

3. Sie erinnert große Emotionen und hebt sie wie in einem goldenen Gefäß auf. Wenn Marius Müller-Westernhagen singt „Freiheit ist die einzige, die zählt", dann wird hier das gemeinsame Wissen von 1848, 1968 und 1989 wiederholbar. Nicht anders ist es bei „Freude, schöner Götterfunken" in der 9. Sinfonie von Beethoven.

Diese vor- und nachverbale Tiefenkraft hat die evangelische Kirchenmusik in ihrer Erneuerung nach dem Ersten Weltkrieg bewusst ausgeschlagen. Der Niedergang des Kaiserreiches wurde auch als Krise der bürgerlichen Romantik und insbesondere des Kulturprotestantismus gedeutet. Die protestantischen Kirchenmusikkomponisten der Weimarer Zeit wollten bewusst bei vorklassischen Vorbildern ansetzen, insbesondere bei der Renaissance. Darin waren sie sich mit der Jugendmusikbewegung einig, die aus dem Wandervogel entstanden war. Das neue Ideal war ein „herber" Stil. Gefühlvolle Musik wurde demgegenüber eher als schwülstig und süßlich erlebt. Auch der Orgelbau ging in der sogenannten „Orgelbewegung" weg von warmen Grundtönen und pflegte das Ideal eines obertonreichen „Spaltklangs". Und noch nach dem Zweiten Weltkrieg brauchte die Kirchenmusik lange, um romantische Gefühlswärme in der Chormusik und im Orgelklang wiederzugewinnen. Musik nach Bach blieb lange verpönt. Das ist heute anders. Die Fähigkeit zum Gefühlsausdruck im Gesang scheint allerdings leider etwas auf der Strecke geblieben zu sein.

Vom kritischen Bewusstsein

Und so sehr die Kirchenmusik sich auch vom Kaiserreich emanzipieren wollte, so anfällig war sie doch für die Verführungen des Dritten Reichs. Und auch hierin blieb sie mit der Jugendbewegung verbunden. Denn in der Bewegung weg von der gekünstelten, spätromantischen Salonmusik zurück zu den Wurzeln einer scheinbar gesunden und kräftigen Vorklassik wollte sie vor allem auch eins: Gemeinschaft stiften. Damit traf sie eigentlich einen Wesenskern von Musik überhaupt. Denn dort, wo Menschen singen, bewegen sie sich mit Körper, Geist und Seele auf ein gleiches Schwingungsniveau. Der Weg vom Gleichklang zur Gleichrichtung war dann aber erschreckend kurz. Genau wie der Weg vom totalen Anspruch der Musik zu ihrer totalitären Umnutzung.

Der Schock über diesen Sündenfall des Singens saß tief. Die notwendige Kritik kam nach dem Zweiten Weltkrieg. Sie fiel so radikal aus wie vorher auch das Grauen gewesen war. Und es ist kaum verwunderlich, dass sie in einem berühmten Satz Theodor W. Adornos gipfelte: „Nirgend steht geschrieben, dass Singen Not tut". Auf die Lehrpläne der 70er-Jahre hatte das einen enormen Einfluss. Schon alleine der Begriff „Singen" wurde umgangen. Anstelle der emotionalen Reise zu den inneren und doch gemeinschaftlichen Quellen sollte die bewusste, kritische Auseinandersetzung mit dem musikalischen Material treten.

Unmittelbar einleuchtend ist, dass damit nicht nur viele gemeinschaftsstiftende, emotionale Lieder sozusagen kontaminiert waren. Was den Briten bei „Rule Britannia" und „Land of hope and glory" noch möglich ist, ein fröhliches und augenzwinkerndes Mitschmettern, das mochte einem in Deutschland bei „Ein feste Burg" dann wohl eher im Halse stecken bleiben.

Aber der Vorbehalt ging noch weiter. Er betraf bald das ganze hymnische Singen in Gemeinschaft überhaupt. Die kritische, gerade nicht lobende Herangehensweise an die Welt wurde zur Maxime. Dekonstruktion statt Identitätsstiftung wurde zum erstrebenswerten Ziel, in der Oper z. B. in Form des Regietheaters. „Alles, was Odem hat, lobe den Herrn?" – nichts weniger als das.

Diese Geisteshaltung traf in den 60er-Jahren allerdings auf ein aufblühendes Gemeinwesen, in dem es durchaus einiges zu loben gab. Zumindest die wirtschaftliche Situation verbesserte sich für viele Menschen in Deutschland unbestreitbar. Und das subjektive Lebensgefühl verschob sich sachte immer weiter von Schuld und Sünde in Richtung des zarten Pflänzchens eines gelingenden Lebens. Der fällige musikalische Konflikt dieser beiden Strömungen entlud sich dann rund um das epochale Lied „Danke für diesen guten Morgen".

Von den Verheißungen

Die Generation Lobpreis holt sich in der ihr eigenen Unschuld das hymnische Singen nun zurück. Darüber bin ich als Musiker mehr als glücklich. Denn Musik funktioniert nur im Vorwärtsgang. Das schließt kritische Aufmerksamkeit im Hintergrund überhaupt nicht aus. Kritisches Bewusstsein wirkt wie eine Bremse beim

Autofahren. Wenn sie ausfällt und nur noch der Motor der Emotionen wirkt, dann wird es in der ersten Kurve gefährlich. Dennoch ist ein Auto nicht zuerst zum Bremsen gebaut, seine Bestimmung erfüllt es, wenn es fährt. Um im Bild zu bleiben: Adorno hat hinsichtlich des Gesangs ein Auto gebaut mit der Bremsanlage eines Sattelschleppers und dem Motor eines Trabi. Das Ergebnis ist eine flächendeckende sängerische Tempo-30-Zone in Deutschland, für die es nicht einmal Schilder braucht. Solchergestalt blockierter und gehemmter Gesang ist einfach traurig. In der Kirche Sonntag für Sonntag wieder.

Die Generation Lobpreis eröffnet uns Älteren deshalb neue Horizonte und frische Erfahrungen. Vielleicht ist es kein Wunder, dass sie als echte Alternative ihren Weg nicht in den offiziellen Strukturen der Kirchenmusik gefunden hat. Sie ist „Grassroot". So wie die Beatles es am Anfang auch einmal waren.

Wenn ich darum heute junge Menschen sehe, die ihre Augen schließen und die Arme in den Himmel strecken, dann löst das – zugegeben – manchmal schon ein anfängliches Befremden bei mir aus. Ich spüre, dass diese Kraft nicht aus der Welt kommt, in der ich aufgewachsen bin. Aber ich frage mich, ob uns dieses Befremden nicht auf etwas verweist, das uns an uns selbst fremd geworden ist.

Darum: Ihr lieben Angehörigen der Generation Lobpreis, ich denke, wir können viel von euren Liedern lernen. Und von dem, was ihr uns vorlebt.

- Von den einfachen Texten. Die habt ihr ja mit den Liedern aus Taizé und den Gospels gemeinsam. Auch ich habe genug von so manchem sonntäglichen Wortgeklingel.
- Von der Fähigkeit, zu Gott ein nahes, intimes Verhältnis zu leben. Auch mir wird um Gott zu viel herumgeredet wie um den berühmten heißen Brei.
- Davon, wie ihr das Text-Klang-Verhältnis vom Kopf auf die Füße gestellt habt. Der Klang war am Anfang. Aus Gefühlen werden Lieder. Und die sind viel mehr als vertonte Texte.
- Von den Worten, die ihr für gelingendes Leben findet. Von eurer aufrechten Haltung beim Singen. Luther hat sich zeitlebens gefragt: „Wie bekomme ich einen gnädigen Gott?". Und gerade, weil er sich die Gnade so schwer erringen musste: An eurer Leichtigkeit hätte er seine Freude gehabt.

Vom gemeinsamen Weg

Kurzum: Eure Lieder sind persönlich und emotional. So wie meine. Kein Wunder, Musik ist so.

Klar, ein paar Fragen habe ich noch.

Vor allem: Ist Musik nicht stärker, wenn sie *letztlich* Lob ist und nicht *nur* Lob? Wenn sie auch die Klage am Ende unwiderstehlich zum Lob wendet? Nehmt es mir nicht übel, aber mich berührt „Der Weg“ von Herbert Grönemeyer einstweilen noch mehr. Von der Trauer singen und Trost versprühen – das wär's doch.

Und auch bei den textlichen und musikalischen Strukturen eurer Lieder sehe ich noch Luft nach oben. Die „Bohemian Rhapsody“ von Queen ist vergleichsweise kompliziert. Und gleichzeitig ein wahnsinnig starkes, hochemotionales Stück Musik, das ganze Stadien zum Rasen gebracht hat.

Und schließlich: Kommt doch mal vorbei, wenn wir ein Weihnachtsoratorium aufführen, eine c-Moll-Messe, einen Elias. Wir werden uns Mühe geben, unsere starke innere Bewegtheit auch nach außen sichtbar werden zu lassen, so wie ihr. Uns fehlt da vielleicht etwas die Übung – aber ich glaube, wir liegen nicht so weit auseinander.

Aber sei's drum. Ihr habt den richtigen Weg eingeschlagen. Auf zu neuen Zielen. Und ein Hoch auf die Musik. Kommt in unsere Gemeinden. Schließt die Augen. Streckt die Arme zum Himmel. Vielleicht können wir ja auch gemeinsam weitergehen.

Wie gesagt: „*Alles,* was Odem hat, lobe den Herrn“.

Theologische Betrachtungen zu der Generation Lobpreis

Aus der Perspektive eines Theologen

*ARNE BACHMANN**

„Die Hochreligiösen", so wurden sie genannt in empirischen Untersuchungen wie dem Bertelsmann Religionsmonitor und irgendwie klang das hochproblematisch. Denn das klingt nach „übertrieben fromm", nach Mauerblümchen, die sich in eine fromme Parallelwelt flüchten, viel lesen und beten und nicht so viel mit Gleichaltrigen zu tun haben. Oder nach den Verbissenen, denen, die sehr streng sind mit sich und anderen und es schier nicht ertragen können, wenn andere ihr Leben genießen. Es klingt nach einer gewissen Enge, Rechthaberei und Fanatismus. So lautete vielleicht das Klischee.

Abschied vom Klischee

Doch das Bild, das hier von den Hochreligiösen gezeichnet wird, ist vielfältiger als das Klischee: es gibt sie in Landes- und Freikirchen, sie zeigen sich mal ruhig und in sich gekehrt, mal fröhlich und unbeschwert, mal sehr spirituell, mal diakonisch und politisch engagiert, manchmal macht ihnen der Glaube das Leben leichter, manchmal wirkt er wie eine Last, manchmal leben sie ihren Glauben in Gemeinschaft, manchmal eher zurückgezogen, manche haben sehr klare Normen und Regeln, andere betonen die Freiheit und Weite des Glaubens. Bei manchen findet ihr Glaube im Lobpreisgottesdienst statt, bei anderem im Taizé-Gebet und bei wiederum anderen auf der Surf-Freizeit der SMD.

Auch wenn unsere Gesellschaft in religiösen Dingen auf Mäßigung setzt und mit großer Skepsis auf diejenigen schaut, die es in ihren Augen „übertreiben" mögen, so zeigt sich hier ein vielfältiges Bild davon, was das heißen mag: hochreligiös sein. Denn die Hochreligiösen, das sind nicht unbedingt die „Engen", die „ganz besonders Frommen" oder „die Fanatischen", es sind zunächst einmal die emotional stark mit dem Glauben Verbundenen, die Leidenschaftlichen. Das scheint mir ein roter Faden zu sein, der sich durch alle unterschiedlichen Typen durchzieht: Emotionalität und Leidenschaft.

** Arne Bachmann, Theologe und Assistent am Lehrstuhl Ökumenische Theologie in Heidelberg und Leiter des Ökumenischen Wohnheims Heidelberg*

Diese drücken sich aber sehr unterschiedlich aus. Bei den einen ist es der Hunger nach neuen Erlebnissen und nach einem spannenden Leben (Typ 6), bei den anderen ist es das Gefühl von Heimat und Aufgehobensein in einer vertrauten Liturgie (Typ 8). Die einen zeigen die leidenschaftliche Bereitschaft, sich nicht zu schonen und alles für ihre Kirchengemeinde zu geben (Typ 1), während die anderen eine große Leidensbereitschaft mitbringen, wenn sie eher isoliert mit dem eigenen Glauben (Typ 2) oder einem potenziell strafenden Gott (Typ 4) ringen. Während die einen bei großen Events in ihrem Glauben mit vielen Hundert anderen durch das gemeinsame Singen bestärkt werden (Typ 3), verbinden andere das Leidenschaftliche mit der kritischen Reflexion und erleben Gott eher in den vermeintlich unspektakulären Begegnungen mit anderen.

Und mittendrin ist immer wieder: Musik. Vor allem Lobpreismusik. Als zentrale Praxis, als zentrales Medium des christlichen Glaubens: singen – im Chor, in der Band, beim Taizé-Gottesdienst oder im Hauskreis.

Der „Generation Lobpreis" genügt es nicht, aus Pflicht oder Tradition zum christlichen Glauben zu gehören, sie beugt sich nicht den sozialen Erwartungen in Elternhaus oder im sozialen Umfeld.

Sie erwartet, erhofft und dürstet nach einer emotionalen Gotteserfahrung. Sie engagiert sich in der Gemeinde, wenn das Engagement Spaß, Lust oder einen anderen emotionalen Gewinn verspricht. Wobei auch der Kontakt zu Gleichaltrigen zu einem zentralen Faktor für den Gottesdienst wird: Man geht dorthin, wo die Freunde sind. Die Pflege einer „konfessionellen Identität", die immer wieder als besonders zeitgemäß behauptet wird,[166] lässt sich kaum feststellen. Die Generation Lobpreis geht pragmatisch mit Gemeindezugehörigkeit um: Sie lässt die Mitgliedschaft bei der evangelischen Kirche bestehen (Wer weiß, ob die nicht mal als Arbeitgeber oder Trauschein-Aussteller benötigt wird?), während man sich den Baptisten zugehörig fühlt – oder andersherum. Die Generation Lobpreis sieht in Gott einen liebenden Vater, der über allen thront und doch den einzelnen Gläubigen tief ins Herz geschlossen hat. Fast bekommt man manchmal den Eindruck, das hieße für die Gläubigen: das Universum drehe sich um sie. Ihr Zugang zum Glauben verläuft zuerst über die Musik, darüber zu singen und sich selbst singen zu hören, über Stimmung mehr als über Inhalte, über ein religiöses Verlangen mehr als über religiöse Verpflichtungen, mehr über Liedtexte als über Predigten oder ausgebaute theologische Gedanken. Der Glaube besteht weniger aus Nachdenklichkeit und mehr als das Mithineingerissenwerden in eine Stimmung, sei es die meditative Stimmung sich wiederholender Taizé-Lieder, sei es in die „kollektive Intimität" beim Stadionrock eines Hillsong-Konzerts oder dem gemeinsamen Singen in einem Studentenchor, welcher das Gefühl vermittelt, nicht allein zu sein in seinem Glauben.

Zwar wirkt es vielleicht nicht nach einer neuen Erkenntnis, aber so klar wie in dieser Studie habe ich das bisher nicht gesehen: Christlicher Glaube ist singender, vielleicht sogar ersungener Glaube.

Brücken zum Glauben: Musik und Gemeinschaft

Ich möchte damit beginnen zu schildern, was ich von der „Generation Lobpreis" lerne, bevor ich auch Rückfragen stelle.

Bei dieser Generation Lobpreis verstehe ich, wie stark doch der Glauben mit Musik verbunden ist. Dabei ist es eigentlich eine banale Erkenntnis, dass Singen sehr wichtig für viele ist. Aber theologisch ist das bisher kaum reflektiert. Protestantische Theologen denken viel nach über das Wort, über Sprache, über das Verstehen und das „drüber reden". Seit Neuestem gibt es sogar Theologen, die viel nachdenken über Bilder, über visuelle Gestaltung, aber auch über Sprachbilder wie Metaphern.[167] Aber eigentlich scheint es zwei Hauptmedien des Glaubens zu geben: Musik und Gemeinschaft/Beziehungen.

Wenn ich „Medium" sage, dann denkt man vielleicht an zwei Dinge: entweder an Fernsehen, Youtube-Videos, die „Neuen Medien" und Menschen, die „was mit Medien" machen; also einen Wirtschaftszweig. Oder man denkt an Tischrücken, Okkultismus und Tarotkarten.

Doch ein Medium ist erst einmal das, was „dazwischen steht". Wie eine Brücke von „dort" nach „hier". Ein Medium ist das, was eine Verbindung herstellt, was aber gleichzeitig Abstand schafft. Ein Medium verbindet und trennt gleichzeitig, es schlägt eine Brücke, aber gibt auch Anlass für Verwirrung. Man denke nur an das Hauptmedium, das wir alle ständig nutzen: unsere Sprache. Nur durch die Sprache sind wir verbunden, aber durch die Sprache verletzen wir uns auch, sie sorgt für Missverständnisse. Und die verschiedenen Sprachen – siehe den Turmbau zu Babel – sind es auch, die uns trennen. Ähnliches ließe sich über die Musik sagen: Sie kann besonders anziehend wirken, uns aber auch befremden und abstoßen.

Durch die Studie wird mir außerdem klar klar: für die meisten „Hochreligiösen" sind *Gemeinschaft und menschliche Beziehungen ein Medium des Glaubens.* Man kommt in Berührung zum Glauben über andere Menschen. Nicht abstrakt über die „Institution Kirche" (wie es klassisch katholisch heißt) nicht ganz individualistisch im stillen Kämmerlein (wie es manchmal die Evangelischen sehen), sondern zumeist über konkrete Begegnungen, selbst dann, wenn man seinen Glauben eher isoliert und für sich lebt. So auch in dieser Studie: entweder – und meistens – sind es wohl die Familien, die ein solches Glaubensmedium sind, außerdem sind es einzelne wichtige Personen: der Jugendleiter, der Religionslehrer etc. Zuletzt können ganze Gemeinschaften zum Medium des Glaubens werden, durch das Gefühl, hier ganz angenommen zu sein, die ansteckende Freude und Aufgeschlossenheit, die dort vorherrschen kann etc. Das alles kann wie eine Brücke zum Glauben sein; man kann das Gefühl haben: In und durch diese Gemeinschaften wie auch in und durch diese Musik berührt mich Gott. Gleichzeitig hat jedes Medium eine Eigendynamik. Es gibt einfach Melodien, die sind mitreißend, ob mit oder ohne Gottes Wirken. Es gibt Gruppendynamiken, die funktionieren einfach. Und das, was uns manchmal wie eine Brücke zum Glauben wirkt, kann uns an anderen Tagen den Weg verstellen. Wenn man das Gefühl hat, „diese Lieder kann ich nicht mehr mitsingen", oder man auch die hässlichen Seiten so mancher Gemeinschaft sieht, mit Gruppendruck, Machtspielen und Ausgrenzung. Was bleibt eigentlich, wenn die Emotionen wegbleiben? Was bleibt, wenn uns das, was uns gestern so begeistert hat, morgen nicht mehr anspricht? All das steckt im Wort „Medium": das, was uns wie eine Brücke zum Glauben, eine Brücke zu Gott vorkommt, aber auch das, was uns den Weg zu Gott verstellt.

Die Lobpreis-Revolution

Die Erfindung des modernen Lobpreises ist vielleicht die größte liturgische Innovation im 20. Jahrhundert. Ausgehend von einzelnen Freikirchen (Vineyard, später Hillsong) verbreiteten sich die Lobpreiskultur und ihre Lieder schnell über den ganzen Globus. Die „Lobpreisrevolution" begann in den 60ern – in der selben Zeit, in der die Gemeinschaft Taizé begann, immer mehr Jugendliche anzuziehen. Vielleicht ist ja auch die Generation Lobpreis ein „Kind der 68er"? Die Gegenwartsorientierung im Glauben spricht dafür: Gott im Hier und Jetzt erleben – Gottes „Gegenwart" spüren, das Emotionale, Leidenschaftliche, das Körperliche des Glaubens sowie das Unkomplizierte der Lieder und die Ablehnung von großen Institutionen. All das spricht dafür, dass der moderne Lobpreis (zu dem man der Einfachheit halber auch Taizé zählen kann) sich im Fahrwasser der 68er entwickelt hat. Dafür spricht auch die

Geschichte der charismatischen Bewegung, deren Hauptakteure in der ersten Generation auch „bekehrte Hippies" waren.[168]

Wenn man christliche Jugendliche mit „normalen" Jugendlichen vergleicht, fällt eines auf: wie merkwürdig der Gedanke für die meisten Jugendlichen sein muss, mindestens einmal in der Woche laut, vielleicht sogar vor und mit anderen zu singen. Ohne betrunken zu sein und auch außerhalb von Fußballstadien.

Vielleicht ist das Singen wie auch das Tanzen eine gute Metapher dafür, was Glauben eigentlich heißt. Tanzen benötigt Musik, die einen von außen erreicht, so wie Gottes Reden uns von außen trifft, und einen in Bewegung versetzt. Um tanzen zu können, muss die Musik durchdringen durch alle unsere Schutzmechanismen (Ist das nicht peinlich? Was werden andere denken? Wie sehe ich dabei wohl aus?), und wir müssen uns der Musik anvertrauen: Vielleicht wippen wir anfangs nur leicht mit, bis wir uns mehr und mehr der Musik hingeben. Und singen heißt immer außer sich sein, aus sich herausgehen, die eigene Stimme zu Gehör bringen und gleichzeitig einstimmen mit anderen. Ganz die eigene Stimme finden und dabei sich doch ganz mit anderen abstimmen. Singen heißt: seinem Körper Töne entlocken und die eigenen Hemmungen überwinden. Mit anderen singen heißt auch: spüren, nicht allein zu sein. Musik kann einen auf eine Weise ansprechen – und auch abstoßen –, wie es Worte allein oft nicht vermögen.

Im Angesicht dieser Studie muss ich nochmals anmerken: theologisch wird die *Musik als Medium des Glaubens* völlig unterschätzt. Und wenn man dann doch mal von Musik sprechen sollte, dann geht es gleich um Hochkultur: um Bach und Co. Aber zeitgenössische christliche Anbetungsmusik wird theologisch kaum betrachtet. Wobei diese doch vielleicht den Glauben des Einzelnen mehr prägt als theologische Konzepte und vielleicht sogar mehr als Predigten und die Bibel.

In der Musik spielt auch der Körper eine größere Rolle. Nicht nur, dass man beim Singen den Körper als Klanginstrument nutzt; Singen ruft auch körperliche Reaktionen hervor: Es stellen sich einen die Nackenhaare auf, das Herz kann schneller schlagen, es wird einem kalt und heiß. Man fühlt sich irgendwie zugehörig, Wärme durchströmt einen, man fühlt sich glücklich. Und dann verändert man auch die Körperhaltung, man steht auf, hebt die Arme, schließt die Augen, klatscht oder übt andere Gebetsgesten aus wie Knien oder gefaltete Hände. Die Lobpreiskultur erinnert uns an die Leiblichkeit des Glaubens. Er ist keine Sache körperloser Seelen, sondern ist spürbar im eigenen Körper.

Der Glaube ist auch eine Sache der *Leidenschaften*. Paulus sagt: „Gottes Liebe drängt mich." Da ist ein inneres Getriebensein, eine Kraft und Unruhe, die dafür sorgen, sich der Welt neu und anders zuzuwenden.

Und – vielleicht etwas kontroverser: Im Lobpreis sieht man eine gewisse *Erotik des Glaubens*. Ein Verlangen nach der nackten Gottesbegegnung und der Wunsch nach Intimität, manchmal sogar nach Verschmelzung und Aufgehobensein in einem, wie Charismatiker gerne sagen, Liebesstrom. Das sind Momente, wo man alles vergessen kann, was um einen herum geschieht, und plötzlich heißt es nur noch „Gott und ich". Wie es in einem alten Lied mal ausgedrückt wurde: „Vor der Tür rumort der Alltag, doch hier drin ist's mir egal." Das ist ein Aspekt der Lobpreiskultur, über den man mehr nachdenken müsste: der Aspekt des religiösen Begehrens, des Verlangens nach Gott, des Durstes. Und des Wunsches, sich nicht mehr einsam zu fühlen.

In ihren besten Momenten ist die Lobpreiskultur eine große Belebung des Glaubens; die Suche nach zeitgenössischen Formen des Singens und des körperlichen Ausdrucks. Sie ist unglaublich zugänglich, „catchy", wie man im Englischen sagt. Die Lieder funktionieren ganz einfach: Man kann sie alle nach der zweiten Wiederholung mitsingen. Und durch die Lobpreiskultur kam ein neues Bild der Gottesbeziehung auf, eines, in dem man ganz intensiv intim mit Gott wird.

Gleichzeitig wirkt das manchmal irritierend: Eben noch bediente man sich Bildern eines Thronsaals, von Unterwürfigkeit und Ehrerbietung gegenüber dem Herrscher. Und einen Augenblick später wirkt es, als würde man mit dem Schöpfer und Erlöser wild auf dem Autorücksitz rumknutschen. Mit nasaler und leicht lasziver Stimme singt man vom Liebhaber Jesus und vom Big Daddy im Himmel. Und auch dessen Qualitäten lobt man sehr, denn je größer der „Vater im Himmel", desto besser ist das für einen selbst. Das wäre die Lobpreiskultur an ihren schwächsten Punkten, eine *Big-Daddy-Theologie,* die eine Art Deal bezeichnet: Der Gläubige soll Gott möglichst viel Honig ums Maul schmieren und auf möglichst viel im Leben verzichten, im Ausgleich dafür, darf er „mit Papis Kreditkarte shoppen gehen": emotionale Erlebnisse, Erfolg bei der nächsten Klausur und ein baldigst herbeigebeteter christlicher Partner können die Belohnung sein.

Die Generation Lobpreis scheint sich durch drei verschieden stark ausgeprägte Merkmale auszuzeichnen: Erfahrungszentriertheit, Expressivismus und manchmal auch Eskapismus.

Erfahrungsorientierung

Erfahrungsorientiert ist man, insofern man den Glauben mit Erfahrungen identifiziert: dem heiligen Schauer bei der Liturgie, der Ergriffenheit beim Singen, Gefühlen von Dankbarkeit und Ehrfurcht vor Gott. Glauben beginnt also mit bestimmten religiösen Erfahrungen.

Expressivismus

Diese Erfahrungen werden Gott und anderen gegenüber ausgedrückt – das kann man *religiösen Expressivismus* nennen. Es geht darum, dass man in den Liedern seine frommen Gefühle ausdrückt: „Ich kann nicht schweigen, von dem was du für mich getan hast" heißt es in einem Lied. Dabei ist das Spektrum möglicher „heiliger Erfahrungen" sehr beschränkt: Ergriffenheit, Hingabe, Dankbarkeit, Staunen über die Größe Gottes. Im Vergleich zu den Psalmen fällt auf, dass so vieles an Erfahrungen, die uns als Menschen ausmachen, wegfällt: Wut, Zweifel, Aggressionen, Depression, sexuelles Begehren, Einsamkeit, Freude über die eigenen Fähigkeiten, das Gefühl echter Ausweglosigkeit, Humor etc. Der religiöse Expressivismus erlaubt leider nur Erfahrungen und Erlebnisse, die als besonders heilig gelten. Der Theologe Ingolf Dalferth dagegen sagte: „Glaube heißt nicht eine andere Erfahrung zu machen, sondern anders zu erfahren." Das gesamte menschliche Leben wird in ein neues Licht gerückt. Wie in den Psalmen muss nichts weggekürzt, nichts zensiert werden. Dagegen führt Expressivismus in die *Authentizitäts-Falle:* man darf nur ausdrücken, was man wirklich fühlt. So gerät man in eine Zwickmühle:

- Man darf nur von besonderen, heiligen Erfahrungen singen, weil alles andere keinen Platz hat und
- man soll bitte inbrünstig ausdrücken, was man wirklich im Inneren fühlt.

So provoziert die Lobpreiskultur eine Reaktion: Was, wenn ich das nicht mehr mitsingen kann? Was, wenn ich mal eben nicht empfinde, dass Gott der Größte ist? Denn vor Gott muss man doch authentisch sein, oder? Die Kultur der Authentizität, mit ihren innigen und inbrünstigen Liedern voller Übertreibungen (For all your goodness I will keep on singing / ten thousands reasons for my heart to find) führt irgendwann zu einer emotionalen Überforderung. Immer stärker wird der Druck ansteigen, auch bestimmte Gefühle zu produzieren. Das merken auch besonders Lobpreisleiter. Dies kann zu einer emotionalen Werkgerechtigkeit führen: Zwar weiß man, dass einen die „Werke" (gute Taten etc.) nicht vor Gott gerecht machen können, aber diese werden ersetzt durch emotionale Kraftanstrengungen. Das übersieht den Unterschied zwischen persönlichem und öffentlichem Lobpreis. Der *öffentliche Lobpreis* muss kein Ausdruck bestimmter persönlicher Erfahrungen sein, sondern das Feiern der Wohltaten Gottes. Es geht im öffentlichen Lobpreis weniger darum, sich in eine besondere Stimmung zu bringen, und mehr darum, dass man sich durch Gebete und Lieder in Gottes Geschichte mit der Welt wiederfindet. Gott das eigene Herz ausschütten, muss nicht in einer großen Öffentlichkeit passieren. Im Zentrum des öffentlichen Lobpreises steht das Abendmahl. Und dort geht es vor allem darum zu empfangen, sich zu erinnern und zu schmecken, nicht darum, sich in eine bestimmte Stimmung zu versetzen. Außerdem wird daran erinnert, dass Glaube ein Geschenk ist und nicht das Produkt eigener Anstrengungen. Es geht nicht darum, dass wir uns über die „Brücken des Glaubens" zu Gott emporfühlen, sondern dass Gott zu uns kommt.

Wenn man einige Psalmen, wie den Psalm 42, als Beispiel für *persönliches Gebet* nimmt, dann fällt auf, dass es nicht darum geht, einfach nur auszudrücken, was man fühlt. Vielmehr sind das Gebet und das gesungene Gebet ein Zwiegespräch der Seele vor Gott: „Was betrübst du dich und bist so unruhig in mir?" Hier geht es weniger darum, einfach nur bestimmte Gefühle zu produzieren, als darum, Verantwortung für die eigenen Gefühle zu übernehmen und diese in das Licht der Geschichte Gottes mit der Welt zu stellen. Die Psalmen erzählen nicht nur von Zeiten der Fülle und des Überfließens des Herzens, sondern auch besonders von Zeiten der Gottesferne und der Sehnsucht nach Gott. Im persönlichen Lobpreis würde ich mir mehr Mut wünschen, auch das Gefühl der Abwesenheit Gottes und die echte Breite menschlicher Erfahrungen zu thematisieren. Der Gott, der uns nahe ist, ist auch der Gott, der sich entzieht.

Eskapismus

Das führt zum dritten Problem: dem des *Eskapismus*. Manchmal kann Lobpreiskultur eine Art Flucht sein. Flucht vor den eigenen Wunden und Problemen, vor der eigenen Situation, vor Gott und vor der Welt. Flucht muss nichts Schlechtes sein: Fromme Juden haben einen Gebetsschal, den Talitt, den sie beim Beten um den Kopf legen, um die Welt da draußen einmal auf „mute" zu stellen, um sich auf Gott und Gottes Heilstaten zu konzentrieren. Solch eine Flucht ist keine „Flucht vor", sondern eine „Flucht zu" – Zuflucht. Zuflucht zu Gott. Mal einen Moment alles hinter sich lassen, um sich in die Gottesbegegnung zu stürzen. Aber lässt man je alles hinter sich und wäre das gut? Wie oft denke ich beim Lobpreis: Wie viele hier sind einfach nur einsam und nutzen den Gesang, um vor ihrer Einsamkeit zu fliehen? Nicht, um dann mit neuer Kraft auch etwas an ihrer Situation zu verändern oder sich vielleicht ihren Wunden zu stellen, sondern um vor ihnen wegzulaufen? Lieder wie Matt Redmans „Blessed be your name" sind erste zaghafte Versuche, auch die anderen Bereiche des Lebens wie Wunden und Leid mit einzubeziehen.

Außerdem läuft man manchmal wie Jona weg vor der Welt und der Verantwortung, die man darin trägt. Der Glaube wird merkwürdig weltlos. Die Welt da draußen wird ausgesperrt oder nur noch als Ort einer zukünftigen Erweckung verstanden, aber die echten und ganz profanen Probleme der Menschen haben keinen Ort im Lobpreis. Dann schwebt man nur noch weg in andere Sphären und verliert nach und nach die Bodenhaftung. Das ist deutlich anders in den Psalmen oder etwa im Magnificat, dem Lobgesang der Maria (Lukas 1,46–55): da geht es um politische Machtkämpfe, um Hunger, um Armut und gleichzeitig um das Feiern der Heilstaten Gottes. Es scheint so zu sein, als wären viele Lieder zwar eine Brücke des Glaubens, aber keine, die Gott mit dieser Welt in Verbindung bringt, sondern eine, die dazu dient, in eine andere Welt zu verschwinden. Im Extremfall kann dies dazu führen, dass man sich nicht mehr mit seiner Welt beschäftigt und stattdessen immer mehr „in den Liebesstrom" abtaucht. Auch hier gilt wieder: Im Glauben geht es nicht darum, in eine *andere Welt* zu fliehen, sondern darum, *diese Welt anders zu sehen* (als Gottes Schöpfung, als gefallene Welt, als Welt, der sich Gott heilsam zugewandt hat). In diesem Sinne brauchen wir nicht „weniger Lobpreis", sondern andere Lieder. Geerdeten Lobpreis.

Das Kreuz als Zentrum

Diese Gedanken bringen mich zu einer zentralen Rückfrage an die Lobpreiskultur: Wie wird eigentlich Gott besungen in den Liedern? Weiter oben sprach ich ja von einer Big-Daddy-Theologie. Es scheint so zu sein, als würde Gott besonders als der liebende Vater und gleichzeitig als der über allen thronende Herrscher besungen. Das ist soweit auch ganz biblisch. Aber ich frage mich, ob nicht etwas ganz Zentrales fehlt. Ist Gott wirklich vor allem der „Anker in der Zeit" und das „Auge des Sturms" oder müsste man nicht sagen: Gott hat sich mitten in den Sturm hineinbegeben.

Martin Luther hat in seiner berühmten Heidelberger Disputation zwei Zugangswege zu Gott beschrieben, die auch mit zwei ganz verschiedenen Formen der Spiritualität einhergehen.[169] Den einen Weg nennt er *„theologia gloriae"*, die Theologie der Herrlichkeit. Hier wird Gott ganz weit weg vom Menschen und als Herrscher über die Welt beschrieben, der aber den einzelnen Gläubigen beschützt. Gott schwebt über den Dingen. Gott ist der ruhende Gegenpart zu den Stürmen des Lebens. Die Spiritualität, die dem entspricht ist Weltflucht und Askese. Man soll durch fromme Werke immer mehr Abstand zur Welt bekommen. Gottesdienst und Anbetung führen dazu, dass man in eine Gegenwelt flieht. Man erwartet vom Glauben dann, dass man über den Stürmen des Lebens steht, dass einen nichts mehr „aus der Bahn werfen kann" und man „gesegnet und erfolgreich" durchs Leben gehen kann. Deshalb spricht man auch manchmal vom Triumphalismus, davon dass das Leben im Glauben als großer Triumph verstanden werden kann.

Dagegen setzt Luther die *„theologia crucis"*, die Theologie des Kreuzes. Die entscheidende Pointe des christlichen Glaubens ist dann nicht, dass Gott über allen thront, sondern dass er mitten in das Leid der Welt hineingeht. Gott setzt sich dem Menschen und seinen zerstörerischen Kräften aus, ja er erleidet sogar die ultimative Zerstörung: den Tod. Gott geht an die Orte der größten Gottlosigkeit, der größten Zerstörung und nimmt diese auf sich. Gott ist nicht derjenige, der die Stürme des Lebens verursacht, sondern der, der diese mit uns erleidet. Gott ist dann in der Dunkelheit zu finden, dort, wo das Leben und die Welt gerade nicht in Ordnung sind. Luther spricht vom „im Leiden verborgenen Gott". Das soll aber keinem geistlichen Masochismus das Wort reden, in dem Gott uns nichts gönnt und wir freudlos durch ein unglückliches Leben hier im „Jammertal" gehen. Vielmehr ermutigt es uns, dass wir als diejenigen, die tendenziell weniger mit dem Leid der Welt konfrontiert sind, uns mit der Welt dort draußen auseinandersetzen. Es gilt nicht einfach nur, mit geschlossenen Augen in eine andere Welt abzutauchen, sondern mit offenen Augen durch die Welt zu gehen und am Leid der Welt teilzuhaben. Unsere natürliche Tendenz, uns nicht auseinanderzusetzen mit dem, was schlecht läuft, mit unseren Wunden und Verletzungen und den Verletzungen anderer, wird so durchbrochen. Auch in unserem Leben ist dann der Ort, wo wir vermeintlich weit weg von Gott sind, der Ort, wo uns Gott am ehesten begegnet: unsere Zweifel und Verzweiflung („Mein Gott, warum hast du mich verlassen?"), unsere ungestillten Sehnsüchte und unsere gebrochenen Herzen sowie die Orte, wo wir uns selbst und anderen Wunden zugefügt haben. Und dort entdecken wir einen Gott, der uns seine menschliche Seite zeigt, seine verletzliche Seite. Einen Gott, der „mitleiden kann", weil er auch verletzt und sogar getötet wurde. Und nicht ohne Grund spricht man hier von „Passion", weil Gott selbst als leidenschaftlicher Gott vorgestellt wird, der nicht über den Dingen schwebt, sondern leidenschaftlich dabei ist. Von diesem Ort aus kann der Glaube Stärkung erfahren, das eigene Leben und die Welt neu und anders zu sehen und sich so einer Welt zuzuwenden, die oft nicht so ist, wie sie sein sollte.

Notizen

ABSCHLUSS

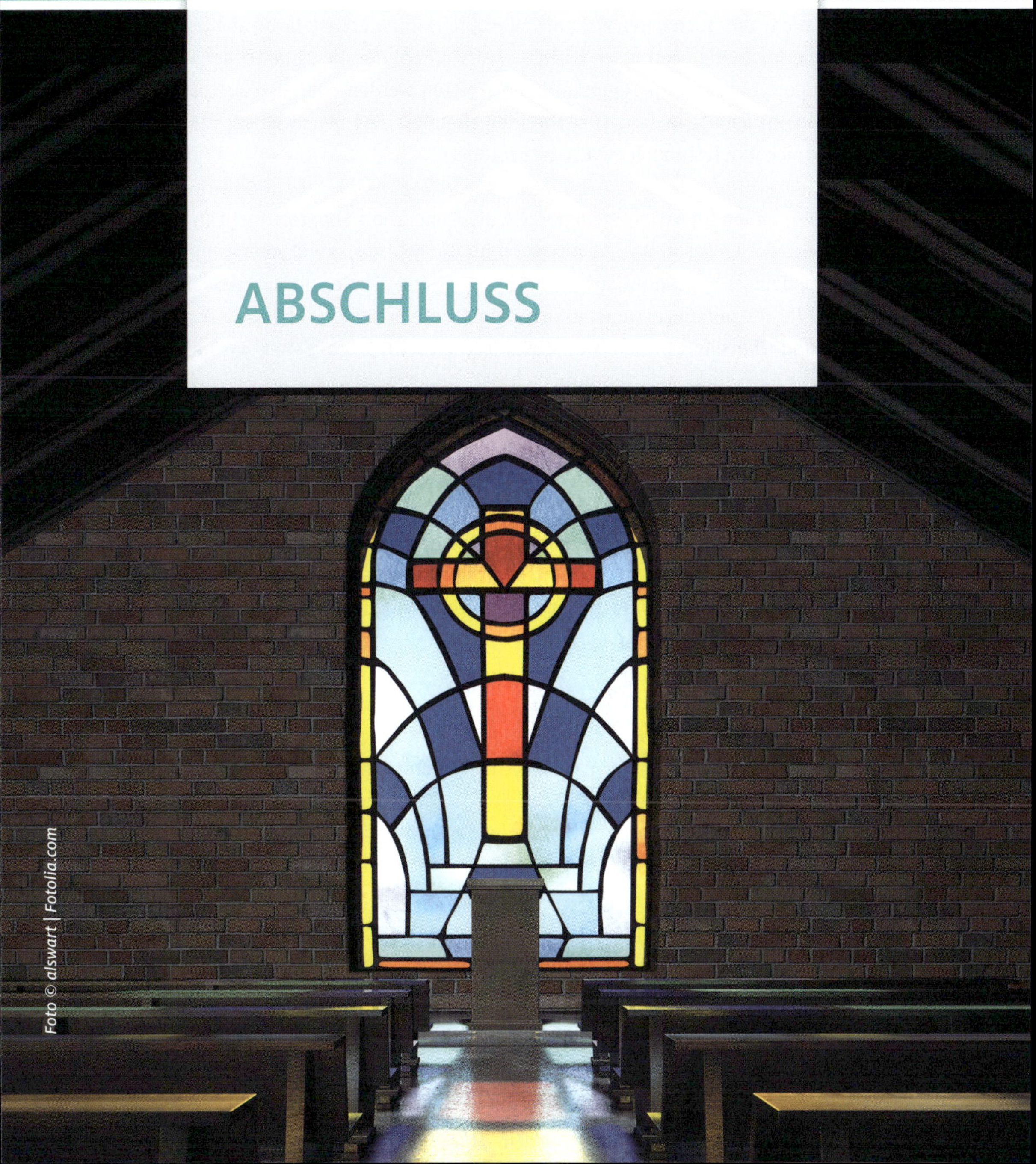

Generation Lobpreis und die Zukunft der Kirche

Zum Abschluss des Buches wollen wir zusammenfassend einige Chancen und Herausforderungen im Blick auf die Zukunft der Kirche nennen, die die Diskussion weiter anregen sollen. Die Jugend stellt natürlich auch die Gegenwart der Kirche dar, vor allem aber auch deren Zukunft. Wie bereits erläutert, ist davon auszugehen, dass es die hochreligiösen Jugendlichen sein werden, die die Zukunft der Kirche mitgestalten und dort als Hauptamtliche arbeiten werden oder sich auch später noch ehrenamtlich engagieren. Dabei werden sie selbst verändert werden, vor allem aber wird sich durch sie auch die Kirche verändern.

1. Wir sahen an vielen Stellen, dass die Generation Lobpreis nicht in klassische Kategorien passt. Wie auch typisch für die heutige Jugendgeneration insgesamt, bilden sie Synthesen aus Dingen, die bislang als Gegensätze gedacht wurden. Alle, die mit dieser Generation arbeiten, sollten daher auch Brückenbauer*innen und Übersetzer*innen sein, die kulturell mehrsprachig sind, das heißt dazu in der Lage sind, zwischen unterschiedlichen Lebenswelten zu vermitteln und zu übersetzen. Das ist in erster Linie eine Frage der Haltung beziehungsweise setzt eine ernsthafte Dialogbereitschaft voraus, Feindbilder, Vorurteile und wirkmächtige Images zu überwinden. Dies ist jedoch auch eine Frage davon, wie sehr man sich seiner eigenen Position im sozialen und kulturellen Raum bewusst ist und sich von dieser auch ein Stück weit distanzieren kann. Diese Kompetenzen zur Mehrsprachigkeit und zum Brückenbauen sind es, die wir in der Kirche von morgen noch häufiger brauchen und daher von der heutigen Jugendgeneration lernen können.

2. Die Generation Lobpreis ist vielfältig und lässt sich nicht in vorgefertigte Schemata pressen. Die Generation Lobpreis ist nicht so leicht zu fassen und teils komplexer und widersprüchlicher, als wir vermutet haben. Die acht Typen zeigen, wie unterschiedlich die junge Generation an Gläubigen ist, wenngleich es durchaus Gemeinsamkeiten gibt – denken wir beispielsweise nur an die Homogenität bezüglich der Milieuverortung der Generation Lobpreis.

3. Die Generation Lobpreis zeichnet sich durch einen lebendigen Glauben aus, der auf ihren Alltag große Auswirkungen hat und sich dort ausdrückt. Damit liefern

sie einen wichtigen Beitrag für das Glaubensleben der Kirche und könnten künftig noch einen größeren Beitrag dazu liefern, eine schrumpfende Kirche zu beleben und zu verändern.

4. Jugendarbeit ist ein zentraler Teil von Kirche. Jugendliche und deren Kultur wollen aber nicht bloße Folklore sein, das heißt: es ist eine nette und belebende Abwechslung, dass sie da sind, und sie gehören irgendwie dazu, haben aktuell aber nicht viel zu sagen. Wie können Jugendliche besser eingebunden werden?

5. Die Generation Lobpreis ist im kirchlichen Ehrenamt hochengagiert und zeigt damit eine große Verbundenheit mit Kirche. Jugendliche wollen Verantwortung übernehmen. Aber: Wo haben die Jugendlichen ihren Platz in der Kirche? Wo können sie mitentscheiden? Wo müssen dafür neue Strukturen geschaffen werden? Wenn sie die Kirche von morgen mitgestalten und erneuern sollen, müssen dafür Räume geschaffen werden. Viele Jugendliche scheinen dafür bereit zu sein.

6. Die Generation Lobpreis sucht immer wieder Gestaltungsräume, um ihre Form des Glaubens zu leben und neue Formen auszuprobieren. Kirche ist ein Raum der Glaubenspraxis, insofern sie die hierfür passenden Räume schafft. Gute Ansätze wurden bereits von den Jugendlichen genannt, wie Teenagercamps (wie beispielsweise Konficastle) oder auch neue Formate wie Fresh X oder Erprobungsräume. Wie können diese strukturell weiter gefördert werden?

7. Jugendliche bringen viel Neues in die Kirche ein: ein zunehmend globales Bewusstsein, zahlreiche digitale Kompetenzen, eine große Sehnsucht nach Gemeinschaft in einer hyperindividualisierten Gesellschaft, eine zunehmend weniger konfessionell gebundene, eher ökumenische Identität etc. Dieses Neue sollte als Ressource wahrgenommen, willkommen geheißen und genutzt werden – alles andere wäre eine ziemliche Verschwendung!

8. Lobpreis ist ein zentraler kultureller Ausdruck der Glaubensidentität vieler Jugendlicher. Dazu gehört der musikalische Lobpreis, darüber hinaus ist Anbetung für viele Jugendliche aber auch ein Lebensstil. Jugendliche wollen Gott ganzheitlich begegnen. Viele haben das Bedürfnis nach Zugängen zu Gott, jenseits der kognitiven Dimension. Die Generation Lobpreis möchte ganzheitliche Gottesbegegnungen und Lobpreis als Berührung Gottes erleben.

9. Die ästhetischen Wahrnehmungsschemata der durch die Lobpreisszene erreichten Milieus sind stark durch hedonistisch-körperorientierte Spannungs- und Unterhaltungsbedürfnisse gekennzeichnet, die Kirche im Allgemeinen nur wenig erfüllt.

10. Die Generation Lobpreis ist keine „Bibelgeneration". Sie schätzt die Bibel, fühlt sich aber oft unsicher beim Gebrauch. Hier braucht es eine neue Begeisterung für die Bibel und vor allem ein Konzept, wie biblische Texte, besonders das Alte Testament, heute zu verstehen sind. Teilweise sucht die Generation Lobpreis nach neuen Konzepten, die noch entwickelt oder vermittelt werden müssen; ein Beispiel dafür ist eine angemessene Bibelhermeneutik, wie sich zeigte (Kapitel vier).

11. Viele Jugendliche der Generation Lobpreis sind sich ihres Glaubens gewiss und können über diesen gut Auskunft geben, haben jedoch Probleme mit dem Wort Mission und fühlen sich unsicher, wenn es um ein richtiges Verständnis von Mission geht. Hier braucht es eine neue Kompetenz jenseits der „Grabenkriege" von evangelikalen und liberalen Christinnen und Christen.

12. Problemzone Sexualethik: Die Generation Lobpreis hat einen sehr heterogenen und vor allem unsicheren Umgang mit sexualethischen Themen. Auf der einen Seite haben viele einen klaren Standpunkt, auf der anderen Seite wählen sie oft eine pragmatische Lösung, die ihnen hilft, diesen Standpunkt in der Spannung zu ihrem gesellschaftlichen Umfeld zu leben. Hier braucht diese Generation Hilfe und Orientierung, ebenfalls jenseits der beschriebenen „Grabenkämpfe".

13. Lobpreis als neue Behaglichkeit? Viele Aspekte im Glaubensleben dieser Generation stehen in der Gefahr, in eine „Individualisierungsfalle" zu tappen. Der Grat zwischen wahrer Anbetung und persönlichem Konsum, zwischen Gotteszentrierung und Ichzentrierung ist oftmals schmal. Die Generation Lobpreis zielt in ihrem Glaubensleben weitgehend nach innen. Wo bleibt die Weltzugewandheit, wo die Verantwortung für die Nöte der Menschen? Hier stellen wir eine Einseitigkeit fest, die der Ergänzung bedarf. Wo werden hierzu Hilfestellungen angeboten?

14. Wo haben in der Lobpreiskultur die Verzweiflung, die Verlassenheit, das Elend, die Wut, die Schmerzen, der Zweifel, die Gottverlassenheit, das Unperfekte, die Trauer ihren Platz? Allzu oft werden diese Aspekte übersprungen oder verdrängt.

Auf diese Weise droht eine seichte, zuckersüße Ponyhof-Spiritualität beziehungsweise christlicher Kitsch, wenn man unter Kitsch die Abwesenheit von Widersprüchlichkeit versteht. Dietrich Bonhoeffer hat die berühmte Unterscheidung billiger von teurer Gnade vorgenommen. Vielleicht sollten wir künftig auch von billigem Lobpreis und teurem Lobpreis sprechen. Teurer Lobpreis preist die Herrlichkeit des Herrn, verdrängt aber nicht, dass ein Riss durch die gesamte Schöpfung geht, die sich nach Erlösung sehnt. Auch durch jeden Einzelnen geht dieser Riss. Brüchigkeit und Unvollkommenheit gehören zum Menschsein dazu und gehören daher auch in eine ganzheitliche Spiritualität.

15. Die Generation Lobpreis sucht Vorbilder im Glauben. Gerade Hauptamtliche stehen unter einer besonderen Beobachtung, was Chance und Herausforderung zugleich ist. Die Generation Lobpreis glaubt relational, was sich auch an einer neuen Orientierung an Menschen zeigt. Wie können Hauptamtliche besser darauf vorbereitet werden, eine solche Vorbildfunktion zu erfüllen?

Notizen

ANMERKUNGEN

1 Pickel, Gert (2013): Religionsmonitor. verstehen was verbindet. Religiosität im internationalen Vergleich. https://www.bertelsmann-stiftung.de/fileadmin/files/BSt/Publikationen/GrauePublikationen/GP_Religionsmonitor_verstehen_was_verbindet_Religioesitaet_im_internationalen_Vergleich.pdf. (02.03.2018), S. 24. Dazu auch Ziebertz, Hans-Georg (2007): Gibt es einen Tradierungsbruch? Befunde zur Religiosität der jungen Generation. In: Bertelsmann Religionsmonitor 2008, Bertelsmann Stiftung (Hg.), S. 44–53.

2 Huber, Stefan (2007): Aufbau und strukturierende Prinzipien des Religionsmonitors. In: Bertelsmann Religionsmonitor 2008, Bertelsmann Stiftung (Hg.), S. 21–31, hier S. 28.

3 Evangelische Kirche in Deutschland (EKD) (2016): gezählt. Zahlen und Fakten zum kirchlichen Leben. https://www.ekd.de/ekd_de/ds_doc/zahlen_und_fakten_2016.pdf (12.07.2018).

4 Eine Zusammenfassung der Ergebnisse gibt es hier: empirica Forschungsinstitut für Jugendkultur & Religion, Marburg (2012): Spiritualität von Jugendlichen. Pilotstudie. Zusammenfassung der Ergebnisse. Im Auftrag des Amtes für Jugendarbeit der Evangelischen Kirche von Westfalen. https://www.ev-jugend-westfalen.de/fileadmin/inhalte/grundsatz/spiritualitaet_von_jugendlichen_pilotstudie_kurz.pdf (12.07.2018). Eine praktische Anwendung auf die Jugendarbeit hier: Bußmann, Udo/Faix, Tobias/Gütlich, Silke, Hg. (2013): Wenn Jugendliche über Glauben reden. Gemeinsame Erfahrungsräume gestalten. Ein Praxisbuch für die Jugendarbeit Eine wissenschaftliche Diskussion: Faix, Tobias/Riegel, Ulrich/Künkler, Tobias, Hg. (2015): Theologie von Jugendlichen. Empirische Erkundungen zu theologisch relevanten Konstruktionen Jugendlicher (Empirische Theologie/Empirical Theology 27).

5 Elmhorst U. (2008): Jugend und Religion – Trägt die Konfirmandenzeit etwas zur Entwicklung individueller religiöser Identität bei? http://bieson.ub.uni-bielefeld.de/volltexte/2008/1395/, abgelesen am 10. März 2018.

6 Zum Beispiel: Schäfer, Arne (2010): Zwiespältige Lebenswelten. Jugendliche in evangelikalen Aussiedlergemeinden.

7 Einen guten Einblick in die Ergebnisse gibt es unter: www.konfirmandenarbeit.eu (15.03.2018).

8 Pickel 2013 (wie Anm. 1).

9 Huber, Stefan/Huber, Odilo W. (2012): Centrality of Religiosity Scale (CRS). In: Religions 2012 (3): 710-724.

10 Huber, Stefan (2008): Kerndimensionen, Zentralität und Inhalt. Ein interdisziplinäres Modell der Religiosität. Journal für Psychologie (16).

11 So wurden an den letzten drei Weltjugendtagen der Katholiken entsprechende empirische Erhebungen durchgeführt: Bartz, Janieta (2017): Jugendpastoral auf neuen Wegen. Der XXVIII. Weltjugendtag in Rio de Janeiro und sein Beitrag für die Kirche vor Ort (Dortmunder Beiträge zu Theologie und Religionspädagogik 14).

12 Eine genaue Beschreibung und Begründung des methodischen Vorgehens, wie z. B. die genaue Rolle der Vergleichsgruppen, kann im Forschungsbericht für alle Interessierten nachgelesen werden. Dort ist auch beschrieben, mit welchen Mitteln wir sichergestellt haben, dass unsere Ergebnisse für unsere Untergruppe verallgemeinerbar sind, warum diese aber nicht im streng statistischen Sinn repräsentativ sind und sein können.

13 Hradil, Stefan (2006): Die Sozialstruktur Deutschlands im internationalen Vergleich, S. 426.

14 Eine genaue Beschreibung und Begründung unseres methodischen Vorgehens an dieser Stelle ist im besagten Forschungsbericht zu finden.

15 Klages, Helmut/Gensicke, Thomas (2006): Wertesynthese – funktional oder dysfunktional. Kölner Zeitschrift für Soziologie und Sozialpsychologie (58), S. 332–351, hier S. 333.

16 Gensicke (2016), S. 266.

17 Gensicke (2016) (wie Anm. 13), S. 265.

18 Vgl. Calmbach, Marc/Thomas/Thomas, Peter Martin/Borchard, Inga/Flaig, Bodo, Hg. (2012): Wie ticken Jugendliche 2012? Lebenswelten von Jugendlichen im Alter von 14 bis 17 Jahren in Deutschland, S. 40 f.

19 Vgl. Calmbach/Thomas/Thomas/Borchard/Flaig (2012), Wie ticken Jugendliche 2012? (wie Anm. 15), S. 40 f.

20 Vgl. Calmbach/Thomas/Thomas/Borchard/Flaig (2012), Wie ticken Jugendliche 2012? (wie Anm. 15), S. 41 ff.

21 Vgl. Shell Deutschland, Hg. (2015): Jugend 2015. 17. Shell Jugendstudie. Eine pragmatische Generation im Aufbruch, S. 153 ff.

22 Vgl. Calmbach/Thomas/Thomas/Borchard/Flaig (2012), Wie ticken Jugendliche 2012? (wie Anm. 15), S. 29 f.

23 Vgl. Calmbach/Thomas/Thomas/Borchard/Flaig (2012), Wie ticken Jugendliche 2012? (wie Anm. 15), S. 133.

24 Schulze (2006), S. 157 ff.

25 Schulze (2006) (wie Anm. 21), S. 142 ff.; Schulze, Gerhard (2014): Alltagsästhetische Schemata. In: Alltagsästhetische Schemata. Zusammenstellung sozialwissenschaftlicher Items und Skalen, Danner, Daniel/Glöckner-Rist, Angelika (Hg.).

26 Schulze (2006) (wie Anm. 21), S. 150 ff.; Schulze (2014), Alltagsästhetische Schemata (wie Anm. 22).

27 Schulze (2006) (wie Anm. 21), S. 153 ff.; Schulze (2014), Alltagsästhetische Schemata (wie Anm. 22).

28 Wer sich dafür interessiert, wie wir die Typen statistisch ermittelt haben, kann dies Schritt für Schritt im Forschungsbericht nachlesen.

29 Es zeigte sich in der statistischen Analyse, dass diese Aussagen besonders hoch miteinander korrelieren, d. h. wer die Bibel wortwörtlich verstanden wissen möchte, bei dem wirkt sich mit hoher Wahrscheinlichkeit auch der Glaube daraufhin aus, mit wem man befreundet ist oder nicht.

30 Schulze, Gerhard (2005): Die Erlebnisgesellschaft. Kultursoziologie der Gegenwart (Campus Bibliothek).

31 Gabriel, K. (1996): Wandel des Religiösen im Umbruch der Modernen. In: Religionsstile Jugendlicher und Moderne Lebenswelt, Tzscheetzsch, Werner/Ziebertz, Hans-Georg (Hg.), S. 47–64, hier S. 56.

32 Pickel, Gert (2011): Religionsmonitor – verstehen was verbindet. Religiösität im internationalen Vergleich, S. 401; Evangelische Kirche in Deutschland, Hg. (2010): Kirche und Jugend. Lebenslagen, Begegnungsfelder, Perspektiven. Eine Handreichung des Rates der Evangelischen Kirche in Deutschland (EKD).

33 empirica Forschungsinstitut für Jugendkultur & Religion, Marburg (2012): Spiritualität von Jugendlichen (wie Anm. 4), S. 25.

34 Büssing, Arndt/Baumann, Klaus (2018): Spiritualität bei Jugendlichen und jungen Erwachsenen. In: #religionsundkultursensible. Perspektiven für die Arbeit mit Kindern und Jugendlichen in evangelischen Kontexten, Albrecht, Heidi/Dargel, Matthias/Freitag, Michael/Giebel, Astrid/Knorr, Wilfried/Lilie, Ulrich/Loheide, Maria (Hg.), S. 193–204.

35 Pickel, Gert: Religionssoziologie (2011): Eine Einführung in zentrale Themenbereiche. Lehrbuch, S. 396.

36 Schäfer (2010): Zwiespältige Lebenswelten (wie Anm. 5), S. 56.

37 Schäfer (2010): Zwiespältige Lebenswelten (wie Anm. 5), S. 58.

38 Schäfer (2010): Zwiespältige Lebenswelten (wie Anm. 5), S. 59.

39 Stempfle, Matthias (2004): Fromme Wünsche. zur inhaltlichen Erneuerung evangelikal geprägter Jugendgottesdienste. In: Das vergessene Jahrzehnt: Kinder – Jugend – Gottesdienst. Kinder- und Jugendgottesdienst: Warum sich Kirche ändern muss. Diskussionen, Provokationen und Visionen aus dem kirlichen Leben, Urban, Christoph/Rieg, Timo (Hg.), S. 332–342, hier S. 333.

40 Stempfle (2004): Fromme Wünsche (wie Anm. 39), S. 335.

41 Huber, Stefan (2009): Der Religionsmonitor 2008. Strukturierende Prinzipien, operationale Konstrukte, Auswertungsstrategien. In: Woran glaubt die Welt? Analysen und Kommentare zum Religionsmonitor 2008, Bertelsmann Stiftung (Hg.), S. 17–52, hier S. 47.

42 Huber (2009): Der Religionsmonitor 2008 (wie Anm. 39), S. 47 ff.

43 Die Tübinger Studie ist eine repräsentative Studie für Baden-Württemberg, die sich nicht auf hochreligiöse, sondern alle Jugendliche befragt hat. Schweitzer, Friedrich/Wissner, Golde/Bohner, Annette/Nowack, Rebecca/Gronover, Matthias/Boschki, Reinhold, Hg. (2018): Jugend – Glaube – Religion. Eine Repräsentativstudie zu Jugendlichen im Religions- und Ethikunterricht. Kindle-Version (Glaube – Weiterbildung – Interreligiosität – Berufsorientierte Religionspädagogik 13), S. 168.

44 Evangelische Kirche in Deutschland, Hg. (2014): Engagement und Indifferenz. Kirchenmitgliedschaft als soziale Praxis. V. EKD-Erhebung über Kirchenmitgliedschaft, S. 89.

45 Evangelische Kirche in Deutschland (2014): Engagement und Indifferenz (wie Anm. 42), S. 93.

46 Shell Deutschland (2015): Jugend 2015 (wie Anm. 18).

47 Sinus Jugendstudie 2016, Marc Calmbach/Silke Borgstedt/Inga Borchard/Peter Martin Thomas/Berthold Bodo Flaig 34.

48 Die Ergebnisse der Studie können hier eingesehen werden: https://www.ev-jugend-westfalen.de/fileadmin/inhalte/grundsatz/spiritualitaet_von_jugendlichen_pilotstudie_kurz.pdf, abgelesen am 20. Mai 2018.

49 Schweitzer/Wissner/Bohner/Nowack/Gronover/Boschki (2018): Jugend – Glaube – Religion (wie Anm. 41), S. 21.

50 Marx, Konstanze/Damisch, Sally (2008): Wenn du aber betest. Gespräche mit Gott – eine empirische Studie. In: Dimensionen des Religiösen und die Sprache. Analysen und Projektberichte, Greule, Albrecht/Kucharska-Dreiss, Elzbieta (Hg.), S. 45.

51 Künkler, Tobias/Faix, Tobias (2017): Zwischen Furcht und Freiheit. Das Dilemma der christlichen Erziehung.

52 In der Missionstheologie unterscheidet man in der Theologie der Religionen drei große Strömungen: a) Der Exklusivismus stützt sich vor allem auf den Absolutheitsanspruch Christi, das heißt, dass in keinem und durch keinen anderen Heil möglich ist, b) der Inklusivismus erkennt bei anderen Religionen eine gewisse Heilsvermittlung an, die

eigene Religion wird jedoch als vorrangig betrachtet und c) der Pluralismus erkennt alle Religionen als gleichwertigen Heilsweg an. Vgl. Sajak, Clauß Peter (2018): Interreligiöses Lernen (Theologie kompakt), S. 34 ff.

53 Huber (2007): Aufbau und strukturierende Prinzipien des Religionsmonitors (wie Anm. 2).

54 Ziebertz, Hans-Georg/Kalbheim, Boris/Riegel, Ulrich (2003): Religiöse Signaturen heute. Ein religionspädagogischer Beitrag zur empirischen Jugendforschung (Religionspädagogik in pluraler Gesellschaft 3), S. 28.

55 Pickel (2013): Religionsmonitor (wie Anm. 1).

56 Taylor, Charles (2012): Ein säkulares Zeitalter (2012), S. 507.

57 „Die doppelte systematische Pointe dieser Argumentation liegt auf der Hand: Erstens wird Modernität als historisches Produkt und damit als variabel einsehbar, und zweitens folgt daraus die lediglich sozio-historische Apriorität der unter dieser erkenntnistheoretischen Konstellation präferierten Weltsicht und eben keine transzendentale. Beide Einsichten eröffnen damit den Horizont geschichtlichen Denkens jenseits evolutionärer Zwangsläufigkeiten." Black, Martin (2009): Is There a Crisis of Modernity? The Problem of Theory and Practice. http://www.iwm.at/transit-authors/martin-endres.

58 Vgl. Bedford-Strohm, Heinrich/Jung, Volker, Hg. (2015): Vernetzte Vielfalt. Kirche angesichts von Individualisierung und Säkularisierung. Die fünfte EKD-Erhebung über Kirchenmitgliedschaft.

59 Vgl. Liedhegener, Antonius/Pickel, Gert, Hg. (2016): Religionspolitik und Politik der Religionen in Deutschland. Fallstudien und Vergleiche (Politik und Religion), S. 79. In: Pollack, Detlef (2016): Was wird aus der Kirche? Religionssoziologische Beobachtungen und vier Vorschläge. Deutsches Pfarrerblatt, hier S. 4.

60 Pollack, Detlef (2006): Religion und Moderne. Religionssoziologische Modelle. In: Macht Glaube Politik? Religion und Politik in Europa und Amerika, Mörschel, Tobias (Hg.), S. 17–48, hier S. 17 ff.

61 Schweitzer/Wissner/Bohner/Nowack/Gronover/Boschki (2018): Jugend – Glaube – Religion (wie Anm. 41), S. 142.

62 Evangelische Kirche in Deutschland (2014): Engagement und Indifferenz (wie Anm. 42), S. 37.

63 Evangelische Kirche in Deutschland (2014): Engagement und Indifferenz (wie Anm. 42), S. 37.

64 Nagel, Alexander K./El-Menouar, Yasemin (2017): Engagement für Geflüchtete – eine Sache des Glaubens? Die Rolle der Religion für die Flüchtlingshilfe. https://www.bertelsmann-stiftung.de/fileadmin/files/Projekte/51_Religionsmonitor/BSt_ReligionsmonitorFluechtlingshilfe_3_2017_web.pdf. (27.04.2018), S. 39.

65 Evangelische Kirche in Deutschland (2014): Engagement und Indifferenz (wie Anm. 42), S. 90.

66 Knitter, Paul F.: Ein Gott – viele Religionen. Gegen den Absolutheitsanspruch des Christentums (1988), S. 61. In der aktuellen Diskussion, siehe: Sajak (2018): Interreligiöses Lernen (wie Anm. 49), S. 38.

67 Volf, Miroslav (2017): Zusammenwachsen. Globalisierung braucht Religion, S. 169.

68 Der Religionswissenschaftler Volker Krech unterscheidet drei Arten von Hochreligiosität anhand der Daten des Bertelsmann Religionsmonitors: eine wenig reflexive (3 Prozent), eine etwas reflexive (59 Prozent) und eine hoch reflexive (38 Prozent). Krech, Volker (2007): Exklusivität, Bricolage und Dialogbereitschaft. Wie die Deutschen mit religiöser Vielfalt umgehen. In: Bertelsmann Religionsmonitor 2008, Bertelsmann Stiftung (Hg.), S. 35–45, hier S. 33 ff.

69 Theis, Joachim (2017): Einstellungen zur Bibel, von Jugendlichen. https://www.bibelwissenschaft.de/wirelex/das-wissenschaftlich-religionspaedagogische-lexikon/lexikon/sachwort/anzeigen/details/einstellungen-zur-bibel-von-jugendlichen/ch/6ab7153c0436a8146c3506d11cec22f2/#h23 (17.07.2018).

70 Ein sozialer Code bzw. sprachliche Besonderheiten, durch die sich Sprecher*innen einer bestimmten Gruppe zuordnen lassen (vgl. Ri 12,5-6).

71 Künkler/Faix (2017): Zwischen Furcht und Freiheit (wie Anm. 27).

72 Die V. KMU identifiziert ca. 13 Prozent der Evangelischen als kirchlich Hochaktive. Als kirchlich Hochaktiv gilt, wer mind. einmal im Monat einen Gottesdienst besucht, persönlichen Kontakt zu einer Pfarrerin bzw. einem Pfarrer im Laufe des letzten Jahres hatte und sich am kirchlichen Leben außerhalb des Gottesdienstes irgendwo beteiligt. Evangelische Kirche in Deutschland (2014): Engagement und Indifferenz (wie Anm. 42), S. 43.

73 Evangelische Kirche in Deutschland (2014): Engagement und Indifferenz (wie Anm. 42), 16; 48.

74 Jedoch ist hier zu konzedieren, dass es in der V. KMU nicht die Antwortmöglichkeit „teils/teils" gab, was den Vergleich erschwert.

75 Röser, Johannes (2010): Jugend ohne Gott – Ende der Kirche? Christ in der Gegenwart, S. 15–19c.

76 Schlag, Thomas (2013): Jugend und Kirche. In: Handbuch Jugend. Evangelische Perspektiven, Kaiser, Yvonne/Spenn, Matthias/Freitag, Michael/Rauschenbach, Thomas/Corsa, Mike (Hg.), S. 290–295.

77 Streib, H, Keller, B. (2015): Was bedeutet Spiritualität? Befunde, Analysen und Fallstudien aus Deutschland. Research in Contemporary Religion (RCR). Band 20. Göttingen.

78 Vgl. Bußmann/Faix/Gütlich (2013): Wenn Jugendliche über Glauben reden (wie Anm. 4).

79 Als Bsp. sei hier auf die Herbstsynode der reformierten Kirche hingewiesen, in der zu den 62 Synodalen 62 Jugendlichen kamen: Herbstsynode 2017. Zukunftsprozess geht weiter (2017).

80 Gensicke, Thomas (2015): Die Werteorientierung der Jugend. In: Jugend 2015. 17. Shell Jugendstudie. Eine pragmatische Generation im Aufbruch, Shell Deutschland (Hg.), S. 237–272, hier S. 237 ff.

81 Hearing Jugend und Kirche: Abrufbar unter: http://www.ekkw.de/aktuell/index.php, (letzter Zugriff: 09.03.2018).

82 Gensicke, Thomas (2015): Die Werteorientierung der Jugend. In: Jugend 2015. 17. Shell Jugendstudie. Eine pragmatische Generation im Aufbruch, Shell Deutschland (Hg.), S. 237–272, hier S. 237 ff.

83 Kretzschmar, Gerald (2018): Da ist nichts! Oder doch? Die empirische Wahrnehmung von Religiosität und Kirchlichkeit Jugendlicher im Spiegel kirchentheoretischer Überlegungen. Zeitschrift für Pädagogik und Theologie (70), S. 271–292.

84 Calmbach, Marc/Borgstedt, Silke/Borchard, Inga/Thomas, Peter Martin/Flaig, Berthold Bodo (2016): Glaube & Religion. In: Wie ticken Jugendliche 2016? Glaube & Religion; Umweltschutz, Klimawandel & Kritischer Konsum; Liebe & Partnerschaft, Arbeitsstelle für Jugendseelsorge der Deutschen Bischofskonferenz (afj)/Bund der Deutschen Katholischen Jugend (BDKJ) (Hg.), S. 9–26, hier S. 9 ff.

85 Rebenstorf, Hilke (2017): Die Generation U30 – wie hält sie's mit der Religion? Signifikante empirische Befunde in der V. KMU. In: Jugend und Religion. Analysen zur V. Kirchenmitgliedschaftsuntersuchung der EKD, Schröder, Bernd/Hermelink, Jan/Leonhard, Silke (Hg.), S. 49–74.

86 Rebenstorf (2017): Die Generation U30 – wie hält sie's mit der Religion? (wie Anm. 82), S. 51 ff.

87 Lorenzen, Stefanie (2017): Religiöse Indifferenz. Eine religionspädagogische Herausforderung zwischen Nicht-Religiosität und religiöser Unentschiedenheit. In: Jugend und Religion. Analysen zur V. Kirchenmitgliedschaftsuntersuchung der EKD, Schröder, Bernd/Hermelink, Jan/Leonhard, Silke (Hg.), S. 109–128, hier S. 120.

88 Bußmann/Faix/Gütlich (2013): Wenn Jugendliche über Glauben reden (wie Anm. 4), S. 23.

89 Kretzschmar (2018): Kretzschmar 2018 – Da ist nichts (wie Anm. 80).

90 Vgl. Kopp, Hansjörg/Hügin, Stefanie/Kaupp, Steffen/Borchard, Inga/Calmbach, Marc, Hg. (2013): Brücken und Barrieren. Jugendliche auf dem Weg in die Evangelische Jugendarbeit.

91 Ahrens, Petra-Angela/Wegner, Gerhard (2012): Wie geht's der Kirchengemeinde? Die Kirchengemeinde-Umfrage des Sozialwissenschaftlichen Instituts der EKD. https://www.si-ekd.de/download/Wie_geht_es_Ki.-Gemeinde.pdf. (17.07.2018), S. 193; Pollack, Detlef/Rosta, Gergely: Religion in der Moderne. Ein internationaler Vergleich (Religion in der Moderne 1), S. 163; Pickel (2013), Religionsmonitor (wie Anm. 1), S. 16.

92 Hermelink, Jan (2017): Konzeptionelle Horizonte. Und ausgewählte Ergebnisse der V. KMU. In: Jugend und Religion. Analysen zur V. Kirchenmitgliedschaftsuntersuchung der EKD, Schröder, Bernd/Hermelink, Jan/Leonhard, Silke (Hg.), S. 15–32, hier S. 20 ff.

93 Es bestehen Unterschiede, wie stark und lang die Betreffenden im Jugendalter aktiv und gläubig waren und bei welchem Alter man untersuchte, ob sie noch zugehörig sind.

94 Losing My Religion. (2018) Millennials and Faith Loss. http://discipleshipresearch.com/2018/02/losing-my-religion-millennials-and-faith-loss/, abgelesen am 19. Mai 2018.

95 An der Dranstudie 19plus nahmen 2079 Personen zwischen 19 und 29 Jahren teil. Ziel der Erhebung war es, die Frage: „Heimatlos!? Wie (Wo) leben junge Christen ihren Glauben?" zu beantworten. (2009): Dranstudie 19plus. Heimatlos!? Wie & Wo leben junge Christen ihren Glauben?

96 Grethlein, Christian (2016): Praktische Theologie.

97 Etschied-Stams, Markus/Laudage-Kleeberg, Regina/Rünker, Thomas (2018): Warum sich das Bistum Essen um die (fast) Ausgetretenen bemüht. In: Kirchenaustritt – oder nicht? Wie Kirche sich verändern muss, Etschied-Stams, Markus/Laudage-Kleeberg, Regina/Rünker, Thomas (Hg.), S. 14–56, hier S. 44.

98 Vgl. Faix, Tobias/Gütlich, Silke (2018): Macht Jugend Kirche lebendig? Empirische Erkundungen zum Verhältnis von hochreligiösen Jugendlichen zur Kirche. In: Lebendige Kirchen. Interdisziplinäre Denkanstöße und praktische Erfahrungen. Mit 4 Abbildungen, Jung, Stefan/Katzenmayer, Thomas (Hg.), S. 57–70.

99 Schlag, Thomas (2013): Jugend und Kirche. In: Handbuch Jugend. Evangelische Perspektiven, Kaiser, Yvonne/Spenn, Matthias/Freitag, Michael/Rauschenbach, Thomas/Corsa, Mike (Hg.), S. 290–295, hier S. 294.

100 Herbstsynode 2017. Zukunftsprozess geht weiter (2017).

101 Vgl. GESIS – Leibnis-Institut für Sozialwissenschaften (2013): ALLBUS (Allgemeine Bevölkerungsumfrage der Sozialwissenschaften). Variable Reports. Z4614 Datensatz in Version 1.1.1, doi: 10.4232/1.11753.

102 Etschied-Stams/Laudage-Kleeberg/Rünker (2018): Warum sich das Bistum Essen um die (fast) Ausgetretenen bemüht (wie Anm. 94), S. 41 ff.

103 An der Dranstudie 19plus nahmen 2079 Personen zwischen 19 und 29 Jahren teil. Ziel der Erhebung war es, die Frage: „Heimatlos!? Wie (Wo) leben junge Christen ihren Glauben?" zu beantworten.

104 Schweitzer, Friedrich/Hardecker, Georg/Maaß, Christoph H./Ilg, Wolfgang/Lißmann, Katja (2016): Jugendliche nach der Konfirmation. Glaube, Kirche und eigenes Engagement – eine Längsschnittstudie (Konfirmandenarbeit erforschen und gestalten 8).

105 Bedford-Strohm/Jung (2015): Vernetzte Vielfalt (wie Anm. 55).

106 Ilg, Wolfgang/Schweitzer, Friedrich/Elsenbach, Volker, Hg.: Konfirmandenarbeit in Deutschland. Empirische Einblicke – Herausforderungen – Perspektiven (Konfirmandenarbeit erforschen und gestalten 3).

107 Kopp/Hügin/Kaupp/Borchard/Calmbach (2013): Brücken und Barrieren (wie Anm. 87).

108 Kopp/Hügin/Kaupp/Borchard/Calmbach (2013): Brücken und Barrieren (wie Anm. 87).

109 Evangelische Kirche in Deutschland (2016): gezählt (wie Anm. 3).

110 Bund Evangelisch-Freikirchlicher Gemeinden in Deutschland (2018): Mitgliederstatistik. Eckdaten zum BEFG. https://www.baptisten.de/der-befg/wir-ueber-uns/mitgliederstatistik/ (06.03.2018).

111 Fauser, Katrin/Fischer, Arthur/Münchmeier, Richard (2006): Jugendliche als Akteure im Verband. Ergebnisse einer empirischen Untersuchung der Evangelischen Jugend (Jugend im Verband 1).

112 Calmbach, Marc/Borgstedt, Silke/Borchard, Inga/Thomas, Peter Martin/Flaig, Berthold Bodo (2016): Glaube & Religion. In: Wie ticken Jugendliche 2016? Glaube & Religion; Umweltschutz, Klimawandel & Kritischer Konsum; Liebe & Partnerschaft, Arbeitsstelle für Jugendseelsorge der Deutschen Bischofskonferenz (afj)/Bund der Deutschen Katholischen Jugend (BDKJ) (Hg.), S. 9–26, hier S. 9 ff.

113 Rebenstorf, Hilke (2017): Die Generation U30 – wie hält sie's mit der Religion? Signifikante empirische Befunde in der V. KMU. In: Jugend und Religion. Analysen zur V. Kirchenmitgliedschaftsuntersuchung der EKD, Schröder, Bernd/Hermelink, Jan/Leonhard, Silke (Hg.), S. 49–74, hier S. 69.

114 Dziewas, Ralf/Pilnei, Oliver/Kißkalt, Michael/Klimt, Andrea/Spangenberg, Volker/Gnep, Joachim (2017): Faktoren des Gemeindewachstums. Ergebnisse einer qualitativen und einer quantitativen Befragung von Gemeindeleitungen im Bund Evangelisch-Freikirchlicher Gemeinden. Theologisches Gespräch (41), S. 55–94.

115 In der Definition von John Palfrey und Urs Gasser von Digital Native wird dies ganz praktisch beschrieben: „Es ist die erste Generation, welche von klein auf mit den neuen Technologien des digitalen Zeitalters aufgewachsen ist. Computerspiele, E-Mails, Internet, Mobiltelefone und Instant Messaging seien integrale Bestandteile ihres Lebens, sie wurden schon früh damit sozialisiert". Palfrey, John/Gasser, Urs (2008): Generation Internet. Die Digital Natives: Wie sie leben, was sie denken, wie sie arbeiten, S. 13. Das

heißt, sie sprechen von Menschen, die von Kindesalter an die Neuen Medien gewöhnt sind und für die digitalen Medien zum integralen Bestandteil ihres Lebens sind.

116 Das Deutsche Institut für Vertrauen und Sicherheit im Internet (DIVSI) hat am 6. März 2014 eine große Studie zum Medienverhalten der 9- bis 25-Jährigen veröffentlicht. Deutsches Institut für Vertrauen und Sicherheit im Internet (DIVSI) (2014): DIVSI U25-Studie. Kinder, Jugendliche und junge Erwachsene in der digitalen Welt. Eine Grundlagenstudie des SINUS-Instituts Heidelberg im Auftrag des Deutschen Instituts für Vertrauen und Sicherheit im Internet (DIVSI).

117 Zum Wandel des Ehrenamts siehe: Dallmann, Florian (2013): Ehrenamtliche Mitarbeiterinnen und Mitarbeiter. In: Handbuch Jugend. Evangelische Perspektiven, Kaiser, Yvonne/Spenn, Matthias/Freitag, Michael/Rauschenbach, Thomas/Corsa, Mike (Hg.), S. 461–466, hier S. 461 ff.

118 Bundesministerium für Familie, Senioren, Frauen und Jugend, Hg. (2016): Freiwilliges Engagement in Deutschland. Der Deutsche Freiwilligensurvey 2014, S. 233 ff.

119 Pickel (2013): Religionsmonitor (wie Anm. 1).

120 Sozialwissenschaftliches Institut der Evangelischen Kirche in Deutschland (EKD) (2013): Ehrenamtliches Engagement in Kirchengemeinden. SI-Befragung 2012. https://www.ekasur.de/fileadmin/user_upload/Redaktion/presse/pdf/EKDstudie_ehrenamt_kirchengemeinde_fazit.pdf (03.03.2018), S. 26.

121 Vogel, Claudia/Hameister, Nicole (2016): Mitgliedschaften in Religionsgemeinschaften, in Vereinen und gemeinnützigen Organisationen und freiwilliges Engagement. In: Freiwilliges Engagement in Deutschland. Der Deutsche Freiwilligensurvey 2014, Bundesministerium für Familie, Senioren, Frauen und Jugend (Hg.), S. 233–249, hier S. 241.

122 Liskowsky, Anne E./Wegner, Gerhard (2014): Engagement in der V. KMU. In: Engagement und Indifferenz. Kirchenmitgliedschaft als soziale Praxis. V. EKD-Erhebung über Kirchenmitgliedschaft, Evangelische Kirche in Deutschland (EKD) (Hg.), S. 121–127, hier S. 125.

123 Ilg, Wolfgang/Pohlers, Michael/Santiago, Aitana Gräbs/Schweitzer, Friedrich (2018): Jung – Evangelisch – Engagiert. Langzeiteffekte der Konfirmandenarbeit und Übergänge in ehrenamtliches Engagement. Empirische Studien im biografischen Horizont (Konfirmandenarbeit erforschen und gestalten 11).

124 Seidelmann, Stephan (2012): Evangelisch engagiert – Tendenz steigend. Sonderauswertung des dritten Freiwilligensurveys für die evangelische Kirche, S. 153.

125 Bundesministerium für Familie, Senioren, Frauen und Jugend (2016): Freiwilliges Engagement in Deutschland (wie Anm. 115), S. 418.

126 Schweitzer/Hardecker/Maaß/Ilg/Lißmann (2016): Jugendliche nach der Konfirmation (wie Anm. 101).

127 Kati Tervo-Niemlä (2017): Believing and belonging among protestant youth. In: Ilg, Wolfgang/Tervo-Niemelä, Kati/Maaß, Christoph: Believing, belonging and volunteerism in adolescence. Predictive factors from childhood and confirmation time in a multi-level framework, 114–127.

128 Calmbach/Thomas/Thomas/Borchard/Flaig (2012): Wie ticken Jugendliche 2012? (wie Anm. 15), S. 280.

129 Evangelische Kirche von Westfalen (2017): Abschließender Bericht über den Prozess: „Das Pfarramt in der Dienstgemeinschaft unserer Kirche". Landessynode 2017, 2. (ordentliche) Tagung der 18. Westfälischen Landessynode vom 20. bis 23. November 2017. https://www.evangelisch-in-westfalen.de/fileadmin/microsites/pfarramt/dokumente/2_1_Schlussbericht_Landessynode2017-Das_Pfarramt_in_der_Dienstgemeinschaft_finaleVersion.pdf (05.05.2018).

130 Eine ausführliche Diskussion gibt es bei: Pachmann, Herbert (2011): Pfarrer sein – Pfarrerin sein. Ein Beruf und eine Berufung im Wandel. Für den freikirchlichen Bereich: Knorr, Hartmut (2014): Leitbild und Praxis des pastoralen Dienstes. Eine empirische Untersuchung zum Verständnis und der Gestaltung des pastoralen Berufs im Bund Freikirchlicher Pfingstgemeinden (BFP).

131 Zahlen der verschiedenen Landeskirchen abrufbar unter: http://wort-meldungen.de/?tag=pfarrermangel&paged=4 (letzter Zugriff: 10.05.2018).

132 Schneider, Verena: Von der „Theologenwelle" zur „Pensionierungsdelle". Landeskirchen brauchen dringend junge PfarrerInnen. Deutsches Pfarrerblatt (2014).

133 Etschied-Stams, Markus/Laudage-Kleeberg, Regina/Rünker, Thomas, Hg. (2018): Kirchenaustritt – oder nicht? Wie Kirche sich verändern muss.

134 Exemplarisch sei hier hingewiesen auf: Brunner, Petra (2016): Zur Professionalität des diakonischgemeindepädagogischen Handelns. Anmerkungen zum EKD-Papier von 2014 im Kontext von Professionstheorien und einer Theologie von Arbeit und Beruf. Pastoraltheologie (105), S. 185–204.

135 Spenn, Matthias (2013): Berufsprofile und Kompetenzen beruflicher Mitarbeiterinnen und Mitarbeiter. In: Handbuch Jugend. Evangelische Perspektiven, Kaiser, Yvonne/Spenn, Matthias/Freitag, Michael/Rauschenbach, Thomas/Corsa, Mike (Hg.), S. 473–479.

136 Shell Deutschland (2015), Jugend 2015 (wie Anm. 18).

137 Rosa, Hartmut (2016): „Resonanz. Eine Soziologie der Weltbeziehung." Berlin. Suhrkamp Verlag.

138 Rosa, a. a. O., S. 37.

139 Rosa, a. a. O., Klappentext.

140 Rosa, (2016): https://www.deutschlandfunkkultur.de/soziologe-rosa-ueber-sein-buch-resonanz-entschleunigung-ist.1008.de.html?dram:article_id=347513, abgelesen am 13. Juni 2018.

141 Rosa, a. a. O., S. 435.

142 Eine ausführliche Auseinandersetzung mit dem Religiösen bietet Rosa in Kapitel 9 seines Buches: Rosa, a. a. O., S. 435–452.

143 Rosa, a. a. O., S. 441.

144 Nausner, Michael (2016): http://www.emk-schweiz.ch/uploads/media/20160618_Referat_Michael_Nausner_Einen_neuen_Ton_anschlagen.pdf, abgelesen am 10. Juni 2018, S. 7.

145 https://www.feinschwarz.net/die-sprache-der-liturgie/, abgelesen am 12. Juni 2018.

146 https://www.br.de/radio/bayern2/sendungen/kulturjournal/hartmut-rosa-resonanz-100.html, abgelesen am 12. Juni 2018.

147 Christian Smith/ Melinda Lundquist Denton (2015): „Soul Searching: The Religious and Spiritual Eyes of American Teenagers".

148 Kurth, Victoria (2014): „Gott als Therapeut?" Verlag etc. , S. 97.

149 Smith a. a. O., S. 42 ff.

150 Volf, Miroslav (2012): Umsonst. Geben und Vergeben in einer gnadenlosen Kultur. Gießen Brunnen Verlag.

151 http://www.songtexte.com/songtext/feiert-jesus/ruft-zu-dem-herrn-6389bad7.html, abgelesen am 7. Juni 2018.

152 http://www.songtexte.com/songtext/feiert-jesus/herr-ich-komme-zu-dir-6389babb.html, abgelesen am 7. Juni 2018.

153 https://brianmclaren.net/open-letter-to-worship-songwriters-updated/, abgelesen am 7. Juni 2018.

154 Knoblauch, Hubert (2008): Spiritualität und die Subjektivierung der Religion. Berlin/ Münster: LIT Verlag, S.49.

155 http://www.songtexte.com/songtext/feiert-jesus/herr-ich-suche-deine-ruhe-6389bab3.html, abgelesen am 8. Juni 2018.

156 Sennett, Richard (2008): Verfall und Ende des öffentlichen Lebens: Die Tyrannei der Intimität. Berlin: Berlin Verlag, S. 16.

157 Sennett, Richard (2008): Verfall und Ende des öffentlichen Lebens: Die Tyrannei der Intimität. Berlin: Berlin Verlag, S. 23.

158 Jesaja 6 und Offenbarung 4.

159 1. Korinther 6, 19.

160 Sprüche 1,7.

161 1. Chronik 23,5.

162 1. Chronik 25,7.

163 Apostelgeschichte 16,22-34.

164 2. Chronik 20,15.

165 Vers 21.

166 Vgl. Graf, Friedrich Wilhelm (2014): Götter global: wie die Welt zum Supermarkt der Religionen wird, Originalausgabe, Beck'sche Reihe 6126. München: C.H. Beck, S. 36–42.

167 Stoellger, Philip und Kumlehn, Martina (2018): Bildmacht/Machtbild: Deutungsmacht des Bildes: wie Bilder glauben machen, Interpretation interdisziplinär, Band 17. Würzburg: Königshausen & Neumann.

168 Vgl. Watling, Marlin (2008): Natürlich übernatürlich: die Geschichte der Vineyard-Bewegung, Vineyard-Edition. Witten: R.Brockhaus Verlag.

169 Zum Folgenden vgl. Plathow, Michael (2018): Das „Wort vom Kreuz" und die Kreuzestheologien: Luthers „Heidelberger Disputation" (April 1518) – fürs Heute neu bedacht, 2., korrigierte Auflage, Theologische Orientierungen, Band 21. Berlin: LIT Verlag.

Notizen

Notizen

AUTOREN

FAIX, TOBIAS, Dr. theol., ist Professor für Praktische Theologie an der CVJM-Hochschule Kassel und leitet dort gemeinsam mit Tobias Künkler das Forschungsinstitut empirica für Jugend, Kultur & Religion sowie den Masterstudiengang Transformationsstudien: Öffentliche Theologie & Soziale Arbeit. Er engagiert sich in Kirche und Gesellschaft und sitzt für die EKD in der Kammer für Soziale Ordnung.

KÜNKLER, TOBIAS, Dr. phil., ist Professor für Allgemeine Pädagogik und Soziale Arbeit an der CVJM-Hochschule Kassel und leitet dort gemeinsam mit Tobias Faix das Forschungsinstitut empirica für Jugend, Kultur & Religion sowie den Masterstudiengang Transformationsstudien: Öffentliche Theologie & Soziale Arbeit.

Fotos: © Tobias Faix, Tobias Künkler